서울, 권력도시

朝鮮

서울, 권력 도시

일본 식민 지배와
공공 공간의 생활 정치

토드 A. 헨리 지음 | 김백영·정준영·이향아·이연경 옮김

Assimilating Seoul

Japanese Rule and the Politics of Public Space
in Colonial Korea, 1910-1945

산처럼

서울, 권력 도시
차례

| 일러두기 |

1. 이 책은 Todd A. Henry의 *Assimilating Seoul: Japanese Rule and the Politics of Public Space in Colonial Korea, 1910-1945* (University of California Press, 2014)를 번역한 것이다.
2. 외래어 인명과 지명은 국립국어원의 외래어표기법에 따라 표기했다.
3. 원서의 필자가 작성한 주는 미주로, 본문에 설명이 필요한 부분에 옮긴이가 작성한 주는 각주로 정리했다.

한국어판 머리말

이 책이 처음 시작되었던 이곳 서울에서 한국어판 머리말을 쓰게 된 것은 나에게 매우 기쁘고도 뜻깊은 일이다. 필자에게 서울은 20여 년 전에 한국어 공부를 위해 처음 방문하여 역사학자로서의 첫발을 내디딘 곳이다. 또한 내가 연구나 회의, 강의를 위해서 또는 오랜 벗들이나 새로운 친구들과의 만남을 위해서 매년 찾아오는 곳이기도 하다. 나의 인생에 큰 변화를 야기한 이러한 경험들을 통해서 나는, 스스로 기꺼이 제2의 고향이라고 말하곤 하는 이 도시에 대해 많은 가르침을 얻었다. 한국어판 머리말을 쓰기에 앞서, 이 책의 번역을 맡아주신 김백영, 정준영, 이향아, 이연경 선생님께 마음속 깊은 곳에서 우러나오는 감사의 말씀을 드리고 싶다. 네 분 선생님의 고단한 노고 덕분에 나는 글로써 독자 여러분들과 만날 수 있게 되었다. 공역자 분들께 한없는 고마움을 전한다.

19세기 후반부터 서울은, 한국인들 전체가 그랬듯이, 근대 세계의 일부로 편입되는 과정에서 급속하면서도 불균등한 일련의 변화를 경험해왔다. 내가 이 책을 통해 보여주고자 했듯이, 공공 공간의 활용 방식이 변화하고 재구성되는 양상을 탐구하는 작업은 한반도의 과거와 현재, 미래를 이해할 수 있는 까다롭지만 핵심적인 방법이다. 1910년 병합 이후 왕조 수도 한양은 서서히 일본적 근대의 전시장으로 전환되면서 일본인 정착민들과 외국인 방문자들을 끌어들이는 자석 역할을 하게 되었다. 이 과정에서 식민지 당국자들은 한양의 많은 부분을 파괴하여 식민 지배를 위한 새로운 무대로 만들었다. 필자는 이러한 공공 공간들―여러 가지 공간들 중 특히 경복궁 터, 남산의 신토 신사, 그리고 근린 위생 캠페인의 장소들―이 식민지 조선인들을 충성스럽고 근면하며 공덕심公德心을 지닌 일본 제국의 신민이 되게끔 만드는 폭력적이면서도 논쟁적인 '동화하기' 과정의 핵심 현장이었다고 주장한다. 식민 국가는 야심찬 계획으로 한양의 골격을 변형시켰지만, 미처 실현되지 못한 계획으로 인해 많은 부분이 미완성된 상태로 방치되기도 했다. 다른 식민지 도시들과 마찬가지로, 경성의 퇴락한 뒷골목들은 조선인들이 그들의 본거지에서 당해야만 했던 차별과 소외를 여실히 드러내어 보여준다. 민족 간 격차를 강조하기 위해 학자들이 곧잘 사용해온 '이중도시'라는 용어는 힘없는 자에게 상시적으로 가해지는 공간적 압박의 설움을 표현한다. 조선인 밀집 지역이었던 북촌과 일본인 거주지였던 남촌은 이러한 뼈아픈 과거의 기억을 일깨워주는 지리적 표상이다.

하지만 이러한 거시구조적 용어만이 연구자들이 식민지적 삶의 복합적인 역학 관계를 파악할 수 있는 유일한 규준은 아니다. 공간을 바라보는 기존의 정적靜的인 시각을 넘어서기 위해서는 인간 행위자와 도시의 운동 사이에 다층적인 벡터(매개체)가 있음을 염두에 둘 필요가 있다. 이는 사람들에게 (물론 사람에 따른 편차는 있지만) 건조환경建造環境을 이용하고 더 나아가 재창조하는 능력이 있음을 말하는 것이다. 나는 단순히 민족 차별이라는 용어만으로는 포착해낼 수 없는, 역사학계의 선행 연구에서 상대적으로 소홀히 다루어져온 영역의 역사적 자취를 추적해보고자 했다. 자본주의가 (특히 그 식민지적 형태에서는 더더욱) 성별과 민족 내적 집단에서뿐만 아니라 계급 간 분화를 초래한다는 점은 틀림없는 사실이다. 가령 재경성 일본인들(1945년경의 경성부 전체 인구 약 110만 명 중 약 20만 명)은 조선총독부에 의해 실시된 편파적 정책의 명백한 수혜자였다. 그럼에도, 일본인 부르주아들이 식민 국가와 항상 같은 입장을 취한 것은 아니었다. 일본인 상인들은 대체로 피식민 조선인들을 그들의 부를 축적하기 위한 수단으로 이용했는데, 때로는 일본인에게도 권위주의적이었던 식민 정권에 의해 이러한 그들의 특권이 위협받기도 했기 때문이다. 예컨대 남산에 있는 신토 신사나 제전 기념행사의 역사 속에서 이처럼 다른 계층의 일본인들끼리 상충하는 이해관계로 인해 서로 부딪치는 상호작용의 사례들을 찾아볼 수 있다. 조선인들에게도 마찬가지 논의가 적용될 수 있다. 조선인들이라고 해서 항상 민족적 입장에서 행동했을 것이라는 통념에서 벗어나야 하는 것이다. 조선인 민족주의자들은 북촌의 비위생적인 상황을 이용해서 조선인들이 겪고 있는 궁핍한 삶에 대해 반복적으로 문제를 제기했다. 하지만 그들이 주도한 위생 캠페인에서는 조선인 하층계급에 대해 총독부가 퍼부었던 경멸적인 비방을 그대로 모방하는 경향을 드러냈는데, 이는 식민지 근대성이라는 것이 간교한 분할주의적 통치 시스템임을 고스란히 보여주는 것이다. 공공 공간에 초점을 맞춘 비판적 접근은 이러한 불완전한 헤게모니를 분석하고 그에 따른 불균등한 효과를 입증할 수 있는 길을 열어준다. 서울의 다른 공공 공간은 물론이거니와, 도시 지역과 비도시 지역을 망라한 다른 어떤 지역의 공공 공간에 대해서든 앞으로 더 많은 연구가 이루어진다면 한국사에서 식민 통치와 국내 권력체제에 대한 우리의 지식을 향상시키는 데 도움이 될 것이다.

1945년 이후, 경성에서 가장 눈에 띄었던 식민주의의 상징들이 파괴되어 사라졌음에도, 일제의 식민 통치에 대한 대중들의 기억은 오늘날까지도 여전히 살아 있는데, 특히 2019년 전 국민적 차원에서 전개된 일본상품 불매운동은 그것을 생생하게 보여준다. 광복 이후 공공 공간은 대한민국의 권익을 증진시키기 위한 공간으로 재탄생했다. 예컨대 남산의 조선신궁이 철거된 자리에는 우여곡절 끝에 결국 안중근 의사의 동상과 기념관이 들어섰고, 뒤늦게 철거된 총독부 청사 자리에는 경복궁이 복원되고 있는데, 이는 공간의 물리적 자취가 사라진 이후에도 '일제강점기'라는 시대의 정치화된 역사들은 지속되고 있음을 드러낸다. 이러한 동역학動力學을 염두에 두면서, 나는 미래 서울의 공공 공간에 대한 최근의 논쟁에 대해 비판적으로 사고할 필요가 있음을 제안하면서 이 글을 마무리짓고 싶다.

미국 시민권자이자 서울의 장기 거주자로서, 나는 반공주의로 무장한 내 조국의 군대가 1945년 이후 이태원을 비롯한 전국 각지에 주둔해온 것을 지켜볼 수밖에 없었다. 수많은 술집, 클럽, 레스토랑들이 들어선 용산 미군기지 주변은, 급속한 젠트리피케이션이 진행되고 있는 구역으로서, 이제 곧 한국에 '반환'될 기지와 더불어, 서울의 재구성 과정을 현재 진행형으로 보여주는 중요한 현장 중 하나다. 그러한 까닭으로 이 공간은, 박정희 시대의 젠더 불순응gender variance과 동성애의 변천사에 대해 다루는, 필자가 현재 집필 중인 저작에 주요하게 등장한다. 미군이 평택으로 이전한 뒤, 미군 기지 터는 어떤 모습을 띠게 될 것인가? 이 새로운 공공 공간은 식민지와 해방 후의 과거를 어느 정도까지 소환할 것인가? 이 공간은 누구를 위한 것이 될 것인가? 이 공공 공간에서 배제된 사람들은 어떻게 될 것인가?

20세기 대부분의 기간 동안, 남성 지도자가 중심이 된 권위주의 체제—처음에는 일본이었다가 미국과 한국으로 이어지는—는 종종 자본주의적 이익과 결탁해 공공 공간을 디자인해왔다. 이러한 지배적인 이해관계의 작동으로 인해 무대는 대개 방문자들을 위해 설치되었음에도, 서울 시민들은 건축가들의 의도에 따라 공공 공간을 이용하기보다는 곧잘 스스로의 이해관계에 맞춰 이를 변형시켜 이용해온 것이다. 그리하여 한층 더 다양한 시민들이 민주주의의 혜택을 누리게 된 현 시점에서, 나는 이 책이 시민들이 '장소 만들기'의 가까운 과거와 진행 중인 현재의 국면을 재검토하는 데 있어 작으나마 도움을 줄 수 있기를 바란다.

이러한 의미에서도 용산 이태원은 앞으로 시민들이 어떻게 참여할지 관심을 갖고 지켜봐야 할 중요한 공간이다. 나에게 있어서 도시의 과거란 결코 죽어버린 것이거나 폐쇄적이거나 고정된 것이 아니다. 그보다는 오히려, 역사란 활기차고 역동적이며 도전적인 행동의 무대임을 한국인들은 나에게 가르쳐주었다. 이러한 의미에서 『서울, 권력 도시』는 이 도시 … 당신의 도시 … 우리의 도시 … 를 모든 이들에게 언제나 좀 더 해방되고 살기 좋은 공간으로 만들자는 외침이다.

2019년 11월 서울에서

토드 A. 헨리

머리말

이 책을 집필하는 과정에서 필자는 역사라는 것이 ─전부는 아니겠지만─ 어떤 점에서는 자전적自傳的인 것임을 새삼 깨닫게 되었다. 필자의 입장에서 이 머리말은, 얼핏 진부해 보이는 이 경구를 받아들여, 한 권의 학술 연구서를 만들어내는 힘들고도 보람 있었던 과정에서 만나게 된 수많은 분들에게 감사를 표하는 하나의 방식이 될 것이다. 필자는 한국에서, 일본에서, 미국이나 다른 곳에서도 종종 다음과 같은 질문을 받곤 했다. 미국 출신의 백인, 더 구체적으로는 유대계 학자가 왜 이런 책을, 식민지 조선에 대한 일본의 지배와 그 도시에 대한 책을 쓸 결심을 했느냐고. 이런 자민족중심적인 질문을 받으면 필자의 대답은 늘 비슷했다. "아, 그렇군요. 그렇다면 당신에게 제 이야기를 해드리지요."

모든 뜻밖의 경험들이 그렇듯이, 이 연구에 이르는 길은 예기치 않게 시작되었다. 뒤늦은 깨달음으로 이 여정을 되돌아보면서 필자는 이제 다음과 같이 말할 수 있을 것 같다. 그 시작은 내가 교환학생으로 갔던 아르헨티나의 코리엔테스, 고등학교를 다녔던 위스콘신주 밀워키에서 만났던 몇몇 일본인 교환학생들, 그들과의 사귐이었다고. 필자는 이 친구들 및 그들의 동료들과 친해지고 싶다는 이유 때문에 조지워싱턴대학에서 일본어 문학을 부전공으로 선택했는데, 이 선택은 연쇄적으로 필자를 오사카로 이끌어 1993년부터 1995년까지 교환학생으로 일본에 가게 되었다. 필자의 어릴 적 이웃이었던 플로세임 집안사람들은 오사카의 무역상이었던 야스다 집안사람들과 상업적 거래 관계를 맺고 있었다. 이 인연으로 필자는 오사카 남부에서 홈스테이 생활을 하게 되었다. 이곳은 권리를 박탈당한 민족들과 계급적 소수자들의 공간이었다. 따돌림받는 부라쿠민部落民, 재일조선인, 극빈자들, 야쿠자들, 다른 곳이라면 거의 찾아보기 어려운 소수자들을 쉽게 볼 수 있는 그런 곳이었다. 그런데 이들에게 둘러싸여 사는 경험은, 아무도 말은 안 해도 그곳이 어떤 곳인지 잘 알고 있으며 심지어 은밀하게 경멸하고 있는 그런 장소에 대한 체험이기도 했다. 필자의 일본인 친구들 중 몇몇은 이곳(예컨대 바로 내 이웃 동네였던 하나조노초花園町)의 '불우한' 환경에 대해 매우 완곡하게 말하면서 경멸감을 살짝 드러내기도 했다. 이곳에서의 경험 덕분에 필자는 권력 관계의 공간적 차원들에 대해 심각하게 생각하게 되었다. 여기에는 상승이동을 지향하는 퀴어queer 유대인 불교신자Jewbu로서 필자 자신의 위치성positionality에 대한 고민 등등도 포함되어 있었음은 물론이다. 그리고 이것이 필자가 한국어를 습득하고, 한반도의 가까운 과거, 특히 가장 중요한 접촉 지대 중 하나인 과거사에 대한 전문가가 되도록 이끌었다. 이 책『서울, 권력 도시』는 서울의 생생한 삶의 공간을 통해서 일본 식민 지배의 사회적·문화적 관계에 대해 이해하려는 하나의 시도다. 필자는 이 책을 읽는 것이, 독자들의 필자에 대한 선호 여부와 상관없이, 궁극적으로 사람들의 삶과 관련된 비판적 인문학 전반에 활력을 불어넣을 수 있는 폭넓은 주제들에 대한 논의를 활성화하는 데 도움이 되길 바란다.

이 책이 얼마나 우연 속에서 잉태되었는지는 위에서 간략히 서술한 바와 같다. 하지만 이 책이 만들어지기까지 그것이 가능하게끔 도움을 준 사람들과 기관들은 너무나 많고 광범위해서, 그동안 필자가 떠났던 이 놀라운 여행길로 필자를 안내하고 가르치고 지원하고 사랑했던 사람들, 이들에게 필자가 느끼는 어마어마한 고마움을 몇 마디 말에 제대로 담아내기는 어려울 것이다. 먼저 필자의 시야를 넓혀서 미국이라는 국민국가의 경계를 넘어서게 해주었던, 고등학교 사회과 교사 소냐 이바노비치, 대학 시절 일본어 강사 기무라 다케오와 후쿠이 나나코에게 감사드린다. 이분들 모두는 여전히 교육자로서, 연구자로서 필자가 작업을 계속해 나아가는 데 있어 롤 모델로 남아 있다. 이와사키(결혼 전의 성姓은 가토) 와카코, 다테이와 다로, 시마다 요헤이, 구와히라 에이지, 그리고 그들의 존경하는 가족들은 20년 이상 동안 진실한 친구들이었으며 너그러운 호스트들이었다. 필자는 1996년부터 1999년까지 도쿄의 소피아대학에서 일본 정부 지원의 석사 과정을 다녔는데, 이곳에서는 미와 기미타다, 다카하시 히사시, 그리고 케이트 나카이 와일드먼과 같이 작업할 수 있는 행운을 얻었다. 이들은 근대 일본, 특히 일본의 동아시아 주변 사회에 대해서 많은 것을 가르쳐주었다.

필자는 2006년 UCLA에서 박사학위를 마쳤는데, 필자의 지도 교수는 예나 지금이나 지혜, 후원, 우애의 확고한 원천이셨다. 전문 역사가의 길을 열어주셨던, 저 탁월하고 영감 넘치던 미리암 실버버그를 일찍 여의게 된 것은 필자에게는 특히 견디기 힘든 고통스러운 짐이었다. 하지만 그녀의 거침없는 정신이 필자를 비롯한 그녀의 제자들 속에 지금도 여전히 살아 있음을 아신다면 매우 행복해하실 것이다. 존 던컨과 이남희는 식민지 시기 이전과 이후로 필자를 이끌어줌으로써 한국사 연구의 지평을 넓혀주셨다. 다년간에 걸친 두 분의 호의와 지원에 감사드리며, 필자 스스로가 한국학자들 중 '서림파 西林派(Westwood faction)'의 일원이라고 말할 수 있음을 자랑스럽게 생각한다. 에드워드 소냐는 필자가 공간과 장소의 문제에 흥미를 갖도록 이끌었는데, 그의 작업은 여전히 필자에게 큰 영감을 주고 있다. 또한 필자에게 오랫동안 따뜻한 격려와 지적 동지애를 발휘해준 UCLA의 전·현직 교수들, 프레드 노트헬퍼, 허먼 움스, 마이클 보다스, 세이지 리펫, 티모시 탱걸리니, 마리코 토마노이, 신기욱, 로저 브루베이커, 마이클 샐먼에게 감사드린다. 필자의 대학원생 친구들, 이들 중 상당수는 이제 자신의 영역에서 선도적인 연구자가 되었다. 이들 덕분에 필자는 매우 만족스럽게 대학원생에서 젊은 소장 교수로 전환될 수 있었다. 서석배, 에이미(나영) 권, 류영주, 크리스 한스컴, 미키 홍, 엘리 최, 소냐 김, 소피아 김, 찰스 김, 손민서, 손희주, 이승아, 김종일, 김형욱, 하워드 캄, 폴 차, 폴 남, 폴 장, 제니퍼 정 김, 제인 김, 켈리 정, 스텔라 수, 마키코 모리, 에밀리 앤더슨, 크리스틴 데너히, 엘리사 페이슨, 미치코 다케우치, 앤 마리 데이비스, 존 스웨인, 정행자, 히로미 미즈노, 에이치로 아즈마, 데이비드 이슨, 정혜승, 데이비드 스콧 디프리언트, 엥뱅 림, 최성은 등이 그들이다. 이 과정에서 필자는 힘이 되는 다른 동료들과도 친구가 되는 행운을 얻었다. 여기에는 그레그 플러그펠더, 존 트리트, 미카 오어백, 조단 스테인, 로버트 창, 마이클 로빈슨, 준 유, 김은정, 리사 김 데이비스, 제니퍼 염, 김태호, 문유미, 다프나 주르, 유진 박, 제니 왕 메디나, 지나 김, 김석영, 마이클 베리, 로잘리 팬셀, 레이첼 미영 주, 제니스 김, 존 다모이아, 와타나베 나오키, 조던 샌드, 사라 탈, 샤론 하야시, 스티븐 밀러, 박윤재, 스티븐 엡스타인, 환수 일미 김, 헬렌 리, 마크 드리스콜, 리오 칭, 마티 웨이지홉트, 지니 리, 박노자, 권경미, 조이 김, 배형일, 박순영, 황경문, 니콜 코헨, 찰스 암스트롱, 퀜 데 세스터, 정다함, 구세웅, 로아드 말리앙케이, 김은실, 임지현, 김상현, 김경현, 김수연, 린형구, 테드 휴즈, 스티븐 정, 윤미 김, 라자 아달, 마크 카피로, 퀜 루오프, 그리고 박태균이 포함된다.

필자는 2년간 한국국제교류재단과 풀브라이트재단로부터 박사 학위논문 연구 지원을 받았는데, 이 기간 동안 한국과 일본에서 능력 있는 연구자 소집단들과 상호작용하며 교류할 수 있었다. 서울대학교에서는 특별히 필자의 작업을 지원해준 많은 연구자들을 만날 수 있었는데, 여기에는 필자의 한국사 지도교수였던 권태억, 이태진, 정근식과 그들의 재능 있는 학생들, 최병택, 정상우, 염복규, 박준형, 김태호, 김백영, 주윤정, 김수진, 박세훈, 고동환, 전우용 등이 포함된다. 특히 직접 가이드를 해주시면서 서울의 지리, 역사, 문화에 대해 많은 것들을 가르쳐주신 안창모에게 감사드린다. 교토대학 인문학연구소에서는 필자의 작업에 대해 가장 박식하고 또 관대한 후원자가 되어주신 미즈노 나오키에게 깊은 감사를 올린다. 그는 이 책에 등장하는 많은 이미지들을 모으는 과정에서 마지막 순간까지 도움을 주셨다. 다카기 히로시, 고마고메 다케시, 이승엽도 일본의 통치와 식민지 조선에 대한 아이디어를 발전시켜가는 데 도움을 주었으며 야마모토 데쓰야는 필자의 단짝이 되어주었다. 다른 일본인 연구자들도 다양한 관점에서 필자를 도왔는데, 마쓰다 도시히코, 이타가키 류타, 하시야 히로시, 가와세 다쓰야, 히우라 사코토, 스가 고지, 아오이 아키히토, 나리타 류이치, 야마구치 고이치, 마쓰타니 모토카즈가 그들이다. 또한 필자는 일본, 한국, 미국을 넘나들며 사료와 이미지를 찾는 데 도움을 주었던 수많은 도서관 사서들, 기록 보관 담당자들, 그 밖의 여러 분들께도 진심어린 감사를 표하고 싶다. 특히 일본국회도서관에 자주 방문했던 엘리 배에게 특별한 은혜를 입었다. 그리고 UCLA, UCSD, UC버클리, 콜로라도주립대학, 하버드대학, 서울대학교, 연세대학교, 서울시립대학교, 서울역사박물관, 한국국립도서관, 교토대학, 도쿄대학, 홋카이도대학, 국제일본문화센터, 그리고 사이토 마코토 기념관 도서관의 직원들에도 감사한다. 필자는 이 책을 장식한 지도에 대해서 벤자민 피스에게 감사하는데, 이 작업의 결과는 대단히 만족스럽다.

신진 학자로서 필자는 수많은 주요 기관들과 개인들로부터 후원을 받았다. 멀리 떨어져 있었지만, 앙드레 슈미드와 후지타니 다카시—지금은 토론토대학의 동료다—는 필자의 경력에서 매 국면마다 막역한 친구이자 포기를 모르는 후원자가 되어주었다. 연세대학교의 마이클 김도 필자를 위해 시간과 지식, 그리고 농담을 선뜻 건네주었다. 필자의 첫 직장이었던 콜로라도주립대학에서는 수많은 동료들, 특히 루스 알렉산더, 마크 피게, 메이 푸, 엘리자베스 존스, 앤 리틀, 새디어스 선세리, 갬지 야자르로부터 우정 어린 지원을 받을 수 있었다. 안식년에는 한국국제교류재단의 지원을 받아 길고 어설 펐던 학위논문을 단행본으로 바꾸는 작업을 하게 되었다. 덕분에 단행본은 좀 더 단단한 주장을 담을 수 있게 되었고, 다루는 시기도 넓혀졌다. 필자는 하버드대학 한국학연구소의 직원들인 수잔 로렌스, 명숙 찬드라, 캐서린 글로버, 그리고 이들을 지원하기 위한 상대역이 되어주었던 라이샤워 일본학연구소에 감사드린다. 한국 쪽의 데이비드 맥캔, 카터 에커트, 김선주, 일본 쪽의 앤드류 고든, 이안 밀러, 테드 베스터로 짜여진 지적인 연구팀 덕분에, 필자의 하버드대학 체류는 대단히 생산적일 수 있었다. 캐럴 글룩은 필자의 초고 워크숍을 위해 케임브리지를 방문해주셨다. 이 1년간은 필자가 환상적인 박사 후 과정 동료 그룹들과 새로운 관계를 맺을 수 있었던 시기이기도 했다. 오세미, 조나단 아벨과 제서민 아벨, 첼시 폭스웰, 마지마 아유, 트렌트 맥시, 우치다 준이 그들이었다. 필자의 새로운 학문적 거처가 된 UC 샌디에이고는 이 첫 번째 프로젝트를 끝내고 새로운 프로젝트에 착수하는 데 더할 나위 없이 좋은 장소가 되었다. 특별히 세스 레러, 존 마리노, 파멜라 래트클리프, 나얀 샤, 조 에셔릭, 캐시 기어, 마크 핸드릭슨, 낸시 곽, 웨이징 루, 나탈리아 몰리나, 패트릭 패터슨, 폴 피커위츠, 레베카 플랜트, 제레미 프레숄트, 사라 쉬니윈드, 조 핸킨스, 리사 요네야마, 리사 로, 아리 라리사 하인리히, 펑후이 랴오, 이진경, 정은영, 스테판 해거드, 유종성, 이재선, 패트릭 앤더슨, 데이비드 서린에게 감사한다.

교열의 마지막 단계에서 수잔 위트록은 편집과 관련된 위기에서 필자를 구해주었는데, 경직된 문장을 재검토할 수 있도록 격려해준 덕분에 이 과정을 즐겁게 진행할 수 있었다. 필자의 첫 초고를 읽고 매우 유용한 조언과 격려를 해주셨던 두 분과, 필자를 단행본 출간이라는 미지의 물줄기 속으로 막힘없이 인도해준 UC 출판사의 편집진, 특히 리드 말콤, 스테이시 아이젠스타크, 샬론 애먼스, 로버트 템케에게도 감사드리고 싶다. 아시아학회Association for Asian Studies, 한국국제교류재단, UC 샌디에이고 연구처의 보조금 지원은 출판과 관련된 비용을 덜어주었다. 이 책의 일부분은 여기서 수정되기 이전에 연구논문이나 책의 각 장으로 출판된 것들인데, 허가를 얻어 수록할 수 있었다. 제1장, 제4장, 제5장은 부분적으로는 이하의 출판물로 각각 간행된 것들이다.

— "Respatializing Chosŏn's Royal Capital: The Politics of Japanese Urban Reforms in Early Colonial Seoul, 1905-19", in *Sitings: Critical Approaches to Korean Geography*, edited by Timothy Tangherlini and Sallie Yea (Honolulu: University of Hawai'i Press, 2007), pp. 15~38.

— "Sanitizing Empire: Japanese Articulations of Korean Otherness and the Construction of Early Colonial Seoul, 1905-19", *Journal of Asian Studies* 64, no. 3 (Aug. 2005), pp. 639~675.

— 「제국을 기념하고, 전쟁을 독려하기: 식민지 말기(1940년) 조선에서의 박람회」, 『아세아연구』(2008년 겨울), 72~112쪽.

마지막으로, 지금까지 언급했던 분들 못지않게 중요한 분으로, 오랜 기간 필자를 사랑과 관심으로 지켜봐주신 내 가족들에게 마음속 가장 깊은 곳에서 우러나오는 감사를 드린다. 그들 없는 필자의 삶은 상상할 수 없다. 비록 이제 이 세상에는 안 계시지만 필자의 조부모, 헨리에타, 맥, 무리엘, 해리, 찰리는 항상 필자가 어디로 가고 또 와야 할지를 상기시켜 주셨다. 나름 엄청난 지식인이신 삼촌 톰과 숙모 제인은 필자의 아이디어를 들어주는 놀라운 동료이셨다. 내 형제 그렉과 더그는 필자가 무엇을 하든지, 필자가 어떤 사람이든지 항상 받아들여주었다. 그들은 나의 더 바랄 나위 없는 형제들이며, 내가 그들 및 그들의 가족들에게 느끼는 깊은 사랑을 그들도 느낄 수 있길 바란다. 좋을 때나 궂을 때나 나의 부모님, 라일과 낸시는 내 삶의 정서적 기둥이셨다. 나를 위한 그들의 사랑은 무조건적이고 무제한적이었다. 나의 삶 모든 방면에서 그들이 해주신 것은, 나 자신이 사람들과 관계를 맺으면서 그 속에서 얻으려 애썼던 것이기도 했다. 그렇기에 나는 사랑을 담아 이 책을 그들에게 바친다.

서울
2013년 5월

동화와 공간

식민 지배의 문화기술지(ethnography)를 위하여

1910년의 '병합' 이후 한국을 통치해왔던 조선총독부는 1925년 가을, 남산 위에 웅장한 신토神道* 신사神社를 세우고 진좌제鎭座祭를 거행했다. 15년 가까운 계획과 5년이 넘는 공사의 결과였다. 한양** 이 조선왕조(1392~1910)의 수도였던 시절 남산은 도시의 남쪽 끄트 머리에 불과했다. 하지만 이 도시가 한반도에 세워진 제국의 '전시장 showcase'인 경성, 즉 일본어로 '게이조京城'로 불릴 무렵에는, 남산은 성장해가는 메트로폴리스의 지리적 중심으로 급격히 부상했다. 조 선신궁의 주신主神은 둘이었다. 만세일계萬世一系의 이데올로기를 상징 하는 일본 국체의 전설적인 시조인 아마테라스天照와 첫 근대 군주

---

* 신토는 일본의 전통적인 독특한 신(神, 가미) 관념에 입각하여 형성되고 전래되 어, 오래전부터 일본 사회 전반에 널리 퍼진 토속 신앙이다. 메이지유신(明治維新) 이후 이러한 신토 신앙의 파급력을 바탕으로 천황제 숭배 사상을 전 국민적으로 확 산시키고자 하는 정치적 목적에서 천황가와 호국영령을 신격화한 국가 종교로서 국가 신토가 창설되었다.

였던 메이지明治 천황이 그들이었다. 이들을 모신 조선신궁은 1945년 파괴되기 전까지 식민지 조선에서 가장 강력한 공공적인 장소 중 하나였다. 경성뿐 아니라 한반도 전역의 수백만 거주자들이 이 장소에 대해 경의를 표했다. 신궁 참배는 아시아태평양전쟁(1937~1945) 시기 경성에 거주했던 모든 사람들에게 강제되었다. 이것은 식민지의 사람들을 순량順良한, 궁극적으로는 충량忠良한 제국의 신민臣民으로 탈바꿈시키려는 야심찬 기획의 일부였다. 하지만 특권적인 일본인 정착민들에 비하면 조선인들은 여전히 정치적으로도 경제적으로도 불리한 상태에 머물렀다. 계급적 위치가 상대적으로 낮았던 것은 물론이고 고위 행정직에 진출하는 경우도 드물었던 것이다. 신토를 지지했던 일본인 오가사와라 쇼조小笠原省三***도 이런 노골적인 차별이 낳을

** '한양(漢陽)'은 한산(漢山. 지금의 북한산) 남쪽 일대를 가리키는 지명으로 고려 시대부터 통용되었으며, 조선시대에도 당시 서울의 공식 명칭인 '한성(漢城)'을 대신하여 널리 쓰였다(이중환의 『택리지(擇里志)』에서도 한성을 '한양'으로 지칭하고 있다). 한성이라는 지명은 1395년(태조 4) 한성부(漢城府)가 설치되면서 시작된 이름으로, 사람들은 대개 '서울'이라고 불렀으며, 다른 이름(別稱·異稱)으로는 고려 시대(또는 그 이전부터)의 지명이 이어져온 한양(부)(漢陽(府)), 남평양(南平壤), 신주(新州), 북한산주(北漢山州), 한주(漢州), 양주(楊州), 남경(南京), 그리고 수도를 지칭하는 보통명사로서 경도(京都), 경락(京洛), 경사(京師), 경조(京兆), 수선(首善), 도성(都城), 황성(皇城), 광릉(廣陵), 그리고 경성(京城) 등이 있었다(허영환, 『정도(定都) 600년 서울 지도』(범우사, 1994); 김기빈, 『600년 서울, 땅이름 이야기』(살림터, 1993), 12~14쪽; 이중환, 허경진 역, 『택리지』(한양출판, 1996), 159~164쪽; 김백영, 『지배와 공간: 식민지도시 경성과 제국 일본』(문학과 지성사, 2009), 264~265쪽).

*** 1892~1970. 조선총독부의 조선신궁 건립 방침에 반대한 신토 학자로 『신토평론(神道評論)』이라는 잡지를 창간했으며, '적화방지단'이라는 반공 단체의 회원으로 식민지 조선의 사상적 동향에도 관심이 많았다. 그는 아마테라스가 일본 민족의 주신이기 때문에 이세신궁(伊勢神宮) 이외의 곳에서는 모시면 안 되고, 그 대신 조선의 시조신 단군을 모셔야 한다고 주장했으며, 건축양식이나 제례 때 쓸 음악도 순일본식이 아니라 조선 전통을 섞어야 한다고 주장했다.

부정적인 결과를 두려워했다. 그는 식민지 대중을 보다 효율적으로 '동화'시키기 위해 조선신궁에 토착 신을 모시려 애썼지만 성공을 거두지는 못했다. 그가 1925년 10월 15일 신궁 준공 행사에 참가했을 때 얻었던 경험은 동화가 완전히 불가능한 것은 아닐지라도 지극히 어려운 것이었음을 잘 드러낸다. 그는 당시를 다음과 같이 회고한다.

> 저녁 8시 무렵 나는 홑옷과 일본식 반코트를 입고 여관을 나왔다. 오모테산도表參道를 통해 나는 참배參拜를 했다. 일본인과 조선인들이 끊임없이 석단石段을 오르내리고 있었다. 그런데 신궁의 배전拜殿 앞에까지 가면 일본인들은 모자를 벗고 머리를 조아리는 반면, 조선인들은 획 돌아서서 집으로 돌아가버린다. 나는 한 시간 넘게 배전 앞에 서 있었다. 하지만 조선인은 그 누구도 배례拜禮하는 이가 없었다. 참배를 한다는 것은 예를 갖추어 절을 하고 기도를 하는 것이 상식일 것이다. 조선인들은 참배를 하지 않았다. 그들은 그저 참관參觀하고 있을 뿐이라는 것을 나는 확인할 수 있었다.
>
> 도대체 이렇게 된 원인은 무엇일까? 조선신궁은 그저 일본인들만을 위한 신사로 끝나고 말 것인가?[1]

식민지인들의 사고와 행동을 지도할 목적으로 남산 위에 관폐사官弊社*를 설립했다는 사실은 이 책의 핵심 전제와 밀접한 관련을 띤다. 경성의 공공 공간은 식민 통치의 전개를 검토하는 데 매우 중요한, 하지만 여태껏 간과되었던 시험대가 된다는 전제가 그것이다. 이 특별한 사례에서 천황을 숭배하는 신토의 의례는, 오가사와라 같은 비판적인 관찰자가 조선인의 충성심을 판단하는 외현적 신호로 기능했다. 그는 피식민 방문자들이 신사에 모셔진 신에 대한 경외심이라 곤 전혀 없이 그저 남산을 '어슬렁거리는' 게 아니냐고 의심했는데, 그것은 조선인들 가운데 일본인들처럼 새로 모셔진 조선신궁의 신 앞에서 정중하게 기도하는 이를 찾아볼 수 없었기 때문이다. 이러한 동화同化의 실패—비록 모호하게 정의되고 있었지만, 동화는 일본의 식민 지배에서 중심적인 정책이었다—로 인해 식민 국가**와 그 대 리인들은 한때 미셸 푸코가 '진리 체제regime of truth'라고 불렀던 것 에 입각해서 반복적으로 조선인들을 심문하고 훈육할 필요가 있었 다.[2] 신궁 방문과 관련된 기록, 관련 증언에 나온 것만을 살펴보더라 도 알 수 있듯이, 수많은 식민지인들은 자신들이 열등하다는 인종주 의적인 주장에서 촉발된, 거스르기 짝이 없는 여러 가지 형태의 감 시에 따라야 했으므로 그들이 분개한 것도 무리는 아니었다. 하지만

---

* 패전 이전 일본에서 국가 신토의 신사는 관폐대사(官幣大社), 국폐대사(國幣大社), 관폐중사(官幣中社), 국폐중사(國幣中社), 관폐소사(官幣小社), 국폐소사(國幣小社) 순으로 신사의 위계를 정하여 차등적으로 관리되었다. 천황가에서 유지비를 대고 신에게 폐백을 바치는 곳이 관폐사, 일본 정부에서 유지비를 대고 폐백을 바치는 곳 이 국폐사였다. 조선신궁은 본토의 이세신궁, 메이지신궁과 더불어 사격(社格)이 가 장 높은 관폐대사로 지정되었다. 1945년 일본이 패전한 뒤 1년이 지난 1946년 2 월, 「종교법인령」이 공표되면서 일본에서 국가 신토는 폐지되었다.

** 조선총독부를 뜻한다. 이 책에서는 조선총독부를 종종 '식민 국가(colonial state)' 또는 '식민 정부(colonial government)'라는 개념어로 지칭하고 있다. '일제(日帝)' 나 '(조선)총독부'라는 용어에 익숙한 국내 독자들에게는 다소 낯설게 느껴질 수도 있겠지만, 영미권 학계에서는 이미 일반화된 용어법이다. 여기에는 조선총독부를 제국주의 시대 열강들이 식민지 사회를 통치하기 위해 설치한 다양한 유형의 정부 조직 중에서 한 가지 형태로 간주하는 이론적 문제의식이 깔려 있다. 비슷한 용어로 '식민 권력(colonial power)'도 자주 쓰이고 있는데, 이는 총독부라는 중앙정부 조 직에 국한되지 않는 식민지 지배 세력 전반을 광범위하게 통칭하는 의미로 사용되 고 있다.

천황숭배를 우상숭배와 동일한 것으로 간주했던 몇몇 기독교도 저항자들을 예외로 한다면, 대부분의 조선인들은 이 강력한 공공장소에 나타나 대체로 당국자들이 바랐던 의례적인 행동을 그저 수행했을 따름이다. 이것은 특히 1937년에 시작된 전시 동원 이후에는 더욱 두드러졌다.[3]

이처럼 겉보기로 드러난 순응적 태도에도 불구하고, 오가사와라의 우려에서 잘 드러나듯이, 적어도 1925년까지는 식민지인들의 대부분은 경건한 마음가짐을 갖고 참배하기는커녕 그런 척하는 행동조차 하지 않았다. 이러한 상황을 개선하기 위해, 실제로 일본 황실의 숭고한 조상들과 조선인 각 가문의 선조들 사이에 중요한 연결고리를 만들려고 애써보기도 했지만, 오히려 그런 노력이 동화의 중요한 장벽—그것이 극복 불가능한 것은 아닐지라도—이 되기도 했다. 식민 권력의 관점에서 볼 때 조선인들은 자기통제적인 주체가 되지 못했으며, 그저 식민지를 통치하기 위해서 어떻게든 다루어야만 하는 성가신 대상에 불과했다. 하지만 오가사와라의 근심어린 언급에서도 포착되고 있는, 그들의 태연하기 짝이 없는 모습이 함의하는 바는 적지 않다. 이와 같은 장소를 둘러싼 논쟁적 정치는 공공 공간에 대한 비판적 역사를 구축하려면 반드시 고려해야 할 사안인 것이다. 남산 위에 세워진 식민 정부의 기념비적 건축물은 발아래로 이 도시의 장관을 굽어볼 수 있기에 대중적으로 인기 있는 관광 명소이기도 했다. 조선인들 중 어떤 이는 여가를 보낼 소일거리로 삼아서, 혹은 자연 경관을 즐기려고, 심지어 단지 동행자에게 낭만적인 데이트라는 인상을 심어주려고 조선신궁을 방문하곤 했다.[4] 이처럼 어떤 장소에 사람들이 몰려든다는 것이, 이 책에서 논의될 다른 공공 공간들도 그렇지만, 항상 식민 지배의 동화 이데올로기를 진전시키는 것은 아니었다. 남산에 세워진 이 신사의 경우에는 조선인 신민들이 고작 15년 전에 자신들을 강제로 병합했던 그 민족의 신들을 경배할 것이라는 비현실적인 기대를 가지고 만들어졌지만, 사람들이 이 곳을 찾은 것은 꼭 그런 이유만은 아니었던 셈이다.

식민지 통치성의 경합적 실험으로서 일본의 식민주의

이 책은 이런 식민지적인 조우에 내포된 복잡한 뉘앙스를 따라가려 한다. 일본의 지배 구조를 다루는 한편으로 이 구조의 균열을 채우고 있는, 다양한 목소리를 지닌 주체들의 행위 방식도 함께 검토할 것이다. 김백영, 우치다 준Uchida Jun, 그리고 다른 저자들이 착수했던 노력들을 바탕으로 필자의 작업은 식민지 권위의 해체를 시도한다. 그리고 이것은 다양한 형식의 동화들, 즉 정신적spiritual이고 물질적material이며 공중적civic(公衆的)인 동화가 식민지 사회 및 그 공공 공간들의 근저에서 어떻게 작동했는지를 검토함으로써 이루어질 것이다.[5] 구체적으로 필자는 식민 권력의 활동official effort을 식민지 주체들의 종교적 소속감(정신적), 생산적 에너지(물질적), 집합적인 윤리(공중적)를 전면적으로 전환하려는 시도로 간주한다. 이때 전환의 핵심 기준은 이들이 '일본인이 되었느냐'라는 것이다. 따라서 이런 시도는 식민지 통치성과 관련해서 경합적인 실험이 될 수밖에 없었다. 이런 분석의 기본 틀은 애초 근대 서구의 자유주의 사회에 대한 연구에서 출발한 것이었다. 그런데 이러한 연구 틀은 점차 이들 자유주의

사회의 식민지들, 또는 그 제국의 판도에도 적용되기 시작했다. 사실 자유주의적 통치성에 관한 전형적인 연구는 대체로 18세기 후반 주권의 전환에 초점을 맞추어왔다. 즉 군주의 영토에 안전을 보장하는 것을 목적으로 하는 주권이 중앙집권적이고 강압적이며 무제한적인 권력의 형식이었다면, 이것이 훨씬 분산적이고 설득적이며 제한된 권력의 형식인 통치성으로 전환되었다는 것이다.[6] 이러한 새로운 패러다임 속에서 국가는 정치경제와 인구에 대해 자유방임적 태도를 갖게 되었다. 그 결과 근대국가는 간접적으로 개인적 자유의 관리자 기능을 떠맡게 되어, 시민들이 점점 더 자기-통치적인 주체가 되게끔 북돋우는 역할을 담당하게 되었다. 오늘날 자유주의적 지배의 특징으로 묘사되는 유명한 '품행의 인도the conduct of conduct'가 그것이다.

미국과 일본제국을 비교하는 연구에서 다카시 후지타니Takashi Fujitani는 대부분의 식민지 조선인들이 항상 자기규율적인, 그래서 믿을 만한 주체가 될 수 있을 것처럼 행동한 것은 아니었음을 지적한 바 있다. 전시 동원의 시기에는 특히 생체정치적인 관심 속에서 조선인들을 이전보다 더 적극적으로 포섭해야 할 필요성이 절실해졌지만, 사실 그 이전까지만 해도 조선인들은 그다지 자기규율적이지도 않았으며 어느 정도의 신민다운 행동조차 행하지 않았다는 주장을 설득력 있게 제기했던 것이다.[7] 이것은 '망원경의 시선'에서 바라본 것이라고 할 수 있는데, 이 시선에서 보면 조선총독부는 일본인 정착민들과 소수의 조선인 부르주아들의 좁은 영역을 넘어서 신민화의 효과를 확장하는 데까지는 성공을 거두지 못했다고 할 수 있다. 그저 식민 모국에서 전개된 국민국가 형성의 포섭 전략을 식민지에도 보조를 맞추어 잠정적으로나마 적용했을 뿐인 것이다. 하지만 도시의 기반시설, 남산의 신토 신사, 경복궁의 박람회, 지역의 위생운동을 '현미경의 시선'으로 분석해보면 사정은 달라진다. 이에 대한 분석은 식민 권력이 비非엘리트층의 피식민 주민들을 복종하지 않는 지배의 대상에서, 자기통치적인 수준까지는 아니더라도, 자기규율적인 권력의 주체로 전환하도록 만드는 데 있어서, 공공 공간이 그러한 개입의 목표 지점으로서 어떻게 활용되어왔는지를 여실히 보여준다. 서발턴subaltern* 행위자들은, 정치적 제도로부터는 사실상 배제되었지만, 그들 나름의 사고방식과 이해관계에 따라 이 공간을 이용해왔는데, 이런 사고방식 혹은 이해관계 중 많은 부분은 국가의 의도나 이해관계와 수렴하지 않는 것이었다. 이런 의미에서 도시의 공공 공간들은 한편으로는 식민 지배의 한도를 설정하는 이념과 정책이, 다른 한편으로는 이 살아 있는 공간을 점유하고 방문하며 거주하는 개인들의 실천이 조우하는 역동적인 만남의 장이 되는 것이다.

필자가 경성의 공공 공간을 분석하는 것은 이러한 장소 만들기의 식민지적인 정치에 접근하기 위해서다. 이러한 공공 공간에 대한 분석은 부분적으로는 일본의 동화주의에 대한 선행 연구에 바탕을 두고 있는데, 이를 두 가지 중요한 방식으로 재구성할 것이다. 먼저 필자는 이 동화주의 개념이 식민지 실천에서 의미했던 바를 상당 부분 확장하려고 한다. 지금까지 대부분의 연구들은 '일본'이라는 라벨을 뚜렷이 붙일 수 있을 정도로 좁은 맥락에서 동화주의를 이해해왔

---

* 식민지 인도사 연구자들이 피식민 인도 사회의 토착 하층 민중을 가리키는 용어로 사용했는데, 탈식민주의 연구의 영향력이 확산되면서 학계에 시민권을 얻은 개념이다. 기표화된 언어로 재현하거나 개념어로 포착해내기 어려운 사회적 존재를 뜻한다. '하위주체'로 번역되기도 한다.

고, 그 결과 필자가 '정신적인 것the spiritual'이라 부르는 영역에 대한 논의를 충분히 다루지 못했다.[8] 확실히 제국 윤리와 국어(일본어) 주입을 주된 목적으로 하여 실시된 의무적인 신사참배와 교실 교육은 동화의 구현으로서 가장 중요시되던 것들이다.[9] 하지만 신민들의 정신적 소속감을 천황에게로 향하게끔 만드는 방향 전환을 목표로 한 일련의 실천들은 식민지 관료들이 곧잘 '동화'나 '통합統合' 혹은 '연합聯合'이라는 말을 통해 뜻하는 바의 단지 일부를 구성할 뿐이다. 사실 공공연하게 동화를 요청하는 것이나 암묵적으로 이와 관련된 논리를 언급하는 것, 두 가지 모두 근대적인 담론과 실천에서 폭넓게 찾아볼 수 있으며, 여기에는 정신적인 문제뿐만 아니라 식민지의 정치와 경제, 문화가 모두 포함된다. 고마고메 다케시駒込武는 학자들이 동화에 본래적으로 내재된 모호한 윤곽과 유동적인 의미를 명확히 할 필요가 있다고 날카롭게 지적한 바 있다. 이러한 지적에 유념하면서, 필자는 지배의 실천들―가령 박람회의 스펙터클을 통한 근면성의 촉진, 근린 주민운동을 통한 위생윤리의 발전―을 이 책의 분석에 포함시킬 것인데, 이러한 실천들은 이런 방식의 분석이 아니라면 대체로 근대화라는 훨씬 더 보편적인 관점에서 포착되기 마련인 것이다.[10] 정도의 차이는 있지만, 근대 제국의 모든 권력체는 자민족과 계급의 이익을 위해 식민지에서 매우 불균등한 발전의 과정이 지속되도록 관리하는 것을 추구했다. 이러한 자본주의적 착취의 형태는 경성에서는 조선인들에게 생산성과 위생이라는 근대적 복음을 스며들게 함으로써 종속적이면서 위협적이지 않은 노동력의 일원이 되도록 강제했을 뿐 아니라, 이들이 일본 천황의 충량한 신민이 되도록 고무했다.[11]

이와 같이 동화의 개념적 경계를 확장함과 더불어, 필자의 연구는 이러한 전환적인 프로젝트의 이면에 어떤 이데올로기적 토대가 놓여 있는지 분석함으로써 그것을 재구성하고자 한다. 지금까지 대부분의 연구는 주로 하향식top-down 접근법을 택함으로써, 엘리트들의 논쟁이나 국가 정책을 통해 식민 지배의 전략이 얼마나 모호하면서도 강력했는지 가늠하는 데 주력해온 경향이 있다. 예컨대 교육 분야에서 국가정책을 다루는 연구자들은 일본어를 가르치고 천황숭배를 주입하는 데 보통학교가 어떤 역할을 했는지를 주로 다루었다. 이러한 제도들의 식민지적 본질에 초점을 맞춤으로써, 그들은 당시 민족주의적인 비평가들이 철폐하려고 노력했던 사회적 상승이동에서의 차별이 실재했으며, 그나마 상승이동을 가능케 한 기술들도 획득하기 쉽지 않았음을 보여주었다.[12] 이와 유사하게, 지식인 논쟁에 주목한 연구자들은 일본인 이론가들의 사고방식에 초점을 맞추어 사실상 그들의 사상이 식민지 차별 정책을 뒷받침해왔음을 밝혀냈다. 똑같이 하향식 접근법을 택하고 있지만, 이들 연구는 엘리트들이 추구한 이민족 식민 지배의 정당화 작업이 피식민 주체의 관점에서나 구미 제국주의 열강과의 관계와 관련해서 전개되어온 양상을 밝혀준다.[13] 이처럼 이들 연구는 동화의 지적 원천들과 제도적 형태들을 설명하는 데는 성공을 거두었지만, 피식민 조선인들의 일상적 실천을 탈바꿈시키고자 하는 목표하에 이러한 지배의 전술이 어떻게 운용되었는지에 대해서는 충분히 탐사하지 못했다. 그리고 이 연구의 대상에는, 조선인들보다 그 정도는 덜하겠지만, 일본인 정착민들도 포함된다. 정도의 차이는 있겠지만, 신토 신사에 가서 절을 하고 그 밖의 잡다한 의례에 참여함으로써, 제국의 신민들은 '일본인 되기|becoming

Japanese'를 통해 얻을 수 있는 권한을 획득하고자 했지만, 결국에는 제국적인 국민국가의 일원으로 포용될 것이라는 약속이 대부분 실현 불가능함을 확인했을 뿐이었다. 그 결과, 그들은 왕왕 스스로가 진퇴양난의 궁지에 빠져 있음을 깨닫게 되는데, 디페시 차크라바르티는 다른 식민지의 사례를 분석하면서 이를 역사의 "대합실"이라고 멋들어지게 묘사한 바 있다.[14] 식민지의 관료들은 대부분의 조선인들(과 여성, 좌익, 하층계급, 그리고 제국 일본의 다른 주변적인 구성원)을 종속적인 신민의 의무와 참정권을 지닌 시민의 권리 사이에서 집행유예 상태로 불안하게 떠돌도록 방치해두었다. 사실, 이것이야말로 근대성의 보상으로 유혹하면서도 이를 혼란스럽게도 유예하는 지배 전략, 즉 동화의 핵심이다.[15] 이 책의 영문 제목인 '서울 동화하기'는 '일본인 되기'라는 것이 거의 불가능한 과정임을 포착해내려는 의도를 내포하고 있는데, 그것을 이러한 모순적이고 실험적인 지배 프로젝트—식민지 관료들에 의해 제대로 시행되지도 못 했고, 피식민 주체들에 의해 전폭적으로 받아들여지지도 않은—에 초점을 맞춰 보여주고자 한다.

필자가 이처럼 하향식 분석의 한계를 지적하고는 있지만, 그것이 동화의 정책들과 그 배후의 사상들을 무시해도 된다는 의미는 결코 아니다. 동화의 정책과 사상이라는 문제는 일본 제국주의의 지배 논리를 이해함에 있어서 여전히 중요하다. 하지만 정부 관료들과 엘리트 이론가들이 구사하는 고도로 이데올로기적인 수사법에 매몰되어서는 안 되며 한 발짝 더 앞으로 나아갈 필요가 있는데, 이를 위해서는 식민 국가의 권위를 자연스러운 것으로 생각해서는 안 된다. 한국 학계에서는 별다른 고민 없이 조선총독부의 전능성을 당연한 듯 받아들이거나, '일제日帝'라는 단순하지만 잘못된 지시문rubric에 의해 틀이 짜여버리는 경우가 너무나도 빈번하기 때문이다. 이와 반대로, 필자는 이 문제를 조선인들을 제국적 공동체에 **차별적으로 편입시키고자** 한 일련의 노력들로 간주하려 하는데, 이를 추진한 특정 프로젝트들에 대한 일종의 문화기술지적 분석을 통해 이 문제를 다룰 것이다. 이 프로젝트들은 다종다양한 정신적·물질적·공중적 동화의 외관外觀을 띠고 있는데, 여기에는 제국 일본이라는 다민족적인 multiethnic 정체政體가 어떻게 발전해야 할 것인가를 둘러싼, 모호하면서도 상충하는 매개변수들이 투영되어 있다.

　(탈)식민 국가의 형성에 관한 인류학적 접근 방식을 끌어들임으로써, 필자는 다음과 같은 비非정통적인 가정과 더불어 논의를 시작하고자 한다. 피식민 인구를 통합하고 배제하는 총독부의 능력은 그 내부에서 보면 상당히 안정적으로 보이지만, 실제로는 권위의 지점에서 멀어질수록 매우 가변적이고 부분적인 것이었다는 가정이 그것이다. 내적 응집성과 외적 허약함이 동시에 나타나는 이와 같은 어정쩡한 상황은 동화와 관련해서 여러 가지 떠들썩한 담론들을 불러일으키기 마련이다. 이러한 담론에는 대부분의 조선인을 편입시키면서 초래되는 실질적인 어려움, 즉 이들이 '문명화 정도(이른바 '민도民度')'가 낮기 때문에 제국적 공동체의 주변부에 위치 지을 수밖에 없다는 취지의 유보 조건을 계속해서 덧붙일 수밖에 없다. 이러한 이유로 인해 일본적인 동화 관념은 곧잘 프랑스의 연합이론association theory으로 대체되곤 했는데, 특히 1920년대와 1930년대에는 '문화통치'라는 상쇄적인 힘이 작용함으로써 조선인들에게 일본인 정착민들이 지배하는 사회 내부에서 일정한 생활공간을 허용하기도 했다.[16] 하지만

이때조차도 관료들은 그들의 규율적인 대행자들—특히 경찰과 지역 유지들—에게 사회 통제의 임무를 맡겨 통치 권위의 외관外觀을 강화하기를 원했다.[17]

이처럼 식민 지배를 다시 정식화함으로써, 분석의 초점은 선험적으로 가정된 '식민 국가의 지배'라는 문제에서 벗어나 다양한 국가 및 비非국가 행위자들 사이의 경합적 관계에 대한 세밀한 고찰로 옮겨갈 수 있게 된다. 이러한 관계에 대한 고찰은 일상적이고 의례적인 형식을 통해서 경성 거주민들의 삶에서 총독부가 어떻게 현전現前(presence)했는지를 구성하는 데 도움이 된다. 그런데 식민지의 관료들은 도시 공간 전체는 아니더라도 그 일부에는 자신들의 권위를 투사할 수 있었다. 따라서 일본 식민주의 연구자들은 "국가 스스로가 설정하는 용어, 범주, 관점을 넘어서야 하며, 국가가 일상적 삶 속에서, 그리고 국지적인 형태로 어떻게 나타나고 있는지를 연구"해야 한다는 토머스 블롬 한센Thomas Blom Hansen과 핀 스테푸타트Finn Stepputat의 요청에도 귀 기울일 필요가 있다.[18] 요컨대 필자는 총독부의 전용 회의실이나 엘리트 저자들의 책상머리에서 '동화'라는 문제를 접근하는 대신에, 개인과 집단이 공공 장소에서 어떻게 작동하며, 자신들의 공간에 영향을 미치는 다양한 권력의 형식을 폭넓게 이해하려고 어떻게 애를 쓰며 살아가는지, 그 밑바닥의 역사들로부터 출발하려는 것이다.[19]

인식론적 단절과 유럽중심적인 보편성 주장에 대한 푸코의 모델을 받아들이는 연구자들 중에서는 이러한 통치성의 모델이 인종주의적으로 작동하는 제국 지배를 제대로 포착하는 데에는 어려움이 있을 것이라고 주장해왔다. 영국의 인도 지배를 서술하기 위해 파르타 채터지Partha Chatterjee가 한때 "인종적 차이의 지배"라고 불렀던 그런 자유주의로부터의 급진적인 결별departure 같은 것은 통치성 모델로는 파악하기 어렵다는 것이다.[20] 이와 같은 포스트식민주의 비판에 대해서, 데이비드 스콧David Scott과 같은 연구자들은 지배의 자유주의적 형식을 보다 세밀하게 구체화하는 대신에 그 형식 자체를 문제 삼음으로써 질문을 재구성하려는 시도로 대응했다. 즉 그들은 "식민지 지배의 정치적 주권들이 구성되고 작동하는 데 활용되었던 합리성 혹은 논리들이 역사적으로 이질적으로 형성"되었음을 정밀하게 검토했던 것이다.[21] 또한 통치성 연구자들은 지배의 비非자유주의적 형식들이 놀랄 만한 파급력을 가지고 있었음을 폭로하기도 했는데, 이 지배의 형식은 물론 영구적이라고는 할 수 없지만 그래도 일시적으로는 자기통치의 능력이 없다고 여겨졌던 종속적 인구─식민지 상황의 특징적인 패턴이라고 할 수 있는─를 분명히 겨냥하고 있었다. 게다가 이런 상황은 식민 모국 사회에서도 마찬가지였을 뿐 아니라 필연적인 것이기도 했다. 근대 일본은 제국적 국민국가로서, 구미 국가들과 마찬가지로 1945년 이전까지는 선거권이 부여된 인구는 전체 인구의 절반 미만이었다. 식민지에 거주한 사람들에게 선거권이 주어지지 않았음은 두말할 나위도 없다. 이러한 근대 일본의 상황은 "국가에 의해 통치되는 개인들 중 대다수는 개인적 자유에 전념했는데, 사실 이것은 서양 제국주의 지배하의 종속적 인민들에게 속한 것"이었다는 베리 힌데스Barry Hindess의 예리한 관찰과도 일맥상통하는 것이다.[22]

경성의 공공 공간에 대한 필자의 분석은 이러한 접근 방식에 입각한 것인데, 특히 주권적 권력과 통치성 양자 모두를 포함하지만, 종종 통치성을 희생해서 주권적 권력을 추구했던 그러한 변화의 연속선상에서 나타난 다양한 양상들을 고찰하려 한다. 따라서 필자의 분석은 조선총독부—아무리 좋게 보더라도 메이지 국체의 정신을 식민지 조선에 확장했을 뿐인 주권적 기관—의 정치적 합리성과 논리들도 다루려고 하는데, 비록 식민 국가가 신민화臣民化라는 목표를 달성함에 있어 생각만큼 성공을 거두지는 못했지만, 이를 제국 일본에서 일어난 국민국가 형성의 불균등한 과정과 유사한 것으로 볼 것이다.[23] 이처럼 필자는 이 연구를 식민 모국과 식민지, 근대성과 식민성, 그리고 포섭과 배제라는 양 극단의 사이 어딘가에 위치시키고자 한다. 그럼으로써, 일본 식민 통치의 작용을 통해서 이러한 이분법에 내재된 모순을 드러내는 그라데이션처럼 펼쳐지는 위치들이 어떻게 산출되었는지 밝혀낼 것이다. 프랑스의 제국적 국민국가에 대한 게리 와일더Gary Wilder의 연구가 그랬듯이, 필자의 분석은 어떤 특권화된 유리한 지점에 집착하기를 거부하며, 그 대신에 해방적 힘과 억압적 힘 사이의 고유한 긴장을 해명하려는 것이다.[24]

이 책 『서울, 권력 도시』는 이와 같은 이율배반들의 분리된 관계들을 포착해내기 위해서 식민주의의 가장 주목할 만한 결과물에 대해 탐색하고자 한다. 그것은 어떤 것은 두드러지게 과장하지만 다른 것은 노골적으로 누락시키는 식민주의의 모순적인 결과물이다.[25] 이 책에서는 그것을 일본의 식민 통치가 안고 있는 구조적이며 경합적인 특징으로 다룬다. 하지만 대부분의 민족사 서술에서 발견되는 경향이 그렇듯이, 이러한 접근이 한국의 사례가 단일한 서구적 근대성의 일탈적이거나 뒤틀린 버전임을 입증하는 데 이용되는 것은 피하고 싶다.[26] 경성은 한반도에서 일본의 정치권력이 자리 잡은 자리로, 새로운 통치성 프로젝트 속에서 주권적 권력이 창조적으로 다시 새겨 넣은 명문銘文이 어떻게 비非자유적이며 권위주의적으로 방향을 틀어버렸는지를 관찰할 수 있는, 대단히 유익하고 좋은 위치를 제공한다. 조선총독부는 경찰에 지나치게 의존했고, 이 강압적인 힘은 일본이 지배하던 기간 내내 수數와 효력에서도 증가일로에 있었다. 이 사실은 조선총독부가 겉으로는 덜 가혹한 형태의 신민화라고 꾸며댔음에도 불구하고, 어떻게 식민지 대중을 가혹하고 규율적으로 다루었는지를 보여주는 아마도 가장 좋은 사례일 것이다.[27] 시종일관 식민지 관료들은 가난한 조선인들의 삶의 질을 무시하는 경향이 강했다. 그들에게 조선인들은 식민 모국의 불온한 극빈자들과 다를 바 없는 존재였으며, 자기통치적 신민의 자격을 갖추기 이전의 존재들, 다시 말해 오랜 기간 문화교육을 받아야 하는 존재로 간주되었다. 물론 조선인 민족주의자들은 이런 식민 국가의 태만한 지연遲延 전략을 맹렬하게 비판했지만, 이들 조선인 엘리트들이 식민지 통치성의 해방적 전망을 거부한 것은 아니었다. 이것은 박세훈이 "교도敎導 자발주의guided voluntarism"라고 불렀던,[28] 기존 연구가 다루지 않았던 식민 지배의 특성이었다. 예컨대 제4장에서 볼 수 있듯이, 그들은 총독부에 경찰이 주도하는 위생 검사를 철폐할 것을 요구했지만, 그 대체 조치로 그들이 제안한 것은 자신들과 같은 지역 유지 계급이 주변 하위 집단의 위생 관리를 책임지는 것이었다. 이처럼 식민지 엘리트들조차도 나름의 방식으로 자기통치적인 신민이 되는 경합적인 과정을 재촉하고 있었다. 이들은 총독부의 규율적 대행자로 작동하면서, 자신들보다 더 빈곤한 조선인들의 비위생적인 습관을 통제해야 한다고 들먹이며 과장된 스펙터클을 마찬가지로 꾸며내려 했다. 이러한 행태들practices은 주권의 논리가 도시의 미시적 공간에 깊숙이 관통하는 데에는 항상 실패했음에도 불구하고, 어떻게 지속적으로 권력의 분산된 양식 속에서는 꾸준히 그 영향력을 늘려갈 수 있었는지를 여실히 드러낸다.

제1장에서는 경성의 도시기반시설이 구축되는 불균등한 과정을 사례로 삼아, 식민지 조선에서 통치성과 주권성, 그리고 규율성이 뒤엉켜 또 하나의 "곤란한 혼합물awkward amalgam"[29]이 만들어졌음을 보여줄 것이다. 이 장에서는 조선총독부가 도시의 주요 남북 축인 태평로를 디자인하는 데 얼마나 많은 노력과 재원을 쏟아부었는지를 상세하게 서술한다. 마찬가지로, 국가 권위의 과도한 전시는 이런 스펙터클한 간선도로들이 시작되고 끝나는 지점, 즉 정치적이고 정신적인 종착역들이 지닌 특징이기도 했다. 예전에는 경복궁이었으나 두 차례의 식민지 박람회가 열렸던 조선총독부 건물(제3장)이나, 떠들썩한 개막식으로 유명했고 이후로도 참배의 장소로 중요했던 조선신궁(제2장) 같은 것은 대표적인 종착역이었다. 이런 과도한 형식성은 경성의 간선도로 기반시설에도 그 흔적이 남아 있다. 하지만 경성의 모세혈관적인 조직들, 그 좁고 구불구불한 도로들은 대부분 식민국가의 규율적인 시선이나 생체정치적인 관심으로부터 여전히 후순위로 밀려나 있었다. 심지어 총독부 관료들이 조선인 거주 지역의 비위생적인 상태를 해결하기로 결심한 1920년대 후반 무렵에도 '북촌北村'을 급진적으로 재공간화하려는 노력들은 총독부의 재정적 지원 부족으로 애를 먹어야 했다. 결과적으로 관료들은 이 프로젝트의 재원을 마련하기 위해 가난한 거주민들이나 양가적인 태도를 보이는 조선인 엘리트들의 지원에 의존해야 했다. 민족주의 비평가들은 자

신들의 의견을 피력할 기회가 주어지자 도시 복리의 불평등성을 한탄했고, 공적 재원에 대한 보다 공평한 공유를 요구하며 일본 지배의 기저에 깔린 부도덕성을 부각시켰다. 이처럼 경성의 발전이 보여주는 불균등한 특징은 식민지 엘리트들 사이에서는 대단한 논쟁거리가 되었다. 그런데 이것은 한국의 근대성에 내포된 모순적인 구조가 다양한 거주자 집단들 사이에서 어떻게 경합과 협상의 가능성을 열어놓는지를 잘 보여주는 것이기도 했다. 이렇게 해서 공공 공간, 곧이어 설명할 '접촉 지대contact zone'는 대중들이 동화와 맞닥뜨리는 지점으로 기능하게 되는 것이다. 이 지점은 스펙터클한 이벤트의 주기적인 개최를 통해, 그리고 일상생활의 지속적인 과정이 식민 지배의 거친 현실과 결부되는 형태로 경험된다.

'접촉 지대'로서 경성의 공공 공간과 그 문화기술지

이 책은 식민화 프로젝트의 문화기술지를 통해서 동화의 광범위한 호명呼名이 도시의 사회 공간들 사이의 팽팽한 관계 속에서 어떻게 작동했는지를 드러내고자 한다. 필자는 분석적 용어인 '공간'에 형용사 '사회social'를 덧붙임으로써, 후술할 장소들sites이 어떻게 이 장소들을 창출한 식민지 통치성의 매끈하게 계획된 판본을 종종 초과해서, 생생하면서도 다루기 어려운 활력을 드러냈는지를 전면에 부각시킬 것이다. 공간을 투쟁의 장소로 보는 이러한 이해 방식은 부분적으로는 앙리 르페브르Henri Lefebvre에게서 아이디어를 얻었다. 그는 자본주의에 대한 분석 틀을 만들면서 인간의 공간성spatiality에 관한 기존 연구를 두 가지 범주로 나누었다. 그의 도식에 따르면, 일군의 연구자들은 공간의 물질적인 생산 및 재생산을 분석하는데, 이것은 예컨대 도시의 건조 환경에서 물리적으로 분명히 드러난다. 반면에 다른 일군의 연구자들은 그 관념적 표상에 따라 공간의 해독 decode를 추구하는데, 도시계획자의 공원 설계를 전형적 사례로 볼 수 있다. 르페브르는 이러한 제한적인 접근법들을 결합시킴으로써 그것을 초월하려고 했다. 이러한 노력의 일환으로 그가 제안한 분석 형식에서 공간은 "관련된 이미지와 상징을 통해 직접적으로 **살아 숨 쉬며**, 그렇기에 '주민'의 공간, '사용자'의 공간"으로 이해된다. 계속해서 그는 다음과 같이 언급한다. "이것은 지배되는 공간이며, 그런 이유로 수동적으로 경험되는 공간인데, 여기서 상상력은 공간의 변화와 전유를 추구한다. 그것은 물리적 공간을 중첩시키며 그 대상의 상징적 쓸모를 만들어낸다."[30] 이 책은 이러한 접근법을 적용하여 공간의 항구적인 가변성을 부각시키는 한편, 자신의 물적 조건을 조정하며 이를 통해 그 관념적 표상도 재구성할 수 있는 최소한 몇몇 인간 행위자의 능력도 드러내려고 한다.

이 책이 도시 공간에 특별히 관심을 보이는 것은 이들 공간이 앞서 개관한 식민지의 신민화와 떼려야 뗄 수 없는 긴밀한 관계로 특징지어지기 때문이다. 정도의 차이는 있지만, 이들 장소는 공간의 거주자들과 사용자들을 끌어들여 총독부가 추진하는 지배의 프로젝트들과 긴밀한 관계를 맺도록 하는데, 이 관계들은 국지적이고 그 장소에 고유한 맥락 속에서만 기능한다. 편의상 필자는 이러한 장소를 기술하기 위한 **분석의 범주**category of analysis로서 '공공public'이란 용어를 사용할 것이다. 그런데 이 용어는 공개성, 자유, 접근성과 같이 자유주의 사회와 연관된 관념과 혼동될 수 있다. 이를 피하기 위해 필자는 '공공'의 기능을 식민지 사회 내에 위치하는 **실천의 범주** category of practice로 역사화하려 한다.[31] 달리 말하면, 필자의 관심은 인간 행위자들이 이들 장소와 어떻게 관련을 맺으며 이를 통해 장소에 무슨 의미를 부여하는지에 초점이 맞춰져 있는데, 여기에는 조선 총독부의 정치적 합리성 혹은 논리와 일치하지 않는 의미까지도 포함된다. 까다롭지만 훨씬 미묘한 차이를 포착하고 있는 개념이라 할 수 있는 "인가받은, 사회적인 것the officially sanctioned, social"으로 이 장소들을 생각해도 좋을 것 같다. 이것은 일본어 '고쿄(공공公共)'에 역사적으로 그럴싸해 보이는 겉치레의 의미로서, 대체로 영어 '퍼블릭public'의 번역어처럼 되었다. 하지만 이런 겉치레를 걷어내면 '공공'이란 개념은 이런 장소들이 지닌 상호 연결된 속성을 특정한 통치 논리를 구현하는 것으로 훨씬 더 정확하게 포착하는 데 유용하다. 식민지 사회의 구성원들은 이들 '공공'의 장소를 통해서 자기 나름의 방식으로 적극적으로 교섭할 수 있었던 것이다.

필자는 이러한 교섭을 메리 루이스 프랫Mary Louise Pratt이 '접촉 지대'라고 불렀던 것의 관점에서 분석할 것이다. 그녀는 이 표현을 "이전까지는 지리적·역사적 분리 상태에 의해 제각각 떨어져 있던 주체들이 시간적으로 공간적으로 함께 현전copresence하게 되어 이들의 궤적이 이제 상호 교차하는 것을 지칭"하기 위해 사용했다.[32] 경성에서 주요 간선도로, 신토 신사, 궁궐터 및 기타 공공장소들도 총독부 관료들과 지역 엘리트들이 다양한 동화 프로젝트를 추진하기 위해서 이를 사용하는 한에서는 접촉 지대로 기능했다. 이런 프로젝트는 시간대에 따라 다른 빈도로 나타났는데, 일상적인 집 안 청소(제4

장)부터 신사의 연례 행사(제2장과 제5장), 식민지 박람회의 개최 주기(제3장)까지 다양했다.[33] 그리고 특별한 상황에서든 일상적인 차원에서든 이런 동화 프로젝트는 개인들에게 '일본인 되기'라는 의미를 담은 일련의 이데올로기적 메시지를 끼워 넣었다. 경성은 식민지 정치 권력의 중심이며 일본인 정착민 중 가장 많은 사람들의 삶의 거점이었다는 점에서 확실히 독특한 장소였다. 경성의 주민들은 식민 지배의 모순적 논리에 노출될 수밖에 없었는데, 농촌 지역은 말할 것도 없고 다른 어떤 도시 지역보다도 이런 모순적 논리가 강하게 관철될 수 있었기 때문이다.[34] 사실 식민지 조선에서 남산만큼 공공 공간의 권력을 감지할 수 있는 곳은 드물었다. 거기에는 여러 개의 기념비적 신토 건물들이 존재했고, 그중에서도 한반도에서 가장 격이 높았던 조선신궁이 포함되어 있었다. 물론 이러한 과잉에 가까운 권위의 과시가 식민 지배의 엄연한 현실을 반영한 것이라고 보는 것은 무리일 것이다. 하지만 남산과 경복궁과 같이 겉으로는 예외적일 수 있는 이런 공간들은 경성의 주민을 동원했을 뿐만 아니라 한반도의 다른 지역, 식민 모국, 제국 전역을 통틀어 방문자들을 끌어들였다. 물론 이런 지배의 전략은 아시아태평양전쟁 시기에 접어들어서야 가속화되었다. 이러한 방식으로 보면, 이 도시의 접촉 지대는 종종 다른 소재지의 모델이 되었고 이 도시의 지리적 한계를 훌쩍 뛰어넘어 확장되었다고 할 수 있다. 이런 유례없는 방식이 가능했던 것은 경성 말고는 제국의 수도 그 자체뿐이었을 정도다.

경성의 동화 프로젝트는 식민지 사회의 단면을 관통해 들어갔는데, 식민지 사회는 갈수록 민족성은 물론이고 계급, 젠더, 세대를 따라 분할되어갔다. 필자는 이런 분할에 유념하면서 다양한 행위자 집단들이 식민 지배의 모순적인 논리를 전유하거나 뒤틀고 도전하기 위해 어떤 방식으로 공공 공간들을 사용했는지 그 획기적인 방식들을 부각시키고자 한다. 이런 방식의 미묘한 차이를 포착하기 위해서 이하의 지면에서는, 포스트 언어적 선회를 해석한 한 연구자가 '사회의미론social semantics'이라고 불렀던 것을 통해서 문화적 사건의 분석을 추구할 것이다. 사회의미론이라는 접근 방식은 식민지 기념행사의 개최에 쓰였던 기호학적 구조에 초점을 맞출 뿐만 아니라, 참여자의 행위가 그들의 상이한 사회적 위치에 따라 이 사건에 대해 얼마나 다양한 이해를 창출하는지를 분석하는 것이다. 가브리엘 스피겔Gabriel Spiegel이 썼듯이, "역사적 행위자들은 사건이 왜 일어났는지를 이해하거나 이에 대응하기 위해 의미들을 재전유하는데 ―혹은 다시 의미화하는데―, 이를 통해 그들은 자기 보존과 자기 증진의 관점에서 그들의 문화를 해석하고, 이를 일상적 삶의 조건들 쪽으로 창의적으로 구부러뜨린다."[35]

최하위 빈곤층의 조선인들은 대체로 정치의 제도화된 형태로부터는 배제되었고, 식민주의자와 민족주의자들에 의해서는 대책 없는 통제의 대상쯤으로 취급받았다. 하지만 심지어 그들조차도 동화 프로젝트를 자신들 나름의 필요에 맞춰 이용할 수 있었다. 가령 1930년대 초반 경제 불황의 시기 경성으로 유입된 가난한 신참자들은 천황가에 대한 충성심을 고양하기 위해 마련된 신토의 연례행사, 의식에 대해 자신들 나름의 관계를 맺기도 했었다. 이들 중 몇몇 "룸펜 프롤레타리아트"들―지역 언론들은 이들을 걱정스레 이렇게 불렀다―은 일본인 정착민들이나 부유한 조선인들처럼 신사의 거리 행사에 환호하는 대신에, 이렇게 모인 사람들을 이용해서 구경꾼들의 호주머니를 노렸던 것이다. 신여神輿*가 순회하는 공간에 대한 이 같은 불온한 이용은 경성 거주자들 사이에 천황에 대한 획일적 충성을 심으려 지향했던 식민지 통치성을 그 토대부터 허물고, 대신에 정신적 동화의 계급적·민족적 편차를 드러내고 만다. 경찰관들, 마을 대표자들neighborhood representatives 및 기타 총독부의 대행자들은 이런 용인될 수 없는 행위에 대해 매우 신중하게 감시했으며, 필요하다면 공공 규범의 준수를 강화하기 위해 징벌의 위협도 마다하지 않았다. 가령 소매치기 집단, 말 안 듣는 청년들로 이루어진 지역 패거리들은 금방 구속되곤 했다. 1937년 중일전쟁이 발발하고, 1941년 미국과의 적대가 시작되자, 제국 일본에 대한 충성을 상징하는 문화적 관행에 대한 관용적인 자세는 자취를 감추었으며, 이런 불관용은 갈수록 위험한 결과를 낳았다. 하지만 전쟁 이전 시기에도 규범적인 행위 기준에 반해서 자기 개인의 이익을 추구하는 것은 벌금, 신체형, 사회로부터의 배척 등 부정적인 결과로 이어졌다.

동화 프로젝트에 적극적으로 참여하는 주체들이 드러내는 이런 미묘한 뉘앙스를 포착하기 위해서는 인류학자들이 '현장'을 연구할 때 쓰는 분석 방식이 필요한데, 식민주의 문화사 연구자들도 이 방식을 적용하여 훨씬 더 문화기술지적 감수성을 가지고 과거를 서술하기 시작했다.[36] 하지만 인류학자들로 하여금 독자적인 문화적 자료를 만들어낼 수 있게 해주는 현장 연구와는 달리, 필자의 문화기술지적 역사학은 애초부터 한계가 명확할 수밖에 없다. 이는 필자가

---

* 제례나 축제 때 신을 모시는 가마로, 일본어로는 '미코시'라고 한다. 움직이는 신사라고 불리기도 한다.

사례를 끌어오는 아카이브의 형식과 한계에서 기인하는 바가 크다. 검열은 조선인들의 목소리를 침묵시킬 수 있었고 실제로도 잠재웠는데, 특히 1910년대가 그랬고, 1940년대 초반이 되면 다시 심해졌다. 그렇기 때문에 필자는 경성의 공간을 분석하기 위해 아무리 부분적이라 해도 신문, 잡지 및 다른 자료로 발행된 일본어 기사에 의존할 수밖에 없었다.[37] 예컨대 『경성일보京城日報』는 총독부와 밀접한 관계를 맺고 있는 신문이었지만, 이 신문의 사회면 칼럼들은 신토 제의와 신사 방문과 관련해서 가장 생생한 설명을 제공해준다. 이것이 가능했던 것은 얼마간은 이 반관반민半官半民의 간행물이 다민족적인 커뮤니티가 동화의 방향으로 나아가고 있다는 그런 대중적인 이미지를 홍보하려고 애를 썼기 때문이었다. 따라서 이것은 식민지 아카이브의 일부를 이루는데, 앤 스톨러Ann Stoler가 기발하게 언급했던 바, "권력 관계가 아로새겨져 있는 슬라이드이자 그 자체로 지배의 복잡한 테크놀로지"로 기능한다.[38] 그런데 『경성일보』처럼 총독부에 의해 공인된 자료들은 종종 식민지 연구에서 무시되곤 하지만, 의외로 식민지 통치성의 모순과 긴장을 폭로하기도 한다. 예컨대 이들 자료들은 제한된 수의 조선인들이 신토 제례와 같은 공공 이벤트에 참가하게 되는 불평등한 우여곡절의 실상을 드러내기도 하는 것이다. 『경성일보』의 한글판 대응물인 『매일신보』에 실린 제례 관련 기사에서 현지인들은 대체로 보이지 않는데, 이 또한 총독부의 포섭 레토릭에 맞서 일본인 거류자들이 추구했던 배제의 형식이 당시 얼마나 만연해 있었으며 또 도시의 공공 공간에 대한 공인된 표상에 어떻게 스며들어 있었는지를 잘 보여준다.

필자는 토착어 출판물을 검토할 때에도 마찬가지 접근 방식으로 아카이브를 이루는 자료 알갱이들의 행간을 **아래위 양 방향으로** 세밀하게 읽어가고자 한다. 사실 한국의 역사 서술에서는 이들 한글로 쓰여진 자료들을 별다른 고민 없이 피식민자들의 진짜 목소리로 평가하는 일이 너무 잦다.[39] 확실히 1920년대와 1930년대에 번성했던 한글 매체들은 식민 지배를 훨씬 더 비판적으로 평가했으며, 민족 차별이라는 렌즈를 사용해서 총독부의 문서들이 곧잘 내세우곤 하는 '가장된 보편성'에 의문을 제기했다. 예컨대 『동아일보』와 『조선일보』 편집자들은 식민 당국이 종로 및 기타 조선인 거주 지역의 열악한 위생 상태를 무시한다고 통렬하게 비난한다. 민족주의자 전문가들은 총독부가 매우 차별적인 공공 보건 프로그램을 제도화했다고 비판했지만, 사실 이들은 식민주의자 쪽의 전문가들, 즉 일본인 엘리트들과 계급 배경이나 문화적 전제를 같이하고 있었다. 그렇기에 관료 집단이 밀어붙이는 위생적 근대성의 체제regime 그 자체를 비판하지는 못 했으며 오히려 이를 능동적으로 지지할 수밖에 없었다.[40] 이런 의미에서 한글 신문도 마찬가지로 식민지 지식의 보고寶庫로 한자리를 차지하며, 동일한 관점에서 분석될 필요가 있다.

비판적으로 읽어가다 보면, 이들 사료들은 매우 부분적이고 불완전하겠지만, 한때 푸코가 "예속된 지식들subjugated knowledges"이라 불렀던 어떤 것을 소생시킬 수 있는 길을 열어줄지도 모른다.[41] 한국인들의 설명에서 서발턴의 목소리는 민족주의적 지식의 정치화된 문장으로만 주기적으로 등장한다. 하지만 필자의 비판적 문화기술지는 非엘리트 거주자들의 일상적 실천을, 이런 실천에 언제나 영향을 미치는 보다 큰 권력의 구조들과 연결시키려 시도할 것이다. 그래서 예컨대 치명적인 질병이 대규모로 발생하는 시기에 그것을 숨겼다고 가련한 조선인 빈민들을 호되게 비난하는 토착어 언론의 민족주의 저술은, 도리어 일본인 식민주의자들의 비판과 거울을 비춘 듯 닮아 있는 것이다. 그런데 이처럼 중첩된 위생적 근대성의 의제들의 배후에는 예속된 지식들이 가로놓여 있다. 그리고 개인들을 추동하여 자기 병을 숨기도록 부추기는 것도 이 지식들이다. 훼방꾼 같은 위생경찰의 존재나 위생조합의 배척하는 시선을 얼버무리고 회피하는 전략이었던 것이다. 거기에다 전염병에 대한 서양의학적인 치료는 한약 조제에 비해서 압도적으로 비쌌다. 당시 콜레라 같은 병은 대체로 치료가 불가능한 상태였기 때문에 가난한 조선인들의 입장에서는 전자가 반드시 후자보다 효과적이라고 생각하기도 어려웠다. 그리고 사랑하는 이를 경찰서나 지역 위생조합에 보고하면 종종 병원 격리로 이어지곤 했다. 이런 조치는 가족들이 환자를 보살피는 한국의 오랜 전통을 불가능하게 만들었다.[42] 그런데 신체 건강과 관련된 이런 기본적 관찰로는 행위자가 식민 통치에 관계하는 데 영향을 미치는 여러 복잡한 주관성을 포착하기란 쉽지 않다. 따라서 이들의 예속된 지식들은 현저하지는 않을지라도 이 책 『서울, 권력 도시』의 근본적인 한계로 남는다.

이 책의 시공간 좌표

이 책의 서사 구조는 동화의 모순적 역학에 대해 명백히 공간적인 접근을 취하고 있지만, 각 장은 35년간의 식민 지배를 시간적으로 가로질러 나아간다. 필자는 시간의 흐름에 주의를 기울이고자 하는데, 이를 통해 다양한 인간 행위자들, 즉 식민 권력에 연루된 행위자뿐 아니라 비非국가 행위자들이 이 도시의 공공장소에 서로 다른 어떤 의미를 부여했는지, 또 이런 의미들이 식민지 사회에서 이들의 주체 위치가 달라짐에 따라 어떻게 결정되는지를 보여줄 수 있을 것이다. 그런데 이러한 장소 형성, 공간 형성의 역학은 대개의 한국사와는 다소 다른 궤적을 따르게 될 것인데, 무엇이 다른지에 대해서는 여기서 약간의 설명이 필요할 것 같다. 총독부 자신의 언어와 그지배의 전략을 넘어서 나아가기 위해, 필자의 서사는 식민지 시기를 서술하는 데 통상적으로 사용해왔던 시기 구분의 방식을 유보하려한다. 대신에 필자는 그보다는 덜 전체주의적인 모델을 제시하겠다. 이 시기 구분에서 전환점은 경성이라는 생활공간의 변화하는 속성을 보다 정확하게 반영하는 것이 될 것이다.

대개의 설명 방식에서 식민지 시기는 '무단통치'의 10년(1910~1919)과 더불어 시작되는 것으로 기술되며, 무단통치기는 헌병경찰이 저항적인 조선인을 억압하는 것으로 요약된다. 이 책 『서울, 권력 도시』는 물론 이러한 국가폭력의 행위들을 하찮게 보는 것은 아니다. 하지만 그보다는 이런 행위들을 유발시킨 역사적 원인들을 보다 잘 이해하는 것을 목표로 한다. 국가폭력의 행위들은 일본이 얼마나 반인륜적이었는지를 보여주는 자명한 증거로 언급되어왔다. 필자는 이런 행위들이야말로 초기 식민 지배의 태생적 한계를 드러내는 중요한 징후로서, 수도 경성에서도 상황이 별로 다르지 않았음을 염두에 두면서 이를 비판적으로 검토할 필요성을 제기하고자 한다. 잔인한 폭력과 행정적 무능이 공존하는 이 아이로니컬한 곤경은 식민지인으로 전락한 지 얼마 되지 않은 조선인들은 물론이고, 병합당시 꽤 많은 수가 이미 경성에 자리 잡았던 일본인 정착민들에게도 적지 않은 영향을 미쳤다. 1915년 무렵, 다시 말해 두 민족 집단을 강압적으로 평정하고 안정화시키는 데 거의 5년이나 걸린 이후에야, 총독부는 비로소 경성에서의 삶이 앞으로 어떠해야 하는지에 대한 보다 효율적인 통제에 착수할 수 있었으며, 나아가 도시의 다양한 지역들도 관료주의적 시선의 통제 아래에 놓이게 되었다. 식민 국가가 첫 박람회를 개최한 것은 바로 이런 역사적 국면에서였다. 박람회란 식민지 근대화의 착취적 속성이 조선인들에게도 어쨌든 간에 이익이 될 것이라고 그들을 설득하는 것이 목적인 미디어 이벤트였다. 1915년의 조선물산공진회 같은 영향력 있는 스펙터클은 오히려 그 다음 10년, 즉 1920년대의 지배 전략에 걸맞아 보이는 것으로, 다소 때 이르게 시작해서 1920년대에는 약간 수정되고 확장되었을 뿐이었다. 이런 설득의 전략들은 애초부터 임시방편적이고 따라서 그 한계가 명백한 초기 식민 통치성의 형태를 낳게 되는데, 이것은 폭력적 전략에 의한 사회통제에 계속적으로 의존하게 된다.

이 시기에 대한 기존의 설명 방식이 가지고 있는 또 하나의 공통된 특징은 1919년의 3·1운동, 즉 제1차 세계대전 이후 자결주의에 대한 기대에서 촉발된 반식민적·민족적 봉기의 역할에 초점을 맞춘다는 것이다. 대체로 이 운동은 첫 10년의 무단통치와 그 뒤 10년의 '문화통치' 사이를 연결 짓는 중요한 고리로 간주되는데, 여기서 무단통치와 '문화통치'라는 표현은 둘 다 1919년 당국에 대한 예기치 않은 도전에 대응하여 총독부에서 만들어낸 용어다.[43] 그런데 이런 방식의 서사는 완전히 틀린 것은 아닐지라도 필자의 경성 연구에서 전제로 삼고 있는 다음 두 가지 상호 연관되는 지점을 모호하게 만들어버리는 문제가 있다. 첫째, 1919년 이전에도 총독부 관료들은 가혹한 형태의 사회 통제가 무익함을 실감하고 문화통치를 연상시키는 보다 설득력 있는 전략들을 실험하기 시작했다는 사실이다. 역으로 문화통치에 대해 무비판적으로 접근하게 되면, 1919년 이후에도 여전했던 강압의 사용을 설명하기 어렵다. 둘째, 문화통치의 이념과 정책은 1919년 직후 등장했지만, 이와 같은 식민지 통치성의 수정된 형태는 1920년대 중반이 되어서야 비로소 총독부가 1910년대 내내 미온적으로만 지원했던 동화 프로젝트에서 본격적으로 작동하게 된다는 사실이다.[44] 예컨대 공공기반시설 관점에서 본다면 경성의 기본 도로망 및 이를 부각시키는 건축양식은 도시 개혁이 10년 넘도록 이어진 이후인 1925년 무렵에야 비로소 대략의 기틀을 갖추게 된다.

따라서 필자는 1915년과 1925년을 중요한 분기점으로 제안한다. 여기서 필자가 강조하고 싶은 또 한 가지 지점은 동화의 방향과 속도를 정하는 데에 중요했던 일본인 정착민들의 역할이다. 이들 이주민 집단은 실은 그들 스스로가 내적 차이로 분열되어 있었다. 그리고 다양한 방식으로 조선총독부의 권한과 식민지 조선인들의 삶 사이를 매개하는 핵심 중재자—우치다 준의 용어로 '브로커'—로 기능했다.[45] 앞서 언급했듯이, 초기 식민 국가는 새로 식민화된 조선인들에 대해 행정적 통제력을 확보하려 했을 뿐 아니라, 일본인 이주민들의 반#자치적인 제도들을 길들이려 애썼다. 이들 이주민들은 1910년 당시 대략 4만 명 정도였지만, 1940년이 되면 15만 명 이상으로 늘어났다.[46] 조선총독부는 1914년 거류민단의 법적 권한을 폐지했는데, 그 이후에도 계속해서 이들 이주민들은 공공적 삶에 스며들어 통치 합리성을 굴절시키는 데 중요한 역할을 했다. 이들은 식민 국가의 이해보다는 자기 자신들의 이해관계에 따라 공공적 삶을 뜯

어고쳤던 것이다. 예컨대 도시계획(제1장)과 신토 신사(제2장)에 대한 필자의 검토는, 이주민 지도자들이 상업적 이해와 자기 공동체에 대한 문화적 지배를 보호하기 위해 얼마나 애를 썼는지를, 그리고 사회적 통합과 문화적 동화를 추구하는 총독부의 시도에 대해 이들이 어떻게 대립했는지를 잘 보여준다. 그리고 이러한 대립에는 조선인들에 대한 배제나 종속, 심지어 이들을 혐오스런 타자로 '인종주의화' 하려는 시도까지 포함된다.[47] 사실 1920년대 중반이 되어서야 이들 거류민들의 이해는 식민 정부의 이해와 수렴하기 시작했고, 자신들을 총독부가 추진하는 동화에 대한 보다 공격적인 지지자들로 재설정할 수 있게 되었다.

필자의 서사에서 세 번째이자 마지막 전환은 아시아태평양전쟁이 시작되는 1930년대 후반에 일어난다. 하지만 이전의 전환점인 1915년 및 1925년과 마찬가지로 1937년은 이전과의 단절이라기보다는 이전까지 전개된 식민지 통치성의 실험이 새로운 형식으로 전환되는 문턱 점에 가까운 것이다. 따라서 제5장은 황민화皇民化라는 전시 프로젝트를, 동화의 초기 방식에서 비롯된 것이자 그로부터 확장된 것이라는 관점에서 다루려 한다. 이러한 접근은 부분적으로는 황민화에 대한 리오 칭Leo Ching의 규정에서 빌려온 것이다. 그에 따르면 황민화는 "동화의 내적 모순을 은폐하거나 삭제함으로써, 식민지 주체성 혹은 정체성이 구축되거나 억압되는 방식을 급진적으로 전환시키고 제약하는 식민지적 이데올로기"[48]다. 그런데 리오 칭이 식민지 말기 타이완의 정체성 형성과 관련해서 설정한 인식론적 단절은, 같은 시기 조선에서 식민 권력과 공간 사이의 관계에 그대로 적용할 경우 다소간의 과장이 발생할 우려가 있다. 동화주의자들의 논리와 식민지 개인들의 실천 사이에 존재하는 상호 구성적인 관계는 대체로 전시 지배로 가는 상황에서도 고정된 어떤 것이 아니라 계속적으로 만들어지는 관계이기 때문이다. 확실히 말기 식민 국가는 필자가 '감정의 공학emotional engineering'이라고 부르려고 하는 그런 전례 없는 노력을 전개한다. 충성스런 신민이라는 보다 통일적인 공동체를 만듦으로써 이를 통해 민족에 기반을 둔 정체성의 약화를 꾀하는 것이다. 하지만 이런 참신한 황민화의 시도조차도 민족성뿐 아니라 계급, 젠더, 세대, 지역에 바탕을 둔 차이에 의해 특징지어지는 파편화된 사회구조를 물려받아 이어갈 뿐이다. 전시체제는 이러한 차이를 공존과 공영이라는 다민족적인 레토릭으로 메우려고 꾀하는 것 외에는 다른 방도가 없었다.

1910년에서 1925년까지, 1925년에서 1937년까지, 그리고 1937년에서 1945년까지. 이 세 시기는 필자가 경성의 공공 공간을 탐사하는 데에 시간적 좌표 역할을 한다. 전초전으로서 제1장은 조선총독부가 어떻게 한양/황성이라는 왕도王都/제도帝都를 일본의 식민지 수도로 전환시켰는지 그 궤적을 추적한다. 이 장은 초기 식민지 계획자들이 대한제국 시기(1897~1910) 지도자들에 의해 추진되었던 근래의 변화를 무시하고, 이를 대신해서 메이지 일본(1868~1912)에서 끌어온 도시 개혁이라는 자신들 나름의 재공간화 프로그램을 추구했음을 보여줄 것이다. 하지만 사람과 상품의 순환을 용이하게 만들기 위해 도로를 격자로 만들고 로터리를 설치하려는 그들의 시도는 이 도시의 원래 동맥 구조에서 그저 작은 부분만을 바꾸는 데 성공했을 따름이다. 이러한 시구개정市區改正의 시도는 '공익public good'의 추구—관료들은 그렇게 부르길 좋아했다—로 치장되었지만 토지

몰수라는 손이 많이 가는 정책을 필요로 하며, 공덕심을 지닌 주민들의 공동체를 만들려는 일련의 노력을 깎아내리고 만다. 제1장 후반부는 1920년대 중반부터 1930년대 초반까지의 도시계획 운동이 토지구획정리와 수익자부담금과 같은 최신 방법을 도입하는 한편, 조선인 거주자와 같은 새로운 대상에 주목하면서 어떻게 도시계획의 범위를 넓혀갔는지를 검토하겠다. 하지만 재정적인 제약과 계속되는 저항으로 인해 경성은 고도로 불균등한 방식의 발전을 지속할 수밖에 없었으며, 순환과 위생이라는 근대적인 논리 또한 이 도시의 주요 간선도로만을 관통하는 데 그쳤다. 다른 식민 도시들과 마찬가지로 이들 간선도로는 조선총독부의 과잉된 주권적 권력을 구현하게 되었는데, 이는 특히 태평로를 따라 늘어선 건축양식들을 통해 잘 드러난다.

이 책 제2장, 제3장, 제4장은 세 가지 다른 지배의 프로젝트들이 이 도시의 공공 공간을 통해서 어떻게 작동했는지를 규명한다. 제2장은 신토 신사와 이들의 문화적 활동이 천황가에 대한 충성의 감정을 주입하는 데 어떻게 사용되었는지에 초점을 맞춘다. 최근까지도 식민지 신사 연구자들은 1937년의 신사참배 강요가 그 이전 시기에도 특징적이었다고 가정하는 경향이 강했다.[49] 반면에 필자는 이런 전시戰時 현상에 대해서, 식민지 신토의 내적 모순들을 이용해 먹으려는 사회적 행위자와 문화적 대행자들 사이에 갈등과 경쟁이 이전부터 광범위하게 전개되어왔으며, 그 역사로부터 파생된 것이라고 주장하려 한다. 특히 필자는 정신적 동화 프로젝트가 1925년 조선신궁이 건립되기 이전 경성의 유일한 신사 건축이었던 경성신사의 일본인 관리자들이 고안한 잠정적인 조치에서 시작된 것임을 보여주려 하는데, 이들이 이런 조치를 마련한 것은 총독부의 동화주의 레토릭을 추종한 결과라기보다는 이들의 제전祭典에서 피식민 주민들을 배제하려는 의도가 컸음이 드러난다. 이 장의 시작 부분에 인용했던 오가사와라 쇼조의 지적에서도 알 수 있듯이, 1925년 이후에야 식민지인 주민들은 참배를 위해 조선신궁을 방문하기 시작했다. 하지만 이 근엄하고 매력 없는 건물을 많은 조선인들은 여전히 숭배의 장소라기보다는 관광의 장소 정도로 취급하고 있었다. 제2장 후반부는 신사에 대한 이와 같은 색다른 관행이, 갈수록 경쟁적으로 되어가는 신토 정치의 분위기를 어떻게 반영하게 되는지 밝혀낼 것이다. 필자는 총독부가 어떻게 규모가 작은 경성신사의 대체물로 남산 위쪽에 매머드급 신사인 조선신궁을 설치했는지를 묘사함으로써, 이 두드러진 전환을 설명하고자 한다. 경성신사의 일본인 지도자들은 자신들의 권위에 대한 이와 같은 유례없는 도전에 맞서, 종속적인 조선인들을 자신들의 제전에 훨씬 더 빈번하면서도 훨씬 더 선별적으로 포섭하기 시작했다. 이것은 식민 국가에 대해 자신들의 권력을 유지·강화시키는 것을 목적으로 하는 몇 가지 새로운 전략들 중 하나로 활용된 것이다.

제3장에서는 옛 경복궁 터―조선총독부 건물이 신축된 터이자 두 차례의 중요한 박람회가 개최된 장소―를 이용해서 필자가 물질적 동화라 부르는 것을 검토하고자 한다. 이 용어를 통해 필자는 식민지 관료들이 제국 일본의 내부에서 조선 경제의 불균등 발전을 추진하는 과정에 대해 말하고 싶었다. 정기적으로 개최되는 박람회는 조선인 방문자(와 일본인 관광객)들에게 근대적 '진보'를 드러내 보일 뿐 아니라, 근면, 성실, 검소와 같은 부수적인 윤리를 이들에게 심어

주는 데에도 중심적인 역할을 수행했다. 가령 1915년의 박람회에서 주최자들은 서구 건축물과 기계라는 보편적인 표현 양식을 통해 근 면성의 이미지를 고취시켰는데, 이들 서구 건축물과 기계는 '시대착오적'인 궁궐의 공터와 신중하게 병치됨으로써 강력한 발전의 상징으로 작용했다. 물론 일부 교육받은 조선인들은 이런 근대화의 비전을 제대로 읽어내고 조심스레 수용할 수 있었지만, 엘리트가 아닌 이들 중에서는 박람회를 그저 오락과 상업의 흥미로운 세계와 결부시키려는 경향이 훨씬 더 강했다. 이후, 1929년 대공황 기간에 개최된 조선박람회는 원래는 조선총독부 시정施政 15주년을 기념해서 1925년에 열릴 계획이었던 행사로, 식민지의 발전상을 전시하여 관객들에게 감명을 주려는 의도가 강했다. 동시에 주최자들은 한반도의 발전이 제국의 경제 내부에서 좀 더 제대로 자리매김되기를 바랐는데, 이를 범아시아 블록과 같은 자급자족적 형태로 생각하려는 패턴은 1930년대를 거치면서 서서히 형성되었다.[50] 부분적으로는 식민 모국에서 온 일본인 관광객을 매혹시키려는 목적으로 디자인되었던 이 1929년 박람회의 하이라이트는 행사장 중앙 대로를 따라 늘어선 전시 홀들이, 이를 만든 건축가들이 '순純 조선식'이라고 부르길 좋아했던 양식으로 만들어졌다는 사실이다. 궁궐과 흡사하게 만들어진 이러한 구조물들은 새로운 동서東西의 축을 만들어냈는데, 이 축은 남북 방향이었던 궁궐의 원래 공간성을 바꾸어버리는 결과를 낳았다. 이처럼 뻔뻔스러운 경복궁의 재再공간화와 모조품 미학의 재창조는 이를 식민지 폭력이자 문화통치의 책략이라고 규탄했던 민족주의 논자들에 의해 거센 비판을 받았다. 이들의 날카로운 비평에 따르면, 이런 '조선 스타일'을 수긍하려는 움직임은 부의 분배에 관한 차별적 논리를 은폐하고 있는데, 사실 이것은 일본인 실업가들과 결탁한 조선총독부가 지휘·조율하고 있다는 것이다. 조선박람회는 농촌의 가난한 조선인들에게 이처럼 큰 비용이 드는 기념행사에 참여하도록 설득하고 심지어 강요하기도 했는데, 이는 식민주의의 빈곤화 효과 impoverishing effects를 악화시킬 따름이었다.

이처럼 신토 신사들이 식민화된 주체들을 일본 혼魂의 이상화된 형식을 구현하도록 이끌었고, 산업박람회가 이들에게 식민지적 진보의 착취적 논리를 받아들이도록 북돋웠다면, 이제 제4장에서 필자가 공중적 동화라고 부르려는 것은 조선인들로 하여금 차별적이기는 매한가지인 공중위생 체제의 보건윤리를 채택하도록 길들였다. 이 장에서는 주민들의 삶에 주목하면서, 계절별 정화淨化 및 기타 지역 캠페인들이 개인 신체의 건강을 어떻게 보다 큰 공동체의 건강과 연결시키려고 지향했는지 살펴본다. 특히 필자는 위생 규칙과 관련한 경찰의 단속 활동과 값비싼 서양의학 처방 및 그것의 환영받기 어려운 결과에 대한 대중적 저항이 초기 경성(1910~1915)에서 공중위생이 성공적인 체계로 정착하는 것을 가로막는 상당한 장애물로 작용했다고 주장할 것이다. 일본인 식자층들은 한때 경성을 조선의 "똥의 수도"라고 경멸한 바 있었는데, 실제로도 경성은 1920년대 후반부에서 1930년대 초반 사이 제국의 "병든 도시"라는 수치스런 명성을 떠맡고 있었다. 쏟아져 나온 당시의 의학 보고서를 통해 지금도 확인할 수 있듯이, 재조선 일본인들은 이른바 '비위생적인' 조선인들보다도 훨씬 더 전염병 발병률이 높았으며, 심지어 치사율도 일본인들이 조선인들에 비해 훨씬 높았다. 또한 제4장은 위생적 근대성을 둘러싸고 일본인 식민주의자들과 조선인 민족주의자들이 경합하면서 추진된 의제들이 어떻게 도시 위생과 공중 복리라는 정치적으로 비난받는 문제와 더불어 수렴하게 되는지 보여줄 것이다. 식민주의자와 민족주의자 어느 쪽의 캠페인도 이 병든 도시를 치유하는 데 성공을 거두지는 못 했지만, 그럼에도 그들의 노력들은 서로 결합하여 경성의 거주민들을 가로질러 권력의 그물망을 더 넓게 펼치는 데 기여하는 결과를 낳았다. 그리고 하층민들조차도 이 값비싼 그물망에서 완전히 벗어나기란 불가능했다.

제5장에서는 아시아태평양전쟁의 개시와 더불어 이처럼 서로 달랐던 동화의 프로젝트들과 장소들이 한데 뭉쳐지면서 이 도시의 공간성에서 유례없는 순간을 낳게 된다고 주장할 것이다. 특히 천황가에의 충성을 확인하려는 새로운 압력들은 공공 공간의 사용에 있어서 중요한 변화를 이끌어내며, '내선일체內鮮一體'라는 전시 목표를 추진할 수 있는 새로운 공간을 창출했다. 예컨대 갈수록 군사화되어가던 남산 신토 신사의 엄숙한 공간적 영역은 가미다나神棚*를 설치하고 이세신궁의 부적符籍을 보급함으로써 조선인 가정으로 침투해 들어가기 시작했다. 이러한 수단들은 물론 완벽하게 성공하지는 못 했지만, 조선인들이 천황이 주도하는 전쟁에 대해 더욱 강력하게 일체감을 가지도록 강요하려는 의도의 산물임은 명백하다. 1940년의 기념행사는 일본국 탄생 2600주년을 축하하기 위한 무대이기도 했는데, 조선인들을 고취시켜 이들 대다수가 후방에 남아 있을 때조차도 아시아태평양전쟁의 적극적인 참여자가 되라고 독려했다. 이러한 목적을 달성하기 위해 이루어진 성화 봉송이나 대경성박람회大京城博覽

* 집 안에 두는 작은 신사.

會 같은 이벤트들은 대동아大東亞 신민이라는 상상된 공동체의 창출을 꾀하고 있었다. 한반도 전역을 가로질러 여러 장소에서 열린 이러한 제의들은 전시戰時 제국이라는 압축된 지형학topography을 창출해냈다. 이를 통해 식민지 인민들로 하여금 그들이 속한 지역과 가족에 대한 소속감을 제국 신민으로서의 전망에 종속시키도록 유도하고자 한 것이다. 군대와 긴밀한 관련을 맺은 일부 조선인들은 이러한 방식으로 생각을 전환하기 시작했지만, 말기의 식민 국가는 그동안 진행되어온 동화 프로젝트의 완성에 도움이 될 법한, 민족, 계급, 그 밖의 다른 차이들을 완전히 제거하는 일은 결코 추진하지 않았다. 이러한 차이들은 말기 식민주의 이데올로기의 다민족적 레토릭 속에 전략적으로 재통합되어갔지만, 점증하는 죽음의 위협이 엄습하는 전쟁의 최후의 몇 년에 이르기까지도 이러한 차이는 여전히 황국 신민화의 작동 방식을 결정하는 변수로서 기능했다.

에필로그에서는 식민 지배 35년의 폭력적 정점이라고 할 수 있는 이 전쟁에 대한 최근의 기억들로 인해 1945년 이후 한국인들이 식민지 시기 경성의 대다수 상징 공간들을 —부분적으로는 일본인 당국자들로 하여금 남산의 조선신궁을 파괴하도록 만들고, 그것을 민족의 반식민주의적 기념물로 대체하는 과정을 통해— 어떻게 다시 만들었는지에 대해 다룰 것이다. 해방된 지 정확히 50년이 되는 1995년, 드디어 식민 이후 국가는 식민 통치 시대를 강력하게 상기시키는 옛 총독부 청사 건물을 제거하는 데 성공했다. 이 기념비적 행사가 벌어지기 전까지 중앙청(1948~1986)과 국립박물관(1986~1995)으로 사용되었던 바로 그 건물 말이다. 총독부가 철거된 자리에 오늘날에는 절반쯤 복원된 경복궁이 들어서 있는데, 이것은 값비싼 탈식민화decolonization 프로젝트의 산물로, 복원 공사는 최소한 2030년 혹은 그 이후에야 완성될 예정이다. 이 민족주의화된 궁궐터는 국내외 방문객들에게 조선왕조(1392~1910)의 상상된 영광을 상기시키는 데 그 주된 목적이 있다. 그럼으로써 이 공간은 남산의 안중근—1909년 조선 초대 통감 이토 히로부미를 살해한 한국인 애국자—기념관과 마찬가지로, 경쟁하는 두 개의 체제로 여전히 분단되어 있는 한반도에서 정권의 정당성을 주장하기 위한 용도로도 부분적으로는 사용되어왔다. 현대 서울의 설계자들은 이러한 낭만적 과거로의 회귀를 통해서 제국 일본의 당국자들이 조선의 왕도王都/제도帝都를 일본적 근대성의 전시장으로 폭력적으로 재창조하려고 했던 시기를 계속해서 건너뛰려고 하고 있는데, 역설적으로 이것은 한반도의 전근대사의 흔적을 최소화하려 했던 식민지 시기 그들의 선배들의 시도를 완전히 빼닮은 것으로 보인다.

제1장

경성 건설하기

식민지 수도의 불균등한 공간

이 장에서는 조선의 왕조 수도인 한양의 상징적·물리적 경관을 식민지 수도 '게이조', 즉 경성으로 바꾸고자 한 조선총독부의 시도를 추적한다. 전통적인 조선인 거주지인 북촌을 포함한 도시의 상당 부분을 내버려두었음에도, 초기 시구개수市區改修와 후기 시가지 계획의 단계를 거치면서 식민 국가는 경성의 도시 골격과 미학적 구조를 재구성해냈다. 기얀 프라카시Gyan Prakash가 식민지 인도에 대한 연구에서 사용한 은유를 빌리자면, 공식적인 계획을 통한 말끔하고 매끄러운 순환은 도시의 주요 동맥만을 거쳤을 뿐, 모세혈관과 같은 일상생활에까지 침투하지는 못 했다.[1] 그 결과는 전혀 어울릴 법하지 않은 옛것과 새로운 것, 방치된 것과 과도한 것, 혼란과 질서가 중첩된 다층적인 건조建造 환경으로 나타났다. 도시계획가들이 자주 비교했던 식민 모국의 다른 근대도시들과 마찬가지로, 서울은 일본의 지배하에서 형성된 민족과 계급을 비롯한 사회적 차별이 점점 악화되면서 매우 불균등한 방식으로 발전했다. 당국자들이 이 역사적 수도를 식민지 조선의 전시장 도시로 전환시키기 위해 막대한 재정과 이데올로기적 자원을 투입했음에도, 이 '경성 건설하기' 프로젝트의 성공 여부는 논쟁적인 것으로 남았다. 도시 설계라는 측면에서는 다소 부족했음이 명백하지만, 다양한 거주민 집단들이 도시 공간에 대해 적극적인 목소리를 표출하기도 했다. 이 도시 공간은 외래 이주자들이 풍요로운 가능성을 선점할 수 있었던 공간이자 동시에 그보다 더 많은 사람들이 훼손된 공간에 취약한 상태로 방치된 공간이기도 했다.

왕조의 한양에서 제국의 황성으로, 1394-1910

1910년 한일병합 당시, 일본인 관료들은 500년 이상의 역사를 지닌 도시를 물려받았다. 1392년 조선왕조를 건국하자마자 태조 이성계는 고려 왕조(918~1392)의 권력 중심지였던 개경(현재의 개성)으로부터 일정한 거리를 둘 목적으로 한양을 새로운 왕조의 도읍으로 삼았다.[2] 풍수지리적 명당으로 선택된 한양은 새로운 왕조를 보호하고 정당화하는 요소들과 더불어 중국의 도시계획 원칙을 적용하여 만들어졌다. 〔그림 1〕에서 볼 수 있듯이, 도시는 많은 부분에서 대륙의 선례를 따라야 할 모델로 삼았다.[3] 예컨대 조선의 계획가들은 왕조의 선조들을 모신 사당인 종묘宗廟를 정궁인 경복궁景福宮의 동쪽에 배치하고, 토지와 곡물의 신을 모시는 제단인 사직단社稷壇을 그 서쪽에 배치했다. 『주역周易』에 기술된 오행伍行과 오상伍常에 대한 유교적 믿음에 따라 다섯 곳의 도시 중심부에 (1) 동문, (2) 서문, (3) 남

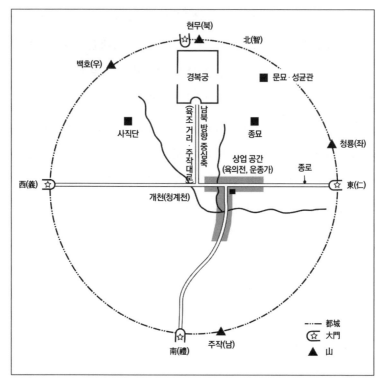

현무(북)
北(智)
백호(우)
경복궁
문묘·성균관
육조거리·주작대로
남북방향중심축
사직단
종묘
청룡(좌)
상업공간
(육의전, 운종가)
종로
西(義)
東(仁)
개천(청계천)
---- 都城
☆ 大門
▲ 山
南(禮)
주작(남)

〔그림 1〕 조선 수도 초기의 한성 조성(개념도). 임덕순, 「조선초기 한양 천도와 수도의 상징화」, 이혜은 외, 『서울의 경관변화』(서울: 서울학연구소, 1994).

문, (4) 북문 및 (5) 종루 등을 경복궁 주변에 배치했는데, 이는 각각 (1) 나무$_木$와 인$_仁$, (2) 금$_金$과 의$_義$, (3) 불$_火$과 예$_禮$, (4) 물$_水$과 지$_智$, (5) 흙$_土$과 신$_信$*을 뜻하는 것이었다. 경복궁에서 시작된 주작대로$_{朱雀大路}$

---

* 동대문은 흥인지문($_{興仁之門}$), 서대문은 돈의문($_{敦義門}$), 남대문은 숭례문($_{崇禮門}$), 북대문은 숙정문($_{肅靖門}$. 숙청문($_{肅淸門}$)에서 변경)으로 명명한 것은 이 오행과 오상의 조합에 의한 것이었다. 보신각($_{普信閣}$)은 건립 당시에는 종루($_{鐘樓}$)라고 불렸으나, 1895년 고종이 '보신각'이라는 편액을 걸면서 보신각이라는 이름이 새로 붙여졌다.

는 남북 방향을 축으로 뻗어나갔고, 서대문에서 동대문까지 이어지는 종로와, 보신각에서 남대문까지 이어지는 도로 등이 도시의 주요 동맥을 이루었다. 관료들은 도시가 네 개의 명산으로 둘러싸여 있어야 한다는 풍수적 조건에 부합하도록 하여 지기地氣가 충분히 통할 수 있게 했다. 도시를 둘러싼 사방의 산으로부터 주요 상수원이 흘러내려와 청계천으로 합류되어 배출되었다.[4] 조선의 관료들은 정사각형이나 직사각형의 벽으로 둘러싸인 중국 도시를 모델로 삼되, 분지에 들어선 도시를 방어하기 위해 사산四山으로 둘러싸인 타원형의 성곽을 건설했다.

조선 중기부터 후기에 걸쳐 한성은 큰 변화를 겪었다. 특히 한성은 정치 중심지로서의 역할을 유지하면서 상업 중심지로 성장했다. 고동환에 따르면 17세기 중반 이후 동전 유통과 대동법 시행은 상업 통화에 바탕을 둔 도시 경제의 발전을 촉진시켰다. 이 시기 흉년과 전염병에 절망했던 농민들이 성장하고 있던 도성 외곽으로 모여들었다. 이러한 발전으로 인해 1657년에는 8만여 명이던 인구가 1669년에는 거의 20만 명으로 늘어났고, 이 수치는 조선 말기까지 유지되었다.[5] 성내城內에서는 왕궁에 물건을 상납하던 종로를 따라 늘어선 상업지역인 육의전과 더불어, 서민들의 시장인 이현시장梨峴市場과 칠패시장七牌市場이 성장했다. 그 결과, 한성부 인구의 대다수는 18세기까지 어떤 형태로든 상업 활동에 종사하게 되었다. 한편, 외국어, 법률, 의학 등의 전문지식을 바탕으로 말단 관료층을 형성한 중인中人 계층을 중심으로 새로운 형태의 문화와 유흥문화가 발달했다.[6]

19세기 후반 제국주의의 침략이 시작되자, 조선의 경제적·정치적

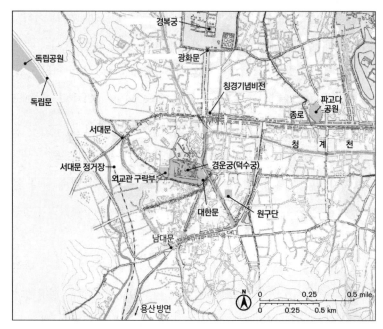

〔그림 2〕 19세기 후반 황성 계획도. 「실측상밀최신경성전도(實測詳密最新京城全圖)」(경성: 일한서방(日韓書房), 1907). 지도 위에 필자 표시.

자주권을 지키는 문제가 집권층들에게 점점 더 큰 관심사로 대두되었다. 몇몇 지도자들은 한양을 왕조의 도읍에서 제국의 수도인 황성皇城으로 개조하려고 시도하기도 했다. 한반도를 둘러싼 중일 간의 쟁탈(1894~1895), 일본인들에 의한 명성황후 시해(1895), 그리고 고종의 아관파천俄館播遷(1896)을 거친 이후에, 군주제를 강화함으로써 국가 독립을 실현할 것을 목표로 한 정치·경제·문화 체제인 대한제국이 새롭게 출범했다. 대한제국의 관료들은 '구본신참舊本新參'이라는 구호 아래 광무개혁光武改革(1897~1904)을 실시했다.[7] 이러한 개혁은 군주의 권위를 강화하고 근대국가의 토대를 갖추기 위해 서양의 기술을 활용하려는 노력이라 할 수 있는데, 제국주의 침략이 난무하는 위태로운 시기를 맞은 이 도시가 민족국가로 막 태어난 대한제국을 대표하는 동시에 방어할 수 있는 능력을 갖추도록 하는 것이 그 주된 목표 중 하나였다. 이태진에 따르면, 이 개혁은 다음과 같은 몇 가지 주요 변화를 포함하고 있었다. (1) 두 개의 주요 상업도로에서 가가假家를 철폐하고 노폭을 원래대로 넓혀서 원활한 수송을 도모할 것, (2) 고종 황제의 새로운 정궁인 경운궁慶運宮(후에 덕수궁德壽宮으로 개칭)을 중심으로 도로를 건설하여 황성과 주변 지역을 연결하는 방사상放射狀 도로체계를 새롭게 확립할 것, (3) 독립문과 파고다공원(과거 국왕이 백성들로부터 격쟁擊錚을 듣던 장소였던 원각사元覺寺 터에 지어짐), 그리고 고종 재위(1863) 40주년을 기리는 칭경기념비전稱慶紀念碑殿(이 공간은 공공 공간으로도 애용되었다) 등을 건립하는 것 등이 그것이다.(그림 2)

한국의 대다수 역사학자들은 이러한 변화를 '내재적 발전'과 점진적 근대화로 파악해왔다. 예컨대 이태진은 미국의 수도 워싱턴 D.C.를 방문한 경험이 있는 주미 공사들이 주도한 광무개혁은 미국의 수도를 제국의 '구본신참' 정신을 실현할 모델로 간주하고 이를 모방한 것이라고 주장했다.[8] 실제로 대한제국을 주도한 세력들은 민족국가 건립이라는 전 지구적인 과정에 참여한 것이다. (서구, 중국, 일본이라는 각국 열강들에 둘러싸인) 중층적으로 반半식민지적인 상황에 놓인 황성과 대한제국에서 토착 요소들과 외래 요소들은 쉽사리 구분하기 어려울 정도로 뒤섞여 있었다. 한편으로, 독립협회 지도부와 같은 일부 엘리트들은 중국의 역사적 영향력을 평가절하하고 조선 문화의 우월성을 증진시킴으로써 정치적 자주성을 확대하고자 시도했다. 이 사업이 거둔 상징적 결과물의 최소치는 청나라 사신을 맞이하던 장소인 영은문迎恩門에 서양식 건축물인 독립문獨立門을 건립한 것이다.* 대한제국은 당시까지도 중국 중심적 세계질서와 공식적으로 연루되어 있었던 조선왕조의 과거를 지워버리려고 했다. 그런데 앙드레 슈미드Andre Schmid가 지적했듯이, 이러한 대한제국의 관제 민족주의적인 역사 청산 전술은 역설적이게도 쇠락해가는 중화제국의 상징물을 모방하는 것이었다. 1897년에 고종은 남별궁南別宮이라는 중국 사신의 숙소 터에 스스로 제위에 오르는 즉위식을 거행하는 민족주의적 건축물인 환구단圜丘壇(혹은 원구단圜丘壇)을 건립했는데, 이 건물은 베이징의 천단天壇을 모방했다.[9]

대한제국은 이처럼 쇠락해가는 중국에 맞선 (하지만 자신감이 결여된) 관제 민족주의적 태세로 새로운 제국의 수도를 만드는 한편, 제국주의 열강들과 때로는 연대하고 때로는 저항해야 했다. 특히 청일전쟁 이후로는 러시아와 일본뿐만 아니라 미국까지도 상대해야 했는데, 그 과정에서 대한제국의 수도 황성의 도시 공간은 이 신생 제국이 당면해야만 했던 불안정한 지정학적 위상을 여실히 드러내었다. 황성의 중심인 경운궁이 외국 공사관들과 인접한 거리에 위치하게 된 것이 이를 단적으로 보여준다. 김광우는 대한제국의 도시계획에 관한 그의 선구적인 연구에서, (고종이 잠시 머물렀던) 러시아 공사관과 경운궁 사이에 비밀 통로와 다리**가 만들어졌음을 밝혀냈다.[10]

---

* 독립문을 영은문의 북쪽에 건립하고, 영은문은 철거하면서 주초(柱礎)만 남겨두었다.
** 경운궁에는 두 개의 운교(雲橋. 구름다리)가 있었는데, 하나는 경운궁과 경희궁을 연결하는 다리였고, 다른 하나는 경운궁의 남측 영역 확장 과정에서 (구)독일공사관 쪽으로 연결하는 다리였다. 안창모,『덕수궁: 시대의 운명을 안고 제국의 중심에 서다』(파주: 도서출판 동녘, 2009), 134~163쪽.

같은 시기에 정부에 의해 추진된 다른 근대화 프로젝트들도 반半식민지적 정치 상황과 연관되어 있었다.[11] 예컨대 대한제국은 두 명의 미국인 사업가 헨리 콜브란과 H. R. 보스윅을 고용했는데, 이들은 전차, 전신, 가로등, 수도관, 전화선 등의 설치에 필요한 새로운 기술을 도입하고 재원을 충당하는 역할을 맡았다.[12] 전차 노선 중 한 노선은 상징적으로 경운궁에서 출발하여 간선도로인 종로를 지나 한성부의 동쪽 끝인 명성황후 묘소가 있는 홍릉까지 연결되었다. 고종에 의해 주도된 이러한 관제적 기획은 한국 민중들의 지속적인 반발에 부딪혔다. 그들은 미국인 엔지니어가 경영하고 일본인 운전사가 운행하는 이러한 외국 기술이 자신들의 공동체적 삶의 터전을 침해하고, 토지 소유 형태를 위협한다고 생각했기 때문이다.[13]

당시 초국가적인 제국주의에 의해 지배되는 동아시아의 정치적 국면에서 황성은 위기 상황에 처해 있었고 이를 극복하기 위해서는 내정 개혁이 필요했는데, 민중들의 반발은 개혁이 도시 공간에서도 필요했음을 보여준다. '위민爲民'하는 국가를 부르짖던 성리학적인 수사학에 아랑곳없이, 대한제국의 집권층이 이상적으로 생각한 한국인의 모습은 개인의 권리가 부여된 시민이라기보다는 군주에게 충성하는 백성이었다. 정부 관료들은 과거 사대문 안 공간 전체가 왕실 공간으로 이루어져 있던 한성부 공간에서 이제 군주를 상징하는 중심 공간과 사회적으로 계층화된 주민들의 공간을 긴밀하게 연결시키고자 했다. 특히 종로를 따라 부설되어 궁궐과 상업지역을 연결하는 새로운 전차 노선은 이러한 중대한 변화를 상징적으로 보여주는 사례 중 하나였다. 실제로 이 신생 제국의 도시에서 주권자와 주민 사이의 접촉 지대는 수적으로 뚜렷이 늘어나고 있음이 확인된다. 경운

〔그림 3〕 1897년 고종황제 즉위식 날 경운궁 대안문 앞 광경.

궁의 입구인 대한문大漢門* 앞 공간도 이에 해당하는데, 예컨대 황성의 주민들은 1897년 고종의 황제 즉위식 같은 국가적 행사를 보려고 이곳으로 몰려들었다.(그림 3)[14] 이러한 변화는 개인의 자유를 제약하려는 새로운 움직임을 반영하고 있으며, 당시 황성의 도시 개조 과정에서 큰 역할을 했으나 단명短命으로 끝나버린 독립협회獨立協會 (1896~1898)의 운명이 이를 여실히 보여준다.[15] 독립협회의 일부 회원들에게서 좀 더 국민 참여적인 헌정 체제를 추구하는 움직임이 나타나자, 황실은 독립협회를 즉각 해산시키고 새로 황위에 오른 고종에게 모든 국가권력을 집중시켰다.

1905년 일본이 러일전쟁에서 승리하고 한국통감부가 설치된 후,

* 당시에는 대안문(大安門)이었다. 대안문의 명칭이 대한문(大漢門)으로 변경된 것은 1906년 4월 이후다.

특히 1907년 고종이 강제 퇴위된 이후에는, 서울을 새로운 제국의 수도로 탈바꿈시키고자 했던 군주 주도적인 프로젝트는 거의 실현 불가능하게 되었다. 1910년 일본이 한반도를 병합하자, 초기 총독부 관료들은 대한제국기의 개혁을 가로채서 자신들의 성과인 것처럼 도입했다. 서울의 도시 공간을 일본적 근대를 드러내는 전시장으로 재구성한 것이다. 대한제국의 지도자들에 의해 시작된, 수도의 물리적이고 상징적인 전환이라는 근대적 프로젝트는 1910년 이후에도 계속되었다. 하지만 그 이후의 핵심적 변화는 식민 국가가 조선인들을 천황제의 신민으로 복속시키기 위해 공간을 재조직하는 데 있었다.

'시구개수'의 한계, 1910-1925

1910년 8월 29일의 한일병합조약으로 일본은 서울뿐만 아니라 한반도 전역의 상징적 지형에 대한 완전한 통제권을 획득하게 되었다. 이에 따라 총독부는 식민지의 명칭을 고종 황제와 민족국가의 상징성을 띤 '대한제국'에서 다시 과거의 '조선'으로 되돌렸다. 그와 더불어 제국의 수도를 지칭하는 '황성皇城'이라는 명칭도 금지했다.[16] 대신에 수도를 뜻하는 한자어를 원용하여 '게이조京城'로 개칭했다. 상징적 차원에서 서울은 한반도에 자리 잡은 제국 일본의 정치적 중심이 된 것이다. 이러한 변화는 당시 일본의 수도인 에도江戸가 겪었던 역사를 빼닮은 것이기도 했다. 도쿠가와德川 시대(1660~1868) 막부 권력의 중심지였던 에도는 글자 그대로 수도를 지칭했던 고대 도시 교토京都(794~1868)를 대신해서 1868년 새로운 제국의 수도가 되었다. 개칭된 이름도 '동쪽의 수도'라는 뜻의 도쿄東京였다.[17] 그런데 일본의 경우 도쿄는 1889년까지는 국가 상징의 중심으로 전혀 부상하지 못했다. 그만큼 교토라는 도시의 역사적 비중이 컸고, 천황 또한 새로운 수도를 떠나 각지로 계속 순행巡行 길에 나섰기 때문이다. 이런 순행 의례는 한반도에서도 재현되었다. 통감부 관료들이 일본의 통치를 공고히 하기 위해 대한제국의 마지막 황제인 순종純宗(재위 1907~1910)의 전국 순행을 추진했던 것이다.[18] 일본처럼 교토에서 도쿄로 공간적으로 이동했던 것은 아니지만, 그렇다고 '한양/황성'이 '게이조'로 바뀌는 과정 역시 그리 간단한 것은 아니었다. 그 과정은 즉각적이지도 일사불란하지도 않았다. 그것은 공간적 개입이 필요한 과정으로, 결국 이 프로젝트를 위해서는 식민 통치 기간의 초기 15년(1910~1925)이 할애되어야만 했다.[19]

병합 그 자체가 그랬듯이, 이 재공간화 프로젝트는 조선왕실을 복종시키고 그로부터 신성함을 벗겨내는 방식으로 시작되었다. 처음에는 도심의 궁궐을 전략적으로 개축하는 상징적인 방식이 동원되었다. 감추어졌던 궁궐 내부는 일본인 관료에 의해 공원이나 다른 공공기념물로 바뀌었다. 한때 신성했던 이 장소는, 이제 조선의 대중들이 새로운 제국의 종속적 일원이 되었음을 드러내는 공간이 되었다. 병합 이전 일본의 논자들은 고종이 거처로 썼던 경운궁을 궁궐이 아니라 왕성王城이나 황성皇城이라 지칭했는데, 이는 도쿠가와 시대 이래의 각 다이묘大名들의 영지領地를 학교나 공원, 기타 공공적인 장소로 전환시킨 당시 일본의 경험을 끌어들인 발상이었다. 이미 1907년 무렵부터 통감부 관료들은 경운궁의 상징적인 중요성을 폄하하기 시작하여, 고종을 강제로 폐위시킨 후 아들인 순종 황제의 거처를 창덕궁昌德宮으로 옮기게 했다. 1908~1911년 일본인 관료들은 창덕궁 인근의 창경궁昌慶宮을 또 하나의 공공 공간으로 바꾸어버렸다. 이왕가박물관李王家博物館*, 동물원, 식물원을 갖춘 이 공간은 일본 황실의 후원으로 우에노上野공원을 '근대화'했던 메이지 시기의 모델을 따랐다.[20] 그 과정에서 당국은 경희궁慶熙宮의 부속 건물들을 신속하게 철거하거나 매각하기도 했다.[21]** 1907년 고종 폐위 직후 상징적으로 덕수궁으로 개명된 경운궁의 일부 건물들은 그대로 남았지만, 근대화를 추구했던 황제와 그가 지녔던 강력한 상징성은 거세되었다. 1910년 서양식 미술관이 지어졌고,*** 1914년 원구단은 또 다른 근대적 시설인 철도 호텔인 조선호텔로 대체되었다.[22]**** '구 왕성'이자 1590년대 도요토미 히데요시豊臣秀吉의 침략에 의해 파괴되기 전까지 왕조의 정궁이었던 경복궁의 운명도 이와 비슷한 처지가 되었다. 고종을 대

---

* 이왕가박물관은 1909년 설립 당시 제실박물관(帝室博物館)으로 불리다가 병합 이후 공식적으로 이왕가박물관으로 명명되었다. 1938년 덕수궁 내 이왕가미술관(석조전 서관)이 준공될 때까지 이곳을 사용했다. 김찬송(2009), 「창경궁박물관의 설립과 변천 과정 연구」, 『고궁문화』 11, 88~128쪽.

** 당시 경희궁은 운교(雲橋)를 통해 경운궁과 연결되어 있었으며, 경운궁과 함께 대한제국의 정궁의 역할을 했다. 실제로 경희궁의 전각들 대부분은 흥선대원군의 경복궁 중건 당시 이축되어 있었다. 병합 이후 독립관을 교사로 쓰던 경성중학교가 경희궁 터로 이전해왔고, 경성중학교 설립 이후 남아 있던 경희궁의 전각들이 철거되거나 매각되었다. 박희용, 「대한제국기 이후 경희궁의 변화과정 연구」, 『서울학연구』 67, 2017, 67~107쪽.

*** 현재의 덕수궁 석조전이다. 1910년 완공 당시 석조전은 왕실의 침실, 접견실 등의 용도로 사용되었고, 미술관으로 사용된 것은 1933년부터다.

**** 원구단과 황궁우는 고종이 대한제국 황제로 즉위하기 위해 건립되었다. 1914년 이곳에 조선철도호텔이 들어서면서 원구단은 철거되고 황궁우만 남겨져 철도호텔의 정원으로 사용되었다.

신해 섭정을 한 흥선대원군(재위 1864~1873)에 의해 부분적으로 재건되기는 했지만, 이 '옛 왕성'은 상징적 의미의 대중 관람이 시작된 1908년까지는 개방되지 않은 채 남아 있었다.[23] 이 공간은 식민 통치 기간을 거치면서 세속화되어 1926년에는 조선총독부 신청사가 들어섰으며, 때로는 스펙터클한 박람회 장소로 이용되기도 했다. 그럼으로써 경복궁 터는 한반도의 숙명적 '진보'에 대한 일본인들의 특권적 기여와 식민지 근대화에 대한 조선인들의 종속적 참여를 상징하는 공간이 되었다.

한양/황성의 궁궐 공간에 대한 상징적인 해체와 재건 이외에도, 식민지 당국자들은 식민 권력의 권위와 자본의 축적을 증진시키기 위해 도로와 마을을 개조했다. 19세기 도쿄에서 처음 실시된 이 '시구개정市區改正(문자 그대로 도시 구역을 개정하는 사업)'은 기존의 도로를 넓히고 직선화하고, 하수도를 확장하고, 영유지領有地나 종교 공간을 시민공원이나 광장으로 개조하는 작업들을 포함한다.[24] 이 사업은 도시 공간의 전반적이고 체계적인 변화를 추구하기보다는 단지 기존의 도시를 부분적으로 개선하는 것을 목표로 했다는 점에서 1920년대에서 1930년대에 등장하게 될 도시계획 운동에 비하면 그 한계가 뚜렷하다. 초기 경성의 계획가들은, 독일식 용어인 '도시 규제 Regulierung der Städte(urban regulations)'를 빌려와, 도시의 주요 도로를 위생 처리하고, 넓히고, 직선화하거나, 체계화된 도로체계를 구축하고자 신작로를 만들기 위해 노력을 쏟았다.[25] 당국자들은 그들이 '문명화된 도시'라고 칭송해 마지않던 도로 형태였던 세 개의 대표적인 로터리를 연결하는 방사상放射狀 도로를 계획했는데, 이 방사상의 기법은 그들이 폄하했던 대한제국이 바로 얼마 전까지 사용했던 근대적 기법과 유사한 것이었다.

이 야심찬 계획은 식민지 타이완에서 처음 시행되었고, 도쿄에서는 지주들의 반대에 부딪혀 실패한 프로젝트였다.[26] 강력한 군사력을 등에 업은 통감부와 식민 초기의 조선에서는 본국에서보다는 막강한 영향력을 지니고 시구개수를 실행할 수 있었다. 그러나 경성에서조차 이 계획은 무리 없이 진행되지는 못 했는데, 특히 1880년대부터 서울에 거주하면서 그들의 이권대로 도시에 영향력을 행사하고자 했던 일본 거류민들의 반대에 부딪혔다. 통감부나 그 뒤를 이은 총독부는 동기 면에서나 권한 행사 면에서나 단일하지도, 일관적이지도 않았다. 심지어 가장 야심찬 계획가들조차도 기존 도시 공간의 구조적 제약과 반복되는 재정 문제로 인해 그들의 목적을 달성하는 데에는 심각한 제한이 가로막혀 있다는 사실을 오래지 않아 깨닫게 되었다. 그 결과 통감부와 총독부의 당국자들은 메이지 일본과 초기 제국에서 개발된 근대화 전술들을 바탕으로 매우 제한적인 수준의 시구개수만을 실행에 옮겼다.

재경성 일본인들은 초기 경성의 개발에 있어서, 방해가 된 면도 없지 않았지만 중요한 역할을 담당했다. 일례로 보호국 시기 동안 거류민 대표들은 통감부에 거류지의 중심 지역인 본정(혼마치本町)을 중심으로 도로 정비를 해달라고 진정했다. 1907년 이들 거류민단 대표들은 협소하지만 중요한 이 도로를 확장시켜달라고 청원했다.[27] 그들 자신의 거주 공간만이 우선적 관심사였던 재경성 일본인 엘리트들은 북촌 지역을 희생시키더라도 자신들의 상업 이윤을 증진시키는 역할을 도시가 수행해주기를 바랐던 것이다. 그 후 1911년에 82만 4천 엔의 계획안이 총독부에 제출되었는데, 남대문과 광희문 방향으로 본정통(혼마치 거리)을 확장하는 안이 포함되어 있었다. 거류민단 대표들은 남촌에서 그들의 영향력을 과시하고 교통체증을 해소하기 위해 본정통 남단의 도로를 개선하기를 희망했는데, 이는 1920년대 후반에 가서야 실현되었다.[28] 거류민들이 주도한 이 프로젝트의 목표는 대한제국이 최근까지 추진하고자 했던 사업과 같이, 일본군의 주둔지이자 철도 시설의 집적지로서 일본인 인구가 급증하고 있는 신흥 지역인 용산과, 한강을 따라 형성된 급성장하는 상업 지구인 마포를 연결하는 데 있었다.[29]

일본인 거류민들은 본정 중심의 도로계획에 대해 당국이 재정적으로 크게 지원할 것을 기대했지만, 이는 도시 전체를 일본적 근대의 전시장으로 탈바꿈시키고자 하는 당국의 비전과는 거리가 먼 계획이었다. 이 계획안은 1912년 5월, 당국이 일본인 거류지의 중심부에 있던 통감부 건물을 대체하여 경복궁 터에 총독부 신청사를 세우겠다고 발표하면서 그 전모가 공개되었다. 그것은 북촌에 정치적 중심 건물을 건립하는 동시에 거류민단이 운영하고 있던 경성신사 근처에 새로운 신사를 건립한다는 계획이었다. 도합 30만 엔의 비용이 투입될 총독부 신청사와 조선신궁은 북쪽의 경복궁과 남쪽의 기차역*을 잇는 도시의 주요 간선도로인 태평통의 정치적이고 종교적인 종착점이 될 것이었다.[30]

1911년 총독부가 본정을 떠나 도시의 북쪽으로 이전할 것이라는

---

* 당시에는 남대문정거장(남대문역)이었으며 1923년 경성역으로 개칭되었다. 남대문역의 역사(驛舍) 건물은 1925년 르네상스 양식으로 신축된 역사 건물인 경성역이 완공되기 이전까지는 간이역 수준의 건물에 불과했다.

논의가 입소문을 타기 시작하던 시점부터 거류민들 중에는 이 계획을 믿을 수 없다고 생각하는 이들이 있을 정도였다. 언젠가는 도시의 중심이 조선인 거주 지역인 종로로 북진할지도 모른다는 두려움에 사로잡혀, 몇몇 배타적인 거류민들은 두 민족 커뮤니티를 하나로 묶는 1914년의 새로운 도시행정 체계에서 조선인들을 아예 배제시키자는 과격한 주장을 제기하기도 했다.[31] 경성의 개발 과정에서 그들의 발언권을 유지하고 싶었던 나머지, 거류민단 도로확장위원회 대표였던 후지가미 다다스케淵上貞助는 본정통을 확장해야 한다는 일본인 거류민들의 요구를 반복했다.[32] 식민지 당국은 태평통 보수 계획보다 네 배나 많은 비용이 드는 이 거창한 요구를 거부했다. 이 프로젝트는 심지어 일부 거류민들조차도 재정적으로 불가능하다고 여겼으며, 어떤 이들은 도시 전체가 아니라 도시 남쪽의 한쪽 귀퉁이에만 신경을 쓰는 이 편협한 계획을 비난했다.[33]

1912년 6월, 초기 식민지 타이완에서 근무한 경력을 지닌 베테랑 관료로서 당시 토목국 국장으로 임명된 모치지 로쿠사부로持地六三郎(1867~1923)는 실용성과 상징성 두 측면에서 경성이 지닌 중요성을 간파했다.[34] 그는 근대 제국주의와 도시계획이라는 글로벌한 맥락 속에 경성을 위치시켰다. 그는 말하기를, "(일본)제국과 세계의 원대한 논리 양 측면에서 훌륭한 식민 도시인 경성은, 조선 철도가 아시아대륙과 연결됨으로써 주목할 만한 위상을 확보하게 되었다." 새로운 식민지 수도는 교통의 허브일 뿐만 아니라, 모치지가 '일국의 문명화 수준'과 '문화의 지표'라고 부른 것을 측정할 수 있는 역할도 담당하는 것이었다. 이러한 보편적인 기준에 입각해서 경성을 보건대, 조선은 가장 미개한 나라라고 모치지는 결론짓는다. 그는 경성을 가장 문명

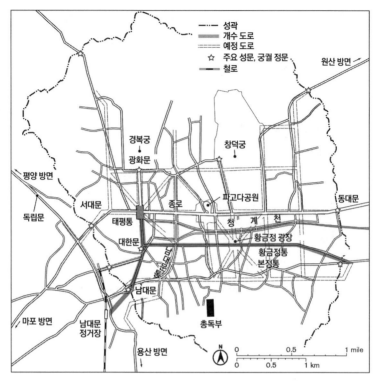

〔그림 4〕 1913년 「경성시구개수예정계획노선도(京城市區改修豫定計劃路線圖)」, 『조선총독부관보(朝鮮總督府官報)』 제81호(1912년 11월 6일), 34쪽. 지도 위에 필자 표시.*

화되고 진보적인 도시로 전환하기 위해서는 불규칙적이고 구불구불한 도로들을 직선화해야 한다고 주장했다. 특히 그는 만주의 항구도시인 다롄大連에 적용된 런던의 도시 스타일을 도입할 것을 주문했는데, 이는 1905년 일본이 이 도시를 장악하기 이전에 러시아 도시계획가들에 의해 만들어진 로터리 형태의 도로를 뜻하는 것이었다.[35]

* 1912년 『조선총독부관보』에 소개되어 일반적으로 1912년 노선도라고 알려져 있으나, 실제 이 계획이 1913년에 시작해 1915년경에 마무리되었다는 점에서 1913년 지도임을 적시한 것으로 보인다.

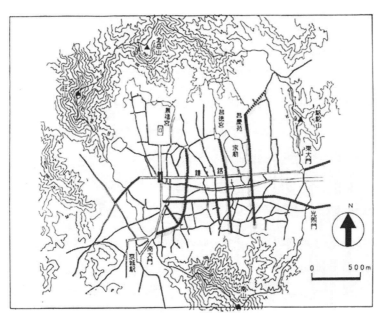

〔그림 5〕제1기 시구개수사업(1913-1917)에 의해 완성된 도로. 고토 야스시(五島寧), 『일본 통
치하 '경성'의 도시계획에 관한 역사적 연구(日本統治下'京城'の都市計劃に關する歷史的硏
究)』(박사논문, 동경공업대학(東京工業大學), 1995), 69쪽.

　모치지가 언급한, 당시 전 세계적으로 적용되고 있던 이러한 도시
계획 아이디어는 1912년 11월에 발표된 제1기 시구개수계획(1913~
1917)에 명확히 반영되었는데, 이 계획에는 300만 엔이라는 막대한
금액이 투입될 예정이었다.(그림 4)[36] 대한제국기에 시도되었던 도시
개조사업을 바탕으로 만들어진 이 야심찬 계획은 기존 도시의 도로
망 위에 방사형과 격자형의 도로를 덧입히는 것을 목적으로 했다. 남
북과 동서의 도로들이 직교형을 이루고, 세 개의 대각선 도로가 각
각 초기 식민 도시의 권력의 중심지에서 수렴되어 로터리를 형성하
는 방식이었다. 당국은 태평통과 왕조시대 동서 방향의 주축인 종로
가 태평통과 교차하는 경복궁 앞에 광장을 위치시켰다. 이 광장은

대한제국 시기 권력의 중심지였던 덕수궁(경운궁)을 대체하려는 목적을 띠고 있었다. 〔그림 4〕에서 볼 수 있듯이, 경복궁(총독부 신청사 예정지) 앞에 광장을 만들면, 북서, 북동, 남동 측으로부터 뻗어 나오는 세 개의 방사형 도로가 만들어질 것이었다.

도시개혁가들은 도시 남반부를 양분시키는 황금정통(현 을지로)이 있는 황금정黃金町(고가네마치)에 두 번째 광장을 계획했다.[37] 이 계획은 상업적 이득의 기회를 마련해 거류민들을 달래주려는 목적을 갖고 있었는데, 그들은 지속적으로 본정통을 시구개수 구역에 포함시켜달라고 총독부에게 진정해왔다.[38] 이 계획은 대부분 실현되지 못했지만, 당국이 남촌의 도로를 개선하려는 계획을 세운 것은 확실했다. 실제로 황금정 광장에서 뻗어나가는 네 개의 간선도로 중 하나였던 황금정통의 개수는 실현되었다. 황금정에서 북서쪽으로 뻗는 방사형 도로는 북촌의 심장부에 있는 세 번째 광장과 일본인 거주 지역을 연결하도록 계획되었다. 대안동 광장*은 북촌에 있는 유일한 공공 공간이었던 파고다공원과 경복궁을 연결할 계획이었다.

당국은 도시의 재공간화를 설명하기 위해 '동화'를 종종 사용했는데, 이러한 시구개수도 '동화'를 촉진시키고자 하는 식민 국가의 갈망이라는 맥락에서 그 중요성이 더욱 명확해졌다.[39] 처음부터 이러한 시도들은 일원화된 행정체계를 통해 도시에서의 조선인과 일본인 집단을 통합하는 데 방점을 두었다. 같은 맥락에서 당국은 1914년에 일본인 거류민단뿐만 아니라 다른 외국인 거주자들이 갖고 있

---

* 대안동은 한성부 북부 12방 중의 하나인 안국방에 속한 지역으로 1914년 행정제도 개편과 함께 안국동으로 통합되었다. 서울특별시사편찬위원회, 『서울지명사전』, 2009.

던 치외법권을 폐지하는 법을 공표했다. 그로부터 2년 뒤에 총독부
는 일본인과 조선인 모두를 총대제總代制로 묶는 법령을 통과시켰다.*
제1기 시구개수 사업을 통해 완성된 남북 축의 도로 개수는 북촌의
조선인 마을과 남촌의 일본인 마을을 연결시키려는 시도를 구체화
한 것이었다.[40] 남북 축 도로 중 가장 주요한 것으로 간주된 도로는
태평통이었는데, 당국은 도시 중심부를 남쪽으로 연장하여 (철도와
통신까지 포함해서) 신흥 지역인 용산까지 연결하려고 했다.(그림 7)[41]
1917년 가을, 용산 남단에 한강대교의 개통을 축하하기 위해 15만
명이 운집했다. 전통 지역인 북촌의 도심부와 한강 이남의 신흥 지역
을 연결하는 한강대교는 도시 발전 방향의 중요한 전환을 상징하는
것이었다.[42] 한강대교 개통식은 일본인 게이샤와 조선인 기생이 함께
참석하여 대중적으로 동화의 또 다른 상징적 행사가 되기도 했다.
이 개통식은 제1기 시구개수사업이 종결되었음과 더불어 제2기 사
업(1919~1924)이 시작되었음을 알려주는 것이었다.

　〔그림 7〕에서 볼 수 있듯이, 총독부의 제2기 시구개수 계획은 태
평통을 남쪽의 용산 방면으로 연장하는 한편, 태평통 북단의 종점
을 강조했다. 새로운 계획은 1913년의 계획보다 규모 면에서 훨씬 뒤
처져 식민화 이전의 도로 위에 방사형과 직교형 도로를 얹는다는 원
대한 계획은 전혀 담고 있지 않지만, 재경성 일본인 사회의 힘을 압
도하는 총독부 권력의 힘을 여전히 표방하고 있다. 특히 총독부 신
청사 예정지만을 유일한 광장으로 남겨놓고, 황금정 광장을 포함하
여 도시 중심부를 연결하려는 이전의 계획을 폐기했음은 주목할 만

* 「정동총대설치규칙(町洞總代設置規則)」, 1916년 9월 28일.

하다.[43] 이 공간은 1915년에 개최된 식민지 조선 최초의 스펙터클한 이벤트였던 조선물산공진회 행사장으로 이미 사용된 바 있었다. 이제 도시계획자들은 1913년도 계획에 제시되어 있던 하나의 광장을 경복궁의 정문인 광화문 앞으로 재배치함으로써 경복궁 터를 부각시키려고 했다. 제2기 시구개수사업 과정에서 이 광장은 시내에서 가장 폭이 넓은 대로보다도 두 배 이상이 확장되었고, 일본 거류민단의 희망을 희생시키는 대신에 총독부 신청사를 돋보이게 만드는 역할을 했다.

하지만 식민 당국이 재경성 일본인 유력자들의 배타적인 계획을 무효화시킨 그 순간에도, 1919년 계획은 여전히 남촌을 우선시했다. 비록 가장 기본적인 격자형 도로를 만들어내는 수준에 그치긴 했지만 말이다. 재정 부족으로 인해 계획가들은 식민 통치의 첫 10년 동안 예정된 42개의 도로 개수 사업 중 15개(35.7 퍼센트)밖에 완성하지 못했다.[44] 완성된 개수 도로 중에서도 많은 경우가 최종 실행 단계에서 상당히 변경되었다. 이런 변경은 초기 경성 도시 공간의 재구획화를 강화하고, 일본인 정착민들의 생활공간에 특권을 부여하는 것이었다. 이러한 민족 차별의 단적인 사례로 파고다공원과 본정의 동쪽을 연결하는 남북 축 도로 계획을 들 수 있다. 고토 야스시伍島寧가 지적한 대로, 당국은 이 도로의 절반만 완성했다. 토지수용령 실행의 어려움으로 말미암아 당국은 신작로를 만들려는 당초의 계획을 폐기하고, 대신 근처 도로를 직선화하거나 확장했다.[45] 중요한 것은 도로 개수가 일본인 거주 지역인 본정통에서 황금정통까지 구간에만 한정되었으며, 황금정통 북쪽 지역은 방치했다는 점이다. 청계천을 경계로 공간이 양분된 경성에서, 조선인들은 과밀화되고 비위

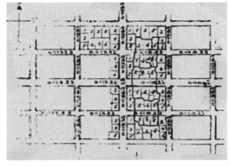

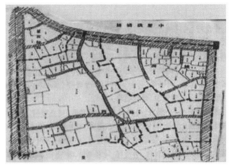

〔그림 6〕 종로 네거리를 중심으로 한 직교형 가로망 계획도(위쪽)와 '자연' 부락의 형태를 보이는 조선 후기 여경방(餘慶坊. 세종로 네거리) 일대(아래쪽). 위쪽 그림은 서현주, 『조선말 일제하 서울의 하부 행정제도 연구: 정동회와 총대를 중심으로』(서울대학교 박사논문, 2002), 129쪽. 아래쪽 그림은 양승우, 「남촌의 필지조직 특성과 변화」, 『서울 남촌: 시간, 장소, 사람』(서울: 서울학연구소, 2003), 47쪽.

생적인 반대쪽 지역에 밀집하여 거주했다.[46] 물론 청계천을 따라 늘어선 빈민가를 방치한 것은 사실 식민지 시기에 처음 있었던 일은 아니고, 조선시대로부터 이어져온 것이었다.

결국, 공간을 그대로 방치한다는 것은 분명히 기존의 행정구역 체계로 인해 마을을 '동화'하거나 합리화하려는 새로운 계획들이 무효화됨을 의미한다. 격자나 직사각형의 마을町에 평민 거주 지역을 만들던 메이지 이전 시기의 전통 그대로, 도시계획가들은 획일적인 행정 단위를 만들어내려고 했다. 이 계획은, 하나의 직선도로를 대략 세 개의 정목丁目으로 구분함으로써 또 다른 직사각형의 단위를 만들어낸다. 하지만 직교형 가로망이 만들어내는 이러한 재구획화는 1925년까지 부분적으로만 완성되었을 뿐이다.* 결과적으로 기존의

'자연' 부락의 형태는 주로 조선인 거주지에 밀집되었다. 여기서 '자연' 부락이란, 여러 필지로 이루어진 공동 공간이 있고, 몇 개의 막다른 골목과 하나의 소로小路(반드시 직선도로일 필요는 없는)에 의해 구분된 공간을 일컫는다. 대한제국과 초기 식민 국가에서 편찬한 지적도를 비교하면서, 서현주는 55개의 조선인 '자연' 부락 중 여덟 개 마을洞(14.5 퍼센트)이 개수된 도로를 통해 분리되었음을 밝혀냈다.[47] 다시 말해서 직교형 도로 개수 사업에도 불구하고 85.5퍼센트의 조선인 마을은 식민화 이전의 행정 경계를 유지하고 있었다는 것이다. 이처럼 초창기 경성의 도시 공간은 상당히 불균등하게 분절되어 있었는데, 이는 도심 내 주요 간선도로망에 대한 과도한 집착과 모세혈관 역할을 했던 소로小路에 대한 한심할 정도의 무관심이라는 극명한 대조로 드러난다.(그림 6)

전략적으로 도심 내 피식민지인 마을을 외면했던 상황은 행정구역과 연관된 지명과 지역 주민들이 정체성을 갖는 방식에서도 나타났다. 남촌의 대부분 구역은 조선식의 '동洞'에서 일본식의 '정町(마치)'으로 행정단위 명을 바꾸었다.[**] 같은 방식으로 북촌의 몇몇 구역들

---

* 1914년 경성의 지명을 개편하면서, 사실상 도로를 중심으로 지역을 구획하는 도로주의가 기본 방침으로 적용되고, 도로주의가 적용되기 어려운 많은 지역에는 지역을 단위로 지형지물을 경계로 하는 정동의 구역이 만들어지는 지역주의가 적용되었다고 볼 수 있다. 서현주, 『조선말 일제하 서울의 하부 행정제도 연구: 정동회와 총대를 중심으로』(박사논문, 서울대학교, 2002) 참고.

** 1914년 경성부가 설치될 때 공식 행정구역명에서 일본인 거주지는 '정(町. 일본어로는 '초'나 '마치'로 발음됨), 조선인 거주지는 '동(洞)'으로 구분되었다. 당시 구분은 대략 해당 지역 주민 중 일본인 인구비율 30퍼센트 정도가 기준이었다. 1936년 경성시가지계획의 시행과 더불어 경성부 행정구역이 확대 재편되면서 경성의 모든 행정구역명이 '정(町)'으로 통일된다.

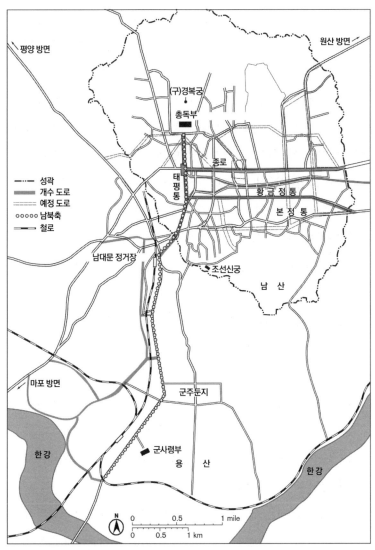

〔그림 7〕 1919년 「경성시구개수예정계획노선도」. 『조선총독부관보』 제2062호(1919년 6월 25일), 310~311쪽. 지도 위의 표시는 필자.

은 필요에 따라서 이름에서 한자를 더하거나 빼는 방식으로 '일본화'를 시도했다. 그러나 이러한 변화에도 불구하고, 일본인들의 거주지임을 나타내는 장소 명이나, 제국과 연관된 유명한 인물이나 장소 등 확실한 일본식 이름을 가진 지역들은 조선인 밀집 거주 지역에는 거의 없었다. 사실, 북촌의 거의 대부분은 조선시대부터 이어져오던 이름을 그대로 유지하고 있었기에 상당 수준 동화되지 않은 채 남아있었다.[48] 조선인 밀집 지역에서 지명이 거의 변하지 않았다는 사실은 시구개수가 기존의 도시에 깊숙이 침투하지 못했다는 사실을 방증한다.[49] 결국 이처럼 불균등한 개선 조치는 서로 다른 두 민족 거주지가 분리되는 행정적인 모양새를 만들어냈다. 이러한 공간적 분리 현상은 사회문화적 현실을 그대로 반영한 것일지도 모르지만, 조선인 민족주의자들에 의해 실제보다 더욱 강조되었다. 조선인 민족주의자들은 '그들의' 마을에 공공자원이 양적으로 부족하다는 점에 주목하여 보다 평등하게 재분배해줄 것을 식민 당국에 요구했기 때문이다. 하지만 동시에, 두 민족의 주거와 일터가 상당한 정도로 뒤섞였다는 것은 북촌과 남촌의 지나친 정치적 구분을 무효화하는 현상이기도 했다. 어떤 면에서 이것은 두 지역의 경계가 인위적이고 투과적透過的인 것임을 보여준다.[50]

초기 식민 권력은 세부 도로망 개수에는 실패했지만, 경성의 간선 도로망을 따라 그 연선에 집이나 점포를 가진 개개인들에게는 큰 영향을 미쳤다. 당국은 모범적인 선례를 만들기 위해 대로변 거주자들의 토지와 자산을 빼앗았다. 총독부는 1911년에 토지수용령土地收用令을 발포하고, 1913년에 「시가지건축취체규칙市街地建築取締規則」과 「도로취체규칙道路取締規則」을 제정하는 등 관련 법령들을 마련했다. 식민 모국의 법률에 근거하긴 했지만, 식민지에서는 법안의 대상이 확대되고 그 강도가 강화되어, 금전적 보상에도 자산을 내놓지 않는 개인들에게 무거운 벌금을 부과했다. 다른 한편 식민 국가는 경성부 주민들에게 사회 범죄에 대한 인식을 심어주고자 했다. 이는 식민 당국에 대해 복수심에 불타는 사람들을 경범죄로 처벌함으로써 도시민 전체를 방어하려는 것이었다. 처벌과 보상을 적절히 활용함으로써 당국은 신문에서 강조하는 '공덕심'을 고취시키고자 했다. 총독부는 공익 증진에 참여할 것을 거부하는 완고한 토지 소유자들을 비판하면서 시구개수에 발맞춰 주민들이 태도를 개선할 것을 권유했다. 그럼으로써 당국은 국가의 목적에 맞춰 사람들의 관행을 바꾸고, 도시 공간의 하향식 재정비에 반기를 들었던 개개인들이 정상으로 돌아올 수 있기를 바랐다. 공중도덕 담론은 새로운 형태의 주체화와 관련된 실험을 가리키는 것으로, 그것은 근대 자본주의와 재산권에 상응하는 불법성을 산출해내는 것이기도 했다. 이 과정에서 경찰력은 통치성governmentality이라는 가식을 저해하기 일쑤였으며, 외세의 정치적·경제적 논리를 앞세워 갈등을 종식시키는 강권력을 광범위하게 발동시켰다.

『경성일보』의 한글 판본인 『매일신보』의 기사를 통해서 우리는 시구개수에 대한 상당한 저항이 있었고, 이러한 저항에 대처하기 위해 공덕심에 대한 인종주의적 담론이 반복적으로 활용되었음을 확인할 수 있다. 토지조사사업에 비협조적인 피식민 주민들을 비난하는 훈계조의 기사는 지속적으로 나타난다. 토지조사사업은 근대적 재산권 체계를 확립하기 위한 핵심 프로젝트로서, 도로체계의 합리화와도 긴밀한 연관성을 띤 것이었다. 제1기 시구개수계획이 시행된 해에 실린 한 사설에서는 사태를 다음과 같이 이데올로기적 이분법에 입각한 용어를 사용하여 정리하고 있다. "인민된 자는 마땅히 이를 환영하며 이를 찬송할지어늘, 몰상식한 자는 야매野昧(거칠고 어리석은) 관습에 의하야 … 지금의 가옥 및 토지의 조사에 대하야도, 역亦 오해誤解가 불선不善하야 … 혹은 부세賦稅를 증가코져 함이라, 혹은 수수료를 요취코저 함이라, 혹은 순연純然한 인민의 가옥 및 토지를 무단히* 왈우왈좌하야 …"[51] 당국은 제국의 호혜라는 동화주의적 수사법을 사용하면서 수용된 토지에 대해서 적절한 보상이 있을 것이라고 설명했다.[52] 재정 유인책과는 별개로, 『매일신보』는 민족적 차이를 인종적 개념으로 상쇄한, '천생' 조선인이라는 훈계조의 주장을 이어나갔다. 공익을 위해 희생하는 '문명화된' 일본인과 극명한 대조를 보이는 이들 피식민지인들은 극도로 자기 이익밖에 모르는 이기주의를 바탕으로 재산권을 침소봉대한다고 비난받았다. 이러한 조선인들의 '이기적'인 행위는 식민자들의 고정관념을 더욱 강화하여 조선인들은 근본적으로 배타적이라고 여기게끔 만들었다.[53] 일본인 유력자들은 조선인 사회의 씨족 중심의 이기성 때문에 당국이 토지수용령을 '강제할 수밖에 없다'고 주장했다. 도시개혁가들은 토지의 허위 매매 혹은 아들이 아버지의 토지를 투매하는 '불효한' 경우들을 포함하여, 빈번하게 일어나는 예측불허의 토지매매에 대해 불만을 쏟아냈다.[54] 이처럼 공간적 지배와 인종주의적 지배가 교차하는 가운데 피식민 조선인들은 그들이 존중해온 유교적 전통마저 박탈당할 지경에 이르렀는데, 이는 곧 조선인 민족주의자들로 하여금 일제 식민 통치의 부도덕성을 규탄하는 사유가 될 것이었다.

---

* 몰수하고자 함이라고.

한편, ‘문명화’된 일본인 거류민들 또한 재산권을 포기하지 않았다는 공식적인 보도는 조선인들만 공덕심이 부족하다는 민족적 이분법을 무색케 했다. 1911년 『매일신보』의 한 기사에 따르면, 도로 확장공사를 시작한 남대문통에 거주하던 조선인 두 명과 일본인 한 명이 토지 매각을 거부했는데, 결국 박선호와 윤창석은 마지못해 매각을 했으나, 하마오카 료우스케濱岡良哲는 끝까지 거부해 당국이 결국 법적 제재를 적용해야만 했다는 것이다. 기사는 상당한 지식과 부를 가진 하마오카 같은 일본인 거류민이 ‘미개한’ 조선인처럼 스스로를 격하시키는 몰상식한 행동을 했다고 비난했다.[55] 1910년대 『매일신보』에는 비협조적인 일본인 거류민을 다루는 기사가 계속 이어진다. 예컨대 1913년 이후 사설에서는 토지를 팔지 않거나 터무니없이 높은 가격에 팔려는 조선인들은 거의 없음에 비해, 일본인 거류민들은 그런 ‘이기적’ 행위를 지속하고 있다고 밝혔다. 기자는 “문명의 선구자”인 일본인이 어찌하여 그런 “비뚤어진 생각”을 하는지 걱정스럽게 반문하고 있다.[56] 일부 거류민들이 당국의 정책에 반기를 들 수 있을 만큼의 권력을 행사했을지 모르지만, 그것은 조선인을 ‘계몽’하고자 한 공식 담론과 시구개수의 실행에 지장을 초래하는 것이었다. 그 결과 경찰은 종종 ‘경범죄’라는 또 다른 규제 방식을 동원해야만 했다. 경범죄는 경찰로 하여금 도시 내 대로 주변의 공공의 안전과 상거래 및 위생적 환경을 확립하기 위해 필요한 단속권을 부여함으로써 경찰에게 더 많은 재량을 허용한 식민지적 제재 방식이었다.[57]

　일부 거류민들의 행동이 식민주의자들의 이분법을 약화시키기는 했지만, 당국은 그들이 “이익관계의 공유unity of interests”라고 즐겨 불렀던 것에 조선인들도 동참할 것을 지속적으로 호소했다. 경찰의 잦은 개입으로 인해 제대로 작동하지는 못 했지만, 이러한 통치 논리는 관 주도의 도로 개수를 자본주의 발전에 따른 잠재적인 개발 이익과 연계시키는 데 그 목표를 두었다. 1912년 『매일신보』에서 어느 필자가 주장했듯이, "일반적으로, 도로는 교통의 문명화와 직결된다. … 이동이 편리하면 수입과 수출이 빈번해지고, 사람들이 문제없이 오가며, 자연스럽게 무한한 이익이 발생할 것이다."[58]* 하지만 북촌의 간선도로를 배제시킴으로써 많은 주민들이 (전혀 불가능한 정도는 아니더라도) 공용도로의 '개화된' 혜택을 받을 수 없었다. 같은 필자는 '산업이 결여되어 있다'는 점에서 조선인들을 혹평하면서도, 경성의 뱀처럼 좁고 구불구불한 도로로 인해 사람들이 통행하기조차 어려울 지경이라는 점은 인정했다. 식민화 이전부터 상업 중심지였던 종로도 도로변을 잠식해 들어온 임시 점포로 인해 도로가 붐비는 지경이었기에 상품과 인구의 '문명화된' 흐름에 지장을 초래하고 있었다.[59] 자본주의적 축적 논리와 식민주의적 동화의 수사학을 앞세운 당국은 이러한 구조적 장애물을 제거하는 것이 조선인들이 스스로 근면한 주체로서의 의무를 수행하는 동시에 이윤도 남길 수 있는 도시 인프라를 건설하는 데 도움이 될 것으로 기대했다.

이처럼 당국은 이윤을 추구하는 동화주의 이데올로기를 통해 초기 식민 국가에서 주목했던 시구개수와 관련된 이념들을 받아들이도록 주민들을 설득하고자 했다. 1886년 경복궁에서 진행된 점등식과 함께 한반도에 최초로 전기가 공급되자,** 일본인 전문가들은 이러한 신문물의 혜택을 일부 엘리트층에게만 국한할 것이 아니라, 일

---

* 1912년 11월 17일 자 『매일신보』에서는 위의 인용문을 찾을 수 없다.

반인 거주지로 확대하여 지역 주민들이 활발히 이용할 수 있는 야시장을 설립할 것을 요구했다. 이들은 식민화 초기 야시장 지지자의 말을 인용하여, 공공 공간의 '문명적' 이용과 시간의 효율적 이용을 연결시키는 것이 "국가 발전과 인류 공영에 이바지"하는 것이라고 주장했다.[60] 일본인들은 원주민의 '후진성'이라는 오리엔탈리즘적 시각을 반복함으로써 비협조적인 토지 소유자들을 비난하곤 했는데, 이 전문가는 일몰 후 영업 종료라는 관행은 국가의 가장 비문명적이고 시대착오적인 행위라고 비난하면서, 이로 인해 조선인 상인들이 이윤을 획득할 기회를 허비하고 있다고 주장했다. 또한 조선에서 성문과 시장이 열려 있는 낮 시간대에 여성의 통행을 금지해온 조치가 최근에 철폐되었으니, 다음 단계의 조치로 야간 상업 활동에 필요한 가로등이나 전기기구를 설치하는 것이 타당하다고 주장했다. 곧이어 총독부의 공식 기관지인 『매일신보』에서는 식민지인들에게 촉구하기를, "하루의 이익을 잃고, 한 달의 이익을 잃고, 1년의 이익을 잃은 뒤 사업의 실패를 탓한들 무슨 소용이리오? 다행히 상업에 종사하는 동포들은 주간에만이 아니라 야간에도 근면히 일하여 실익實益을 취할지어다."[61] 이처럼 사적인 실익은 공공도로를 '계몽된' 방법으로 이용하게끔 하는 수사적 유인책으로 사용되었다. 당국이 시내 대로변에 야시를 개설하면서, 임시 점포 철거로 인해 떠돌이가 된 행상

** 경복궁 안 건청궁에서 한국 최초의 점등식이 열린 것은 1887년 3월 6일이다. Min Suh Son, "Enlightenment and Electrification: The Introduction of Electric Light, Telegraph and Streetcars in Late Nineteenth Century Korea," in Tong-no Kim, John B. Duncan and To-hyŏng Kim, eds. *Reform and Modernity in the Taehan Empire* (Seoul: Jimoondang, 2006), pp. 126~198.

들을 도시경제권에 통합시키고자 한 것도 우연은 아니었다.

여전히 일부 일본인 문필가들은 조선인 주민들을 동화시키는 장소로 공식적으로 인정된 공공 공간인 공원, 극장, 음악당, 구락부俱樂部(club), 도서관, 미술관, 동물원 등의 사회교육 시설을 권장했다. 통감부 시기 경찰 요직에 있었던 마쓰이 시게루松井茂(1866~1945)는 이런 시설들이 식민지 주민들로부터 공덕심을 이끌어내는 가장 효과적인 방법이라고 여겼다.[62] 유교적 가부장주의를 동화주의적 모델로 삼으면서, 마쓰이는 '아우'인 조선인들을 문명화의 길로 인도하기 위해서는 '형'인 일본인 주민들을 먼저 최대한 '계몽'시킬 필요가 있다고 주장했다.[63] 병합 후 그의 주장에 동조하는 일본인들은 고급 공연장과 구락부, 그리고 신토 신사를 통해 도시의 '취향'을 개선할 것을 요구했다.[64] 그러나 돈만 밝히는 하층 일본인 잡상인들이 거리를 활보하고, 북적거리는 유흥 지대로 일본인 직업여성들이 분주히 드나드는 것이 현실인 상황에서 이러한 일본인 중산층의 요구는 초기 식민지 도시의 일상에 반영되지 못했다.[65] 결과적으로, 제멋대로인 일본인과 고분고분하지 않은 조선인 모두에게 식민지 경찰이 나서서 '올바른' 공덕심의 기준을 강제할 수밖에 없었는데, 그렇게 함으로써 자치적인 식민 통치 제도의 실험은 저해될 수밖에 없었다.

총독부는 오락과 교육 목적으로 새로 만들어진 공공 공간에서는 경찰과 같은 강권력이 드러나지 않도록 하려고 노력했다. 일례로 대한제국이 군주와 백성들의 관계를 증진하기 위해 원각사 터에 만들었던 파고다공원이 있다. 1900년에 완공되었을 당시 파고다공원은 주중에는 대한제국 황실에서 이용하고 일요일에만 일반인에게 개방되었다.[66] 이에 대해 식민지 당국은 공공 공간의 '사적인' 소유는 황성의 후진성을 증명한다면서, 1913년 7월부터 파고다공원을 주중에도 일반 시민에게 개방하기로 결정했다. 또한 그들 정권의 근대성을 실제로 보여주고자 의자, 화단, 산책로, 전구, 나무 등을 갖춘 공원으로 개선했다.[67] 신문에서는 조선인들이 식재된 나무를 뽑거나 나뭇잎을 따는 등 공공 공간에서 부적절한 행위를 한다고 비판했다. 이들 행위의 저변에 놓인 조선인의 궁핍함에 대해서는 눈감은 채, 식민지 당국은 이런 행위가 이기적이고 미개하다고 공격하면서 공익을 내세워 이들을 통제하려고 했다. 『매일신보』 기사에는 다음과 같은 설명이 실렸다. "대저 공원이라 함은 어떻게 설립했든지 일개인의 사물이 아니라 공공에 속한 것이니 자연히 이를 불가불 공공의 마음으로 애호할지라, 애호의 마음이 박약하든지 혹 손해를 생기게 하든지 하면, 이는 공덕심이 없는 사람이라 할 수 있다."[68] 총독부는 이 계획을 방해하는 자들을 심리적·법률적으로 또는 다른 처벌을 통해 대중으로부터 유리시키면서 점점 더 공원이나 도로와 같은 공공 공간에서의 공덕심이라는 사상을 고취시키기 시작했다. 당국은 개인 일탈자를 단순히 통치권으로 처벌하기보다는, 사회 유지를 위한 노력을 방해하는 주민들의 '막무가내'식 행동을 개선하라고 권고했는데, 사실이것은 시구개수를 위해 감행된 토지의 강제수용을 은폐하기 위한이데올로기였다.

'문화통치'로서의 도시계획, 1925-1934

1920년대 초반까지도 시구개수의 핵심은 단편적으로 시행된 도로 개선에 있었다. 1920년대 중반에 이르자, 당국에서는 세계적으로 확산되고 있는 국제적 운동인 도시계획의 영향력을 확대함으로써 식민 통치 초기의 구조적 한계를 넘어서고자 했다. 당시 도시계획가들이 거창하게 이름붙인 '대경성大京城' 계획은 총독부와 경성부, 그리고 반관반민 단체들 사이에 상당한 논란을 불러일으키면서 진행되었는데, 그 이전의 도시 개조에 비해 그 범위가 확장되고, 진일보한 방법들이 동원된 것이었다. 이 강화된 권력 형태는 특정 행위에 대한 단속과 금지 위주의 소극적인 방식을 취하기보다는, 다민족적 주민들로 구성된 도시의 생산 역량을 통합함으로써 적극적인 경기 부양 효과를 창출하고자 했다. 그러나 유기적으로 통합된 사회체라는 유토피아적 주문의 이면에는 토지구획정리와 같은 한층 더 침략적인 기획이 숨겨져 있었다. 토지구획정리는 노후하고 쇠락한 지역의 미시 공간에 기본적인 직교형 도로망 체계를 덧씌우는 것을 목적으로 하는 도시계획 기법이다. 토지구획정리는 그 비용을 부담하는 지주들로 하여금 향후 예견되는 지대 상승과 상업적 이윤을 반대급부로 하여 토지에 대한 소유권을 포기할 것을 종용한다. 이 시기 당국이 도시계획을 통해 경성을 탈바꿈시키면서 거둔 성과는 제한적이었다. 하지만 그것은 총독부가 '내선융화'의 전술로 도입한 '문화통치'에 수렴하는 것으로, 확연한 불균등성을 띤 경성의 근대화 정책에 대해 부르주아 조선인(과 일본인)들을 적극적인 지지자로 끌어들이는 것을 목표로 삼았다.[69]

서론에서 논의했듯이, 대부분의 한국사는 1919년의 민족적 봉기를 1920년대 식민 정치의 분수령으로 간주한다. 이 역사적 사건으로 인해 보통경찰제가 도입되고, 한글 매체가 등장하고, 중도 성향의 정치 단체가 결성되는 등 문화통치의 전형적인 분할통치 전략이라고 할 수 있는 조치들이 급속히 확대되었다. 그러나 식민 모국과 식민지를 아우르는 초국가적 발전은 도시계획이라는 더 광범위하고 글로벌한 현상과 연결되어 있었다. 식민지에 주둔한 군대에 의해 3·1만세운동에 대한 폭력적 진압이 자행되었던 바로 그해에 도쿄의 제국의회에서는 「도시계획법」과 「시가지건축물법」이 통과되었던 것이다. 앙드레 소렌슨André Sorensen이 주장했듯이, 이들 법안은 당시까지 일본 본토에서 진행되어온 도시 개조를 "도시 지역 전체를 관할하고 도시 발전을 계획할 수 있는 종합적인 계획 체계"로 대체하는 것이었다. 이 새로운 체계는 독일과 프랑스의 선례를 본받아 토지 가치 인상분에 대한 세금 부과, 계획의 수혜자인 지주들에 대한 수익자부담세 부과, 토지 수용 절차 등의 재정적인 방법뿐만 아니라, 용도 지역 지정 등을 망라했다.[70] 조선총독부는 1934년에 가서야 유사한 법을 통과시켰는데, 그때까지 식민지 도시 발전은 뒤처지게 되었고, 이는 종종 식민지의 '왜곡된 근대화'의 증거로 비판받곤 했다. 따라서 경성부 관계자들은 1919년 계획에 사용된 토지구획정리나 수익자부담세와 같은 계획 기법을 적극적으로 도입하려고 했다.[71] 그들은 초국경적인 인력과 조직의 네트워크를 끌어들여 도시계획을 토착화하고자 했는데, 이는 글로벌한 규준과 실행 기법을 식민지 도시라는 도전적인 상황과 갈등적인 정치 현실에 적용하는 것이었다.[72]

구미의 열강들과 마찬가지로 일본의 도시계획도 과학적 정확성과 합리적 예측성을 강조했다.[73] 다시 말해 계획가들은 도시 공간을 효과적으로 재조직하는 데 필요한 정보를 확보하기 위해서는 도로, 공원, 교통량과 위생에 대한 경험적이고 세부적인 조사가 필요하다고 믿었다. 독일에서 교육받은 의사로서 1916년 내무대신이 된 전문 정치인인 고토 신페이後藤新平(1857~1929)가 1917년 도쿄에서 도시연구회를 설립한 것은 이러한 목적에서였다.[74] 이케다 히로시池田宏(1881~1939)를 포함한 내무성의 유능한 관료, 대학 교수, 의회 의원, 신문기자들로 구성된 도시연구회는 별도의 정부 기관과 같은 역할을 수행했다. 이 단체는 도시계획 분야의 최신 연구 성과를 『도시공론都市公論』이라는 제호의 월간지에 실어 출간했는데, 이 잡지는 곧 도시계획에 대한 주된 토론의 장으로 자리 잡았다. 1918년 외무대신이 되기 이전에 고토는 내무성에 도시계획국을 공식 출범시켰을 뿐만 아니라 반관반민의 자문기관인 도시계획조사회를 설립했다. 도시계획조사회는 1921년 설립된 경성도시계획연구회의 제도적 모델이 되기도 했다.

고토의 내무대신 후임인 미즈노 렌타로水野錬太郎(1868~1949)는 제국 일본과 식민지 계획가들 사이의 또 다른 중요한 연결고리였다. 미즈노는 사이토 마코토齊藤實(재임 1919~1927) 총독 때 정무총감이었는데, 식민지 조선에 부임하기에 앞서 일본 내무대신으로 재직했고, 그때 그가 앞서 언급한 1919년 계획법을 통과시켰다. 그는 경성도시계획연구회 회장을 역임했으며, 1922년 내무대신으로 자리를 옮긴 이후에도 회장직을 유지했다. 미즈노가 조선의 정무총감이 되자 1919년 도시계획법의 법안을 만드는 데 힘을 보탰던 그 휘하의 많은 관계자들이 경성을 방문해 식민지 계획가들을 상대로 강연을 했다. 강연자에는 도쿄제국대학 건축학과 교수인 사노 도시카타佐野利器(1880~1956)와 우치다 요시카즈內田祥三(1885~1972) 및 그 제자들, 그리고 내무성의 가사하라 도시로笠原敏郎(1882~1969) 등이 포함된다.

사노는 왕성한 활동을 선보인 건축가인 가타오카 야스시片岡安(1876~
1946)와 함께 이후 경성도시계획연구회의 명예회원으로 추대되었다.
경성도시계획연구회는 식민 모국의 관계자들을 식민지로 초청했으며,
종종 일본이나 만주를 방문하여 지역 계획가들과 만나기도 했다. 예
컨대 경성도시계획연구회 회원이자 경성부 의원이었던 히즈카 쇼우타
는 1922년 3월 말에 도쿄의 도시연구회를 방문하여 고토, 우치다,
미즈노와 면담을 하기도 했다.[75] 식민 모국과 식민지 사이에 이처럼
빈번하고 긴밀한 상호작용이 있었다는 사실은, 일본제국이라는 울타
리 안에서 전개된 도시계획운동을, 식민지에서의 지역적 굴절의 특수
성을 고려하되, 단일한 분석 단위로 다룰 필요가 있음을 뜻한다.[76]

경성부의 월간 회보였던 『경성휘보京城彙報』에 실린 식민지 계획에
대한 논의가 도시 공간을 유기적 체계로 바꾸는 과학적 변화에 집중
되었다는 점은 본국의 『도시공론』과 같은 맥락에서 이해할 수 있다.
그러나 식민지 모국과는 대조적으로 경성부에서는, 비록 관계자들은
공공연히 인정하지 않으려 했지만, 계급과 민족에 따른 심각한 사회
분열을 극복해야 하는 부담에 직면했다. 예를 들어 경성부의 기술자
였던 가와노 마코토川野誠는 식민지 계획가들에게 지난 10년간 만들
어놓은 피상적인 개조 작업을 뛰어넘어야 한다고 주장했다. 1922년
에 말했듯이, "우리가 도시를 하나의 유기적인 신체라고 생각한다면,
… 도로를 수리하고 청결함을 유지하는 방법들은 그 유기적 신체의
통일성을 완성하기 위한 일련의 노력들이다. ―이를테면, 도로와 하
수도 계획 …. 장차 우리는 (부분들이) 서로 연관된 통일된 계획으로
나아가야 할 것이다."[77] 가와노가 경성의 발전을 설명하기 위해 사용
한 유기적 비유는 사노 도시카타의 글에서 보다 더 체계적이고 사상

적인 형태를 띤다. 1921년 가을 경성도시계획연구회 창립회의 발표에서 그는 가정 공간의 이상적인 배열을 도시의 구조에 비유하며 다음과 같이 말했다. "집 설계가 잘되면 생활환경이 편안해집니다. 도시의 도로와 똑같이 집 안 복도의 편리한 정도에 따라 가족들의 일이 신속하게 되거나 아니면 지체될 것입니다. … 이런 완벽한 집들이 무수히 모여 있어야만 찬란한 도시가 생겨나게 되는 것입니다."[78] 천황제 중심의 가족국가 개념에 빗대어, 사노는 경성을 '가족도시'로 재구성하자고 제안했다. ─이것은 도시계획가들이 식민 모국의 잡지에 기고할 때 흔히 사용한 비유다.[79] 사노가 말한 '가족도시'는 남성 지배적인 세대들로 구성된 통일된 도시 공동체로, 이 모든 것은 '충효일치忠孝一致'의 이데올로기를 통해 가부장제와 연계되었다.

이러한 도시 사회에 대한 유기적 개념을 실현하기 위해서 당국은 주민 개개인에게 점차 버거운 부담을 지웠다. 그러나 역설적이게도, 당국은 지역 유지들이 '대경성'에 대한 논의를 주도하도록 허용하는 자치 시스템을 도입하기를 꺼려했다. 우치다 준이 주장한 대로, 일본인 유지들과 한국인 유지들은 식민지 정치로부터 지속적으로 배제됨에 따라, 국가로부터 더욱더 확고한 시민권을 얻기 위해 비공식적인 운동에 뛰어들게 되었다. 이러한 노력의 일환으로 그들은 지역 의회나 자문위원회 활동에 참여했다. 이들은 대개 부윤府尹*의 지시에 따라 움직이지만 그들 자신의 이익을 진전시키기도 했는데, 이것이

---

* 경성부윤은 일제하 경성부의 수장으로, 조선시대의 한성판윤, 지금의 서울시장에 해당한다. 경성부윤에 대한 최근의 연구 성과로 서울역사편찬원, 『일제강점기 경성 부윤과 경성부회 연구』(서울: 서울역사편찬원, 2017)를 참고할 수 있다.

바로 윤해동이 혁신적으로 명명한 "식민지 공공성"이라는 집단적 소통 방법이다.[80] 투표권이 박탈된 주민들이 도시계획을 지지할 것이라는 당국의 기대와 달리, 일부 의원들은 도시 대중의 도시계획에 대한 무지와 무관심에 대해 심각한 우려를 표출했다. 1920년 가을 경성상업회의소의 회원인 다나카 한시로田中半四郎는 다음과 같이 경고했다. "일반적으로 경성 주민들은 도시 행정에 대한 기본적인 개념도 모자라고, 도시에 대한 확고한 신념도 없습니다. … 주민들이 도시 행정에 참여하는 기본적인 자기 인식이 없다면, 시정市政의 진전과 발전에 대한 희망은 전혀 없습니다." 지역 유지들이 무너져가는 식민 사회에 대한 부정적인 의견을 내놓은 반면, 일부 계획가들은 통일된 커뮤니티가 근대적 메트로폴리스를 만드는 데 장애물을 극복하게 할 것이라고 낙관했다. 그래서 사노 도시카타는 계획 관료들의 주장이 재정적으로는 제한을 받겠지만, 심정적으로는 경성의 주민들로부터 지지를 얻어낼 수 있을 것이라고 주장했다.[81] 반면 총독부 토목국에서 근무했던 이와이 조자부로岩井長三郎 같은 보다 회의적인 당국자는 그와 대조적인 견해를 설파했다. 그는 다나카 같은 일본인 엘리트의 견해에 동감하면서, 조선인의 도시계획에 대한 무지, 비협조, 그리고 반대야말로 계획을 어렵게 만드는 핵심적 장애물이라고 비난했다.[82]

도시계획에 대한 대중의 지지를 끌어내기 위해 식민지 당국은 주민들이 스스로를 거대한 도시 전체의 유기적 일부로 생각할 수 있도록 독려했으며, 그들이 『경성휘보』의 첫 페이지를 "자각", "수양修養", "사회 연대"와 같은 훈계조의 어휘로 가득 채운 것은 이러한 노력의 일환이었다.[83] 「도시 주민과 수양」이라는 글에는, 1920년 약 24만 6천 명이었던 경성부 도시인구가 1925년 약 34만 3천 명으로 증가한

데 대한 계획가들의 우려가 드러나 있다. 이 글에 따르면, 농촌 주민들은 상대적으로 강한 공동체적 결속이 있기 때문에 사회문제를 완화시킬 수 있는 반면, 농촌 이주민이 지속적으로 유입된 경성에서는 도시 문제를 해결하기 위해 거주자들을 수양시킬 복지 단체나, 직업 소개소, 그리고 다른 사회기관들을 필요로 한다. 이런 맥락에서 저자는 거주민들이 하수관, 위생, 쓰레기 처리, 집짓기, 세금 납부, 공원, 교통 등에 대한 충분한 지식을 갖추도록 독려했다.[84] 「사회 연대와 수양」이라는 다른 기사는 도시 생활에서의 정신적인 기반을 강화하는 데 집중했다. 저자들은 근대성의 유해한 영향들을 치유하기 위한 방안으로 모국에서도 촉발된 '사회 연대'의 전략인 대중 교육과 교화 등을 제시했다.[85] "우리는 개인과 사회라는 이중적 개념에서 벗어나지 않고, (근대적 삶의) 물질적 차원과 정신적 차원 간의 조화를 도모하면서, 개인의 덕의와 자신의 능력이라는 (우리) 시대의 요구를 일궈낼 수 있다"는 것이다.[86] 이들 식민지 계획가들이 제기한 대로, 경성부 주민들의 역량에 의존해야 할 필요성이 유례없이 커진 상황에서, 당국이 그들의 이상을 현실화할 수 있을지 여부는 개개인이 도시계획에 얼마나 협력하느냐에 따라 좌우될 것이었다.

이전의 시구개수와 마찬가지로, 재경성 일본인 지도층은 도시계획을 일본인 사회의 상업적 이익을 지키는 방편으로 추진하는 데 여전히 주도적인 역할을 담당했다. 하지만 그들의 이해 관심이 항상 총독부의 정치적 목적과 일치하는 것은 아니었다. 1912년 초, 거류민들은 한강 일대, 특히 취약 지대였던 용산 지역의 홍수로 인한 침수 피해를 우려했다. 만성적인 홍수로 인해 거류민단 지도층이 초기 식민 국가에 방제 대책을 마련해달라고 진정하자, 총독부에서는 일부 지역의 물길을 직선화하고 그 주변에 제방을 쌓았다.[87] 그러나 이러한 임시변통은 1920년 여름에 일어난 전례 없던 대규모의 범람을 막아내기에는 역부족이었다. 1922년의 폭우를 계기로 용산치수회龍山治水會[*]라는 재경성 일본인 단체는 총독부에 종합적인 방재 계획을 세워줄 것을 촉구했다. 그러나 새로 축조한 제방도 1925년의 대홍수 때에는 이 지역의 일본인들을 보호하지 못했다.[88] 일본인들은 지속적으로 홍수 방지책을 강구해야 했기에, 지역 유지들은 자연재해에 대한 대책 마련을 빌미로 북촌이 아닌 남촌의 개발을 추진하고자 했다.

그러나 김백영이 밝혀냈듯이, 1925년의 수해는 총독부 당국자들로 하여금 시가지를 확장하는 데에 상습 침수 지역인 용산을 중심으로 하는 협소한 계획은 '대경성' 건설 과업에 적절한 것이 아님을 확신하게 만드는 계기가 되었다.[89] 총독부는 그 대신에 재경성 일본인 밀집지역이 아닌, 곧 웅자雄姿를 드러낼 경복궁 경내의 행정부 신청사와 그 인근에 건설될 관사 지역에서 경성을 모델 도시로 탈바꿈시킬 그들의 계획을 계속 추진하려고 했다. 그런데 이 계획은 (총독부 청사의 북촌 지역 이전을 계기로) 식민 국가가 남촌은 제쳐둔 채 북촌에 특권을 부여할지도 모른다는 재경성 일본인 지도층의 해묵은 우려를 자연스럽게 불러일으키게 되었다. 이 사태에 대해서는 조선인 민족주의자들도 나름의 우려를 재출간된 한글 신문에 실었다. 그들은 총독부의 계획이 적어도 조선인들이 수적으로는 우위를 차지하

---

[*] 일본 거류민단이 해체된 이후 용산 지역 일본인들은 1919년 용산치수회라는 단체를 조성하여 잦은 홍수 범람에 대처하고 있었다. 『동아일보』 1924년 5월 21일자, 「二村洞의 不安과 龍山治水會의 祝賀宴」.

고 있는 북촌 지역에 일본인들이 침입하는 결과를 초래할 것을 우려
했다. 오히려 그들은 예상대로 경성부의 조선인 인구가 동쪽과 서쪽
교외 지역인 마포, 청량리, 왕십리 방면으로 늘어나고 있으므로 해당
지역에 주택지를 시급히 확대해줄 것을 요구했다.[90] 결국 조선인과 일
본인 양측 지도층 모두 총독부의 '북진' 계획에 대해 한발 앞서 대비
책을 제시한 셈인데, 당국과 재경성 일본인 엘리트들은 절충안을 도
출해냈다. 계획가들은 남산 위를 경성의 지리적 중심으로 삼고, 인천
방면으로의 남쪽 지역을 향후 상공업 발전의 중심지로 위치시키기
로 한 것이다.

　도시의 미래를 둘러싸고 대치가 한창이던 와중에, 1921년 여름에
당국의 도시계획 관계자들과 지역 사업가들이 모여 경성도시계획연
구회를 설립했다. 경성도시계획연구회는 도쿄의 도시계획조사회처럼
12개의 조사부로 나뉘어 있었는데, 이는 식민지 수도에 대한 체계적
이고 과학적인 연구를 바탕으로 한 것이었다. 각 조사부는 지역 개
발, 통신, 위생, 공공 안전, 경제, 교육, 공원, 사회 시설, 행정체계, 건
축, 주택, 재정 등 다방면으로 도시계획을 이행했다.[91] 도쿄의 도시계
획조사회와 달리 경성의 경성도시계획연구회에는 중산층 전문가들
이 대거 참여하고 있었다. 이 차이는 경성도시계획연구회를 후원해
줄 당국의 재정이 한정적이었다는 데에서 기인한다. 경성도시계획연
구회가 재정과 행정 양 측면에서 모두 지원해줄 수 있는 상공인 유
지들에게 크게 의존하게 된 것은 이 때문이었다.[92] 반대로, 민간이 경
성도시계획연구회의 주축이 되었다는 것은 곧 재경성 일본인들과 소
수의 조선인 유지들이 경성도시계획연구회를 그들의 이익집단으로
이용했음을 뜻한다. 그들은 어떻게 하면 경성을 근대 메트로폴리스

로 가장 잘 변모시킬 수 있는가에 대한 견해를 경성도시계획연구회를 통해서 피력했다. 경성도시계획연구회의 창립 회의가 재경성 일본인 사회의 영리를 추구하는 반관반민 단체인 경성상업회의소 건물에서 개최되었던 것도 이 때문이었다. 그러나 궁극적으로 경성의 발전은 식민 국가의 주도하에 있었고, 점차 그 영향력이 축소되어간 경성도시계획연구회 및 기타 관변 단체들은 자문 역할에 머물렀다.[93]

1920년대 초, 총독부는 식민지 도시계획 법안을 제정하지 않은 채 경성의 시구개수 프로젝트를 경성부 서무계에 일임한 바 있었다. 그 결과 1925년 1월 초에 이르면, 1921년 경성도시계획연구회의 조사 내용을 압도하는 방대한 조사의 80퍼센트를 서무계에 있는 400여 명의 직원이 완성해냈다.[94]

이 조사를 바탕으로 하여 경성부 최초의 공식적인 도시계획 제안서가 만들어졌다. 1926년 4월 출간된 이 계획은 도시의 역량을 하나의 유기체로서 통합하되, 조선인 유지들의 의견보다는 재경성 일본인들의 요구에 특혜를 부여했다. 한강을 따라 상업도시 경성과 공업도시 인천을 연계하는 시안은 경성도시계획연구회의 일본 상공인 유지들의 의견을 반영한 결과였다.[95] 다른 한편으로는, 1926년 이후 계획에서부터 동쪽으로는 청량리, 서쪽으로는 영등포까지 시가지를 확장할 것을 제안했다. 이것은 경성의 인구 증가를 해결할 방안으로 줄곧 이 지역의 개발을 요구해온, 도시계획에서 소외되어온 조선인들의 요구에 대해 당국이 일정 정도 양보한 것이다. 1926년 계획은 이러한 이해관계의 충돌을 극복하기 위해 '하나의 유기체로서의 (경성의) 체계적인 작동'을 요구한 전문가들이 사용하는 화합의 수사학을 반복했다. 당국은 인구 증가와 교통로, 위생시설, 건물 규제 등에 대한 과학적인 자료를 근거로 하여 경성의 자원을 이용한 통합된 도시 시스템을 만들고자 했다.[96] 아마도 시내의 늘어나는 인구와 상품의 효율적 순환에 기초가 되는 도로 건설이야말로 이 동화주의적 assimilatory 합리성의 가장 좋은 예일 것이다. 1926년 계획에 따르면 도로는 경성부 총면적의 7퍼센트를 차지하는데, 이는 다른 근대도시들에서 나타나는 25~30퍼센트보다 훨씬 낮은 수치다.[97] 세계적인 기준에 맞추기 위해 계획가들은 1919년 시구개수 계획을 기반으로 한 도로 네트워크를 만들되, 도시 외곽까지 도로를 연장할 것을 제안했다.[98] 이러한 기반시설의 개선에는 1억 5천만 엔의 예산이 필요했는데, 이는 설령 막대한 수익자부담세가 충당된다손 치더라도 천문학적인 예산이었다. 때문에 조선인 식자층들은 이 계획을 비현실적인 허풍쟁이 계획이라고 혹평했다. 재경성 일본인 사업가들이 다수를 차지하고 있던 경성부 의회의 일부 의원들도 1926년 계획은 계획 차원에만 그칠 수밖에 없는 운명임을 예견했는데, 그 예측은 틀리지 않았다.[99]

당국이 종합적인 도시계획을 실행하기 위해 추가적인 재원을 마련하는 데에는 난항을 겪었던 반면, 공공 공간의 외관을 간선도로 수준으로 변모시키는 데에는 어느 정도 성공했다. 당국은 이러한 변화가 도시에 살고 있거나 방문하는 사람들에게 집단적으로 활력을 불어넣어줄 것으로 기대했다. 예컨대 태평통을 계획가들이 즐겨 불렀던 경성의 샹제리제 거리로 탈바꿈시키기 위해 52만 엔을 책정했다. 파리에 필적할 만한 세계적인 수도를 건설하기 위하여 계획가들은 이 상징적인 대로를 20미터 폭의 중앙로와 13미터 폭의 차로, 6미터 폭의 보도로 이루어진 거대한 62미터 폭의 도로로 확장했다. 도

〔그림 8〕 신축된 경성부청 낙성식에 참여한 학생들. 『경성휘보』 62호, 1926년 12월.

시의 공원도로로 기능하도록 가로변에 도시 주민들이 일상의 노고로부터 잠시나마 쉴 수 있게끔 나무와 의자를 늘어놓았다.[100]* 이에 더해서, 새로 단장한 태평통을 따라 늘어선 기념물들은 주민과 방문객의 주의를 집단적으로 일본 지배에 유리한 방향으로 재설정하는 역할을 담당했다. 경성역(1925년 완공)과 같은 공간은 개인들이 근대 시설을 향유할 수 있도록 손짓했다. 경성역에 대해 어느 신문 기사에

---

* 여기에 제시된 수치에는 약간의 오류가 있다. 『경성일보』 1927년 6월 15일 자 기사 「총독부(總督府)에서 남대문(南大門)까지 일직선의 대가로(大街路)」에 의하면, 광화문 앞의 길을 중앙로 22미터, 양측 차로 13.5미터, 양측 보도 6.5미터의 폭으로 이루어진 62미터 폭의 도로로 확장했다고 나온다. 도로의 직선화 계획에 책정된 예산은 50(여)만 원이다. 원서대로라면 총폭이 달라지지만, 신문 기사대로라면 총폭이 62미터 되는 도로가 맞다. 한편, 원서에는 '태평통'이라고 씌어 있으나, 광화문 앞 직선도로는 광화문통을 일컫는다. 태평통과 광화문통은 황토현광장을 중심으로 이어진 대로다. 당시 태평통은 폭 27미터(15간) 정도의 도로로 개수되었다. 京城府, 『京城都市計劃調査書』(京城: 京城府, 1928), 176쪽.

서는 그 거대한 규모를 누그러뜨리기 위해 '대중적으로' 지어진, 적색과 흰색의 벽돌과 콘크리트 보강으로 만들어진 신식 삼층짜리 건물이라고 소개했는데, 역사의 실내 공간은 밝은색의 스테인드글라스로 채워진 아치형 돔을 자랑하는 거대한 공간을 자랑했으며, 엘리베이터, 수세식 변기, 레스토랑, 이발소 같은 다른 근대적 장신구들이 서울을 오가는 수천 명의 사람들을 맞을 준비를 하고 있었다.[101]

남대문에서 북쪽으로 조금만 올라가면 태평통을 따라 새로 들어선 장소인 부청府廳이 있었다. 대한제국의 옛 궁궐(덕수궁)과 마주한 이 근대 건축물은 조선인의 백의白衣와 같은 흰색 돌로 꾸며졌으며, 이것은 피식민자(및 재경성 일본인)들로 하여금 도시계획에서의 그들의 역할과 현재적 위치를 깨닫게 하기 위한 것이었다.[102] 종종 경성의 '도심civic center'이라고 불린 경성부청 앞에는 축하 행사나 다른 공적인 행사가 곧잘 개최될 수 있도록 커다란 광장이 만들어졌다.[103] 예를 들어 1926년 10월 30일에는 6천여 명의 학생과 지지자들이 이 건물의 낙성식에 참여하려고 모여들었다. 학생들은 경성부청의 휘장이 새겨진 작은 깃발을 손에 든 채 「경성가京城歌」를 부르고 "경성부청 만세!"를 외치며 만세삼창을 했다.(그림 8) 당국은 또한 70개의 시민단체 회원을 종이등 행렬에 동원했는데, 2만 명이 넘는 군중이 이 광장에 운집해서 야간 행렬을 마무리지었다.[104] 경성부청은 이러한 공공집회뿐만 아니라 다섯 개의 간선도로가 지나가는 교통의 요지이기도 했다.[105] 이 공간을 도시 유기체의 심장에 비유하여 '도심'이라고 명명한 것을 통해 우리는 이 건물이 도시계획가의 심상 속에서 얼마나 중요한 의미를 띠고 있었는지 알 수 있다.(그림 9)[106]

마침내 태평통 북단*의 옛 경복궁 터에 전체 도시설계의 핵심인

〔그림 9〕 경성도시계획 도심(경성부청 앞 광장) 부근의 조감도(京城都市計畫都心附近の鳥瞰
圖). 경성부, 『경성도시계획조사서(京城都市計劃調査書)』(경성: 경성부, 1928), 226쪽.

총독부 신청사가 들어섰다. 당연하게도 대부분의 한국인 연구자들은 이 신고전주의 양식 건축물의 등장은 조선의 유구한 역사를 지워버리려는 일제 식민 통치의 폭력적 상징이라고 논해왔다.[107] 총독부 청사가 완공되자, 민속공예 전문가인 야나기 무네요시柳宗悅(1889~1961)와 건축사학자이자 고현학자考現學者인 곤 와지로今和次郎(1888~1973) 같은 일부 일본인 지식들은 이 건물이 조선인을 동화시키기보다는 오히려 등을 돌리게 만들까봐 두렵다며 이 기념비적 건물을 혹평하기도 했다.[108] 하지만 궁궐을 선택적으로 파괴함으로써 어떻게 이처럼 중요한 재건축이 이루어질 수 있었는지에 대해서는 살펴볼 가치가 있다. 태평통에 자리한 다른 기념비적 공간과 마찬가지로 이 공간도, 주기적이고 제한적이긴 하지만 대중에게 개방되었다. 관광객을 끌어들이기 위해 당국은 근대적 정원과 수백 그루의 나무에다 자갈길까지 설치했다. 방문객들은 소액의 입장료를 내면 1915년 조선물산공진회의 상설관이었던 총독부 미술관에 입장할 수 있었다. 경복궁의 북서쪽 사분면에는 1925년 봄에 개장한 공원이 있었고, 여기서 관람객들은 일본의 많은 도시 공원이나 신토 신사에서 흔히 볼 수 있는 일본을 상징하는 문화인 벚꽃놀이를 즐길 수 있었다.[109]

경성의 도심부 간선도로를 일본 근대성의 모델로 변모시키려는 당국의 계획은 성공을 거두었지만, 당연하게도 도시계획가들의 장밋빛 꿈처럼 모든 조선인이 이 공간을 향유할 수 있게 된 것은 아니었다. 예컨대 1934년 출간된 박태원의 단편 『소설가 구보씨의 일일』에

─────

* 총독부 신청사가 들어선 것은 광화문통의 북단이다.

서는 식민 국가의 가장 상징적인 가로인 태평통을 공동체 정신과 공중보건 운동의 상명하달식 도시계획에 모순되는 극심한 소외와 병리의 공간으로 묘사했다. 비록 경성역이 '대중적'인 외양으로 군중의 환심을 사는 데는 성공했을지 모르지만, 박태원은 이 건물을 고질병에 시달리는 여행자들과 비정非情하고 의심 많은 이방인들로 가득찬, 철저하게 고독한 공간으로 묘사했다.[110] 앞서 언급했듯이 계획가들은 경성부청을 기차역과 같이 (군중 축제에 참가하곤 할 때) 주민들이 한자리에 모일 수 있는 공간이라는 의미에서 도심이라고 부르곤 했다. 하지만 온종일 시내를 산보하면서도 박태원은 끝내 이 랜드마크 건물에 대해서는 한마디도 언급하지 않는다. 그 대신에 그는 인접한 비운의 공간 덕수궁, 즉 일제 병합 이후 서양식 건물인 경성부청과 미술관으로 대체되어버린 옛 대한제국의 상징 공간이 겪어야만 했던 불행한 운명을 한참 곱씹는다. 이 일대에 대한 그의 묘사는 독자의 눈길을 사로잡는데, 그것은 일반 시민까지는 아니더라도, 적어도 교육받은 조선인이라면 누구나 느낄 법한 향수와 분노를 드러낸다. "그러나 초라함, 옛 궁궐의 초라함. 이것은 또한 누군가의 심장을 짓누르는 어떤 것이다."[111]

박태원 같은 엘리트 작가가 당국에 의한 도로개수의 효과를 깎아내리려는 노력을 옛 궁궐의 실추된 존엄성으로 표현했다면, 대다수 하층계급 주민들에게 일본 식민 통치의 가장 경멸스러운 측면을 꼽으라고 했다면 그들 자신이 살고 있는 탄압받는 조선인 동네를 지목했을 것이다. 사실상 식민지 계획가들이 직면한 훨씬 더 어려운 도전은 그들이 외면해온 북촌의 황폐한 지역에서 도시 간선도로 정비의 차원을 넘어서는 기능주의적 도시의 유기체적 이상을 실현시키는 것이었다. 도시 내부에 모세혈관과 같은 세부 도로망을 관통시키기 위해 궁극적으로 도입한 것이 바로 1919년 일본 도시계획법으로부터 차용해온, 재공간화하는 기술인 토지구획정리다. 이 기술은 직교형 도로체계와 공원과 같은 공공시설을 건설하여 결과적으로 토지를 구획하는 것을 일컫는다. 이러한 공격적인 계획은 그 구역의 토지소유권을 모아야만 하기에 많은 반발을 야기하며 상당한 사회적 비용이 지출되는 조치였다.[112] 계획가들이 도시 유기체의 병든 부분을 제대로 기능하는 장치로 바꾸기 위해 필요한 '유기적 화합'이라는 용어를 빈번하게 언급한 것은 이러한 걸림돌을 넘어서기 위한 것이었다. 1926년 경성부 임시도시계획조사계 사카이 겐지로酒井建二郎는 피식민 주민들이 토지구획정리 참여를 통해 맡아야 할 통합적인 역할을 묘사하기 위해 이러한 수사법을 사용했다. 그는 다음과 같이 썼다.

도시계획에서 도로는 뼈대에 해당하고, 운송로는 동맥에 해당하며, 컨베이어는 피에 해당한다. 이런 (요소)를 통해 도시는 성장하고, 건물들은 도시의 참된 근육으로 기능한다. 경성의 근육은 사실, 온통 문제투성이에다 극도로 수척하다. 그 조직들이 하나의 완성된 시스템을 형성하지 못하고, 허약하고 엉망인 근육마디의 집합이다. 그 구불구불한 도로와 막다른 골목과 함께 간신히 살아 있다. 경성의 뼈대, 심장과 피는 완성이 되었으나, 근육이 (그 몸에) 붙어 있지 않다. 의도적으로, 도시 거주민들은 그들 (자신의) 경각심에 의지해야만 한다. 그 경각심이란 무엇인가? 그것은 단 하나, 구획정리다.[113]

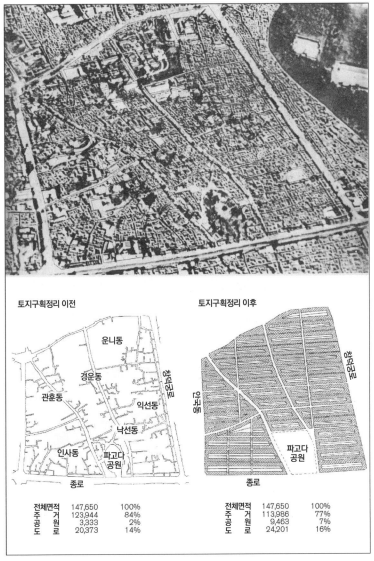

토지구획정리 이전 / 토지구획정리 이후

운니동
경운동
관훈동
익선동
낙선동
인사동
파고다공원
종로
창덕궁로

인국동
파고다공원
종로
창덕궁로

전체면적	147,650	100%
주　　거	123,944	84%
공　　원	3,333	2%
도　　로	20,373	14%

전체면적	147,650	100%
주　　거	113,986	77%
공　　원	9,463	7%
도　　로	24,201	16%

〔그림 10〕 서(西)종로(종로2가 북측 지역)의 토지구획정리계획도. 경성부, 『경성도시계획조사서』(경성: 경성부, 1928), 270~271쪽.

이러한 주민 자치적 논리에 입각하여, 계획가들은 조선인들이 구획정리를 지지함으로써 공익을 위해 사익을 희생하고, 그럼으로써 북촌의 위생 문제 해결에 협조해줄 것을 요청했다. 사실 1920년대 중반 이 지역은 보건 전문가들에게는 팽팽하게 긴장된 의견 대립이 심각한 지역이었는데, 이는 당시 재경성 일본인들의 전염병 발병률이 상대적으로 더 높게 나타나고 있었던 것과 무관하지 않다. 1928년에는 1926년의 계획을 계승하지 않은 또 다른 도시계획서가 발간되었는데, 이 책에 그러한 우려가 나타나 있다. 1928년 계획 입안자들은 경성의 조선인 밀집 거주지에 대해 다음과 같이 언급했다. "막다른 골목이 많고, 비가 오면 막힌 하수물이 흘러넘쳐서 주거지로서의 가치를 거의 상실하며, 교통, 안전과 위생 상태가 실로 통탄할 정도의 상황이 초래된다."[114] 당국은 도시의 주요 도로를 통해 부분적이지만 거시적인 도시 공간의 개조를 달성한 것처럼, 직교형 가로망을 덧씌움으로써 미정비된 마을을 탈바꿈시키는, 고비용이지만 효과 만점인 방법으로 토지구획정리를 제기한 것이었다.

1928년 계획은 이러한 프로젝트의 시범 사례를 보여줬는데, 특히 서부 종로의 제5구역(현 종로2가) 재구획 계획을 예로 들 수 있다.(그림 10) 세부적인 계산에 따르면, 이 구역은 84퍼센트의 거주 지역과 14퍼센트의 도로 예정지, 2퍼센트의 공원 예정지로 구성되어 있었다. 계획가들은 거주 지역을 7퍼센트 줄여서 도로를 2퍼센트, 파고다공원 부지를 5퍼센트씩 넓히고자 했다.[115]

비록 제5구역에서 제안된 도로 예정지 증가분이 다른 토지구획 사업이 예정된 네 구역에서의 평균 증가분인 3.5퍼센트와 비교는 되지만, 마을 공간에 미칠 질적인 변화는 극적인 것이었다. 예컨대 제5

구역의 남서쪽에 위치한 인사동은 남쪽과 서쪽이 두 개의 직선대로로 둘러싸여 있는 반면, 북쪽과 동쪽의 경계는 약간 모가 나 있으며, 북쪽은 막다른 골목이었다. 지선支線 하나만이 마을을 관통할 뿐, 다른 골목길은 몇 개의 막다른 골목과 만나고 있는 것이다. 1928년 계획은, 인사동을 둘러싸고 있는 기존의 도로에 남북·동서 축의 도로를 연결시켜 직교형 도로망을 만들어냄으로써 인사동을 탈바꿈시키고자 했다.

식민지 당국은 아직 토지구획정리 및 다른 계획 원리에 대한 법률이 제정되지 않은 상태에서 이와 같은 전면적인 개조 프로젝트를 실현하기 위해서는 조선인 토지 소유자들이 공덕심을 가지고 행동해주기를 바랄 수밖에 없었다. 지역 유지들이 계급과 민족의 공익을 우선시하고, 조선인 생활수준의 개선과 장래 토지 가치의 상승을 대가로 그들의 토지에 대한 권리를 포기해주기만을 바라야 했다. 예컨대 당국은 인사동의 거주자들이 마을 면적의 6퍼센트를 양도하고, 그 지역 땅 1평을 재건설하는 데 드는 비용(55엔) 중 5엔(10퍼센트) 정도를 납부해주기를 기대했다.[116] 조선인들에게 공익을 위한 희생을 독려하기 위해 식민지 계획가들은 개인 자산을 출자한 소유자들의 공동 조직인 지주협동조합을 설립할 것을 제안했다.[117] 1927년 도시계획의 재정 조달 방법을 연구하기 위해 일본을 방문했던 사카이는 조선인 지주들이 이 공공 프로젝트에 참여하기를 간절히 희망한다고 말했다. "지주협동조합을 만들면, 부청에서 그들을 위해 마련한 계획을 수용할 수 있고, 막다른 길과 구불구불한 도로 등을 개선할 수 있다. 지주들이 그들 토지의 일부를 내어준다면, 근사한 길과 구역이 건설될 수 있다. 만약 (이 땅이) 재분배되거나 회수되면 규격화된 지구로 탈바꿈하게 되어, 지주들은 상거래나 공공 안전, 위생에 있어서 혜택을 받는 것뿐만 아니라 도시가 그 땅을 효과적으로 이용할 수 있게 된다."[118] 정부 주도 사업에 대한 재정적 협조 이외에도, 이 협동조합은 사업 지역 토지의 최소 3분의 2를 소유한 주민의 최소 3분의 2가 참여할 경우 모든 회원이 이 사업에 참여하도록 강제하면서 지역 차원의 제재 기준을 마련할 수도 있었다. 1910년대 시구개수 사업에서 실시되었던 토지 몰수 같은 강압적인 제도와는 달리, 이러한 문화통치 전략은 지역의 토지 소유자들에게 더 많은 '자치'를 부여했거나, 혹은 적어도 그런 착각을 불러일으켰다.

비록 사카이는 지주들이 토지구획정리사업에 참여할 것이라고 낙관했지만, 보다 냉정한 계획가들은 거대한 조선인 마을을 충분한 예산 없이 바꾸려는 시도에 대해 심각한 우려를 표명했다. 이러한 비판론자 중 한 사람으로 제도부흥원帝都復興院 국장을 역임한 나오키 린타로直木倫太郎를 들 수 있다. 1928년 말 경성도시계획연구회로부터 초청을 받아 조선을 방문한 나오키는, 인구밀도가 높아서 계획가가 손을 댈 여지가 거의 없는 북촌에서 토지구획정리를 실시하는 것이 과연 가능한지에 대해 의문을 제기했다.[119] 그는 재정적 협조 면에서 조선인들이 이 사업을 지지할 것이라는 것에 대해서도 비판적이었다. 그는 조선인들이 무언가 자꾸 말꼬리를 잡는 습성이 있다고 개탄하곤 했다. 심지어 그가 1923년 간토대지진關東大地震 이후 자비심과 자기희생의 정신을 보여주었다고 칭찬한 도쿄 사람들조차도 토지구획정리에 대해서는 크게 지지하지 않았고, 이를 꺼리는 지주들에게 종종 강요를 일삼아야 했던 것이다.[120] 낙관주의자들에게 나오키가 상기시켜준 것은, 조선인 땅에 대한 높은 담보 대출과 그에 따른 수

수료 부담이 과중할 것이라는 만연한 불신 때문에 식민지에서 당국에 협력하는 일이 더욱 복잡하게 꼬여 있다는 점이었다. 유일한 선택지인 강제 철거는 피식민인들 모두에게 불만을 품도록 협박하는 것이기 때문에, 나오키는 관계자들에게 밀집된 도심에서 당국이 강제로 쫓아내지 않더라도 자포자기한 조선인 주민들이 스스로 이주할 수 있도록 교외 지역을 신속하게 개발하는 데 집중하라고 권장했다. 1930년 총독부 계획에 더 이상 북촌의 재개발 계획이 나타나지 않는 것으로 보아, 나오키의 현실적인 결론이 식민지 계획가들에게 이 어려운 사업을 포기하도록 설득시킨 듯하다. 사실 1932년 말에도 당국은, 일본 본토에서 지주들이 관례상 기부하는 10~30퍼센트의 수치에 훨씬 못 미치는 5퍼센트조차 조선인들이 기부하지 않는 것에 대해 여전히 불만을 갖고 있었다.[121] 1934년 「조선시가지계획령朝鮮市街計劃令」이 제정되고 나서야, 식민지 당국은 침탈적이며 인기가 없었던 사업 방식인 토지구획정리를 교외의 개발 지역에 비로소 적용하기 시작했다.[122]

유사한 문제로 인해 실행 가능할 것으로 보였던 수익자부담세─예상되는 토지 증가와 토지 가치의 상승을 대가로 사업비의 25~50퍼센트를 지역 주민들에게 세금으로 걷는 본토의 재정 수단─를 실시하려는 노력이 난항에 부딪히게 되었다.[123] 당국은 이 계획적 전략을 식민지에 재빨리 전수하고 싶어 했으나, 심각한 장애물이 있음을 깨닫게 되었다. 그것은 바로, 부유한 소수와 빈곤한 다수로 나뉘어 있는 민족에 따른 부의 불평등 문제였다. 1926년에 소개된 놀랄 만한 설명에 따르면, 경성 주민들 전체가 소유한 자산은 약 4억 1천만 엔이었다. 높아 보이긴 하지만, 사실 이 수치는 경성에 비해 인구가 절반밖에 안 되는 구마모토_{熊本} 같은 본토의 작은 도시의 자산과 비슷한 수준이었다. 더욱이 식민지 수도에 사는 조선인 대부분이 스스로를 경제적으로 매우 심각한 궁핍 상태라고 여기고 있었고, 경성의 70만 가구 수의 절반 정도가 빈민으로 분류되었다. 재산과 토지가 많은 조선인들의 경우에도 가용한 자산은 대부분 담보물로 잡혀 있었다. 결과적으로 그들 자산의 많은 부분이 경매로 처분되었고 이로 인해 토지 매매가 한 달에 100여 건을 웃돌았다.[124] 이러한 사회 경제적 격차를 인식한 식민지 계획가들은, 평등한 수익자부담세가 토지와 자산을 소유한 재경성 일본인들에게는 미래의 수익을 보장해주는 데 반해, 대부분의 조선인들에게는 그와 같은 이익을 제공하지 않는다는 결론을 내렸다.[125]

민족주의적 신문에 기고하는 조선인 지식인들도 이와 유사한 결론을 내리고, 수익자부담세는 가뜩이나 취약한 노동계급 사람들을 더 극빈의 나락에 빠뜨리는 것이라고 심각한 우려를 표명했다.『동아일보』에 실린 한 기사에서는 경성에 거주하는 조선인의 80퍼센트 정도가 근저당을 안고 살아가고 있으며, 20퍼센트 정도의 조선인만이 자가 주택에 살고 있다고 추산했다. 이미 상당히 많은 가구가 세금을 내지 못하고 있는 상황에서, 수익자부담세까지 부과한다면, 가뜩이나 불안정한 생활 조건을 더욱 악화시키게 될 것이라고 두려워했다. 일부 일본인 계획가가 예상한 현실대로, 이러한 방식은 더 이상 팔 것이 없는 조선인들로 하여금 경성을 떠나게 만들 수도 있었다.[126] 또 다른 『동아일보』 기사는 수익자부담세가 부유한 재경성 일본인에게 혜택을 주는 낭비성 도시계획의 일부라고 비난하면서, 조선인들에게 그에 대한 두려움이 만연함을 포착해내기도 했다.[127] 일본인이 주축이 된 자문위원회에 참여하고 있던 조선인 지도층도 같은 맥락에서 이러한 계획 방법을 반대했다. 1927년 3월, 경성도시계획연구회는 계획 사업에 불공평한 세금을 부여하는 정책에 문제를 제기하면서 수익자부담세를 실시하기로 결정했는데, 경성도시계획연구회의 조선인 회원들은 이 결정에 대해 항의했다.[128] 북촌의 교통과 위생 상태가 개선되기 전까지는 더 가난한 조선인들에게는 수익자부담세를 연기해야 한다고 요구한 것이다. 그제서야 한 사설에서는, 그들의 반대가 점차 가라앉을 것이라고 결론 내렸다.[129]

피식민 주민들의 반대에도 아랑곳없이 야심찬 계획가들이 끈질기게 밀어붙인 결과, 1930년 4월 수익자부담세가 실효를 보았다. 이 세금은 도시의 가장 기본적인 격자형 도로망을 완성하기 위해 1100만 엔이 소요되는 2단계에 걸친 10년간의 사업에 계상되었다. 다수의 조선인들은 이 사업의 불공평한 재정계획 때문만이 아니라, 조선왕조의 역사적 기념물들을 인정하지 않는다는 이유에서 사업을 반대했다. 이 계획은 추가로 30퍼센트를 더 부담해야 하는 사업 대상지 거주민들과 더불어, 비용의 40퍼센트와 30퍼센트를 총독부와 경성부청이 분담하도록 되어 있었다.[130] 〔그림 11〕에서 볼 수 있듯이, 제1기(1928~1933)에 재건설하기로 한 일곱 개의 도로 중 다섯 개가 북촌에 집중되어 있어, 조선인들이 도로와 하수도 건설에 따른 비용의 상당 부분을 납부해야 했다.

결국에는, 지속되는 반대에 부딪힌 계획가들이 수익자부담세를 모두 취소하거나 상대적으로 낮은 세율만 부과하도록 해야 했다. 총독부 청사에서 경성제국대학병원을 연결하는 동서 축의 도로 건설이 이미 착수되었기 때문에, 당국은 돈화문의 서쪽 부근에서부터 경성

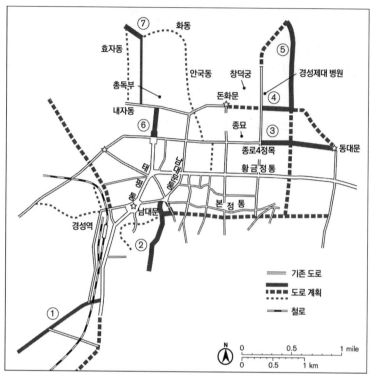

〔그림 11〕 1928~1933년의 도로망 계획 1기. 『경성일보』 1929년 3월 4일 자 지도 위에 필자 표시.

제국대학병원까지의 주민들에게 세금을 면제해주었다.(그림 11에서 ④ 옆의 점선)[131] 『경성일보』는 수익자부담세의 면제 부분을 정부 예산에서 끌어올 수 있는 가능성을 언급했는데, 이러한 양보는 종묘를 양분하는 이 도로 공사에 대해 격렬하게 반대하는 조선 귀족층들을 회유하기 위한 목적도 있었다.[132] 1922년에 마지막 황제였던 순종이 조선왕조의 고관대작들과 함께 유사한 항의를 하여 당국은 문화적으로 민감한 기념물에 피해가 덜 가도록 이 관통도로의 경로를 변경해야만 했다.[133] 또한 조선인 밀집지역에 설정된 다른 도로들―예컨대 종로4정목부터 동대문까지(그림 11의 ③), 화동에서 안국동까지(점선 표시)—은 각각 5퍼센트와 4퍼센트라는 상대적으로 낮은 세율을 적용했다.[134]

당국이 피식민 주민들의 반대에 부딪히고 있을 즈음, 설상가상으로 대공황의 여파로 정부 재정에 큰 압박이 가해지면서 세수가 가장 중요한 사안으로 떠올랐다. 경성에서는 경기 침체로 인하여 제1기 도로사업 예산 85만 엔 중 65퍼센트가 삭감되었고, 그로 인해 대부분의 사업이 취소되거나 연기되었다.[135] 내자동에서 효자동(그림 11의 ⑦) 지역을 보면, 수익자부담세와 예산 삭감이라는 두 가지 요소로 인해 도시계획가들의 목표가 실현되지 못했음을 알 수 있다. 총독부 청사의 약간 북쪽과 서쪽에 위치한 이 지역은 거의 전적으로 조선인 거주 지역이었는데, 주민의 많은 수가 유산자층이었다.[136] 따라서 당국은 빈곤한 조선인 지역에 비해 네 배나 높은 17퍼센트의 수익자부담세를 부과했다. 재정 문제가 이 지역의 공사를 연기한 당국의 추후 결정에 영향을 미쳤겠지만, 신문 기사는 수익자부담세에 대한 지역민들의 반대 또한 만만찮은 장애물이었다고 밝힌 바 있다. 1929년 가을, 유난히 공격적인 어느 사설은 계획 당국이 지역 주민들의 환심을 사지 못한다면, 이 지역의 도로 계획은 결국 실패하고 말 것이라고 경고했다.[137] 『동아일보』는 당국이 진정으로 황폐화된 북촌의 도로와 하수도를 개선할 뜻이 있다면, 사업비 전액을 당국에서 지원해야만 할 것이며, 그렇게 하지 않는 한 토지 지분을 보유하지 못한 조선인들에게 수익자부담금이 그들의 이해관계에 부합하는 사업임을 설득시킬 수 없을 것이라고 주장했다. 또 다른 민족주의적 기사는 다음과 같은 공손하면서도 날카로운 질문을 제기함으로써 도시계획의 극도로 불평등한 본질에 대해서 규탄했다. "과연 대경성을 건설하는 것이 직간접적으로 우리의 생활을 얼마나 향상시키며 도시의 발전에 따라 우리네 생활이 얼마나 발전하는가를 우리는 다시 고구考究할 필요가 있지 않을까?"[138]

하지만 부유한 조선인 논자들이라도 식민지 계획의 태생적인 불평등성을 비판하기 위해 사정이 더 나쁜 조선인의 곤경을 이용한다는 사실과, 신흥 조선인 부르주아들이 도로 개선의 이익을 선점하기 위해 그들의 특권적인 계급 지위를 사용한다는 사실에도 주목할 필요가 있다. 1928년 10개년 계획으로 개량된 동부 종로의 사례(그림 11의 ③)가 이에 해당한다. 『경성일보』의 한 기사는 상대적으로 미개발된 지역의 초가지붕 가옥들과 서쪽으로 즐비하게 늘어선 이층·삼층 벽돌 건물의 "화려한 근대적 아름다움"을 대조시켰다.[139] 넓은 아스팔트 도로와 보도를 건설함으로써, 당국은 그곳 상인들이 자신들보다 형편이 더 나은 서부 종로 쪽의 상인들과의 경쟁을 통해서 동대문 주변을 재활성화시키도록 했다. 공사가 완료된 1933년 봄, 동부 발전연합의 조선인 대표인 김안보가 서부 종로의 상인들에게 도전하는 캠페인을 주도했다. 김안보와 그의 동료들은 급속히 발전하고 있는 경성 동부의 교외로부터 경성으로 유입되는 소비자를 끌어들이기 위해 다양한 마케팅 전략을 사용했는데, 향후 사용 가능한 쿠폰을 나눠주기도 했다.[140] 이 같은 홍보 노력 덕분에 동대문 주변으로 소비자들이 가벼운 마음으로 산책하거나, 일본인들이 '돈부라東ぶら'라고 부르길 좋아했던 새로운 대중적 공간이 만들어졌다.[141] 이러한 모든 변화는 도시계획 관계자들에게는 매우 반가운 소식이었는데, 특히 조선인 회사들 간의 경쟁은 종로의 전체 구간을 연장하는 광활한

대로의 완성이라는 더 중요한 결과를 낳았다.[142] 동부발전연합의 사례는, 비록 식민 통치가 재경성 일본인들에게 우선적인 특권을 부여하고 있었음이 명백하지만, 조선인 상인들에게도 공공 공간을 그들의 계급 이익을 위한 공간으로 변모시킬 수 있는 새로운 기회를 제공하기도 했다는 점을 상기시켜준다.

15년에 걸친 논쟁 끝에 1934년 조선시가지계획령을 제정함으로써, 총독부는 고도로 불평등한 공공 인프라의 도시 속에 조선인들이 더욱더 전면적으로 휘말려들게끔 만들기 시작했다.[143] 아시아태평양전쟁 발발 1년 전인 1936년, 식민지 당국은 마침내 기존 시가지의 3.5배의 면적에 이르는 대경성을 건설하는 법안을 마련했다. 경성은 1940년대 초반에 90만 명을 넘길 정도로 인구가 증가하여 일본제국의 도시들 가운데 일곱 번째 규모의 대도시가 되었다. 대경성의 이질적인 공간들을 하나의 유기적 단위로 융합시키기 위하여 계획가들은 남촌의 행정단위와 같이 북촌 지역을 재편성하고, 철도역과 같은 랜드마크의 명칭을 변경함으로써 북촌 또한, 적어도 상징적인 수준에서는, 점차 통합된 도시체의 일부가 되었다.[144] 1941년 일본의 진주만공격으로 인해 긴축재정이 시행되기 이전까지, 후기 식민 국가는 도심부 지역과 새로 편입된 지역을 연결하는 간선도로를 만들어내는 데 상당한 자원을 투자했다.[145] 이를 통해 대경성의 여러 지역과 다양한 커뮤니티들은 전시체제하 도시의 일부분으로 통합되어갔다.

그러나 이 역사적인 문턱 앞에서 당국은, 1932년부터 어느 일본어 신문에서 논했듯이 "기성 시가지의 재건과 수술적 치료"만 감당할 수 있게 되었다.[146] 조선인 엘리트들의 반대와 저항에 부딪히기는 했지만, 확실히 조선왕조를 대체한 제국 일본에 종속된 신민으로 조선인들을 동화시키려는 식민지적 노력은 대체적으로는 성공했다.[147] 조선의 군주제를 자치적인 식민 국가로부터 분리시키고자 하는 식민 정부의 조치들은 도심의 왕궁을 선택적으로 파괴하여 일본의 근대성과 식민 권력을 진열하는 공공 공간으로 전환시키는 공간적 형태로 구체화되어 나타났다. 그러나 한양/황성을 식민 모국이나 구미 제국의 도시들과 같은 수준의 수도로 변모시키고자 했던 정교한 계획은, 1937년 이전 식민지 통치성의 공간 운용 역량의 한계를 드러내며 도시의 모세혈관 수준에서는 지속적으로 동요했다. 실패는 일본인 거주 지역인 남촌을 개발하는 대가로 지속적인 고통을 감내해야만 했던 북촌의 조선인 거주 지역에서 두드러졌다. 총독부가 상당한 자원을 투자했던 동맥의 수준에서조차 재정적 차질과 지역의 반대로 인해 1910년대와 1920년 초 시구개수가 예정되어 있던 47개의 도로 중에서 17개의 노도(36퍼센트)만이 완성되었다.[148]

　지속적으로 좌절을 감당해야 했던 도시계획가들이 질병의 신체적 은유와 유기적 통합을 강조했던 이유는 도시 재개발을 위한 자금 조달이 어려웠기 때문이다. 구획정리나 수익자부담세 등의 침탈적인 사업에 통치 합리성을 부여하고, 이를 도시의 수용력에 보다 효과적으로 연계시키기 위해서 철저한 수사학을 추구하면 할수록, 높은 비용에도 불구하고 좀처럼 공감대를 형성하기 어렵다는 사업의 무용성을 자각하게 되었다. 결과적으로, 그것들은 임시변통과 불평등한 수법 일색의 실행 계획만을 남기게 되었다. 다음 장에서 밝히겠지만, 이러한 한계들이 도시의 미시적 현장인 공공 공간을 특징지었다. 공공 공간은 정부 당국과 그들의 엘리트 대리인들에게는 상당한 관심과 통제의 공간이 되었지만, 훨씬 더 다수를 차지하고 다양하게 구성된 덜 가진 주민들에게는 치열한 논쟁과 경합의 공간이 되었다.

제2장

정신적 동화

남산의 신사와 제전

제1장에서 살펴본 공공기반시설의 발전 과정과 마찬가지로, 도시의 특정 장소는 더 큰 도시 조직들과 상호 연결되면서 식민지 신민 만들기의 경합적인 과정에서 중요한 역할을 수행하게 된다. 제2장에서는 경성의 신사들이 모여 있던 남산 일대를 살펴보려고 한다. 여기에는 1898년에 일본인 거류민들이 설립한 주민시설인 경성신사와 1925년에 총독부가 건립한 매머드급 기념물인 조선신궁이 포함되는데,[1] 이를 통해 식민지 신민 만들기 프로젝트의 정신적 차원에 대해 주목할 것이다. 주지하다시피 아시아태평양전쟁 시기(1937~1945)에는 일본인, 조선인을 가리지 않고 모든 신민이 천황과 황실에 동질감을 느끼도록 강요받았다. 하지만 이 시기 이전에도 남산은 이미 '천황제 주도적인 동화'라는 이념적 프로젝트의 중심이었다. 그리고 신토의 의례ritual는 무한히 확장되어야 할 다민족적인 공동체에 대한 경외심을 일깨우는 데 활용되고 있었다.

그런데 정신적 동화라는 프로젝트는 사실 1925년 이전에는 식민 권력조차도 그저 건성으로 다루던 사안이었다. 이 프로젝트가 점차 처치하기 곤란한 골칫거리로 부상하게 된 이유 중 하나는 종교적 자유와 황실에 대한 충성 의무 사이의 모순적 관계 때문이었다. 물론 종교적 자유에는 당시에도 이미 어느 정도의 제약이 있었지만, 그럼에도 불구하고 종교적 자유는 황실에 대한 충성 의무와 충돌할 가능성이 있었다. 조선총독부는 신토의 의례, 즉 제의祭儀를 각 개인의 신앙과 관계없이 제국의 모든 신민에게 부과된 '공중적公衆的(civic)' 의무로 규정했다. 그런데 일본 본토에서 만들어져 파급된 이런 이데올로기는 1920년대와 1930년대 당시 조선인 개신교도들의 극렬한 반대에 부딪혔다. 게다가 조선신궁이 설립되기 이전, 조선인들이 낯선 일본 황실 제전을 목격할 수 있었던 유일한 공공시설이었던 경성신사가 드러냈던 '종교적' 성격도 공중적 의무라는 이데올로기가 가진 효력을 지속적으로 반감시켰다.[2] 야마구치 고이치山口公一가 잘 제시하고 있듯이, 총독부는 1925년이 되어서야 신사 신토, 다시 말해 시민적 의례와 연관되는 관영官營 신토 시설과 활동을 종교 신토로부터 가까스로 분리해낼 수 있었다. 하나의 종교로서 신토, 즉 종교 신토는 불교, 개신교 등 그 밖의 공인 종교들과 마찬가지로 사회적인 동원에는 유용하지만 자칫하면 파괴적일 수 있는 위험한 힘으로 여겨졌던 것이다.[3] 1920년대 말에서 1930년대 초 사이에는 일부 신직神職*들이 총독부가 이렇게 신사 신토에 비종교적인 위상을 부여한

---

* 신토의 사제를 일컫는 말이다. 신직들 중 우두머리에 해당하는 수석 신직은 신주(神主)라고 한다.

〔그림 12〕 조선신궁 전경, 조선총독부 편, 『조선신궁조영지(朝鮮神宮造營誌)』(경성: 조선총독부, 1927), 도판.

것에 대해서 항의했다. 그들은 학교 교사들이 정화의식과 같은 '명백하게' 종교적인 의식에도 학생들을 공공연하게 동원해서 참여시킬 수 있기를 촉구하기도 했다.[4] 하지만 식민 당국은 공중적 의례와 종교적 믿음을 명료하게 분리하지 못한 재 애매하게 남겨두었고, 부분적으론 그런 탓인지 보통 설명되는 것과는 달리 신사 신토는 경성의 주민들에게 확고하고 통합적인 영향력을 행사하지 못했다. 사실정신적 동화는 제대로 작동하지 못했고, 그나마도 조선총독부가 조선신궁이 완공된 1925년 이전까지는 그야말로 임시변통으로 대처하기 일쑤였던 것이다. 그런 의미에서도 1925년은 매우 중요했다. 제1장에서 설명했듯이 1925년은 도시의 공간적 전환에서 중요한 문턱이었을 뿐만 아니라 식민지 신토의 역사에서도 중요한 전환점이 되었다. 천황숭배를 위해 필요한 기반시설이 이를 계기로 확립되었던 것이다.

경성신사가 제국 차원의 신사 서열에서 공식적인 위계를 부여받아야 한다는 논의는 조선신궁이 건립된 1925년 이후에도 계속되었다. 하지만 1936년 새로운 신사 규정이 공포되고서야 경성신사는 비로소 국폐소사國幣小社로 승격되었다. 달리 말하면 국폐소사 승격 이전까지 조선총독부는 이 지역적인 기관을 굴복시키는 데 성공을 거두지 못했다.[5] 그 이전까지 경성신사는 일본 본토 규칙의 적용을 받지 않는 예외적인 지위를 누렸다. 때문에 경성신사의 지도자들은 조선총독부가 신사 신토의 일상적인 운영에 개입하는 것을 막아낼 여지가 있었는데, 이것은 병합 이후 일본인 정착민들이 누렸던 자치自治의 아마도 유일한 측면이었을 것이다.[6] 자민족중심적ethnocentric이었던 이들 씨자총대*들은 식민지 특권의 보루 중 하나로 이 국외國外 신사 및 신사가 중심이 되는 문화적 활동을 면밀히 지켜갔다. 그들은 1925년 이전까지는 조선인들을 그들의 종족 공동체에 '동화'시키라는 국가의 지시를 마지못해 따랐을 뿐이었으며, 1925년 이후에도 그것은 줄곧 지극히 예속적인 방식으로만 수행되었다. 1929년의 경성신사와 신사대제神社大祭에서는 이미 대중적인 것이 된 기생 여흥이나 조선의 옛 궁중음악에 더하여, 토속신과 조선식 의상도 결국에

---

* 씨자(氏子. 우지코)는 지역의 수호신을 숭경하는 사람들을 가리키는 말로, 씨자조직은 지역 신사의 제사를 준비하고 치르기 위한 조직이며 씨자총대는 씨자조직의 대표자다. 경성에서 씨자조직은 1914년 거류민단 해체 이후 1915년에 결성되었으며, 1916년 인가를 받았다. 주로 일본인이 많이 사는 지역(町)을 중심으로 운영되었다. 1916년 조선총독부의 행정조직 개편으로 씨자조직은 정동총대 조직을 설치하기 위한 구역 설정의 기준이 되었고, 정동총대는 씨자조직의 구역 및 운영 인원 상당 부분을 흡수했다. 김대호, 「1910년대~1930년대 초 경성신사와 지역사회의 관계: 경성신사의 운용과 한국인과의 관계를 중심으로」, 이성일 편,『일본의 식민지 지배와 식민지적 근대』(서울: 동북아역사재단, 2009), 104~105쪽 참조.

는 받아들여졌다. 2년 후인 1931년에는 조선인 씨자총대들이 처음으로 대제 행렬을 맡아 진행하기도 했다. 이 임무는 한편으로는 힘 있는 일본인 씨자총대들을 만족시키면서도 다른 한편으로는 그들보다 가난한 조선인들과 구별될 수 있도록 세심하게 조율된 것이기도 했다. 이처럼 포용성을 띤 양보가 조선인 구경꾼들로부터 더 많은 지지를 이끌어내기 위한 것이었음은 분명하다. 하지만 정신적 동화를 위해 이들이 갈수록 더 공격적인 수단을 사용한 것은 조선총독부를 염두에 둔 것이기도 했다. 총독부에 의해 남산 위에 경성신사보다 훨씬 더 웅장한 조선신궁이 건립되고, 이 매머드급 신궁의 뒷길 즉 우라산도裏參道를 통해 경성신사가 연결됨으로써, 이미 조선총독부가 식민지 신사에 대한 일본인 정착민들의 통제를 심각하게 잠식해가고 있었기 때문이다. 조선총독부와 정착민 지도자들 사이의 경쟁은 이제 보다 효과적으로 조선인들에게 도달하려는 공동의 노력으로 바뀌었지만, 그럼에도 식민지 대중은 이러한 통치 방식에 흥미를 느끼면서도 여전히 동참하지는 않는 신민들로 남아 있었다. 1931년에는 일본 신을 모시는 사전社殿에 조선국혼대신朝鮮國魂大神이 포함되었다. 하지만 그 후에도 조선인들은 남산에서 진행된 엄숙한 의식이 아니라 주로 경성신사의 요란스런 행사를 통해 식민지 신토와 조우했을 따름이다. 이들을 일본제국의 충성스런 신민으로 바꾸어내려는 노력은 여전히 불안정하기 그지없었다.

경성신사와 식민 초기 신토의 임시방편적 성격

식민 초기 조선총독부는 신토와 관련해서 메이지 시대(1868~1912)의 전례를 따르겠다는 의도를 분명히 했다. 메이지 국가는 신토 신앙을 이용해서 천황의 황실에 대한 서민들의 충성심을 확보하고 이를 통해 분열된 국체國體를 통일한 바 있었는데,[7] 이를 식민지에 그대로 적용하려 했던 것이다. 이를 위해 먼저, 일본인 거류민들의 정신적 중심이었던 경성신사에 대한 총독부의 법적 지휘 권한을 확대했다. 그리고 경성신사의 씨자조직 및 제의를 조선인들을 점진적으로 포섭하는 방안으로 활용했다. 초창기 식민 권력은 경성 도시 개혁의 일환으로 독자적인 국가 신사의 설립을 기획했는데, 그것은 1925년에야 완공을 보게 되었을 정도로 장기적인 계획이었다. 그들은 신토를 확산시키기 위한 토대를 서서히 갖추어갔으며, 이는 조선 왕실의 종교적 상징성에 대해 통제력을 확보했음을 의미하는 것이기도 했다.[8] 조선 왕실은 대한제국기 관제 민족주의official nationalism의 성장 과정에서 매우 강력한 역할을 수행했지만, 얼마 지나지 않아 조선의 군주는 주권을 상실했으며, 이를 계기로 일본인 관료는 재빠르게 국가의례를 격하시켜갔다. 조선왕실이 주관하여 사직단에서 의례를 거행하는 것도 금지되었다. 사직단은 신라시대(기원전 57~기원후 935)에서 유래하는 것으로, 토지신인 국사신國社神과 곡물신인 국직신國稷神에게 제를 올리던 제단이다. 조선시대에는 국왕이 제사를 주재했는데, 1911년 조선총독부는 제단만 남겨놓고 매년 두 차례씩 지내던 제사를 단절시켰다. 일본의 제국 체제와는 부합하지 않는다는 것이 이유였다.[9] 그와 더불어 총독부는 이제는 이왕가李王家로 재편된 조선

왕족의 고위 인사들에게 경성신사를 방문하여 폐백幣帛을 바치도록 독려했다. 이 두 가지는 모두 조선 왕족이 일본 군주에게 종속되어 있음을 드러내기 위한 것이었다.[10] 예컨대, 병합 기념일이었던 1913년 10월 1일, 고종(1852~1919)의 다섯 번째 아들인 이강(1877~1955) 왕자와 그의 둘째 아들인 이우(1912~1945)는 총독을 비롯한 고위 관료들과 함께 일본의 황조신皇祖神인 아마테라스를 참배하고 폐백을 바쳤다.[11]*

당국은 경성에 사는 모든 조선인들이 언젠가는 경성신사의 정신적 관할권 아래에 놓이게 될 것이라는 바람을 공식적으로 천명했다. 그럼에도 경성신사는 증가하는 일본인 신도信徒들의 거주지 부근에 지어진 작고 볼품없는 신토 시설이었을 뿐이고, 병합 이후에야 겨우 점진적으로 식민지 조선인들을 편입시키기 시작한 형편이었다. 1925년 총독부가 남산 위에 별도의 신토 시설을 완공하기 이전까지만 해도 별다른 대안은 없었다. 조선인의 충성심을 일본인과 같은 수준으로 탈바꿈시키기 위해서는 경성신사의 씨자총대늘에게 기댈 수밖에 없었던 것이다. 그런데 역설적이게도 경성신사를 모시는 정착민들은 그 자체가 결코 영속적이거나 안정적이지 않아서, 심지어 정착민들 내부에서조차 단일하게 통일된 충성심을 만들어내는 것에 대해 거스르는 분위기가 있었다.[12] 정착민 공동체는 본토 각지에서 건너온 이들로 출

---

* 황족인 이강과 이우는 모두 비극적인 삶을 살았다. 의친왕 이강(1877~1955)은 만주에서 민족주의적 활동을 했다는 혐의로 체포되어 송환된 후 식민지 시기 내내 일제의 감시를 받으며 살다가 광복을 맞았으나 1955년 병사했다. 이우(1912~1945)는 강제로 일본사관학교를 졸업하고 아시아태평양전쟁 때 일본군 장교로 복무하던 중 히로시마에서 원폭에 피폭되어 사망했다.

〔그림 13〕 벚꽃이 활짝 핀 남산의 경성신사 입구. 사진엽서, 안창모 제공.

신 성분이 다양한 개인들로 구성되어 있어 계급, 신분, 성차 등에서
상당한 차이가 있었고 이런 차이에 따른 분할도 심각했다. 게다가 이
들은 이제 겨우 생겨났을 뿐인 '일본인다움Japaneseness'을, 그들이 조
선인들에 비해 민족적으로 우월하다는 것을 과시하는 강력한 상징
으로 지켜내는 데 골몰했다. 그 결과 경성신사의 신직들 및 그 밖의
일본인 지도자들은 조선총독부의 동조론同祖論을 받아들이기보다는,
조선인들을 '비非문명적인 존재'로 멸시하는 경향이 강했다.[13] 그들은
초창기 경성의 다민족적인 사회적 분위기 속에서 근대 천황제에 대
한 숭배를 확장해가려는 총독부의 지침에 대해 양가적인 반응을 보
였던 것이다.[14] 이처럼 신사 지도자들의 종교적인 이해 관심과 새롭게
출범한 식민 국가의 포용적인 레토릭 사이에는 만만치 않은 긴장이
존재했다. 그리고 이는 식민 통치의 초기 15년 동안 정신적 동화가
극도로 임시방편적인 성격을 띠게 되는 결과를 초래했다.

경성신사에는 일본인 관료 및 조선인 관료들이 자주 드나들었지만, 경성신사의 운영권은 여전히 정착민들의 손아귀에 놓여 있었는데, 초기 식민 국가는 새로운 관료주의적 규제를 통해 통제력을 확보하고자 했다. 조선총독부는 1914년 거류민단을 해체하여 거류민들의 법률적 특권을 폐지하고, 1916년에는 단일한 도시 행정체계를 확립했다. 제1장에서 설명했듯이, 이 행정체계는 두 민족이 사는 거주 지역 모두를 포함하고 있었다. 이 무렵이 되면 경성신사가 포괄하는 씨자 구역 또한 일본인들이 거주하는 고립된 지역을 넘어서 경성부 전역으로 확장되었다. 경성의 씨자 구역은 크게 네 개의 구역區으로 나뉘어 각 구역에서 다섯 명의 대총대大總代가 선출되었는데, 총독부는 경성신사의 지도자들에게 이 대총대 중 한 명은 조선인으로 선출할 것을 요구했다. 이와 더불어 조선인들이 씨자총대로서 신사 운영에 정규적으로 참여할 수 있도록 공식적인 규정도 만들어졌다.[15] 이런 규정들 덕분에 조선인들은 재빨리 전체 씨자총대들 중 약 35퍼센트를 차지할 수 있었다. 하지만 김대호가 "명예회원"이라고 묘사했듯이, 이들은 그저 별로 중요하지 않은 자리를 계속해서 떠맡았을 뿐이었다.[16] 또한 조선인 씨자총대의 20퍼센트만이 대중적으로 선출된 지역 조직의 행정가들과 겹친다는 사실—반면에 일본인 씨자총대의 경우 56퍼센트가 겹친다—은 여전히 일본인 지도자들에 의해 지배되고 있었던 신토 기관의 회원 범위를 확장하기 위해서 총독부가 이들 대리인들을 직접 선출했을 가능성이 농후함을 강하게 시사한다.[17]

그런데 이처럼 경성의 행정구역 재편 및 씨자조직의 행정적인 재조정이 실시된 이후에도, 경성신사의 자민족중심적인 리더십은 여전히 정신적 동화와 관련하여 조선총독부에서 표방한 공식적인 목표를 갉아먹고 있었다. 경성신사는 거류민단이 해체된 이후에도 조선총독부가 완전히 통제하지 못했던 몇 안 되는 정착민 기관 중 하나였기에, 불만이 가득했던 지도자들은 이 기관에 대해 권력을 행사하는 편법적인 수단으로 조선인들을 신사에서 배제시켰던 것이다. 그 결과 대부분의 조선인들이 신토와 직접 마주칠 기회는 드물었다. 신토의 제전과도 상당한 거리를 두고 있었음은 물론이다. 그들이 아마테라스와 조우하게 되더라도 신사의 경내에서 천황과 황실을 위해 올리는 기도를 통해서는 아니었다. 그보다는 차라리 제전 행사에서 펼쳐지는 요란한 유희를 통해 마주치기가 쉬웠다.[18] 실제로 이 제전 행사들은 신토가 조선인들의 무의식에 조금이나마 영향을 미치는 몇 안 되는 접촉 지대 중 하나였던 것이다.[19] 앞에서 언급했던 행정 재조직의 일환으로, 씨자총대들은 신사의 연례 제전에 대한 정식 일정표를 작성하면서 조선총독부와 조율했다. 이처럼 조선총독부가 신사의 일정을 감독하게 되자, 제전의 성격도 차츰 영향을 받았다. 이들 제전의 대부분은 새롭게 창조된 천황숭배의 신앙과 밀접한 관련을 맺게 되었다.[20] 예컨대 경성신사 대제일大祭日인 10월 17일과 18일은 일본 본토 미에현三重縣에 있는 이세신궁에서 거행되는 제전과 같은 날짜로 맞추어졌다. 아마테라스를 제신으로 모신, 엄숙한 분위기의 이세신궁은 제국 전역에 걸친 근대 일본 신사들의 위계에 있어서 정점에 군림하고 있었다.[21]

그런데 경성신사의 대제 참가자들에 의해 수행된 문화 활동은 '기도'와 '유희'의 불편한 결합으로 구성되어 있었다.[22] 신직神職들의 시각에서 본다면, 대제大祭는 경성신사 경내境內에서의 엄숙한 의식에서 출발하여, 신위神位를 신여神輿에 모셔 이동시키는 성스러운 행렬로 확장되고 혼용되어야 했으며, 신여를 옮기는 것은 대체로 젊은 정착민 남성의 몫이었다. 이처럼 성직자들이 의례의 엄숙성을 강조했음에도 불구하고, 세밀하게 구성된 질서와 위계의 상징들을 드러내는 행렬 안에는 그것을 위반하는 요소들도 포함되어 있기 마련이며, 따라서 소노다 미노루薗田稔가 "성스러운 위반sacred transgression"이라고 부른 순간이 발생하기도 한다. 소노다는 다음과 같이 쓰고 있다. "한편으로는 잘 정돈된 은둔과 정화의 의식이 있는데, 그것은 훈련받은 대로 정서적 반응이 이루어지고, 매우 절제되고 엄숙한 몸가짐과 행동이 강조되는 지루한 의례다. 하지만 거기에는 다른 한편으로 심신心身의 완전한 해방, 기존 질서의 (일시적) 파괴에 대한 기대감 또한 일반적으로 나타난다."[23]

식민 국가는 새로 편입된 조선인들에게 일본인 정착민들이 경건한 신민들로 이뤄진 잘 통합된 민족 공동체로 비춰지길 바랐을 것이다. 하지만 초기 식민지 제전에 대한 신문 보도에서는 —심지어 반半관제 신문인 『경성일보』에서조차도— 일본의 황조신皇祖神 아마테라스를 향한 경건한 기도가 신토 행사와 관련한 경박한 즐길거리들과 불편하게 뒤섞여 있음이 심심찮게 드러난다.

이처럼 이질적인 두 요소의 공존에 의해 야기된 긴장의 좋은 예로 〔그림 14〕의 신문 사진을 들 수 있다. 사진의 윗부분은 신직들 및 기타 중요 인물들이 대제의 개막식을 거행하면서 이 도시의 수호신인 아마테라스에 경의를 표하고 있는 모습을 보여준다. 개막식의 엄숙한 분위기와는 사뭇 대조적으로, 사진 아래 부분은 대제에 참여한 나머지 사람들이 아마추어 스모를 즐기고 있는 광경이다. 본래는 스모

〔그림 14〕 경성신사에서의 제의와 놀이.
『경성일보』1917년 10월 17일 자.

역시 원래는 수호신에게 바치는 공물이었지만, 자연스럽게 제전 참여자들을 위한 즐길거리가 된 것이다. 게다가 대제는 연례적인 불꽃놀이와 어린이들의 검술 경연, 꽃 장식, 그리고 다수 정착민들의 고향인 규슈九州에서 유래한 희극의 일종인 하카타 니와카博多仁輪加*로 유명해졌다. 제전의 또 다른 하이라이트는 신정新町 유곽의 일본인 게이샤들이 펼치는 행렬이었다. 제전의 다른 즐길거리들과 마찬가지로, 게이샤들은 춤을 추며 경성신사의 수호신만 기쁘게 했던 것이 아니라 제전의 구경꾼들도 매료시켰다. 낮에 거리에서 게이샤의 춤을 지켜본 남성 구경꾼들 중 일부는 밤에 그들의 고객이 되기도 했다.

이처럼 활력 넘치는 유희적 요소들이 경건한 기도 같은 요소보다

---

* 하카타 니와카는 일본 규슈 하카타 지역에서 에도 시대부터 유행한 가면을 쓰고 하는 희극 향토 예능으로, 후쿠오카시(福岡市) 무형민속문화재로 지정되어 있다.

〔그림 15〕(위) 신토 행렬 속의 게이샤. 『경성일보』 1918년 10월 19일 자. (아래) 신토 행렬 속의 기생. 『경성일보』 1918년 10월 19일 자.

외견상 더 중요한 역할을 맡는 경우가 잦았는데, 신토 의례를 통해 조선인들에게 일본 성신의 '신민목'을 전수하지는 못 하더라도, 적어도 전시할 수 있기를 바랐던 총독부 관료들의 희망은 이로 인해 산산조각이 났다. 가령 제전 행렬에서 일본인 게이샤가 입은 공식 복장은 소매가 헐렁한 흰색 재킷과 붉은색 스커트 하의였는데, 이 옷차림은 일본 헤이안平安 시대(794~1185) 귀족들이 일상적으로 입었던 의복을 모방한 것으로, 원래는 행렬에 참여하는 남성들을 위해 마련한 것이었건만(그림 15), 제전 기간 동안 게이샤들이 이를 입었다. 신문 기사에서는 이 모습을 "젊은 남성처럼 옷을 입은"[24] 여성들에 의한 "예외적인 풍습"[25]이라고 설명했다. 이는 특별한 행사의 공연자들에게는 제한된 형태로나마 복장 도착倒錯이 허용되었음을 시사했다.

그런데 신토 제전 행렬에 열광한 몇몇 구경꾼들은 이렇게 제전의 유희를 위해 제한적으로 허용된 것들에 크게 고무되어 남자는 여자 옷을, 여자는 남자 옷을 입고 등장하기도 했다. 이런 위반 행위들은 일본 본토의 제전에서도 흔히 일어나곤 했지만 1917년 당시 경성에서는 너무 두드러진 현상이어서 식민지 경찰이 「여흥법」을 제정하여 대중적으로 유행했던 복장 도착을 강력하게 규제해야 할 정도였다.[26] 이처럼 유희적인 행위가 경건한 기도로 이어지기를 기대하기는 어려우며, 이를 통해 아마테라스에 대한 일본인들의 숭앙심을 조선인들에게 제대로 보여주기는 몹시 난망하다는 사실을 총독부 관료들도 알아차렸던 것이다.

더욱이 식민화 초기 조선인들이 이러한 신토 의례에 노출되는 것은 연례 경성신사 대제의 행렬이 지나가는 경로 일대에 제한되었는데, 필자는 이것을 통해 식민지 도시 경성의 사회지리를 구체적으로 독해해보고자 한다. 청계천이라는 물길에 의해 북촌과 남촌이라는 민족별 거주지가 분리되어 있었음은 분명하지만, 이러한 구분이 일부 민족주의적 논자들이 주장한 것만큼 극명하지는 않았을 것이다.[27] 광범위하게 이루어진 대중적 축제나 제전, 공공 캠페인 등이 조선인과 일본인 사이의 사회적 작용을 증진시키는 문화적 가교假橋 혹은 교두보 역할을 했음은 분명하다.[28] 매년 개최된 경성신사의 대제는 민족 간의 연결 및 민족 내적인 연결을 보여주는 중요한 사례였다. 일본인이 늘 주도한 축제 행렬은 식민지 조선인들의 거주 구역을 관통했으며, 그렇게 함으로써 신토 축제에 의해 연출된 구경거리에 조선인들이 흥미를 느끼도록 자극했다. 1919년 이전에는 경성신사 제전의 첫날인 10월 17일 행렬 코스는 대다수 중요 기부자들의 주거지이자 일터인 남촌 일대로 한정되었는데, 이는 본정 상인들과 신정 일본인 게이샤들의 번영을 위한 것이었다. 신정에는 정착민 공동체의 유흥업소들이 많았으며, 이곳의 게이샤들은 이 축제에서 가장 중요한 볼거리 중 하나이기도 했다. 그런데 10월 18일 축제 둘째 날의 행렬 코스는 도시의 주요 축인 태평통을 따라 북진함으로써 새롭게 등장한 식민 정부의 거부할 수 없는 힘의 방향을 따르는 모양새를 취했다. 머지않아 태평로의 양쪽 끝 지점에는 조선신궁과 총독부 신청사라는 경성의 공식적인 정신적 중심과 정치적 중심이 1925년경에 동시에 완공되어 자리 잡게 될 것이었다. 신여의 행렬은 이 근대적인 간선도로를 통해서 청계천을 경계로 나뉜 민족의 공간적 분할을 가로질러 이동하여, 주로 조선인들이 거주하는 종로에 도착한다. 한정된 지역이나마 북촌을 향해 떠났던 신여의 이 외도外道 같은 여행은 30분 남짓으로 짧게 끝나고, 신여는 훨씬 친숙하고 안정감을 느끼는 남촌 구역으로 돌아온 다음, 경성신사의 경내에서 제전 행렬을 마무리한다.* 정신적 농화에 대해 전향적인 자세를 취한 이러한 행렬의 경로에 대해 식민 정부는 달가워했을지 모르지만, 북촌으로 향한 제전 행렬의 시간적 일시성과 공간적 제약성이 지닌 한계는 명백했다. 과연 식민자라는 특권적 소수자로서 자신들이 누리던 이익과 정체성을 깎아내리지 않고서도 조선인들을 일본인 신사 공동체에 편입시킬 방법이 있을까. 제전 행렬의 경로는 정착민들 사이에서 이런 의구심이 좀처럼 불식되지 않았음을 시사한다.

어쩌면 총독부 관료들을 더욱 곤혹스럽게 만든 것은 초기 식민

---

* 1919년과 1922년 대제 행렬의 경로는 〔그림 17〕에 표시되어 있다.

지 정착민 공동체의 일부 구성원들, 특히 새로 편입된 중층 및 하층 계급 사람들 중 일부는 충성스런 '일본인'이라는 강력하게 규정된 정체성의 일환으로서 경성신사의 활동에 전면적으로 참여하기는커녕 이에 심드렁한 태도를 보이는 실패 사례가 나타났다는 점이다.[29] 이처럼 정착민들 사이에서도 민족 정체성에 대한 표명은 고르지 않았는데, 그 원인은 부분적으로 정착민들의 출신 지역이 다양했던 탓도 있었다. 『경성일보』의 논평자들도 즉각적으로 지적했듯이, 일부는 출신 지역의 차이로 인해 씨자조직에 공헌하기를 거부하기도 했다.[30] 정착민 공동체 내부에서 발견되는 사회경제적 지위의 격차와 거주 기간의 차이는 왜 신참자 중 일부가 경성신사의 종교적 의식에 대해 거부감을 보였는지를 이해하는 데 도움이 될 것이다. 경성의 신참자들 중에는 화이트칼라, 전문가 집단, 총독부 직원 등 일본의 신흥 중간계급이 많았는데, 상인과 무역업자 등 정착민 사회의 기성체제를 이루고 있는 구 중간계급의 정체성을 규정하는 경성신사 대제와 같은 해외의 관습적 활동에 대해서 이들 신참자들은 철저히 외부자적 존재에 불과했다.[31] 또한 이들보다 하층계급에 속하는 일본인들도 초기 정착민 인구의 3분의 1 정도를 차지했는데, 이들의 입장에서 신사에 정기적으로 헌납하거나—이를 '씨자갹출금'*이라 불렀다—, 제전 행사가 거행되는 기간 내내 생업을 포기하고 여기에 시간을 투

---

* 경성신사를 유지하는 데 드는 비용은, 먼저 씨자총대들이 경성부 내 유지들로부터 기부금을 받은 다음, 그것을 공제한 나머지 금액을 각 마을의 빈부 정도에 따라 할당하여 해당 정동(町洞)의 씨자총대가 그 마을 유지들과 합의하여 갹출했는데, 이를 씨자갹출금이라고 한다. 김대호, 「1910년대−1930년대 초 경성신사와 지역사회의 관계: 경성신사의 운용과 한국인과의 관계를 중심으로」, 이성일 편, 『일본의 식민지 지배와 식민지적 근대』(서울: 동북아역사재단, 2009), 126~127쪽 참조.

여하는 것은 훨씬 더 어려운 일이었다.[32] 따라서 하층 정착민들 역시 "제대로 된" 정신적 의례에 대한 상인 엘리트들의 기대에 부응하지 못했으며, 계속해서 총독부가 늘어놓는 불만어린 장광설의 표적이 될 수밖에 없었다.

물론 조선인들은 이들 정착민들에 비해서도 사회경제적으로 훨씬 낮은 계급에 속했다. 앞서 언급했듯이, 경성신사의 씨자조직에서 역할을 맡았던 일부 부유한 조선인 엘리트들 이외에도 왕년의 조선 왕족들, 새로 작위를 받은 귀족들은 총독부의 특별대우를 기대하며 신사에 정기적으로 기부금을 냈다. 총독부 입장에서 이것은 모범적인 조선인들이 제국의 새로운 신민으로서 경성신사를 적극적으로 지원했음을 보여주는 일종의 상징적 제스처였으므로 식민지 언론에서도 곧잘 다루어지곤 했다. 하지만 거의 60퍼센트에 육박할 정도로 경성에 살고 있는 조선인들 대다수는 식민지 시기 내내 가난 속에 살고 있었으므로, 신사에 정기적으로 기부금을 내려면 그들은 애써 경제적 재원을 끌어모아야 했고, 따라서 이에 따른 정서적 부담감도 엄청났다. 결과적으로 씨자총대들은 조선인들이 씨자조직에 약소하게나마 기부했다는 사실에 위안을 얻고 이를 옹호할 따름이었다.[33]

그런데 식민지 대중들은 일본인들보다 훨씬 적게 기부했지만, 그럼에도 자신들이 왜 이런 반강제적인 기부를 해야 하는지 여전히 납득하기 어려웠다. 『경성일보』의 한글 판본이라 할 수 있는 『매일신보』에는 수차례 신토에 대해 교화적인 글이 실렸는데, 그중 하나인 1918년의 어느 기사에 이 같은 난처한 상황에 대해 소개하고 있다. 이 기사에 따르면, 대부분의 조선인들은 신사에 바치는 기부금을 아마테라스에 대한 경배심을 표현하는 종교적 행위라기보다는, 단지 또 하나의 부담스럽고 무의미한 세금 정도로 간주하는 경향이 있었다.[34] 윤치호(1864~1945)는 미국에서 교육받은 개혁가이자 민족주의자로 1913년 투옥된 이후에는 결국 일본에 협력한 인물인데, 그런 그조차도 불만에 가득 차서 다음과 같이 썼다. "신토주의(원문 그대로)는 너무나 일본적이어서 일본 밖에서는 의미를 가지기 어렵다. 도무지 흥미를 가지기 어려운 이런 종교에 돈을 내어 후원하라고 조선인들을 다그치는 것은 결코 양심의 자유라 말할 수 없다."[35] 이처럼 신토가 종교적 자유를 침해했다고 비판한 것은 신실한 기독교 신앙이 밑바탕이 되어 이루어진 것이지만, 윤치호의 논평은 자발적인 충성심과 강요된 자선 행위 사이에 실은 깊은 골이 넓게 도사리고 있음을 강조한 것이기도 했다.

경성에 사는 조선인들의 지지를 받지 못해 애를 먹었던 씨자총대들은 총독부 관료들의 압박 속에서 경성신사의 인기를 끌어올리기 위해 경성의 기생들을 동원해서 대제 행렬에 참여시켰다.((그림 15))[36] 식민화되기 이전 시절, 상류층의 예기藝妓들은 식사와 연회에 합석하여 대화를 나누거나 노래와 춤을 제공함으로써 조선의 양반 귀족들을 사적인 방식으로 접대했다. 그런데 이러한 기생들이 제전 행렬이나 산업박람회, 그리고 심지어 위생 캠페인 같은 공적인 행사에 모습을 드러낸 것이다. 그것은 양반이 아닌 일반 조선인들로서는 난생처음으로 그녀들과 조우하는 순간이었다. 그와 더불어, 한일병합의 결과로 조선 궁중이 몰락하면서 수많은 기생들이 당시 경성에서 번성하고 있던 성산업으로 내몰렸다. 축제 행렬 속에서 행진하던 그들을 향해 추파를 던지던 일본인들은 이제 성산업의 새로운 고객 집단으로 등장했다.[37]

기생들도 행렬에 참여함으로써 어느 정도 이득을 취할 수 있었다. 물론 주최 측의 의도는 명백히 관중을 늘리는 데 있었으므로, 기생들을 수많은 조선인과 일본인들의 남성적인 시선에 매어놓았다. 당시 기생들은 성산업이 점점 커지고 경쟁이 치열해지는 와중에 진정한 예능인이라는 명성을 유지하기 위해 힘겨운 투쟁을 계속하던 참이었다. 그런데 기생의 대제 참여는 주최 측의 의도와는 다른 효과로 파급되었다. 이를 계기로 일부 '창의적인' 기생들이 성산업에 뛰어들었던 것이다.* 그들은 새로 조직되어 총독부의 규제를 받게 된 권번券番이라는 조합에 소속되어 있었는데, 대제 행렬을 포함한 공공 행사가 자신들 및 각자가 속한 권번을 홍보할 기회임을 알아챘다. 일본인이 주도하는 행렬에 이들 여성이 포함된 것에 대해 조선인들은 계급별, 성별, 세대별로 다양하게 반응했지만, 그것과는 무관하게 식민지 언론들은 1925년 이전 축제 행렬에 참여한 소수의 조선인 집단들 중에서 단연 눈에 띄었던 그들의 모습을 공격적으로 다루었다. 심지어 『경성일보』는 클로즈업한 사진(그림 15 아래와 그림 16)을 통해 그들을 대단히 자극적으로 묘사했는데, 축제에 참여한 조선인들

---

* 조선시대 기생은 궁중이나 관아에서 노래를 부르고 춤을 추는 예능인으로, 성을 제공하고 대가를 받는 창기(娼妓)와는 엄격히 구분되었다. 조선시대 궁중 및 관아에 소속된 기생들은 관기라 불렸는데, 전국의 관아에 속한 관기들은 1894년 갑오개혁 당시 신분제 철폐로 천민의 신분을 벗고 해체되었다. 또한 궁중의 관기도 1907년 통감부 주도로 관제가 개편됨에 따라 100명만 남기고 해체되었다. 1908년 9월 「기생 단속령」과 「창기 단속령」이 공포되었고, 1909년 기생들은 기생조합을 결성했다. 하지만 1914년 기생조합은 일본식 명칭인 권번(券番)으로 개칭되며 기업화되었다. 경성대제에는 일본인 예기 권번인 '경성권번' 외에도 조선인들이 조직한 '한성권번', '경화권번', '대정권번', '한남권번' 등이 참여했다. 『조선일보』 2009년 11월 3일 자, 「제국의 황혼 '100년 전 우리는' (46) 기생조합의 탄생」 기사 참조.

에 대해 이런 식으로 주목하는 일은 이전까지 드물었다. 이와 같은 이미지들은 도시 안내 책자나 관광엽서에 인쇄된 개별 기생의 사진들과 다르지 않았는데, 확실히 남성 독자 대중들의 욕구를 자극해서 조선인 기생집을 방문하도록 부추기고 있었다. 이국적인 여성을 일본인 관중들에게 더욱 친근하게 만들기 위해 『경성일보』는 수많은 기생들이 일본 본토의 여흥을 배우고 있다고 전했으며, 이는 문화적 동화의 또 다른 제스처였다. 가령 그들은 다이코太鼓를 배워서 1915년의 축제 행렬 당시 이를 연주하기도 했다.[38] 이러한 방식을 통해 기생들은 일본인이 주관하는 행렬에 조선인 사회가 동참했음을 보여주는, 손쉽게 식별할 수 있는 요소로 등장했다.

그렇지만 씨자조직의 정착민 총대들은 정신적 동화라는 조선총독부의 이데올로기에 대해 여전히 양가적인 반응을 보였다. 그들은 조선인들이 신토 의례에 동참하는 것을 엄격히 제한했음은 물론이거니와, 심지어 자신들이 선택해 참여하게 된 사람들, 예컨대 기생들조차도 의례에 참여한 일본인들에 비해 후순위로 취급되었다. 물론 공식 매체에서 기생들은 일본인 게이샤들과 함께 언급되었다. 그럼에도 기생은 축제의 문화적 위계에 있어서는 게이샤에 비해 명백히 낮았다. 〔그림 15〕(위)와 〔그림 15〕(아래)에서 확인할 수 있듯이, 축제의 주최자들은 게이샤들에게는 의례복을 입고 각자 이동 차량에 탑승하는 특전을 부여했지만, 기생들에게는 그렇게 하지 않았다. 기생들은 의례복 대신에 『경성일보』가 '평상복'이라고 부른 조선식 치마와 저고리를 입고 이동 차량의 지원 없이 도보로 행진해야 했다.[39]

식민지 언론에 의해 포착된 제전의 사진 속에서 기생들은 그나마 행렬의 적극적인 참여자로 나타나고 있음에 비해, 그 밖의 조선인들

〔그림 16〕 신토 행렬 속의 기생(위), 신여를 옮기는 소년단(중간), 제전 행렬을 바라보고 있는 조선인 남자들(아래).『경성일보』1918년 10월 19일 자.

은 수동적인 익명의 구경꾼으로만 나타난다. 이러한 이미지는 경성의 조선인들이, 대다수는 아니더라도, 신토 행렬에 다소 호기심을 느낄지언정 여전히 회의적인 태도를 취했음을 암시한다. 실제로 신문 사진에 찍힌 조선인 구경꾼들은 전형적으로 흰색 두루마기와 검정색 갓을 쓴, 옛 양반 계급과 관련 있는 복식을 갖춘 남성들로 나타난다. 사진에서 그들은 아마테라스의 신체神體를 모신 신여로 상징되는 제전 행위의 중심부로부터 멀찍이 떨어져 거리를 두는 경향을 보인다.[40] 예를 들어 〔그림 16〕에서 이러한 구경꾼 무리는 위험을 무릅쓰고 태평통으로 나가는데, 이곳은 남촌과 북촌을 연결하는 주요 경로이고 따라서 핵심적인 접촉 지대였다. 이 사진에서 행렬은 신토 제전의 관례에 따라 경성일보 사옥 앞에서 잠시 멈춰 섰고, 여기서 총대들은 〔그림 16〕 가운데 부분에서 볼 수 있듯이 지역 소년단들이 나르는 신여 앞에서 간단한 의식을 치렀으며, 그 뒤에야 다시 행렬의 이동이 이어졌다. 이러한 광경은 상당한 구경꾼들을 끌어모으기 마련인데, 조선인 남성 집단도 관중의 대열에 합류했다. 거리에서 그들의 모습을 확인할 수 있는 것은 한편으로는 제전 행렬에 대한 관심이 그들 사이에서도 움트고 있음을 뜻하지만, 다른 한편으로는 〔그림 16〕(아래)의 좌측 하단에 동그라미로 표시한 남자의 자세, 즉 뒷짐을 진 채 행사를 지켜보는 그의 모습에서 잘 드러나듯이, 그들은 의례에 내포된 더 심오한 차원의 의미에 관해서는 거의 흥미를 보이지 않는다.

조선인들의 몸짓, 행동거지에 대한 이와 같은 해석은 그들이 제전의 흥겨운 볼거리에는 갈수록 매력을 느끼면서도 신토 숭배의 예법에 대해서는 계속해서 무관심했음을 암시하는데, 이런 견해는 1925년 이전부터 수많은 언론 매체들에 의해 폭넓은 지지를 받았다. 예컨대 1916년 가을 『매일신보』는 조선인들에게 제전 행렬을 중단시키거나 방해하는 불경한 행위가 될 수 있으므로 아래에서 벌어지는 제전을 구경하기 위해 이층 창문에서 머리를 내밀어 내려다보지 말라고 경고했다.[41] 몇 년 후 제전위원회의 어떤 일본인 위원은 식민지 조선인들이 여전히 아마테라스에 대해 그런 신성모독적인 행동을 한다고 비난했다. 그의 설명에 따르면, 1918년의 대제 때 몇몇 조선인들이 노면전차의 창문 커튼을 걷어 젖히고 행렬이 지나가는 것을 힐끔거렸다는 것이다. 수호신을 모신 신여를 내려다보는 이런 행동은 신토 규범에서는 예의범절에 어긋난 불경한 것이었다. 이 위원이 설명하고 있듯이, "신에 대한 숭배, 달리 말해서 조상을 숭배하는 것은 먼 옛날부터 일본인과 조선인 모두의 삶에서 가장 우선시되던 것으로, 신이 노여워하지 않도록 정성을 다해 노력해야 한다."[42] 이러한 설명은 한편으로는 다민족적으로 구성된 식민지 사회에 내재한 문화적 차이를 명백히 인식한 발언이었다. 다시 말해서, 내려다보는 행위는 일본의 전통에서는 결례의 표식이지만 조선에서는 그렇지 않을 수도 있다는 것이다. 똑같이 징계를 받았는지는 모르겠지만, 비슷한 시기의 사진을 보면 1919년 고종의 장례 행렬 등 의례 행사에서도 조선인들은 높은 데서 내려다보고 있음을 확인할 수 있다.[43] 다른한편으로 이 일본인 위원은 조상숭배라는 자신이 생각하기에 서민적인 전통에 호소함으로써 정신적 동화를 적극적으로 옹호하고 있는데, 이는 조선총독부 및 관변 지식인들이 종종 강변했던 주장에 메아리처럼 공명한 것이었다. 그는 조선인들에게 돌아가신 가문의 선조를 섬기는 기왕의 전통과의 연속선상에서 황국 일본의 신비로운 황조신 아마테라스에 경배하는 새로운 식민지적 의례를 받아들일 것을 촉구했다. 하지만 신토와 관련해서 조선인들이 부적절한 행동을 했다고 그가 퍼부은 경멸적인 표현을 통해 미루어 짐작하건대, 대부분의 식민지 조선인들에게 적어도 1910년대 후반까지는 그런 결정적인 '이어짐'은 아직 이루어지지 못했던 것 같다. 그렇지만 가두 제전 행렬을 (내려다)보는 행위 그 자체는, 다수는 아닐지언정 일부 조선인들이 점점 더 도시의 구경거리로 자리 잡아가는 연례 제전 행렬의 스펙터클에 관심을 갖게 되었음을 시사한다.

1910년대를 통틀어 식민지 조선인들이 경성신사에 어떤 태도를 취했는지와 무관하게, 조선인들을 경성신사의 정신적 세력권 안에 포섭해보겠다는 프로젝트는 이미 사면초가의 궁지에 몰려 있었다. 엎친 데 덮친 격으로 1919년 3월에 시작해서 이듬해 봄까지 계속된 3·1운동이라는 대표적인 반식민 봉기로 인해 이 프로젝트는 한층 더 심각한 위기 상황으로 내몰렸다. 상대적으로 부유한 정착민들 덕분에 경성신사 및 신사가 주관하는 제전은 그럭저럭 유지될 수 있었지만, 일본인 관헌에 의해 부당하고 폭력적인 대우를 받은 조선인들은 줄곧 자신들에게 억압을 일삼았던 기관에 헌신해봐야 실익이 없다는 것임을 확신했다. 3·1운동의 여파로 경성의 조선인들은 제전이 거행되는 기간에 일장기를 게양하기를 거부했는데, 이에 대해 『경성일보』는 제국 신민의 의무를 저버리는 것이라며 맹렬히 비난했다.[44] 이러한 '위반'은 최소한 1925년 가을까지 계속되었다.[45] 조선총독부 입장에서 설상가상이었던 것은 많은 조선인 엘리트들이 현 상황에 대해 회의를 품고 경성신사의 씨자조직에서 받은 감투를 내려놓았다는 사실이다. 총독부는 경성의 조선인들에게 닿을 수 있는 몇 안되는 매개 고리를 상당수 잃어버리게 되었던 것이다.[46]

신사 지도자들의 입장에서는 이제 불만 가득한 조선인들에게 소소하게나마 양보하는 것이 불가피하게 되었다. 아마도 총독부의 지령이 있었겠지만, 그들은 기존의 제전 참여자들의 역할을 확대하는 한편으로 '내선융화內鮮融和'라는 완곡한 슬로건에 입각해서 그 밖의 토착 문화 집단을 포용하려는 노력도 곱절로 늘렸다. 이러한 노력은 조선의 옛 왕족들, 다시 말해 식민지인들 중에서도 가장 믿을 만하면서도 종속적인 분파를 추가적으로 편입시키면서 시작되었다. 1919년 가을 조선총독부는 이왕가를 설득해서 당시만 해도 궁중의 엘리트층들만이 즐길 수 있었던 여흥인 조선군악대를 제전 행렬에 참여시켰다.[47] 이들에 대해 절찬했던 『경성일보』 기사에 따르면, 이 궁정 군악대는 "고전적이고 고상하며 눈부시게 화려하게" 갖춰 입고 "원시적인 리듬"을 연주하는 14명의 멤버로 구성되었는데, 다른 제전 행렬과는 차원이 다른 엄숙함과 독특한 색채를 더해주었다고 한다.[48] 눈에 띄게 시대착오적이면서도 이국적이었던 이 군악대는 통상 천황이 사용하는 의례용 가마인 호렌鳳輦을 따라 행진했다. 군악대의 위치를 이와 같이 전략적으로 배치한 것은 일본인이 지배하는 제전의 문화적 위계 속에서 군악대, 그리고 더 일반적으로는 조선인들이 얼마나 종속적인 위치를 차지하고 있는지를 드러내려는 의도와 관련이 깊다. 하지만 다른 한편으로 이러한 배치에는 제전 주최자들의 고심도 묻어난다. 3·1운동 직후였던 당시, 일본인들이 고종을 독살했다는 소문이 퍼지고 있는 상황에서 주최자들은 왕가와 직접 관련되는 문화적 상징을 제전에 동원하려 했던 것으로, 식민지 조선인들을 적극적으로 설득해서 경성의 신토 공동체에 포섭시키기 위해 총독부가 얼마나 고심했는지를 엿볼 수 있는 대목이다.

제전 주최자들이 추진한 이러한 프로젝트에 도움을 준 것은 경성의 기생들이었다. 항의의 표시로 제전 행사 참여를 거부한 조선인 씨자총대들과는 달리, 기생들은 일본인 게이샤들과 좀 더 동등한 지위를 부여해줄 것을 요구했다. 그들은 제전 행렬에서 자신들의 참여가 지닌 의미가 재정의되기를 바랐던 것이다. 이러한 노력의 결과, '선도적으로' 제전 행렬에 참여하는 기생들은 1921년에는 전년도 참여 인원인 120명에서 두 배 이상이 늘어 300명이 되었다. 그리고 최초로 전용 이동 차량을 할당받았다.[49] 기생들 역시 일본인 게이샤들과 함께 나란히 행진하기 시작한 것인데, 두 민족의 여성들이 나란히 행진하는 이 진귀한 모습은 『경성일보』에 의해 보도되었다. 언론은 이 장면을 정부에서 불만에 가득한 조선인들을 달래기 위해 새로운 접근법을 취한 사례로 들었지만 사실 그것은 기생들이 목전에 놓인 상업적 이익의 기회를 적극적으로 활용한 결과였다.[50]

조선군악대가 포함되고 행렬에 참여하는 기생들도 눈에 띄게 늘어남에 따라, 행렬 코스의 전략적인 수정도 모색되었다. 그것은 조선 민족주의의 지리적 심장부를 파고드는 과감한 코스 선정이자, 신토의 제전 행렬을 통해 '일선융화'를 과시하려는 대담한 시도였다.[51] 앞서 설명했듯이, 1919년 이전까지 경성신사의 제전 행렬은 그 여정의 대부분이 정착민 공동체가 있는 남촌에서 이루어졌으며, 북촌 방면으로는 이튿날 행렬이 종로의 일부 지역을 잠깐 들르는 정도에 불과했다. 그런데 1919년 가을부터 제전 이튿날 행렬의 여정은 종로를 따라 확장되었다. 신여가 종로의 주요 상업 대로 전 구간을 돌아다녔던 것이다.[52] 그럼으로써 3·1운동이 일어난 지 1년도 채 지나지 않은 시점에, 3·1운동이 시작된 바로 그 현장인 파고다공원 앞을 일본인 신사 행렬이 전략적으로 통과하도록 했다. 당시 조선총독부는 이미 반식민 민족주의에 대한 정신적 대항마로서 조선신궁 완공 계획을 서두르고 있었다. 하지만, 경성의 피식민 조선인들로부터 정신적 친밀감을 얻어내기 위해 전전긍긍하고 있던 총독부 관료들의 입장

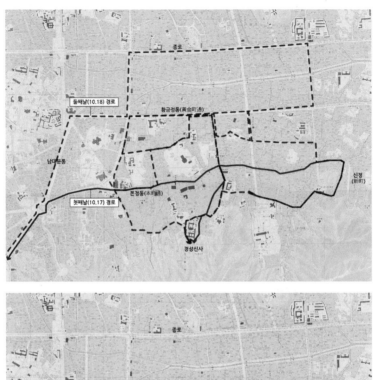

〔그림 17〕(위) 1919년 경성대제 행렬의 순행로. 『경성일보』 1916년 10월 18일 자 기사를 바탕으로 필자 표시.

〔그림 17〕(아래) 1922년 축소된 순행로. 『경성일보』 1922년 10월 6일 자 기사를 바탕으로 필자 표시.

에서는 갈수록 공격적인 행보를 선보인 경성신사의 제전 행렬에 대해 여전히 의지하는 바가 적지 않았던 것이다.

조선총독부는 이처럼 일본인이 주도하는 신토 제전에 더 많은 조선인이 참가자나 관람자로 참여하도록 만들고자 다양한 조치를 강구했다. 그럼에도 조선인들에게 '일본인다움'의 통합적인 감각을 전달하려 애썼던 조선총독부의 노력 앞에는 여러 가지 장애물이 가로놓여 있었다. 먼저, 1920년대 초반에는 일련의 경제 불황과 대규모 자연재해가 일어났다. 때문에 신사의 씨자총대들로서는 불가피하게 제전 행렬을 축소해야만 했다. 가령 1922년에는 기금이 부족해서 첫날은 행렬의 이동 코스를 축소했고 이튿날 행사는 아예 취소했다. 게다가 1920년대 초반부터 『경성일보』는 일본인 정착민들이 씨자조직에 필요한 금전적인 지원을 충분히 마련하지 못하고 있다고 폭로했다.[53] 이 기사에 따르면, 심지어 일부 가난한 일본인 정착민들은 신사의 '기부금'이 마치 세금처럼 강요되고 있다고 불평하고 있는데, 이러한 작태는 불경하기 짝이 없는 것이라고 비판했다. 일본인 노동자계급이 씨자 기부금을 추가 부담금처럼 인식하는 것은 조선인 노동자계급의 태도와 흡사한 것이기에, 이를 우려한 일부 전문가들은 불순한 조선인들을 지칭하는 인종차별적인 별칭인 '요보(여보)'까지 들먹이며 정착민들의 상당수가 진짜 '조선인화'되어버린 것이 아니냐는 결론을 내리기까지 했다.[54] 하층계급 정착민들은 경성신사에 대해 그다지 강한 정서적인 애착을 보이지 않는 태도를 보여 비판받았다. 그들은 신사 행사가 있음에도 불구하고 생업을 쉬지도 않고, 의례를 위한 콩밥을 준비하지도 않으며, 친지 및 친구들과 함께 제전에 참가하지도 않는다는 것이다.[55] 다른 한편 식민지 언론들은 1925년에 이르러서도 대개의 정착민들이 여전히 유동적인 존재에 머물러 있다고 개탄했다. 60퍼센트가 넘는 일본인 정착민들은 여전히 자신들이 죽으면 식민지에 묻히기보다는 유골을 본토로 보내주기를 바랐던 것이다.[56]

여러 가지 증거를 통해 미루어보건대, 경성신사의 제전 행렬은 1922년 일시적으로 축소된 이후 종로 전역을 포함하는 표준 경로를 회복했지만, 그럼에도 조선인들이 특별히 제전 행렬에 적극적으로 참여하거나 씨자조직의 지원자가 되는 일은 결코 일어나지 않았음이 분명하다.[57] 옛 왕족들과 일부 지역 유지들을 예외로 한다면, 대부분의 조선인들은 여전히 신사에 상당한 액수의 기부금을 납부할 만한 능력이나 의향이 없었다. 조선인들의 입장에서는 이 기부금은 여전히 부당한 추가 부담금으로 간주되었으며, 납부한다고 해서 별다른 개인적 이득을 기대하기도 어려웠다. 일설에 따르면 1925년 당시 조선인들은 전체 기부금 중에서 겨우 17퍼센트만을 부담했는데, 이는 조선인들이 1,500엔의 기부를 강요당했다고 윤치호가 밝힌 1919년의 부담 비율보다도 4퍼센트나 낮은 수지였다.[58] 경성부 인구의 대다수를 차지하는 조선인들의 기부가 이처럼 저조했기 때문에 경성신사 씨자조직은 재정적인 안정을 위협받았고, 결국 부유한 일본인 정착민들로부터 받는 반강제적인 기부금에 의존할 수밖에 없었다. 그와 동시에, 당시 수많은 조선인 거주 지역이 처해 있었던 궁핍한 상태는 북촌에 사는 조선인 씨자총대 중 많은 이들이 신토 제전의 장식물이나 다른 봉납물奉納物을 마련하는 데 기여할 만한 형편이 되지 못함을 뜻했다. 따라서 기부 활동은 점점 늘어나고 있던 중간계급 일본인들에게 도움을 받을 수밖에 없었는데, 식민지에 서서히 뿌리를 내리는 과정에 있던 이들은 더욱더 확고하게 '일본인으로서의' 정체성을 구축하게 되었다.

신토 제전을 보도한『경성일보』기사에서 때로는 일본인 집거지에 연달아서 조선인 밀집 거주지를 한 호흡에 언급하기도 했는데, 그것은 두 민족의 조화로운 제전 참여를 제안하는 동화주의적 수사학의 산물이었다.[59] 하지만 본정, 욱정旭町(아사히초), 황금정 및 다른 남촌 마을에 사는 일본인 정착민들에 대해서는 옥대玉臺 및 기타 공물을 기부했다는 언급이 자주 나왔음에 비해, 조선인 밀집 거주지 중 어느 곳에서도 1925년까지 이런 방식으로 의례에 참여했다는 기사는 단 한 건도 없었다. 이와 같은 담론적인 공백은 조선총독부가 안간힘을 쓰며 추진했던 정신적 동화를 홍보하려 했던『경성일보』의 기사들에서조차 분명했다. 이는 총독부의 이데올로기적인 허세와 식민지 사회의 현실 사이에 만만치 않은 간극이 도사리고 있었음을 보여준다. 대부분의 조선인들은 경성신사라는 성소聖所로부터 지리적으로 분리되어 있었던 것은 물론, 신사의 제전 행렬에 대해서도 여전히 심리적인 거리감을 느끼고 있었던 것이다.

심지어 1919년 이후의 제전 행렬은 조선인들이 거주하는 동네 안쪽까지 진입했음에 틀림없지만,『동아일보』나『조선일보』와 같은 조선어 신문, 혹은 3·1운동 이후 재등장한 한글 간행물에 글을 썼던 민족주의적인 논자들 중에서 이 신토의 제전 행렬에 대해 언급한 사람은 거의 없었다. 극히 드물게나마 제전 행렬을 언급한 경우에도 대체로 "일본 사람 편에서" 일어난 낯선 행사 정도로 기술했는데, 이러한 관찰은 식민지 도시의 분리된 지형을 반영한 것이었다.[60] 일본인들의 종교적 의례에 대한 이러한 담론적인 침묵과 거리두기는, 식민지 수도 경성의 풍경landscape에서 신토가 느리지만 확실히 자리를 잡아가고 있었으며, 이에 대해 대다수 조선인들이 불편한 마음을 품고 있었음을 시사한다. 1925년 조선신궁의 완공과 더불어, 조선인들은 참배를 통해 천황을 향한 경외심을 표현해야 한다는 새로운 압력에 직면하게 되었는데, 그것은 새롭고도 전례가 없는 도전이었다.

조선신궁과 경합하는 식민지 신토의 관례

마침내 조선신궁이 완공되었다! 그것은 경성신사와 인접하면서도 더 위쪽 편에 위치하게끔 총독부가 전략적으로 남산에 세운 구조물이었는데,[61] 베일을 벗고 등장한 조선신궁은 일본인 씨자총대들이 조선총독부와 맺고 있던 관계, 그리고 신토 제전을 통해 조선인들을 동화시키는 데 미온적이었던 그들의 입장에 상당한 영향을 미쳤다. 1925년 이전까지 경성신사의 제전은 출신 지역이나 사회경제적 배경이 다양했던 경성의 정착민 집단을 아마테라스의 조상影像 아래에 통합시키고자 했다. 그와 동시에 경성신사의 신직神職들은 이러한 자신들의 정신적 공동체에서 조선인들을 대체적으로 배제하려고 했다. 그것은 조선총독부가 자신들의 정치적 자율성을 침탈하는 것에 대항하려고 채택한 입장이었다. 또한 그들은 이를 통해 종속적인 이민족 타자, 즉 조선인들과 분리되는 정착민 공동체의 정체성과 집단적 특권의 강화를 꾀하고자 했다. 그런데 1919년 3·1운동이라는 돌발 상황이 발생하면서, 조선총독부는 예상치 못했던 반식민 민족주의의 폭발을 진정시키기 위해 폭력적인 수단을 사용해야만 했다. 이러한 상황에서 신사의 일본인 지도자들은 이제 자신들의 이익을 지키기 위해서라도 불만 많은 경성의 조선인들을 좀 더 적극적으로 포섭할 필요가 있음을 확신하기 시작했다. 조선신궁이 건립되자, 경성신사의 지도자들은 더욱 적극적이고 공격적으로 총독부 특유의 문화적 포섭 전술을 채택했는데, 그것은 자신들 정착민의 기관인 경성신사의 생존과 성장을 위해서였다. 결과적으로 정신적 동화는 갈수록 경성신사의 지도자들과 조선신궁의 지도자들이 서로 경합하는 영역으로 떠오르게 되었다. 서로 다른 그들의 의제는 때로는 상호 보완적이었지만, 때로는 상호 경쟁적인 것이기도 했다.

남산의 정신적 통제권을 둘러싼 조선총독부와 정착민 지도자들 사이의 팽팽한 긴장감은 1925년 이전에도 나타난 바 있다. 1916년 조선신궁 건립 계획이 발표되자 정착민 유력자들은 경성신사가 조선신궁의 위성 신사가 되거나 아니면 아예 폐지될지도 모른다는 불안감을 즉각적으로 표출했으며, 이러한 우려는 1910년대 후반부터 1920년대 초반까지 주기적으로 표면에 부상했다.[62] 1925년 이후 10년간 경성신사의 지도자들은 총독부가 세운 압도적인 조선신궁에 맞서 자신들의 정신적인 공동체를 지켜내고 자립적인 공간을 유지하기 위해 더욱 치열하게 투쟁해야 했다. 이 투쟁은 1925년 가을 조선신궁의 준공을 앞두고 본격적으로 시작되었다. 제전 행사의 시기와 의례, 신사참배의 순서를 둘러싸고 논쟁이 일어났던 것이다. 조선총독부는 처음에는 경성신사가 가졌던 포용의 능력incorporative power*에 기대었다. 총독부는 조선신궁에 모셔진 제신들, 즉 아마테라스와 메이지 천황의 경배에 조선인들을 동원하기를 원했으므로 이를 위

---

* 조선인도 씨자조직에 포함시킨 힘.

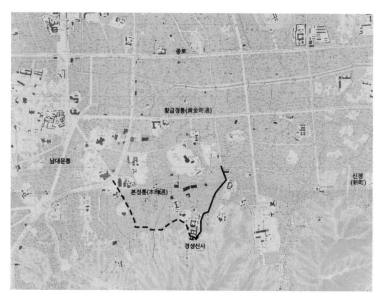

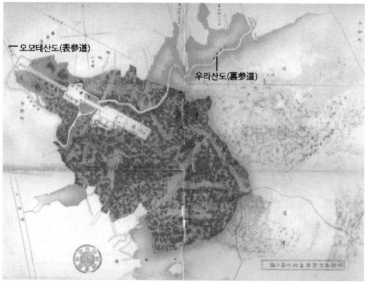

〔그림 18〕(위) 1925년 이전의 경성신사 참배로. 아오이 아키히토(靑井哲人), 『식민지 신사와 제국 일본(植民地神社と帝國日本)』(도쿄: 요시카와코우분칸(吉川弘文館), 2005), 201쪽 도판을 바탕으로 역자 재작성.

〔그림 18〕(아래) 조선신궁의 참배로. 조선총독부 편, 『조선신궁조영지(朝鮮神宮造營誌)』(경성: 조선총독부, 1927), 도판 위 역자 표시.

해 경성신사의 씨자조직을 이용하려 했던 것이다. 조선총독부가 조선신궁 대제의 날짜를 경성신사 대제와 일치시킨 것은 이 때문이었다. 하지만 이러한 조치는 경성신사 씨자총대들을 자극하여 자신들의 전통을 사수하려는 반응을 야기했다. 가령 그들은 신여의 운반과 같은 핵심적인 종교적 특권을 포기하지 않을 것임을 천명했다.[63] 이와 같이 경성신사 씨자총대들이 저항한 결과, 조선총독부는 경성 거주민들이 조선신궁 대제를 거행하기에 **앞서** 경성신사 대제를 거행하는 것을 허용해야 했다. 경성신사 대제는 오전 8시에, 조선신궁 대제는 오전 10시에 거행하는 것으로 합의된 것이다.[64]

그런 와중에 조선총독부는 경성부 주민들이 모두 조선신궁을 먼저 방문한 다음, 하행 길에 경성신사를 방문할 것을 공식적으로 장려했다. 하지만 이런 권고에도 불구하고, 경성신사의 지도자들은 참배객들이 총독부가 세운 신궁에 올라가기 전에 경성신사를 우선적으로 들려야 한다는 희망을 공공연하게 피력했다.[65] 경성신사의 후원회장世話系長을 맡았던 구기모토 도지로釘本藤次郎는 1925년 조선신궁의 준공 행사인 진좌제鎭座祭가 한 달 정도 남았을 무렵 다음과 같이 말했다. "장래에는 사람들이 오모테산도로 조선신궁에 참배한 후 귀갓길에 경성신사에 들리고, 마찬가지로 본정에서 경성신사에 참배한 다음 우라산도裏参道를 통해 조선신궁에 참배하러 갔으면 하는 바람이다."* 『경성일보』의 보도에 따르면, 실제로도 많은 주민들이 최소한 1925년 조선신궁에서 진좌제가 거행되는 기간 동안에는 구기모토의

---

* 조선신궁의 완공 이전 본정에서 경성신사로 향하던 오모테산도는 〔그림 18〕(위)에서, 조선신궁의 완공 이후 조선신궁을 중심으로 한 오모테산도와 우라산도는 〔그림 18〕(아래)에서 각각 확인할 수 있다.

바람대로 다녔던 모양이다. 이들은 경성신사에서 조선신궁으로 가는 길목에 있었던 '들어가지 마시오!'라는 표지판을 무시하고 뒷길로 남산에 올랐는데, 조선신궁을 참배하기 전에 경성신사를 **먼저** 방문했음은 물론이다.[66]

경성신사의 지도자들이 자신들보다 훨씬 강력한 조선신궁과 겨루면서 적극적으로 공략했던 또 하나의 빈틈은 이른바 공인 종교와 신사 신토의 분리 문제였다. 이들은 자신들의 종교 신토를 기독교나 불교와 같은 공인 종교로 간주해서, 총독부의 신사 신토와 구분하려 했던 것이다. 이러한 분리는 조선총독부의 입장에서는 매우 중요하고 결정적이었다. 남산에서 천황과 황실을 경배하는 것은 결코 종교의 자유를 해치는 것이 아니라고 주장할 수 있는 근거가 되기 때문이다. 총독부 관료들이 현실적으로는 중첩되는 범주들을 어떻게든 명료하게 분리해내려고 갖은 애를 쓴 이유도 여기에 있었다. 1925년 조선신궁이 드디어 완성되었을 때, 총독부 관료들은 조선신궁의 신직늘이 이곳에서 결혼 예식이나 종교적 예식을 집전하지 못하도록 막았다. 조선신궁은 황실에 대한 공중公衆의 충성심을 고양시키는 것을 목적으로 하며, 따라서 비종교 시설로 이용되어야 한다는 것이 그 이유였다.[67] 경성신사의 신직들은 이러한 상황을 기회로 포착했다. 신토 결혼을 집전해서 돈을 벌었고, 이렇게 번 돈을 조선신궁에 대항해서 경성신사의 지위를 향상시키는 데 사용했던 것이다. 메이지 시기 황실에서 처음 시행된 신토 결혼은 중상류층 가정, 다시 말해서 2천~4천 엔의 높은 비용을 감당할 수 있는 사람들 사이에서 상당한 인기가 있었다.[68] 1913년부터 1925년까지 경성신사에서 결혼하는 일본인 커플의 수는 10쌍에서 127쌍으로 늘어났는데, 이에 고

무된 신주神主는 결혼 예식을 표준화했으며 심지어 혼인서약을 출판하기도 했다.[69]

그런데 조선신궁의 신직들은 총독부의 지침을 어기고 1925년 12월 한 달 동안 여덟 번, 1926년에는 총 42번의 결혼 예식을 집전했다. 경성신사의 지도자들은 조선신궁이 신토 결혼식을 금지하는 총독부의 정책을 어겼다고 비난하면서 이런 '사적인' 의식들은 모두 중단되어야 한다고 요구했다.[70] 그들의 주요 관심사는 돈이었다. 씨자총대들은 신토 결혼식의 수익이 신사 재정의 핵심임을 강조했다. 이들은 결혼식 수입이 없으면 경성신사는 재정적으로 위태로워질 것이라고 주장했는데, 특히 15만 엔을 들여 결혼식과 피로연을 위한 시설 확장을 포함해 재건축 사업을 진행 중이었기에 더더욱 그런 주장을 하지 않을 수 없었다.[71] 경성신사 지도자들의 이러한 항의에도 불구하고 조선신궁의 신직들은 계속하여 결혼 예식을 집전했다. 1927년에 63건이었던 조선신궁의 결혼식은 1936년에는 327건으로 늘어났다. 결과적으로 그것은 조선신궁을 비종교적인 성격으로 규정했던 조선총독부의 입장을 난처하게 했으며, 이것은 경제적 자립을 추구했던 경성신사에 대한 도전이기도 했다. 경성신사의 씨자총대들은 종교의식에서 나오는 수입을 둘러싸고 전개된 조선신궁과의 경쟁에서 공격적으로 대응했다. 경성신사는 새롭게 리모델링한 신사 건물에서 1932년에만 대략 300건의 결혼식을 집전했다. 같은 시기 조선신궁이 집전한 결혼식은 151건에 불과했다.[72]

신토 결혼이 주로 일본인 정착민들을 매료시켰던 데 비해, 경성신사의 신직들은 조선인들을 신사로 끌어들이기 위해 조선과 관련된 신 또는 토착신들을 모실 필요가 있다고 판단하여 이를 선제적으로 추진했다. 조선신궁이 계획될 당시부터, 종교로서 신토를 옹호했던 일본인들과 귀족 작위를 받은 일부 조선인들은 정신적 동화를 위한 전략으로 이른바 개척삼신開拓三神과 같이 조선과 밀접한 연관을 띤 신들을 모시자는 주장을 펼친 바 있었다.[73] 만약 이것이 채택되었다면, 그 신앙과 의례는 일본제국주의와 밀접한 관련을 맺고 있었던 다른 관폐대사官幣大社들, 예컨대 삿포로신궁札幌神宮(1869년 설립)이나 타이완신궁臺灣神宮(1900년 설립)의 선례를 따랐을 공산이 컸겠지만,* 식민지의 전문가들은 이러한 선례를 따르기를 거부했다. 특히 조선 민족의 신화적인 시조인 단군, 이 강력한 토착신이 가졌던 대중성과 인기는 무시되었다. 대신에 한반도를 뒤덮었던 반식민 '도당徒黨'들을 간신히 제압할 수 있었던 조선총독부는 태고의 신 아마테라스와 근대의 천황 메이지를 통해 구현되는 '만세일계萬世一系'의 신화를 전면에 내세워 견고하게 확립하기로 결정했다.[74] 이에 대한 논의는 1925년 조선신궁이 완성된 지 몇 달 지나지 않아 일어났으며, 경성신사의 정

---

* 19세기 후반 일본의 근대국가 형성과정에서 새롭게 영토화되거나 식민지화된 홋카이도(北海道)와 타이완에 설립한 관폐대사에는 해당 지역에 대한 개척의 역사와 긴밀히 연관된 신 혹은 신화적 인물을 주신(主神)으로 모셨다. 가령 삿포로신궁이 모신 신은 일본 국토 그 자체를 신격화한 오오쿠니타마(大國魂神) 이외에 오오나무치노카미(大那牟遲神. 오오쿠니누시노미고토(大國主命)의 별칭)와 그의 단짝인 스쿠나비코나(少名毘古那神)로 '개척삼신'이라 불렸는데, 구니누시가 스사노오노미코토(素戔塢尊)의 혈통이었고, 스쿠나비코나가 바다를 건너왔다고 전해졌기 때문에 일본 본토 이외의 '개척'이라는 성격이 부여되었다. 타이완신궁에는 이 개척삼신과 더불어 아마테라스 오미카미(天照大神)와 기타시라카와노미야 요시히사신왕(北白川宮能久親王)이 주신으로 봉헌되었다. 일본 황족인 요시히사 친왕(1847~1895)은 1893년 청일전쟁에 의해 일본에 할양된 타이완을 정벌하기 위해 근위사단장으로 출정했다가 콜레라에 걸려 사망했는데 외지(外地)에서 '순직(殉職)'한 첫 황족이었다고 신으로 모셔졌다.

착민 지도자들은 이러한 총독부의 자민족중심적인 결정을 이용해서 잇속을 챙기려고 재빠르게 나섰다. 총독부 수뇌부를 설득해서 단군을 포함해서 토착신을 합사合祀하고 1929년에는 이를 위한 별도의 신전神殿까지 만들었던 것이다.[75] 씨자총대들은 조선인들을 문화적으로 매료시키기 위해 이미 기생과 조선군악대를 연례 대제에 포함시킨 바 있었는데, 이번에는 경성신사 배전拜殿에 새로 내건 명판名板에 토착신을 포함시켰다. 명판에는 한가운데에 아마테라스의 이름이 크게 씌어졌고, 토착신들의 이름이 그 주변에 작은 글씨로 표시되었는데, 이러한 방식으로 토착신들을 조심스럽게 아마테라스에 종속시키려 했던 것이다.[76] 이처럼 일본인 씨자총대들은 적어도 일부 조선인들만이라도 경성신사에 대해 확실한 충성심을 갖게끔 시도했으며, 그것은 그들 나름의 창의성을 발휘하여 고안해낸 독자적인 정신적 동화의 전술이었다고 볼 수 있다.

경성신사와 조선신궁, 두 신사 관리자들 사이에 팽팽하게 전개된 긴장은 단지 이들 두 기관 사이의 관계를 불편하게만 한 것은 아니었다. 그것은 1920년대 후반부터 1930년대 초반에 걸쳐 경성의 조선인들이 천황가 경배를 위해 요구되는 필수 요건에 대한 타협 방침을 정하는 데에도 상당한 영향을 미쳤다. 처음부터 총독부는 경성신사가 확보하고 있던 대중적인 지지를 동원해서 조선신궁의 위상을 높이는 방식으로 이러한 긴장관계를 해소하려고 했다. 조선신궁은 한반도에서 유일한 관폐대사였지만, 지역 단위 씨자조직의 지원을 받지 못하고 있는 상태였기 때문이다.[77] 예컨대 조선신궁의 진좌제가 열리는 기간 동안 총독부 관료들은 조선인 동네의 총대들을 소집해서 주민들이 일본인들처럼 일장기를 내걸고 아치형 꽃장식을 만들면서 제전 행렬에 참여하도록 독려할 것을 주문하기도 했다. 이런 활동들은 1925년 이전까지만 해도 조선인들이 거의 거주하지 않았던 지역에서나 이루어진 것들이었다.[78] 보도에 따르면 총독부의 이런 노력 때문이었는지 조선인 거주 지역도 종이끈과 노끈, 수많은 장식용 아치 등과 같은 전형적인 신토 공물들로 장식되기에 이른다. 그런데 "신사에 감사의 뜻을 표하는 전례 없는 광경"이라고 『경성일보』에서 보도하고 있듯이, 이런 광경에는 일본인들의 그것과는 상당히 다른 봉납捧納 행위가 포함되어 있었다.[79] 가령 조선인들은 일본인들의 기대와 달리 일장기를 거는 대신 붉은 리본을 내걸었다. 이것은 식민 통치에 대해서 그들이 품고 있던 지속적인 적개심을 반영한 것으로 볼 수도 있는데, 이 적개심이야말로 1919년의 반식민 봉기 이래 경성 신사의 지도자들이 가장 두려워했던 것이기도 하다. 하지만 거주지 차원에서 봉납에 드는 비용을 고려해본다면, 일장기 대신 붉은 리본을 사용한 것은 다른 맥락에서 해석될 여지도 있다. 즉, 그것은 상대적으로 가난한 조선인들이 총독부 관료들에게 조선신궁에 대해 자신들이 나름의 의무를 다하고 있음을 보여줄 수 있는, 하나의 경제적인 방법으로 고안된 것일 수도 있다.[80]

당시의 한글 출판물 중에서 조선인들이 이런 상황을 주관적으로 어떻게 겪었는지를 나타내는 기록은 사실상 존재하지 않지만, 일본인의 증언에 대한 비판적인 분석을 내놓는 경우는 있었다. 이 분석이 시사하는 바에 따르면, 조선신궁은 일본의 신을 모셔놓고 점점 더 조선인들의 참배를 의무화했는데, 조선인들을 소외시켜버리는 이러한 분위기로 인해 식민지의 대중들은 여전히 상당한 심리적 거리감을 느낄 수밖에 없었다. 앞서 언급했듯이, 1925년 이전까지만 해도 경성에 사는 대부분의 조선인들은 경성신사의 기념행사 때 우연히 마주친 제전 행렬을 구경하는 수동적인 관찰자 정도로 신토를 접해왔다. 그런데 조선신궁의 설립과 더불어 총독부 관료들이 의무를 부과하기 시작하면서 학교 생도들, 회사 고용인들, 그 밖의 다른 집단들은 382개의 계단을 올라 조선신궁의 경내를 방문해야 했고, 그곳에서 신에게 배례하고 박수치며 종을 울리는, 신토의 전형적인 종교 의례를 수행해야만 했다.[81]

그들에게 신사와 그 종교 의례는 새롭고도 낯선 것이었다. 그렇기 때문에 일본어 언론에서는 조선신궁을 방문하는 조선인들에 대해 '참배參拜'가 아니라 '참관參觀'이라고 기술하는 경우가 잦았다.[82] 예배는 아니었다고 본 것이다. 이 책의 서장에 길게 인용한 바 있는 오가사와라 쇼조의 글은 좋은 사례 중 하나다. 그는 조선신궁의 진좌제를 묘사하면서 이런 이항대립적인 수사修辭를 교묘하게 구사한다. 조선인 신민과는 구분되는 일본 시민들의 '상상된' ―실은 존재하지 않는― 차이를 드러내고, 또 이를 통해 조선인들이 일본인들을 모델로 삼아 정신적인 의례를 수행하도록 독려했던 것이다. 조선인들이 왜 "부적절한 행동"을 하는지 그 이유를 이해할 수 없었던 오가사와라는, 총독부가 한반도와 관련이 있는 토착신들을 모시는 것을 철저하게 거부하면서 조선인들을 경성의 신토 공동체에 포섭하지 못하게 될까봐 크게 두려워했다. 총독부의 의도와는 반대로 조선신궁이 일본인들만을 위한 배타적인 장소가 되어버리는 것을 아닐까? 1925년 당시 오가사와라의 이런 염려는 이미 1919년 무렵 윤치호와 같은 조선인 엘리트들이 언급했던 이질감과 맞닿아 있다. 오가사와라의 설명에 따르면, 이 성스러운 장소는 계속해서 조선인들을 소외시켜왔다. 심지어 총독부의 공식 통계에서도 조선신궁을 방문한 조선인은 1926년 17만 1,774명에서 1933년 9만 5,230명으로 줄어든 반면, 같은 시기 일본인은 30만 1,498명에서 45만 6,882명으로 늘어났음을 확인할 수 있다.[83] 이런 양적인 차이에 더해서, 신사에 대한 조선인들의 태도 변화 또한 충분치 못하다고 일본인 전문가들은 우려를 표했다. 나중에(1933년에) 오가사와라도 나름의 입장에서 다음과 같이 썼다. "모자를 벗는 사람(조선인)은 거의 없었는데, 그마저도 어떻게든 일본인들이 엄숙하고 정중하게 절하는 광경을 목격하고는, 단지 어쩌다가 그런 태도를 따라 한 것에 불과했다."[84] 이런 비판에 따르면, 조선인들의 신사 의례는 아마도 갈수록 일본인의 이상적인 의례를 닮아가기는 하겠지만, 그것을 자발적인 행동으로 볼 수는 없으므로, 식민지인들이 여전히 천황숭배의 정서를 내면화하지 않고 있음을 드러내는 것이었다.

이와 유사한 문제에 대해 인종주의적 식자층들이 쏟아낸 비난이 조선인들만을 겨냥한 것은 아니었다. 그들은 이를 '방관'한 신사 측도 비판했다. 그들은 신사 측이 조선인들의 본질적이며 변치 않는 속성이라고 본 것, 그 교정 가능성에 의문을 제기했던 것이다. 1933년에 간행된 어느 출판물에 실린 일화를 살펴보자. 이 출판물은 조선인들에 대한 일본인 정착민들의 차별을 뿌리 뽑을 목적으로 발간되었는데, 아이러니컬하게도 실제로는 오히려 차별을 강화했을지도 모른다. 일화에 따르면, 경성에 사는 익명의 조선인 씨자총대가 정월 초하루의 추위를 이겨내며 남산에 올라 조선신궁에 모셔진 일본 신들을 참배했는데, 그것은 이 시기에 신사를 참배하는 것을 꺼리는 대다수 조선인들의 경향을 생각해본다면 흔치 않은 행동이었다.[85] 하지만 일본인 정착민들은 배례를 하려는 그를 노려보았고, 그중 한 사람이 이렇게 투덜거렸다. "조선인들 중에 정말 진심으로 참배를 하는 사람이 있는지 모르겠어." 그러자 다른 일본인이 "의심스럽지"하고 맞장구를 쳤다. "요보—조선인들에 대한 멸칭—들은 그저 어슬렁거리기만 하는데 무슨 믿음이 있겠어?"[86] 한편으로는 이런 인종차별적인 발언들은, 일본인 정착민의 입장에 따르면 조선인들은 천황의 신민이라는 광역의 공동체에 편입되기 어려우며 편입되어서도 안 된다는 것을 은밀히 드러낸다. 그런데 다른 한편으로 이것은 오가사와라의 동화주의적인 발언에 정확히 수렴하는 것이기도 했다. 그 또한 신토 경내를 꾸준히 방문하는 조선인들이 천황숭배의 성스러운 장소로 여기기보다는 주로 휴식이나 오락 공간을 찾아오듯이 하는 것은 아닐까 하는 의혹의 눈초리로 조선인을 관찰했기 때문이다. 이 '관광'의 문제는 1929년 가을 대제 기간—조선박람회가 개최된 기간이기도 했다—에는 매우 심각한 문제로 대두되기도 했다. 조선총독부는 조선인 관광객을 혹독하게 질타했는데, 이들 중 일부가 신들에게 예를 갖춰 경의를 표하는 대신, 기생들을 대동하고 밤놀이에만 열중했던 탓이다.[87]

그런데 식민지 대중이 이처럼 신토 신사를 계속 여흥과 연관하여 받아들인 것은, 경성신사의 씨자총대들이 그렇게 되도록 열정적으로 노력한 결과로 볼 수도 있다. 사실 그들 나름의 입장에서 추진한 정신적 동화의 프로젝트라는 것이, 남산 위에서 행해지는 지루한 종교 의례가 아니라 경성 시내에서 펼쳐지는 신토 제전이라는 대중적인 구경꺼리로 조선인들의 이목을 끄는 것이었기 때문이다. 이는 물론 식민 국가와의 합의하에 추진된 것이지만 동시에 정부의 간섭과 개입에 맞서 저항하는 것이기도 했다. 예를 들면, 조선신궁이 완공된 지 겨우 1년 남짓해서 지역의 씨자총대들은 어떻게 하면 보다 효율적으로 경성의 합동 제전 행렬을 운영할 수 있을지에 대해 논의하기 시작했는데, 그것은 어디까지나 자신들의 이익을 증진시키기 위해서였다. 총독부의 관점에서 볼 때 정착민 자신들의 위상을 끌어올리는 한 가지 방식은, 과거와 마찬가지로 연례 제전 행렬의 지리적 경계를 확장해서 조선인 거주지까지 넓혀가는 것이었다. 1919년 제전 행렬에서 그랬듯이, 북촌의 중심대로인 종로를 통과하는 정도에 그치는 것이 아니라, 제전 행렬을 이끌고 조선인들이 거주하는 지역 내부로 침투해 들어갔다.[88] 『경성일보』의 보도에 따르면, 제전 행렬은 1926년 가을 최초로 안국동으로 들어갔다. 기대에 어긋나지 않게, 기사에는 북촌의 중심에 신여가 등장하자 열광한 조선인 군중들이 거리에 나와 환영한 것으로 그려져 있다.[89] 하지만 이 기사는 식민지의 조선인들이 신사 신토가 자신들의 거주 공간으로 팽창해 들어온 것을 그저 가볍게 '관람'하는 방식 이외에 어떤 식으로 반응했는지를 묘사하는 데는 성공을 거두지 못했다.

조선인 거주지로 깊숙이 침투해 들어간 제전 행렬의 이 전례 없는 움직임은 매년 반복되었다. 그것은 씨자총대들이 총독부의 동화 전략, 다시 말해 위계적으로 구조화된 다민족 제국의 내부에서 '조선인다움'을 선별적으로 진열하려는 총독부의 문화적 포섭 전략을 나름의 방식으로, 어떻게 능동적으로 전유하고 있었는지를 보여주는 하나의 사례일 뿐이다. 제전 행렬의 기획자들은 팽창해가는 신사의 정신적 영향권 안에 조선인들을 편입하기 위해서, 1920년대 후반부터 1930년대 초반까지 경성의 기생들이 행렬에 참여하도록 계속 독려

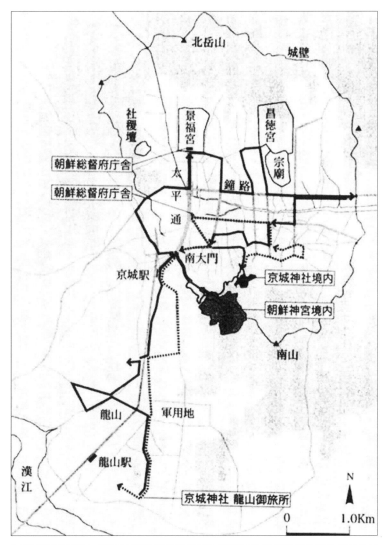

〔그림 19〕『경성일보』1935년 10월 18일 자 기사를 토대로 작성한 제전 행렬 행로. 점선 화살표(⋮)는 첫째 날 용산어여소로 향하는 순행로이고, 직선 화살표(→)는 둘째 날 환궁하는 순행로다. 아오이 아키히토(青井哲人), 『식민지 신사와 제국일본(植民地神社と帝國日本)』(도쿄: 요시카와코우분칸(吉川弘文館), 2005), 291쪽. (문혜진, 「경성신사 마츠리: 식민종교적 성격과 조선인의 반응을 중심으로」, 『향토서울』88, 2014. 10, 312쪽에서 재인용).

했다. 예를 들어 1928년 『경성일보』는 기생들의 이국적인 모습에 스포트라이트를 비춰왔던 매체의 전통을 반복하며 '일본화된' 기생들에 관한 기사를 실었다. 이들 여성들은 예전에 배운 일본식 다이코 북도 연주했을 뿐 아니라 일본 게이샤들이 추던 전통적인 손춤도 선보였다. 신문 기사는 기생들이 어떻게 공연 레퍼토리를 늘려갔는지를 상찬賞讚하며 설명했다.[90] (식민지 아카이브의 여기저기에 흩어져 있는 이런 동화주의적 사료 조각들의 의미를 반대로 독해해보면 이 기사의 숨겨진 의미가 드러난다. 그것은 이 역동적인 여성들이 여전히 일본인 참가자들을 우대하는 제전의 위계질서 속에서 자신들의 직업적 위상을 좀 더 향상시키기 위해 정착민들과 밀접하게 연계된 문화적 형식을 전용했음을 보여준다.) 게다가 1929년의 대제 때에는 씨자총대들이 수많은 지역 거주민들을 동원해서 조선인 특별 행렬을 만들기도 했다.(그림 20 위)[91] 이 행렬의 참가자들은 기생들처럼 조선 옷을 입고 등장했는데, 보통 일본인들이 입는 스타일의 옷과는 다른 의상을 통해 이들은 계속해서 구별되었다. 그들의 제전 행렬 참여는 다른 한편으로는 조선인들을 신사 공동체에 더욱 전면적으로 통합하려 했던 씨자총대의 지속적인 노력을 옹호하는 것이기도 했다. 이제 신사 공동체는 조선인들을 확연히 구별되지만 종속적인 집단으로서 받아들이게 된 것이다.

갈수록 심해져가는 정신적 동화의 경쟁적인 특성은 1931년 가을쯤이 되면 새로운 의미를 획득하게 된다. 이전까지 일본인이 주도했던 씨자조직에서 지원·보조의 역할로 제한되었던 조선인 씨자총대가 처음으로 가을 대제 행렬을 조직하게 된 것이다. 1931년의 대제는 조선인 씨자총대들이 책임을 맡는다는 신사 지도자들의 결정이 내려졌다. 더불어 씨자조직의 조선인 구성원들은 자신들이 경성신사의 수호신들을 제대로 모실 수 있음을 증명하기 위해 자청해서 나섰다. 여기에는 확연히 조선인들 위주인 씨자조직들도 포함되었다. 한 기념 보고서에 따르면, 요식업체 협동조합의 조선인들은 화려하게 장식된 제전 행렬용 이동 차량을 헌납했는데, 이 차량은 미모의 기생 30명을 태우고 경성 시내를 순회했다.[92] 해당 지역의 조선인들이 자신들의 이익을 위해 제전용 차량을 제작하고 신토 장식물을 전시한 것은 피식민 사회에서는 전례가 없는 일이었다. 이전까지 제전 행렬의 주변부에 밀려나 있었던 사람들이 갈수록 경성신사의 제전 활동에 적극적인 태도를 취했으며, 점차 경성신사의 문화적 영향권 안으로 끌려들어갔다.

그들에게 경성신사는 새롭게 찾아낸 열정의 대상이었지만, 1931년 대제의 조선인 지도자는 그것에 만족하지 않고 일본인 주도의 제전 행렬에 편입해 들어가는 것에 대해 일정한 통제력을 행사하려고 했다. 씨자조직 및 지역 행정조직에서 다년간 회원으로 있었던 전성욱全聖旭*의 주도로, 대제위원회의 조선인 위원들은 그해 경성신사의 의례를 순수하게 일본식으로만 거행하는 것은 피하기로 결정했다. 그들은 의례용 모자와 바지는 신토 스타일로 입었지만, 그 외에는 흰색 깃과 검정색 두루마기로 된 새로운 형태의 의복을 착용했는데, 그것은 신사 신직들의 하얀 의복이나 조선인들의 일반적인 의복과도

---

* 전성욱은 동양척식회사 참사, 조선상업은행 동대문지점장 등을 지냈으며, 1920년부터 정동총대를 16년 동안 역임했다. 1929년에는 조선박람회 경성협찬회 이사, 1931년에는 조선인 최초로 경성신사대제위원장(京城神社大祭委員長)을 지냈으며, 조선상업협의회 의원, 경성신사 상담역, 경성부정회 연합회 고문, 재향군인회 명예 회원, 애국부인회 고문 등도 맡은 바 있는 일제강점기의 대표적인 친일 인사다. 『경성공직자』 97, 『경성명감』 377(한국사데이터베이스 db.history.go.kr).

확연히 구별되면서 대조를 이루었다.[93] 위원들은 또한 이 특별한 행사의 토착적인 차원을 부각시키기 위해 조선인 제례 행렬에 말을 탄 참가자를 50명에서 60명으로 늘렸으며, 그들이 머리에 쓴 갓은 토착식이었지만 그들이 착용한 옷은 새로운 의례용 복식이었다.(그림 20 아래)

그런데 이처럼 제전 참여자들의 '조선인다움'을 강조하는 것은 제전 행렬을 총괄했던 전성욱의 입장에서는 일종의 모험이었다. 제전 행렬의 조선인 참여자는 신토 지도부에게는 충분히 충성스럽게 보이는 동시에, 하층계급 조선인 구경꾼들에게는 지나치게 '일본인스럽게' 보이는 것을 피해야 했다. 신발에 대한 논란은 이런 문제를 둘러싸고 일어날 수 있는 수행적인 딜레마를 잘 드러낸다. 대일본신기회 大日本神祇會의 기관지 『고코쿠지호皇國時報』에 실린 전성욱의 회고에는 신토의 제전 행렬에 참가하는 일본인들이 주로 신는 조리와 발가락 양말의 조합이 조선인들에게는 잘 맞지 않았다는 언급이 있다. 그는 구체적으로 그 이유를 밝히지는 않았다. 하지만, 당시 조선인들은 조리와 양말을 이렇게 신으면 생기는 발모양을 "쪽발이"—글자 그대로 '쪼개진 발'이라는 뜻—라고 해서 일본인에 대한 인종차별적 멸칭으로 부르고 있었기 때문에 아마도 이를 염려했던 모양이다.[94] 이런 의미에서 보면, 발가락 양말과 조리를 신는 것은 지역 유지들로서의 품격을 떨어뜨리는 것이 될 수도 있었다. 아마도 하층의 조선인 구경꾼들의 시선에는 이것만으로도 경멸스러운 일본인 식민주의자들에게 부역하는 협력자로 비쳤을 것이다. 물론 그들이 이미 친일 단체에도 참여하고 있었던 것을 감안하면 더욱 그렇지만 말이다.[95] 경성신사의 신주神主는 이런 민족들 사이의 복잡한 함의를 세세하게 살펴보는 대

〔그림 20〕 조선인들의 행렬 모습
(위)과 일본식과 조선식이 혼합된
제전 의상(아래). 『신사협회잡지
(神社協會雜誌)』 30(12), 1931.
12, 29쪽.

신에, 이 상황에 개입해서 조선인 참가자들이 관례에 맞지 않는 복장을 하는 것을 최종적으로 허용했다. 발가락이 나누어지지 않은 양말도 허용하여, 일본식 버선足袋(다비)과 조선식 고무신을 신어도 되도록 한 것이다. 제전 행렬에 참가하는 조선인 엘리트들에게 허용된 고무신은 사실 20세기 초에는 일반인들도 흔히 신고 다니는 대량 생산된 신발이었는데, 그것이 신토 제전에서는 '일본인다운' 외양을 다소간 완화시키는 또 다른 척도가 된 것이다. 결국 신사 신주는 고무신이 조선인 대제위원회가 채택한 검정색 의례용 복식과도 잘 어울린다는 사실을 인정했다. 사실 '일선융화'의 또 다른 성공사례로 부각시키기 위해서라도 그는 그렇게 인정하는 것 외에 달리 방도가 없었다.

공식적인 설명에서 전성욱은 경성신사의 신들이 일본인이나 조선인이나 차별 없이 동등하게 대우한다는 것을 주장하기 위해 '융화'라든가 다른 식민주의적인 은유들, 가령 '일시동인—視同仁' 같은 것을 언급했다. 이러한 진술들은 정신적 동화의 이데올로기를 그대로 반복하는 듯 보인다. 하지만 그의 회고는, 겉보기에는 영락없는 조선인임에도 스스로를 충실한 일본인이라고 확신을 갖고 주장했던 식민지 엘리트들이 직면했던 어려움이 무엇이었는지 알려준다. 전성욱은 당시만 해도 일본인 제전위원들만 입었던 특별한 제전용 의상을 자신이 착용하는 것이 어떤 결과를 초래하게 될지, 스스로 느꼈던 두려움에 대해서도 쓰고 있다. 그는 자신을 '문외한門外漢'이라고 낮추어 지칭하면서, 더 부유하고 저명한 일본인이 자기 대신에 이 의상을 입어야 한다고 제안하기까지 했던 것이다. 일본인 신직神職들이 전성욱에게 제전용 의상을 입어도 된다고 확인해준 이후에야 비로소 그는 근심걱정을 내려놓을 수 있었다.[96] 정신적 동화를 가장 노골적으로 옹호했던 조선인조차도 식민지의 신민으로서 자신의 충실함을 과시하기 위해 이처럼 분투해야 했던 것이다. 이러한 사실은 조선인들을 제국적 공동체에 편입시키는 과정에 내재해 있는 긴장감을 드러낸다. 이 과정은 분명 일본인 신사 지도자들이 총괄하는 것이었지만, 동시에 씨자조직의 조선인 구성원들에 의해 조심스럽게 타협되고 재조직되는 과정이기도 했다.

이처럼 조선인 엘리트들이 제전 행렬의 문화적 위계질서 속에서 그들 나름의 위상을 차지하기 위해 고군분투하고 있을 때, 엘리트가 아닌 단순한 구경꾼들도 갈수록 인기가 높아져가는 제전이라는 대중적 이벤트에 대해 그들 나름의 의미를 부여하고 있었다. 조선인들에 의해 조직된 1931년, 그리고 1936년의 제전에서 조선의 토착적 문화 형태가 일부 포함된 것에 대해서 이들 구경꾼들이 어떤 반응을 보였는지를 명확히 알기는 어렵다. 하지만 신문 보도에서는 진작부터 조선인 군중들이 일본인의 대제 행렬을 보았을 때 그들 나름의 방식으로 환호했다고 전하고 있었다. 『매일신보』에서 은밀하게 묘사했듯이, 이런 행동은 동화된 문화적 차이의 사례라는 것이다. 예를 들어, 1928년의 대제 행렬에서 신여를 진 신여꾼들은 관례에 따라 일본어 구호 "왓쇼이ゎっしょい"를 반복적으로 외쳤는데, 그것은 행렬의 참가자와 구경꾼들의 흥을 돋우기 위한 것이었다. 그런데 조선인 구경꾼들은 이 낯선 구호를 반복해서 외치지 않고, 그 대신에 "얼싸둥둥"이란 구호로 화답했다. 전통 음악이나 악극 공연을 볼 때 추임새로 넣는 "얼싸"와 제전 북소리를 흉내 낸 의성어 "둥둥"이 합쳐진 말이었다.[97] 조선인들이 제전 행렬에 이런 식으로 참여하는 것은 두

가지 사실을 보여준다. 하나는 이 이벤트가 경성의 조선인 사이에서도 갈수록 반향을 얻고 있었다는 점이고, 다른 하나는 천황숭배라는 정해진 형식과는 다른 맥락에서 조선인들이 제전 행렬의 의미를 중요하게 재해석할 수 있는 능력을 갖추고 있었다는 점이다.

조선인들 중 극빈층 사람들은 그 와중에 물질적 이익을 얻으려고 분투했는데, 어찌 보면 건설적인 방식으로 제전 행렬에 반응한 것이라고 할 수 있다.[98] 그들에게 이 행사는 경성신사의 신들에 대한 자신들의 충성심을 고취시킬 수 있는 계기라기보다는, 소매치기나 좀도둑질을 해서 한몫 단단히 잡을 수 있는 절호의 기회였다. 일례로 1933년의 대제가 거행되는 기간 동안 28세와 35세의 조선인 남성 두 명이 두 명의 일본인 여성으로부터 각각 6엔과 2엔을 훔쳤다는 혐의를 받았다.[99] 지역 경찰은 다양한 형태의 좀도둑질과 추행들을 관리하기 위해서 1934년 제전이 거행되는 기간 동안에는 두 개의 사복 경찰 조직을 행사 현장에 파견하여 부랑자들과 가난뱅이들, 잠재적인 선동자들의 동향을 세밀하게 감시하기도 했다.[100] 그해의 지역 신문 보도에는 소매치기 사건이 보이지 않지만, 이듬해부터는 이 문제가 계속해서 지역 경찰을 성가시게 하고 있음이 드러난다. 1935년에는 제전 행렬이 시작되기도 전부터 『경성일보』와 『매일신보』에 조선인과 관련된 일곱 건의 사건 보도가 실렸다. 이들 대부분은 서울 바깥에서 태어나 일거리를 찾아 경성으로 흘러들어온 사람들이었다. 보도에 따르면 이들은 다양한 형태의 절도와 연루되어 있었는데, 그중 한 사람은 전과가 30건이었다.[101] 1935년의 다른 신문 보도를 보면, 경상남도 출신으로 서울에 연고가 없는 12세 조선인 소년이 제전 행렬이 종로를 지나갈 때 구경하는 (아마도 조선인?) 여성의 돈을 훔친 혐의로 기소되었다. 이어진 경찰 조사에서는 지역 깡패 집단에 소속된 네 명의 소년 조무래기들이 경성 시내 도처의 혼잡한 장소에서 제전 참여자들을 대상으로 소매치기를 했음이 밝혀졌다.[102]

물론 비슷한 사건은 이전에도 있었고, 언론에 보도되지 않은 사건도 적지 않았을 것이다. 하지만 1930년대 초반부터 이런 사건이 갈수록 주목을 받았다는 사실은 시사하는 바가 적지 않다. 이 시기의 경기 침체는 정신적 동화를 효과적으로 실행하려는 여러 시도의 입장에서는 심각한 걸림돌이 되었는데, 당시 급격히 늘고 있던 경성의 조선인 빈곤층들 사이에서는 특히 그러했다. 이에 대응하여 조선총독부는 복지위원회, 정신 계도啓導 관련 단체들, 지역조합의 재편 등 일련의 지역 기구들을 경성에 설립했다. 이 기구들의 목적은 최소한도의 물질적인 복지를 제공하여 사회적 연대를 공고하게 만드는 것이었지만, 동시에 엄청난 양의 윤리적 요구가 이 기구들을 통해 부과되고 있었다.[103] 하지만 그럼에도 소매치기는 여전히 계속되었다.

가난한 조선인들의 절도는 아마도 정신적 동화의 한계를 가장 잘 드러내주는 사례일지도 모른다. 정신적 동화는 1910년 '병합' 당시만 해도 머뭇거리면서 시작되었지만, 확실히 1930년대 초반이 되면 갈수록 공세적인 전술을 취하고 있었다. 조선총독부의 유화적인 수사修辭와 거기서 언급된 정책의 대상들 사이에는 사회적 행위자들과 문화적 실천들이 뒤얽힌 복잡하고 역동적인 영역이 존재했다. 그리고 이 영역에서는 황실에 대한 충성으로 통일되는, 그런 신민臣民 공동체가 만들어지는 것을 방해하는 다양한 상호작용들이 창출되었다. 일본인 씨자총대와 조선인 씨자총대 사이에서든, 조선인 공동체 내부의 엘리트들과 비엘리트들 사이에서든, 아니면 여성 예능인과 남성 구경꾼 사이에서든, 민족-, 계급-, 젠더- 특수적인 관계들이 식민지 조선의 일상적 삶을 통해 형성되었다. 이러한 관계들은 특히 1937년 아시아태평양전쟁이 발발하기 이전 시기에 식민지 조선에서 신사 신토라는 침입자적 현전現前이 어떤 의미와 효과를 띠고 있었는지를 결정함에 있어서 수많은 개인들과 집단들이 다채로운 역할을 수행했음을 입증하고 있다.

제3장

물질적 동화

경복궁과 식민지 박람회

조선인들을 정신적으로 동화하려는 노력과 병행하여, 조선총독부는 공공 공간을 활용하여 근대화를 스펙터클화해서 전시함으로써, 피식민 대중에게 일본의 지배가 그들의 삶을 풍요롭게 해줄 것이라고 확신하게 만드는 작업에 착수했다. 박람회라는 전시 이벤트를 통해서 총독부 관료들은, 조선인들이 가까이하기에는 너무 먼 존재들인 천황이나 신토의 수호신과 그들 스스로를 동일시하기보다는, 눈앞에 놓인 '진보'의 유혹에 좀 더 즉물적으로 현혹되기를 기대하면서, 개개인들이 '산업/근면industry'을 내면 윤리로 받아들일 것을 촉구했다. 식민지 통치성의 다른 측면들과 마찬가지로, 물질적 동화는 상호 연관된 두 가지 의미를 띠고 있었다. 한 측면에서 '산업'이란 식민지 경제개발의 모든 영역을 지칭하는 것이었다. 비록 그것이 일본의 기업들과 극소수 조선인 자본가에게만 특권을 주는 위계적이고 착취적인 체계였지만 말이다. 다른 한편 그것은 부를 창출할 잠재적

가능성이 있는 근대화 프로젝트에 식민지 대중이 종속적일지언정 '근면'한 신민으로서 동참하는 것을 의미하기도 했다. 이런 방식으로 총독부는 조선인들이 '진보'라는 제국의 운명에 스스로를 동일시할 수 있는 공론적 분위기를 조성하려고 했다. 하지만 그 진보란 결국에는 대다수 조선인들이 더 낮은 계급으로 강등되는 '운명'을 의미했다. 결과적으로 총독부가 박람회의 조선인 관람객들에게 내놓은 '진보'의 약속은 그들의 성별과 지역과 연령에 따라 가변적인, 매우 복잡한 것이 되고 말았는데, 그럼에도 많은 조선인들은 식민지 경제의 심각한 불균등 발전으로부터 이익을 얻고자 분투했다. 이러한 곤경에 대한 대응으로, 소수의 남성 민족주의자들은 '조선'과 그 왕조의 궁궐에서 신성성을 벗겨내어 이토록 노골적이고 착취적인 방식으로 재현한 박람회 기획자들을 비난했다. 하지만 교육받지 않은 대부분의 박람회 관람객들은 상업적이고 오락적인 놀이거리에 빠져들어 즐기는 쪽을 선호했는데, 이와 같이 스펙터클한 이벤트를 개인적인 동기와 정체성 추구의 기회로 이용함으로써, '산업/근면' 이데올로기의 전시라는 박람회 본연의 의미는 소리 없이 전복되어버리고 말았다.

1907년 경성박람회: 보호국 시기의 전조(Precursor)

제1장에서 논의했듯이, 경성의 공공 공간—특히 궁궐터—들은 조선왕조 최후의 몇 년간 각국의 근대화된 엘리트들이 당시 그 나라의 '문명화 수준'이라고 부른 것을 상징하는 일종의 각축장이 되었다. 앙드레 슈미드가 상기해주었듯이, 많은 조선인 엘리트들과 정

책 입안자들은 관제 민족주의를 위한 하나의 전략으로 진보라는 보편적 언어를 채택하고 있었다. 그런데 이것은 같은 근대화 전략을 채택한 제국주의 열강들에 의해 국가의 존망이 위협받게 되는, 위험한 결과를 초래했다.[1] 아마도 박람회만큼 이들 열강의 역학 관계를 분명히 드러내는 것은 없을 것이다. 정부와 엘리트 상인들에 의해 추진된 이 대규모 미디어 행사는, 로버트 라이델Robert W. Rydell이 말했듯이, 계급, 인종, 민족에 따라 계층화된 집단들을 위한 '상징적 세계'를 창조하기 때문이다.[2] 당시 조선은 상대적 약자의 처지에 놓여 있었음에도, 왕조 말기의 위정자들은 다른 근대주의자들과 다를 바 없이 이처럼 경쟁적으로 펼쳐지고 있던 국제적 행사들의 정치판 속으로 적극적으로 뛰어들었다. 이를 위해 그들은 시카고에서 열린 컬럼비아 세계박람회(1893)와 파리에서 열린 만국박람회(1900), 그리고 오사카大阪(1903)와 도쿄(1907)에서 열린 그와 유사한 행사에 전시관을 설치했다.[3] 또한 대한제국 관료들은 한반도에서 박람회를 개최하고자 방책을 강구하기도 했는데, 그것이 실제로 일어난 것은 보호국으로 전락한 이후의 일이었다.[4]

1907년 소규모로 치러진 경성박람회는 1915년의 조선물산공진회와 1929년의 조선박람회의 전조前兆였다.[5] 박람회는 일본인 상인들과 조선인 상인들이 협력하는 '합동' 이벤트로 논의되긴 했지만, 한국통감부의 공격적인 전략에 힘입어 결국에는 일본인 상인들의 주도로 개최되었다. 박람회는 1907년 9월 1일부터 문을 열었는데, 그로부터 불과 몇 달 전 일본은 한국 정부에 한일신협약*을 조인하게끔 강제함으로써 한반도는 사실상 식민지로 전락하게 되었다.[6] 뻔뻔스럽기 짝이 없는 제국주의의 책략에 맞서 고종 황제는 저항했지만 1907년 후반 그가 강제 퇴위당하면서 수포로 돌아갔으며, 이는 의병 항쟁을 포함한 조선인들의 격렬한 반발을 불러일으켰다. 반제국주의적인 저항을 무마시키기 위해서라도 일본 측 주최자들에겐 공동 박람회의 개최가 절실했다. 박람회는 상업을 활성화할 뿐 아니라 "조선인의 사고를 유연화"하는 데 도움이 된다는 것이다.[7] 어느 식민지 보고서에서도 묘사되었듯이, 이런 목적을 위해 그들은 박람회 개최 장소로 경성의 일본인 지역과 조선인 지역 사이 중간 지점을 선택했다.[8] 주최 측은 두 민족 집단이 동등하게 만나는 장소로 황금정 거리를 제시했지만, 실제로 박람회가 열린 명치정明治町(메이지마치. 동현)**은 경제력이 있는 일본인 거류민 상인들이 점유하고 있던 일본인 커뮤니티의 중심지였다. 민족적인 차별은 전시관에서도 극적으로 드러났다. 일본 내지에서 온 수입품은 조선의 산물들보다 많은 특혜를 받았던 것이다. 이후에 열린 박람회에서는 최첨단 장비gadget나 호화로운 물품들이 전시되었지만 1907년의 박람회는 사정이 좀 달라서, 오히려 물품을 구경하고 또 구매할 수도 있는 시장에 가까웠다. 박람회에서

---

* '정미7조약(丁未七條約)'이라고도 한다. 일본은 헤이그특사파견 사건의 책임을 물어 고종 황제를 강제 퇴위시켰는데, 순종의 즉위 직후인 1907년 7월 24일, 일곱 개 조항의 새로운 협약을 체결, 조인하는 한편으로, 각 조항의 시행 규칙에 관한 비밀 조치서가 작성되었다. 이 조약은 한국 군대의 해산, 사법권의 위임, 일본인 차관(次官)의 채용, 경찰권의 위임 등을 주요 내용으로 담고 있다. 한국의 내정에 관한 모든 국권이 사실상 일본에 넘어가는 계기가 되었다.

** 경성박람회는 황금정통 2정목과 명치정 1정목이 교차하는 지역인 대동구락부 건물과 농상공부의 광물표본진열소(당시 광상기감(鑛床技監)인 고치베 다다우케(巨智部忠承)가 관장했다) 및 주변 일대에서 개최되었다. 경성박람회가 개최된 이곳은 1906년 이전까지는 구리개 제중원이 있던 곳으로 현재 KEB하나은행 명동 사옥이 위치한 지역 일대다. 이연경, 「재동 및 구리개 제중원의 입지와 배치 및 공간 구성에 관한 재고찰」, 『의사학』 25(3), 2016, 397~399쪽.

23명의 조선인 노점상은 겨우 10개의 전시대에 상품을 진열할 수 있었던 반면, 일본 상인들이 내지에서 들여온 상품들을 진열한 전시대는 160개가 넘었다.[9] 이러한 격차는 명백히 일본에 비해 정치적·경제적으로 열등한 한반도의 상황을 반영한 것으로, 종종 한글 언론에서도 지적된 문제였지만, 걱정 많은 논평가들이라고 한들 별다른 해결책을 내놓을 수는 없었다.[10]

1907년 경성박람회의 기획자들은 일본인 상인들이 유리하게끔 특권을 부여하면서도, 박람회 행사에 수많은 오락시설들을 포함시켰다. 이 오락시설들은 방문객들로 하여금 근대성의 감각적인 디테일에 집중하도록 해서 가볍게 기분 전환을 할 수 있도록 함으로써 은연중에 진보의 논리를 받아들이도록 유도했다. 예컨대 다양한 예술품들을 전시한 삼층짜리 주 전시장에는 옥외 시설로 노천 탁자나 찻집이 마련되어 있어서, 관람객들은 이곳에서 경성의 전경全景을 파노라마로 즐기며 편안하게 음료를 마시며 쉴 수 있었다. 축음기가 딸린 음악실, 게이샤와 기생들이 출현하는 무대도 있었다. 게이샤와 기생들은 주 3회 공연을 했고, 일요일에는 군악대가 무대에서 연주했다. 박람회장 바깥쪽의 주변 도로에는 관람을 유도하는 볼거리가 곳곳에 배치되어 축제 분위기를 물씬 뿜어내고 있었다. 가령 한성전기회사는 불이 들어오는 꽃으로 화려하게 장식된 전차가 야간에 운행할 수 있도록 후원했다. 박람회협찬회는 남대문과 제일은행第一銀行 앞, 명치정 교차로와 신정의 유곽 지구, 그리고 종로를 따라 다섯 군데에 전등 아치를 설치했다.[11] 조선인 거주 지역에서는 지역 유지들이 2천 엔 이상을 지출하여 최신식 전기장치를 설치하고 깃발을 세웠는데, 이는 박람회의 들뜬 분위기에 대한 조선인들의 관심을 끌기 위해서였다.[12]

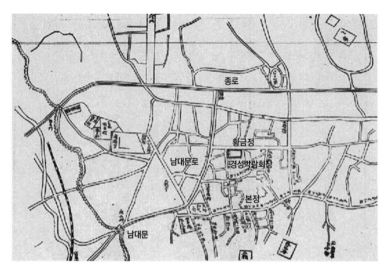

〔그림 21〕 1907년 경성박람회 장소. 『조선신문』 1907년 9월 15일 자 지도 위에 필자 표시.

뒤이어 개최된 1915년과 1929년의 박람회와 마찬가지로, 1907년 박람회가 추구했던 목표도 (준)식민화된 관람객을 납득시켜 외세의 지배를 인정하도록 만드는 것이었다. 다시 말해, 일본의 식민 지배는 불균등할지언정 조선 민족이 가진 '진보'의 잠재력을 더욱 풍부하게 발현하는 계기가 될 것이며 식민지의 관람객들도 그 혜택을 누리게 될 것임에 틀림없다는 것이다. 『황성신문』의 어느 기사가 낙관적인 논조로 설명했듯이, 산업은 "어느 한 개인의 사적인 이익으로 그치지 않는" 것으로, "공공의 이익을 진흥"시키는 데도 도움을 준다.[13] 이러한 진보의 복음을 확산시키기 위해서 박람회 조직자들은 20만 명의 참가자—그중 75퍼센트 가까이는 조선인이었다—로 하여금 동료 방문자나 전시자들에 대해 경쟁심을 품도록 부추겼다.[14] 관람객들은 기본 경품을 차지하려고 서로 경쟁했고, 출품자들은 박람회의 최고 아이템으로 선정되어 상을 받으려고 서로 다투었

〔그림 22〕 1907년 경성박람회장 전경. 사진엽서, 안창모 제공.

다. 당시 대한제국의 황태자로서 차기 황제가 될 예정이었던 순종은
11월 9일 시상식에 참석해서 체계적으로 범주화된 상품 목록 부문
의 수상자들에게 상을 수여했다. 순종의 참여로 이 경쟁적인 분위
기는 공식적인 인가를 받은 것이다.[15] 상업적인 경쟁으로 들썩이는
분위기에 관람객들도 동참할 수 있었는데, 이는 박람회 입장권으로
경품 추첨 행사에 참여할 수 있었기 때문이다. 11월 12일, 13일에는
입장권 소지자들 중 당첨자에게 3천 개의 전시 물품이 경품으로 제
공되었다. 그다음 날은 부인의 날로 지정되어, 5천 명의 여성이 박람
회 입장 판촉을 위해 마련된 경품에 당첨되는 행운을 누렸다. 이들
행운의 여성들 중에는 주간 외출의 금지라는 금기를 깬 조선인 여성
들도 있었다.[16]

1907년 경성박람회의 경쟁심은 박람회장 바깥의 길거리에까지 넘
쳐흘렀는데, 이는 발전에 대한 전시가 주민들의 생업적 실천과 맺는

연계성을 강화시키려는 박람회 조직자들의 산업-지향적 의지의 결과였다. 어느 신문 기사는 경성의 고급 요정料亭들 사이에 벌어진 극한 경쟁을 보도하기도 했다. 이곳 요정에서는 음식과 음료뿐 아니라 성적 쾌락까지 제공했다. 특별히 열심인 요정 게이샤 중에는 치장에만 1천 엔을 넘게 쓰기도 했는데, 거기에는 일본 내지에 직접 주문한 화려한 의상이나 꽃마차를 만드는 데 필요한 재료의 비용도 포함되었다.[17] 경성신사의 제전 행렬에 참여한 신정 유곽의 게이샤들과 마찬가지로, 요정의 여성 종업원들은 화려하게 치장한 채 남촌 일대에서 퍼레이드를 하며 돌아다녔으며, 중간중간에 멈춰 서서 춤을 추기도 했다. 경성의 상인들도 이러한 상업적 경쟁의 분위기에 동참하여, 용산에서 남산으로 뻗은 삼판정三坂町(미사카초) 거리의 대로변을 따라 지정된 장소에 가판대를 세웠다.[18] 허가받은 상인들은 박람회장 근처의 명치정 거리에도 임시 가판대를 설치했다.[19]

이처럼 일부 상인들과 게이샤들은 기업가 정신을 발휘했지만, 대부분의 참여자들에게 1907년 경성박람회가 미친 동화 효과는 그 한계가 명확했다. 이 낯선 이벤트와 관련해서, 일본 제국주의자들의 전술과 조선인들의 예측 불가능한 참여 사이에 일정한 함수 관계가 있음을 확인했을 뿐이었다. 당시 통감부는 한반도를 일본의 공식 식민지로 만들고자 노골적으로 밀어붙이고 있었는데, 이러한 상황에서 그저 조선인과 일본인이 같이하는 '합동' 이벤트를 만들어냄으로써 "상호 소통도 없이 서로의 생각을 일치"시키려 했던 통감부 관료들의 순진한 목적이 통할 리 없었다.[20] 이런 관점에서 보면, 경성박람회가 열렸던 1907년 한국 군대를 해산하기로 한 결정은 특히 역효과가 컸다. 통감부에 저항하는 무장 봉기를 야기했기 때문이다. 결국 의병

〔그림 23〕 1907년 경성박람회의 기생 공연. 사진엽서, 안창모 제공.

운동으로 인해 박람회 당국은 지역 산물들을 수집·전시하여 더 많은 조선인 대중의 이목을 끌어모으는 데에는 실패하고 말았다.[21] 이 진보의 이데올로기에 대해 조선인들 혹은 일본인들이 어떻게 반응했는지를 보여주는 자료는 현재 거의 남아 있지 않다. 하지만 단편적인 증거들을 통해 볼 때, 이들이 1907년 박람회의 메시지가 무엇이었는지를 알아차리고 해독하여 내면화하는 데 상당한 어려움을 겪었던 것은 분명하다. 아마도 이 점에서 가장 큰 장애물은 박람회의 축제적인 분위기로, 향후 스펙터클을 활용해 박람회를 설계하려는 이들이 두고두고 직면하게 될 '문제'였다. 제2장에서 다루었던 신사 제전의 기획자들과 마찬가지로, 박람회 기획자들도 관람객들이 박람회의 즐길거리에만 지나치게 빠져드는 것은 아닐까 걱정했다. 그래서 어떤 조선인 출품자는 박람회 개회식에서 이렇게 말하기도 했다. "박람회의 목적이 놀이터가 되는 데 있는 것은 아니다."[22] 하지만 당시 신문 기사들이 밝히고 있듯이, 대부분의 관람객들은 게이샤와 기생들의 공연, 꽃으로 장식된 전차, 그리고 깃발과 전등으로 장식된 거리 풍경과 같은 행사의 축제적 측면에 매료되었다.[23] 가령 경품을 추첨했던 11월 12일, 13일에는 많은 관람객들이 아예 전시장에는 들어가지도 않고 추첨 경품을 나눠주는 부스로 몰려들기도 했다.[24] 경성박람회의 유희적 특징은 산업이라는 복음福音, 즉 조선왕조를 소멸시키려는 일본의 노골적인 술책과 이미 결탁했던 이 정치적 메시지를 결과적으로 희석시키고 말았던 것이다.

심지어 1910년 '병합' 이전에 통감부 관료들과 기업 경영자들은 이런 소규모 행사들을 더 많이 개최하기를 원했다. 일본의 물질적 역량을 과시하고 유력 거류민들의 상업적 이득을 증진하기 위해 사면초가에 놓인 황성의 궁궐터를 활용하고자 했던 것이다. 1908년 여름, 전년도 경성박람회의 총감독은 대한제국의 농상공부 대신, 한성부 판윤, 일본인 거류민단, 지역 업계의 유력자들을 차례로 만났는데, 이는 더 큰 규모의 박람회 개최를 기획하기 위해서였다. 이 이벤트는 '한국산업진흥박람회'라고 불렸는데, 1907년 경성박람회 예산의 거의 10배가 넘는 규모인 50만 엔의 예산이 책정되었다. 게다가 주최 측은 행사 장소로 명치정보다 상징적인 의미가 더 큰 장소를 원했다. 처음에는 1590년대까지 한양의 정궁正宮이었던 경복궁을 염두에 두었지만, 이후에는 대한제국 시기 근대적 개혁의 초점이었던 경희궁을 검토해보기로 결정했다.[25] 이곳에 일본의 주요 산업 역량을 전시한다면, 통감부에 의해 강제로 순종에게 황위를 양위한 고종의 무능함을 부각시킬 수도 있었기 때문이다. 하지만 통감부의 공격적인 전술에 이미 결탁하고 있었던 한국 정부가 기금 마련에 나섰음에도, 필요한 액수의 모금을 달성하는 데에는 실패했고, 결국 일본인 조직자들은 행사를 무기한 연기할 수밖에 없었다.[26]

1915년 조선물산공진회: 식민지 산업의 전시와 홍보

초창기 식민 국가는 재정적인 한계로 인해 지속적으로 어려움을 겪었는데, 대한제국과 협력하는 과정에서 통감부가 직면해야만 했던 이러저러한 장애물들은 '병합'에 의해 제거되었다.[27] 병합 이후 총독부의 관료들은 통감부 시절보다 훨씬 더 공격적으로 궁궐터를 활용하는 계획에 착수했다. 그들은 이 상징적인 무대에서 일본의 물질적 우월성을 홍보하는 한편으로, 막 식민화된 조선인들에게 그들도 농업 및 산업의 임노동자가 됨으로써 어떤 방식으로든 이러한 물질적 우월성의 수혜자가 될 수 있을 것이라는 확신을 심어주고자 했다. 일례로 1913년 가을, —당시는 이미 경복궁 터에 총독부 신청사를 짓기로 결정했던 시점인데— 식민 정부 당국자들은 경복궁이라는 신성한 장소를 활용해서 최근에 죽음을 맞은 메이지 천황의 탄신 기념행사를 개최하려고 했다. 그는 일본 본토의 자본주의적 발전과 대한제국 황실의 몰락을 주도했던 군주였다. 황족의 사적 거주지였던 궁궐을 공적인 축제 행사장으로 전환하기 위해 총독부 관료들은 궁궐의 정문인 광화문 양옆에 일장기를 배치하고 무술 공연을 개최했다. 성소聖所였던 궁궐을 식민지의 대중에게 노출시키는 상징적인 제스처로서, 총독부는 과거 조선의 군주들이 독립된 왕조를 통치하기 위해 사용했던 근정전勤政殿 앞에 기념 공간을 만들었다. 신토 사제들에 의해 거행된 종교의식이 끝난 후, 이 공간에서 관람객들은 가든파티를 즐겼는데, 거기에는 맥주와 아마자케甘酒, 담배를 파는 가판대도 있었다. 이 새로운 공공 공간을 더욱더 대중화하기 위해 하카타博多에서 온 예능인들이 인기 코미디 쇼를 무대에 올리는가 하면, 청중들 앞에서 게이샤나 기생의 공연이 펼쳐지기도 했다.[28]

이처럼 경복궁은 이미 공공 행사를 위한 의례와 유흥의 무대가 되어버렸으며, 1915년에 개최된 조선물산공진회는 그 공간을 한층 더 극적으로 탈바꿈시켰다. 이 행사는 식민 통치 5주년을 기념하기 위해 개최한 것으로, 일본이 이룩한 '근대적' 성취와 저발전에 머문 조선의 '가련한' 운명이 의도적으로 병치되었다. 경복궁이 공진회 부지로 선정된 것은 어느 정도 현실적인 이유가 있었다. 총독부 보고서에 따르면, 다른 후보지들은 교통이 불편하거나 전시 장소를 충분히 확보하기 어려웠으며 추가적으로 드는 건설 비용도 상당했던 것이다. 하지만 경복궁 선정에는 두 가지의 상징적인 목적도 분명했다. 첫째, 경성이란 도시의 무게중심이 이동하고 있다는 것, 다시 말해 1907년 경성박람회가 열렸던 일본인 거주지에서 전통적인 도심부인 조선인이 밀집한 북촌으로 옮겨가고 있음을 경복궁의 선정을 통해 확실히 보여주려고 했다. 둘째, 아마도 더 중요한 이유일 텐데, 총독부 관료들은 공진회의 관람객들이 경복궁의 내용물들을 둘러보면서 그것을 자주적인 조선 민족의 살아 있는 상징으로서가 아니라 '역사적인 유적'으로 간주하기를 바랐다. "훼손되고 쇠락한 지 오래된 폐허로, 많은 곳이 지저분하고 볼품없기까지 하다." 이 경멸적인 표현은 정전正殿, 편전便殿, 침전寢殿, 서재, 문 등을 포함해서 123

동의 궁궐 건물을 글자 그대로 '쓸어버렸던' 기획자들이 썼던 말이다.[29] 게다가 총독부 관료들은 경복궁 경내의 건물들 중 3분의 2 이상을 일본인 재력가들, 고급 요리점, 그리고 불교 사원에 넘겼다.[30] (1) 근정전 앞에 있던 창경궁의 정문, 홍화문弘化門[*], (2) 그 부근의 유화문維和門, 영성문永成門, 협생문協生門, (3) 근정문 앞 금천禁川을 가로지르던 영제교永濟橋, (4) 세 개의 석비石碑 등 수많은 주요 전각들도 철거되었다.[31] 이처럼 근정전 주변의 전각들을 제거함으로써 관료들은 넓은 공간을 확보할 수 있었으며, 이곳이 조선공진회의 주요 행사 장소가 되었다. 그리고 공진회 이후 조선총독부 신청사를 건립할 공간도 마련되었다.

주최 측은 이 행사의 목표—언필칭, 현하의 사회경제적 진보를 보여주고 장래의 발전을 촉진한다—가 전시품 자체는 물론이고 전시가 이루어지는 공간에도 새겨져 있어야 한다고 믿었다. 그들은 이러한 이데올로기적인 메시지를 박람회 공간에 불어넣음으로써, 공진회의 스펙터클에 착취적인 방식으로 구현된 '진보'의 합리성을 관람객들이 자기-통치적인 실천으로 내면화할 수 있기를 기대했다. 어느 일본어 신문 기사가 설명하는 것처럼, 설계design의 각 요소들은 조선인들의 의식에 특별한 영향을 미쳐야 했다. "다리의 건설과 하수관의 준설은 교통에 대한 인식과 위생에 대한 이해를 불러일으키려는 의도를 가진다. 정원의 주변 건물들은 아름다운 경관을 조성하는 것은 물론이고, 조선인들이 자연 풍경에 흠뻑 빠지게끔 하려는 설계

---

[*] 이는 잘못된 내용이다. 조선물산공진회 당시 철거된 문은 '홍례문(興禮門)'으로, 근정전의 정문인 근정문과 경복궁의 정문인 광화문 사이에 위치해 있었다. 철거된 홍례문 권역에는 주전시관인 1호관이 들어섰다.

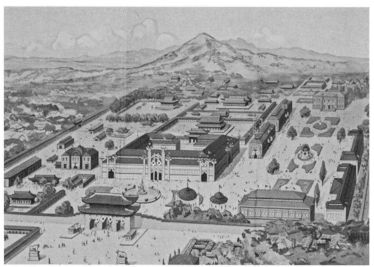

〔그림 24〕(위) 조선물산공진회 조감도 속 1호관. 『공진회 회장 경복궁의 그림(共進會會場景福宮之圖).
〔그림 24〕(아래) 근정전을 가린 영림창특설관. 사진엽서, 안창모 제공.

의도에 부응해야 한다."[32] 공진회의 기획자들은 궁궐터를 재구성함에 있어서는 기능적 '단순성'의 대변자를 자임하는 듯 했지만, 전시관에 서만큼은 미적 허용치를 훨씬 더 과감하게 확장했다. 기획자들은 식민지 근대화라는 고도로 불균등한 논리를 은폐할 수 있는, 경외감을 불러일으킬 정도의 장엄한 아우라aura를 창출해내려 했다. 건축양식이 너무 두드러지게 '일본적인' 것은 피했으며, 대신에 르네상스나 분리파secessionist,* 그 밖에 다양한 서양식 근대 예술 양식을 절충적으로 끌어왔다.[33] 이러한 선택은 20세기 초반 일본의 박람회에서 사용된 양식을 모방한 것이기도 했지만, 하향식으로 투사된 주권 권력을 반영한 것이기도 했다. 이런 도구주의instrumentalism하에서 조선이 제대로 묘사될 리 만무했다. 실제로 관람객들이 토착적 전통을 마주할 수 있는 장소는 전시관 내부가 유일했으며, 그것은 토종 소나무와 향나무를 채벌하여 만든 건물이었다.

설계자들이 웅장미the grand aesthetics를 선호했음을 잘 보여주는 사례로 주 전시관인 1호관을 들 수 있다. 그것은 관람객이 광화문을 통과해서 처음 마주치게 되는 건물이었다.(그림 24 위) 의전이 펼쳐지는 주된 공간 옆에 세워진 다른 건물들과 마찬가지로 1호관은 르네

---

* 분리파, 즉 세제션(Secession) 양식은 19세기 후반에서 20세기 초반까지 유럽에서 유행한 예술운동으로 1897년 구스타프 클림트에 의해 시작된 빈 세제션(Wien Secession)이 대표적이다. 이들은 전통적인 예술 양식을 거부하고 순수한 기하학적 형태와 자연에서 모티브를 딴 장식들을 선호했다. 조선물산공진회가 개최된 1915년 당시 세제션 양식은 아르누보 양식과 함께 일본에 소개된 최신식의 양식이었다. 조선물산공진회에서는 제국의 권위를 나타내는 르네상스 양식과 함께 최신식의 건축양식인 세제션 양식을 사용함으로써 제국의 선진성을 드러내고자 했다. 강상훈, 「일제강점기 박람회 건축을 통해 본 건축양식의 상징성」, 『건축역사연구』 15(3), 2006. 8, 11~13쪽 참조.

〔그림 25〕 주 전시관인 1호관 위에서 본 경복궁 전경. 조선총독부, 『(시정5주년기념(始政五年
記念))조선물산공진회(朝鮮物産共進會) 보고서 제1권』(경성: 조선총독부, 1916).

상스 특유의 합리주의적인 분위기를 잘 드러내고 있는데,* 이것은 기
하적적인 디자인과 같은 간격으로 배치된 기둥에서 특징적으로 나
타난다. 또한 건축가들은 여러 건물을 표면 장식과 선형 장식으로
치장했다. 이것은 '분리파 스타일'을 차용한 것으로, 예술적 혁신과
미학적 작업의 자유를 촉진시켰던 세기말 빈Wien의 사조를 참조하
고 있다. 이런 선형성은 기둥 사이로 수직으로 긴 개구부開口部를 좌
우대칭적으로 배치한 출입구나, 건물의 파사드façade를 따라 일정하
게 늘어선 붙임기둥pilasters**에도 보인다. 식민지 설계자들의 초점은
그저 서구의 건축양식을 모방하거나 즉석에서 재현하는 데 있지 않

---

* 기본적으로 박람회 건축은 수정궁, 에펠탑처럼 기술적 진보를 나타내는 새로운
건축양식을 선보이는 데 반해, 일제강점기 한국에서 개최된 박람회 건축은 기술적
진보보다는 여러 가지 건축양식을 사용하여 장식적 입면을 구성하는 특징을 보였
다. 조선물산공진회에서는 목조로 된 창고 같은 기능적이고 경제적인 공간에 르네
상스 양식 혹은 세제션 양식을 가미한 장식적 입면이 부착된 건축이 주를 이루었다.
르네상스 양식은 가장 권위적이고 고급스러운 양식으로 여겨졌으며, 1906년 탁지
부 건축소의 설치 이후 식민 권력이 세운 관공서 건축에서 주로 사용되었다. 강상
훈, 「일제강점기 박람회 건축을 통해 본 건축양식의 상징성」, 8쪽, 11~13쪽 참조.

〔그림 26〕 조선물산공진회장 안의 야외음악당. 사진엽서, 안창모 제공.

았다. 그보다는 공진회의 건축물들을 지켜보며 관람객들이 어떤 주
관적인 해석을 하게 될지 그 효과에 주목했다. 경외감을 고취하기 위
해 1호관에는 두 개의 중앙 탑이 설치되었다. 높이가 25.5미터로 당
시 경성에서 가장 높았던 이층짜리 건물***보다 더 높았다.[34] 〔그림
24〕(위)는 이 압도적인 구조물이 관람객의 시야에서 경복궁 정전이
었던 근정전을 어떻게 가렸는지를 잘 보여준다. 그 밖의 전시관 2동
棟, 즉 북쪽의 기계관과 남쪽의 임업특별관―〔그림 24〕(아래) 영림창
특설관을 볼 것―도 근정전의 동편에 건물로 된 저지선을 구축하고

** 필라스터는 르네상스, 바로크, 신고전주의 건축양식에서 자주 사용한 건축 요소
로 실제로 내력(耐力)을 받는 기둥이 아니라 건축물의 입면(立面)에 기둥의 형태를
부착한 붙임기둥이다.

*** 1915년 당시 서울에서 가장 높은 건물이었던 명동성당은 본당 높이가 23미터,
종탑 높이가 48미터였다. 공진회에 세워진 25.5미터의 탑은 명동성당 본당보다는
높았지만 종탑보다는 낮았다.

〔그림 27〕 왼쪽은 1915년 공진회 홍보 포스터. 경성협찬회잔무취급소(京城協贊會殘務取扱所) 편, 『경성협찬회보고(京城協贊會報告): 시정5년기념 조선물산공진회(施政五年記念 朝鮮物産共進會)』(경성: 경성협찬회, 1916). 도판 1. 오른쪽은 1914년 도쿄 다이쇼박람회 홍보 포스터. 도쿄부(東京府) 편, 『도쿄다이쇼박람회사무보고(東京大正博覽會事務報告) (하))』(도쿄: 도쿄부, 1917), 818~819쪽 사이 도판.

있어서 관람객들이 근정전을 보는 것을 가로막는다. 이처럼 장엄한 기념물들은 일본이 서구와 공유한 근대성을 전달함과 동시에, 잔존한 궁궐 건축물들을 명확히 지배함으로써 한반도의 물질적 발전을 위해서라도 식민 정부가 반드시 필요하다는 입장을 환기시킨다.

　일본의 현재는 근대적이고 개방적이며 진보하는 것으로, 조선의 과거는 전근대적이고 폐쇄적이며 사라진 것으로 형상화하여 양자를 전략적으로 병치시키는 양상은 이 행사의 시각적 재현을 채색한 색상에서도 나타난다. 홍보 포스터((그림 27)의 왼쪽 도판)를 보면, 상단은 식민지 이전 시기를 표상하고 있는데, 경복궁의 옛 모습이 어둡고 고루하게 그려져 있다. 궁궐을 에워싼 단풍잎들은 이미 물들어 이제

막 떨어지려 하지만 누구도 이런 자연의 경이로움을 감상하는 이는 없다. 반대로 포스터의 하단은 일제 통치하의 근대적인 현재, 그리고 미래가 그려져 있다. 밝고 활기찬 움직임으로 가득 차 있으며 관람객들은 막 개방된 궁궐터에서 즐거운 시간을 보낸다. 푸른 잔디, 만개한 꽃, 맑은 하늘이 결합하여 진보의 이미지를 창출한다. 그리고 새로 식민지인이 된 조선인들이 이 진보에 동참하도록 북돋워진다. 이런 동화주의적인 산업의 메시지와 늘 같이 등장하는 것이 기생이었다. 그들은 전근대적인 조선의 과거와 근대적인 일본의 현재, 양자 모두에 글자 그대로 양다리를 걸친 존재였다(이러한 심상心象은 1914년 개최된 도쿄 다이쇼大正박람회 당시의 포스터―〔그림 27〕의 오른쪽 도판을 볼 것―에서 차용된 것이었다.) 기생이 입은 화려한 의상과 사치스러운 머리 장식은 시가 행렬 등 여러 박람회 관련 행사에서 볼 수 있는 기생의 모습과는 극명한 대조를 이룬다. 현실의 기생들은 그것보다는 훨씬 단순한 신식 옷을 입고 양산을 쓰는 것이 보통이었기 때문이다.[35] 기획자들은 의도적으로 기생이 가진 본래적인 '전통'의 이미지를 부각시켰는데, 그것은 남성 관람객들의 리비도적 감수성에 호소하기 위한 것이었다. 한 팔은 요염하게 목을 괴고 다른 팔은 뻗어서 관람객에게 손짓하고 있는 이 이국적인 여성은 춤을 추는 것처럼 보이는데, 조선과 일본 민족을 넘나드는 이 춤사위는 공연장에 오면 즐길 수 있었다.[36] 일본인 회사들도 그들 나름으로 기생에 편승해서 돈을 벌었다. 기생의 이미지는 담배, 칫솔을 비롯한 수많은 상업 광고에서도 반복적으로 재생되었다. 공진회가 폐막될 무렵, 관람객들이 기생들이 공연하는 고급 요리점을 방문하는 데 쓴 비용은 대략 30만 엔에 이르렀는데, 그것은 박람회 행사를 치르는 데 소요된 예산의 거의 절반에 육박하는 것이었다![37]

이국적인 기생들이 보여준 놀라운 시장성은, 예상했던 것이라고 할 수는 없겠지만, 이제 막 식민지 주민이 된 조선인들 사이에 산업을 홍보하려면 오락이 중요한 역할을 한다는 점을 확신시켰다. 이처럼 오락거리가 중요했기 때문에 반관반민의 지원 단체인 경성협찬회는 애초 배당된 예산의 두 배 규모인 10만 엔을 여기에 투여했다. 전체 예산의 거의 20퍼센트에 달하는 금액이었다.[38] 또 즐길거리가 얼마나 중요했는지는 공진회가 오락시설과 상업시설에 어느 정도로 행사 공간을 할당했는지를 살펴봐도 알 수 있다. [그림 24](위)를 보면 전시관들은 공진회 행사장의 동쪽 편에 주로 위치한 반면, 오락시설은 경복궁의 거의 3분의 1을 차지했다. 입장료를 지불해야 하는 오락시설만 해도, 앞서 설명한 공연장(15~30전) 이외에 조선연극관(10~15전), 운동장(1전), 편자蹄鉄던지기(10개 던지는 데 5전), 스모경기장(5전), 서커스(10~50전), 야생동물원(10전), 미로(10전), 디오라마(10전), 귀신의 집(10전) 등이 있었다.[39] 기타 상업시설로는 먹을거리와 음료수를 파는 매점, 다양한 기념품 등을 판매하는 가판대 노점상, 조선의 13개 지방(도道)에서 후원하는 휴게소가 있었다.

총독부 관료들도 박람회의 구성 요소 중 일부로서 즐길거리를 도입하는 것은 환영했지만, 거기에는 단서와 조건이 있었다. 전 농상공부 장관 마쓰오카 고키는 심지어 이렇게 경고하기도 했다. 공진회의 이데올로기적 목표는 어디까지나 값싼 노동력을 통해 식민지 개발을 진행해 나아감에 있는데, 관람객이 이를 납득하지 못한다면 박람회는 필시 흥청망청 잔치판이 되어버릴 것이다. 또한 그는 산업 진흥과 오락 기능 사이의 바람직한 관계에 대해서는 다음과 같이 썼다.

"사람들이 열심히 일한 대가로 즐길거리를 통해 지친 심신을 느긋하게 달랠 수 없다면, 아마 노동도 제대로 못할 것이다. 하지만 같은 즐길거리라도 사회 통념에 반하거나 몸을 상하게 할 정도라면 이것은 피해야 한다. 진정 추구해야 할 것은 목적이 뚜렷한 즐길거리다. 박람회는 이와 같이 목적이 뚜렷한 즐길거리와 유용한 관람이 결합된 것으로, 재미도 있으면서 지식도 늘리는 흥미로운 방식이다."[40] 이처럼 박람회의 기획자들은 오락과 즐길거리는 노동을 충실하고 효율적으로 수행하는 것을 보완하는 여가 정도로 인식하고 있었다. 하지만 개개인이 얼마나 오락에 빠지게 되는지에 대해서는 너무나 많은 우연성의 요소들에 좌우되기 때문에, 마쓰오카와 같은 총독부 관료들이 이를 통제하는 것은 불가능했다. 그래서 경성협찬회의 조선인 책임자였던 안선환은 개최 예정의 공진회에 대해서 독자들에게 다음과 같은 점을 상기시키기도 했다. "산업 발전 달성의 성패成敗는 사람들에게 달려 있다."[41]

궁궐터의 공간적 재구성은 대다수가 문맹인 관람객들을 겨냥한 것으로, 이들로 하여금 식민화 이후 최근의 과거를 근대적 진보로 받아들이고 이 이념을 자신들의 일상적 윤리로 적용하도록 만들고자 했다. 전시관 내에서도 이와 유사하게 발전상을 시각화해서 전시하는 특별한 진열 방식을 통해서 같은 효과를 노렸다.[42] 가령 박물관학적인 방법이란 과학적 기준에 따라 전시품들을 체계적으로 분류하여 일종의 제품 유형 같은 것을 만드는 것인데, 관람객들은 그에 입각해서 각 전시품을 같은 기준에서 비교할 수 있게 된다. 공진회의 심세관審勢館은 글자 그대로 '형세를 살피는 곳'으로 전국 13개의 각 도에서 출품한 산물들을 전시했으며, 이들 전시품들을 수평

〔그림 28〕 심세관 내 경기도 전시. 조선총독부, 『(시정5주년기념) 조선물산공진회 보고서 제3권』(경성: 조선총독부, 1916).

적으로 길게 늘어놓음으로써 공간적인 균질화의 논리를 지리적으로 확장시켰다. 주최 측은 이런 전시 기법이 만들어내는 평면화 효과 flattening effect를 적극적으로 활용하려 했다.[43] 이처럼 본질적으로 공간화 효과를 지닌 박물관학적인 방법과는 대조적으로, 이분법적인 전시 기법은 시간적인 논리에 따라 작동했다. 주최 측은 한편에는 억압적이고 척박한 식민화 이전 조선의 과거를, 다른 한편에는 자유롭고 생산적인 일본 식민 통치하 조선의 현재와 미래를 나란히 위치시켰다. 이 전시를 본 관람객들이 진보라는 엄연한 역사의 추세에 가담하는 편이 이롭다는 것을 확신하기를 바랐던 것이다. 그래서 주최 측은 발전상을 수치화하여 도표로 표현한 통계표들과, 전근대에서 근대로의 불가역적인 이행을 시각적으로 보여주는 사진들로 전시관을 가득 채웠다. 박람회 설계자들이 구사한 박물관학적 전시 기법과 이분법적인 전시 기법, 양자 모두는 일본의 지배에 의해 초래된 극심한 불균등 효과를 대놓고 무시했으며, 때로는 지워버리기까지 했다. 그 대신에 그들은 근대적 발전이라는 유혹을 끌어들여서, 최근의 과거를 경제적 지배의 착취적 시스템이 아니라 개인적 혜택이라는 측

〔그림 29〕심세관 내 함경북도 전
시. 조선총독부, 『(시정5주년기
념) 조선물산공진회 보고서 제3
권』(경성: 조선총독부, 1916).

《咸鏡北》道 陳 列 北 鏡 咸

면에서 바라보도록 관람객들을 유도했던 것이다.

　당국자들이 이러한 식민지 근대화의 이데올로기적인 공식을 진
열장에 선보이는 마지막 전시 기법으로, 주윤정이 탈맥락화된 전망
vision이라고 부른 것을 들 수 있다. 물질적 진보를 보여주는 과정에
서 불필요하거나 심지어 해롭다고 여겨지는 특정 문화 전통을 아예
빼버리는 전시 기법이다. 예를 들어 조선 무당은 전통적으로 신과
능동적으로 교접하는 사람이자 사람들의 고통을 치유하는 존재로
간주되어왔지만, 공진회에서는 시대착오적인 조롱의 대상이 되었다.
경찰의 감시와 위생의 통제라는 맥락에서 그들은 미신적인 존재들로
위치 지어졌기 때문이다. 그들이 이런 취급을 받은 것은 조선총독부
의 의도와 깊은 연관을 가진다. 식민 권력은 '전통적인' 무당들이 오
랜 기간 맡아왔던 치유의 관행을 '근대' 병원이 제공하는 서구 의학
기술로 대체하기를 바랐던 것이다.[44] 앞의 두 전시 기법과 마찬가지
로 이 전시 기법 또한 관람객들이 산업적인 진보가 가져다줄 이익에
관심을 기울이도록 유도한다. 관람객들이 전시를 보며 이런 발전을
선도하는 임노동자로 스스로의 역할을 떠올리길 바랐던 것이다. 식

민 통치의 억압적 조건들은 확실히 세 가지 전시 기법 모두에 내재되어 있었다.

이처럼 박람회는 물질적 동화의 이데올로기를 확산시키기 위해 전시와 관련해서 이러저러한 노력을 기울였다. 그럼에도 총독부는 관람객들이 전시관에 관심을 기울일지, 전시된 내용을 설계자들이 의도한 대로 읽어낼지 확신하지 못해 전전긍긍했다. 공식 보고서에 따르면, 총독부는 혹시나 있을 수 있는 부적절한 행위, 극단적인 경우 절도 범죄 등에 대처하기 위해 100명의 순찰 경관을 행사장에 배치했다. (그런데 방문객 숫자는 조선인이 일본인에 비해서 두 배 이상 많았음에도, 정작 보고된 체포 건수의 절반 이상이 일본인들이었다. 이는 확실히 일본인들이 우월할 것이라는 가정을 무너뜨리는 현실이었다.) 여하튼 경찰관들은 행사 기간 동안 흡연, 전시품 만지기, 제한구역 침입, 노상방뇨 등을 포함한 6만 4천 건 이상의 부적절한 행동을 적발했다.[45] 더 중요한 것은 이러한 대부분의 위반 행위가 전시관 바깥에서 일어났으며, 지정된 경로에서 벗어나 궁궐과 도시를 헤매고 돌아다니면서 벌어졌다는 점이다. 실제로 순찰 경관들은 그들의 일상 업무에서 주된 부분은 미아를 찾는 일이었다고 설명했다. 그리고 어느 신문 만평에서 묘사되었듯이, 그들은 박람회 기간 동안 지방 '양반'들을 설득하는 데 동원되기도 했다. 그들 중에서는 익숙한 재래식 화장실을 쓰려고 가랑이를 붙잡은 불편한 자세로 종로까지 위험한 모험을 강행하는 경우가 없지 않았는데, 그들을 행사장 주변에 설치된 24개의 공중변소에서 용변을 보게끔 설득하는 것도 경찰관의 몫이었다.[46]

그렇다면 전시관에 입장해 관람하는 방문객들을 돕는 사람들, 관람객들이 진보의 진열품들과 산업(근면)의 태도들 사이에 강력한 연

〔그림 30〕 안내원의 일. 『경성일보』 1915
년 10월 3일 자.

계가 있음을 이해할 수 있도록 도와주는 조력자들은 있었을까? 물
론 주최 측은 특정 진열품에 대해 의문이 생길 경우 이에 답할 수
있도록 몇 명의 안내원들을 전시관에 배치했다. 하지만 신문 기사에
따르자면, 이 안내원들은 아주 특별한 손님들의 요청에만 응할 뿐이
고, 대부분의 일반 입장객들과는 사실상 무관한 존재였다. 『경성일
보』마저 학습 환경을 조성하는 데에 안내원들의 역할이 얼마나 중
요한지를 상기시키며, 현실의 안내원들이 보이는 소극성을 풍자했을
정도였다. 신문의 만평은 「일당＋보너스＝새해까지의 (돈)」이라는 우
스꽝스런 표제와 함께 벤치에 구부정하게 앉아 있는 남자 안내원을
묘사한다. 이 만평은 그저 돈벌이에만 관심 있었던 공진회 노동자들
을 보여주고 있으며, 만평에 딸린 글 또한 안내원들이 별 역할을 하
지 않음을 지적한다.

　모자, 칼라, 소매 깃 모두 다홍색 모직으로 만든 옷을 입고, 갈색의
콧수염으로 치장한 어느 안내계案內系가 한 무리의 공진회 관람객을

뒤편에서 응시하고 있다. "하루에 고작 15~16명의 관람객의 질문에 답하는 것이 내 일입니다. 제일 많았던 날은 관람객이 50명이나 되었습니다. 하지만 (이 건물에는) 안내계가 모두 네 명이나 되기 때문에 모두 일이 없어 곤란해하고 있습니다. … 제가 경험했던 가장 어려운 일은 어느 분을 모시고 전시실로 안내하거나, 아니면 그분을 교태전交泰殿에 있는 귀빈실로 안내하는 정도였습니다."[47]

결국 대부분의 조선인들은 총독부 관료들이 바라마지 않았던 진보와 산업의 연계를 스스로 찾아내야만 했다. 당국은 펜과 종이를 가져와 전시물에 대해 공부하고 질문이나 궁금증이 있으면 말하라고 관람객들을 재촉했다. 하지만 효과적인 중재자도 없는 상황에서 이 교육 프로젝트는 대체로 관람객들 스스로의 힘에 의존할 수밖에 없었다.[48]

주최 측은 공진회에 참여하는 쪽도 식민지의 '진보'를 시각화하는 능력을 더 키울 수 있기를 바랐다. 이를 위해 주최 측은 지역협찬회를 활용했다. 조선인 엘리트, 특히 농촌의 지역 유지들을 격려하여 여행 가이드가 안내하는 공진회 단체 관광에 참여시킨 것이다. 일반적으로 총독부 관료들은 한반도에서 절대다수를 차지하는 농업인구의 관심을 끌기 위해 의식적으로 노력하고 있었다. 수적으로 훨씬 작은 도시인구와는 대조적으로, 이들이 공진회에 출품된 산업 생산품들을 접할 기회는 거의 없었다. 그런데 괄목할 만한 일이 일어났다. 공진회의 전체 행사 기간 51일 중 48일까지의 이벤트에 참여한 방문객 79만 명 중 70퍼센트에 해당하는 사람이 경성 외부에 거주했던 것이다. 신문 기사에 따르면 단체 관람객의 거의 대부분은 지역 유지들로, 남성 토지 소유자이면서 동시에 지역 지도자 역할도 맡고 있었다.[49] 조선총독부는 이들의 경성 방문을 추진했는데, 지역협찬회의 명예회원 자격이라는 확실한 특권 신분의 상징을 인센티브로 활용했다. 경성 방문을 지역 유지를 문화적 중재자로 만들어내는 단기 훈련 과정의 일부 정도로 생각했던 것이다. 최신 농업기술에 관한 전시를 통해, 지역 유지들이 진보의 산물들을 직접 도구로 활용하여 농업의 효율성과 생산성을 늘릴 수 있음을 깨닫게 되지 않을까. 총독부는 지역 유지들이 이처럼 진보와 산업의 연계성에 대해 이해하기를 기대했던 것이다. 그리고 이들이 각성하여 지역의 '근대주의자'가 되면, 이번에는 자신들 아래에 있는 소작인들도 산업적 발전에 동참하게끔 설득하려 자발적으로 나서게 될 것이다. 이러한 통치 논리에 따르면, 풍성한 수확은 지주들과 그들의 지역사회, 그리고 더 큰 범위의 공동체에도 이득이 될 것이었다. 물론 이 논리에는 극도로 불균등한 이익이 서로 다른 집단들에게 어떻게 배분될 것인가의 문제는 애매하게 감춰져 있다.

사실 단체 방문은 공진회 전체 방문객의 7퍼센트에도 미치지 못했다. 하지만 총독부의 통제하에 있었던 한글 신문인 『매일신보』에 실린 대부분의 공진회 관련 기사는 대부분 이 단체 방문에 근거하여 작성되었다.[50] 그리고 쉽게 예상할 수 있듯이, 기사의 대부분은 식민지 산업과 관련한 공식 이데올로기를 그대로 재생하고 있다. 전시관 구경을 마친 어느 단체 관람객 중 하나—경성의 변두리 촌락인 고양에서 상경한 인물이다—는 다음과 같은 결의로 총독부가 확산시키고자 한 목표를 그대로 반복한다. "마을로 돌아가면 우리 자신이 진보의 목소리가 되어 이번에 본 것들을 효과적으로 구현해야 한다. 마을의 많은 농부들을 인도하며 그들을 위한 모범을 만들어내야 한다."[51] 유사한 내용을 담은 다른 기사에는, 황해도에서 온 단체 관광객의 대표인 이씨가 효과적인 정미精米의 방법을 찾으려고 얼마나 분투해왔는지에 대해 술회한다. 바로 그때 그는 기계관器械館을 방문해 일본의 정미기精米機가 작동하는 것을 목격하고는 다음과 같은 가부장적인 표현을 써가며 한탄했다. "여자나 아이 혼자서도" 작동시킬 수 있겠구나.[52] 이씨는 기계 한 대가 얼마나 노동 투입을 줄이고, 결과적으로 순이익을 늘려줄 수 있는지를 '실감'할 수 있었다. 이로써 그는 식민지 관료들이 주입하려 애썼던 사고방식의 전형으로 자리매김하는 것이다. 그들이 정말로 이 정미기를 살 만한 여유가 있었는지는 알 수 없지만, 농촌 엘리트들이 생산성 증대의 가능성과 그들 자신의 물질적 행복에 현혹되었음을 알 수 있다. 이제 새로운 기술의 도입을 통해 전례 없는 방식으로 지역 경제를 발전시키는 것을 목표로 삼게 되었다는 것이다.

이러한 사례들은 산업 전시의 목적이 외견상 매끄럽게 내면화된 것으로 그려내고 있지만, 향촌 양반들이 이 행사를 총독부가 바랐던 방식으로만 이해했던 것은 아니었음을 드러내는 다른 기사들도 없지 않다. 이러한 부정합성이 나타나는 원인들은 복잡하지만, 중요한 요인을 한 가지만 꼽자면 경험의 신선함을 들 수 있다. 시골에서 온 관람객들, 그들 대부분은 박람회는 고사하고 왕도王都 그 자체도 이전까지는 결코 본 적이 없었다. 그래서인지 이들은 조선시대 관료들이 공적인 시찰로 지방에 돌아보는 것과 같은 차원에서 자신들의 경성 여행을 이해하는 경향이 강했다. 말을 타고 지방 고을을 방문하거나 근교 농촌 지역을 둘러보는 것이 전형적인 예전의 유람 방식이었다면, 그와 대조적으로 대부분의 공진회 관람객들은 새로 부설된 철도를 이용해 식민지 수도를 방문했다. 설사 그들 중 신식 쾌속 교통수단에 충분히 놀라지 않은 사람이 있다손 치더라도, 경성이라는 도회지와 새롭게 단장된 공진회 행사장의 휘황찬란함을 보고서는 완전히 압도당해서 그저 "아이고!"라는 감탄사만을 연신 내뱉을 뿐이었다. 방문객들의 이러한 반응은 공식적으로는 환영할 만한 것이었고, 『매일신보』에서도 이에 대해 반복적으로 다루긴 했지만, 근대도시와 박람회장을 보고 그들이 놀라움을 금치 못했다고 해서, 그것이 반드시 전시관을 '충분히' 혹은 '적절히' 면밀히 살펴보는 행위로 연결된 것은 아니었다. 도리어 너무나 외경심에 사로잡힌 나머지, 전시물들을 세심하게 살펴볼 경황이 없었다는 것이 사실에 가까울 것이다. 한 신문 기사에서 어느 조선인 관람객이 회고했듯이, "모든 사람들이 공진회가 얼마나 대단하게 휘황찬란하고 훌륭한가에 대해 말하지만, 도대체 무엇을 보고 그렇게 흥분했는지에 대해 한 가지 측면에 초점을 맞춰 체계적으로 설명하는 사람은 거의 없는 것으로 보인다."[53]

심지어 전시물에 대해 강한 호기심을 품었던 사람들조차 정작 전시물의 배치가 지닌 의미가 무엇인지에 대해, 그것이 식민지 산업에 대해 목표한 바의 교훈이라는 차원에서는 충분히 해독하지 못한 채 전시장을 떠나곤 했다. 예컨대 강원도 출신의 향촌 유지이자 관광 가이드로 공진회를 방문한 장씨는 회고담에서, 기계관器械館에 전시된 물 펌프를 일종의 폭포물 놀이시설로 착각했다고 고백했다. 그의 설명에 따르면, 장씨는 이 전시물품들의 기능을 이해하려고 갖은 애를 썼지만, 전시관에서 관람하고 이동하는 속도가 너무 빨랐기 때문에 특정 물품에 대해 표면적 지식 이상을 얻어내기는 어려웠다. 그는 이런 얄팍한 경험을 '수박겉핥기'에 비유했다. 그가 통탄했던 바, 관람객의 대다수도 식민지 산업의 풍부한 가능성 속에서 이득을 얻기를 희망했지만, 정작 그 식민지 산업의 메시지를 흡수하는 데 실패했다는 것이다.[54] 공진회가 폐막되기 몇 주 전 『경성일보』의 창업자인 도쿠토미 소호德富蘇峰도 이 행사의 피상적 성격을 비판하기 위해 비슷한 메타포를 제시했다. 그의 주장에 따르면, 공진회는 조선인들에게 단지 '도말적塗抹的인 작용'*을 할 뿐이다.[55]

심지어 자축하는 논조의 언론 기사들조차도 '진보'를 매혹적인 것으로 전시하는 것과 그것을 개별 방문자들이 다의적多義的으로 수용하는 것 사이에 벌어진 간극을 메우려고 애썼지만, 양자 간에 상당한 격차가 있다는 사실을 숨길 수는 없었다. 박람회 안내원들이 그들을 따르는 추종자들에게 지식을 전파하는 과정에서 상당한 어려움을 겪고 있었다는 사실도 여기서 드러났다. 단체 관람객 중 일부가 전시관 내부에서 무례를 저지르거나 소란을 피우는 것, 적절한 자제력을 보여주지 못했던 것 등이 끊임없이 비판의 대상으로 기사에서 다루어졌던 것이다. 안내원들은 한정된 시간 안에 수많은 전시물들을 관람객들에게 보여줘야 했는데, 이런 부담 때문에 공식적인 관람 경로로만 안내하려고 했다.[56] 앞선 장씨의 회고담에서도 언급되었듯이, 심지어 일행들이 단체로 행동하며 지시 사항을 잘 따르더라도 안내원의 입장에서는 시간이 부족했다. 이 문제를 해결하기 위해

---

* '도말(塗抹)'이란 겉에 무언가(예컨대 진흙 반죽 같은 것)를 칠하거나 발라서 본래의 모습(흠집이나 결함)이 드러나지 않도록 하는 것을 의미한다. 여기에서는 원문과 마찬가지로 도쿠토미 소호의 표현을 그대로 인용했다.

장씨는 자신이 인솔한 일행을 소그룹으로 나누어 각 전시관에 교대로 들어가 면밀히 살펴볼 것을 권장했다. 다른 방식도 있었는데, 황해도에서 온 가이드 이씨는 한정된 전시물들을 꼼꼼하게 살펴보기를 권장했다. 그 편이 모든 전시물을 전부 보기 위해 효율적인 방법을 찾는 것보다 훨씬 낫다는 것이다. 그는 이 문제를 자기-통치적인 개인의 몫으로 돌린다. 관람객들은 자신에게 유용한 전시품들을 직접 찾아내고, 거기서 궁금증이 생기면 안내원에게 적극적으로 질문해야 한다. 이씨는 이렇게 물었다. "어떤 집단의 지도자들이나 관람 안내원들이 사람들의 마음속에 있는 것을 읽어내지 못한다면, 어떻게 각 개인에게 만족할 만한 설명을 제공할 수 있겠는가?"[57]

관람객들 중에서도 식민지 산업과의 연계를 구축하는 데 있어서 안내원과의 상호작용이 특별히 중요한 집단은 소학교 아동들이었다. 교사가 인솔하는 단체 관람의 형태로만 2만 3천 명 이상의 학생이 궁궐터를 방문했다. 주최 측도 이 학생들을 "새로운 태도를 지닌 개인"으로서 공진회 관람객의 모범으로 간주했다.[58] 학생들은 종이와 연필을 손에 쥔 채 전시관을 둘러보며 시간을 보내면서 관찰한 것을 기록했다. 인솔 교사들은 학생들이 공진회에서 받은 인상을 교실 수업의 소재로 활용했다. 총독부는 통계 데이터의 형태로 이 수업의 성과를 보고하도록 요구했다.[59] 관련된 공식 기록은 현재 거의 남아 있지 않지만, 『경성일보』에서는 황해도에서 방문한 보통학교의 조선인 학생들을 비롯해서 단편적이나마 학교 차원에서 공진회를 방문했던 증거를 제시하고 있다. 예상대로, 이 보고는 학생들이 여러 가지 모형과 도표, 사진 등에 특별한 관심을 보였다고 언급하고 있지만, 그들이 이 전시들을 그들 자신의 언어로 어떻게 이해했는지에 대해서는 설명하지 못한다. 그런데 비록 일본 어린이의 관점이기는 하지만 경성 사쿠라이櫻井소학교 학생들에 대한 신문 기사는 아이들 특유의 주관성을 약간이나마 드러내는 사례라고 할 만하다.[60] 기사는 아이들이 공진회를 보고 공책에 요약한 감상에 주목한다. 이에 따르면 학생들은 목화나 고래의 전시를 보고는 "이상하다", 굴착기로 판 탄광의 갱도에 대해서는 "놀랍다", 수원의 시범 숲을 "아름답다"고 묘사했다. 그런데 이 감성적인 단어들은 산업적인 진보가 주는 교훈을 학생들이 완전히 이해했음을 뜻하지는 않을뿐더러 심지어 전시 그 자체를 충분히 이해했는지도 의문이다. 한 학생은 "폭포—실제로는 물 펌프—"가 제일 흥미롭다고 썼는데, 앞서 살펴본 장씨의 경험이 연상된다. 그는 조금은 놀란 어조로 이렇게 언급했다. "물은 절대로 아래로 떨어질 것 같지 않아!"[61]

좀 더 많은 지식을 가진 고학년 학생들을 다루는 자화자찬 식의 보고들도 사정은 별반 다르지 않았다. 일반 단체 관람객들과 마찬가지로 이들 고학년들도 관람 진행상의 어려움 때문에 전시 내용을 해석하는 데 상당한 어려움을 겪었다. 경성여자고등보통학교 여학생 600명의 단체 방문을 보도한 기사에 따르면, 이들은 심세관에 전시된 다양한 진열품을 관람했다고 하는데, 특히 좋아했던 것은 인천항과 부산항의 특징을 나타내는 다양한 형태의 통계 도표로 '비교 연구'를 통해 작성된 것들이었다. 여기서 자주 반복되는 '비교 연구'라는 표현은 이들 학생들에게 허용된 관람 방식이 어떤 것이었는지를 암시한다. 하지만 그들의 인솔 교사는 세 시간이라는 짧은 시간에 봐야 할 진열품이 너무 많기 때문에 과연 학생들이 산업의 메시지를 충분히 소화할 수 있었는지 의구심을 드러냈다. 그는 약간 망설이면서 다음과 같이 썼다. "한꺼번에 다 보기에는 (전시된 물품) 너무 많다 보니 찬찬히 여유 있게 볼 수가 없었다."[62]

전시 중에서 여성 관객을 대상으로 하는 것은 없었다. 하지만 주최 측은 여성들이 박람회에 많이 참여해서, 차세대의 생산적인 젊은이들을 낳고 기르는 모성으로서의 역량을 기르도록 격려했다. 예를 들어 여성과 어린이의 날인 9월 17일에 경성협찬회는 입장료를 낸 여성에게는 무료 화장품을, 그 자녀들에게는 종이 고래와 그림엽서를 주는 특별 행사를 후원했다.[63] 이 경품 행사 덕분에 이날 공진회는 조선인 1만 4천 명, 일본인 1만 4,620명의 입장 기록을 세웠다. 이는 조선인 9천 명, 일본인 6,500명의 일일 평균 관람객 수준을 훨씬 넘어서는 숫자였다.[64] 각 매체들의 논조에 따르면 여성들은 전시관에서 식민지 산업의 전시품들을 관람하기보다는, 오락시설에서 자녀들과 노는 데 더 많은 시간들을 보내고 있었다. 이런 많은 관람객을 감당하기 위해 주최 측은 경회루慶會樓 부근을 엄마와 아이들을 위한 쉼터로 개방했고, 차와 과자를 무상으로 대접했으며, 그녀도 무료로 이용할 수 있었다. 어린이들은 할인된 가격으로 전용 놀이시설을 이용할 수 있었는데, 여기에는 소녀들의 무용 및 연극 공연도 포함되었다.[65] 공진회를 관람하는 동안 여성들은 양육하는 엄마로서의 노동이라는 성별 분업을 수행하도록 장려되었다. 식민지 산업에 관한 전시물에 집중할 수 있었던 그들의 남편과는 상황이 달랐던 것이다.

그런데 이렇게 옛 궁궐터에 여성들이 등장할 수 있었던 것은, 조선 여성들에게 양처良妻라는 전통적 역할을 장려하려는 총독부의 노력이 반영된 것이기도 했다. 조선물산공진회가 개최되고 있던 같은 기간에(9월 11일부터 26일까지) 가정박람회가 경성일보와 매일신보 사옥에서 열렸다. 가정교육, 위생 개혁, 저축 캠페인 등을 통해 가사 노동에 대한 여성들의 태도를 바꾸는 것이 목표였다. 예를 들어 경성협찬회의 조선인 부회장인 조중응趙重應*은 조선 여성들에게 남편이 집에 없을 때 방문한 남자 손님을 돌려보내는 시대착오적인 관습은 버려야 한다고 주장했다. 이것은 이제는 가사 노동을 수행함에 있어 비생산적인 것으로 보이는 유교적 예절이라는 것이다. 또한 가사 노동의 효율성을 높이기 위해 주부들에게 낮 시간에 외출해서 장 볼 것을 장려했는데, 이는 상류층 여성들의 '격리'를 권장하던 식민화 이전의 관습과는 배치되는 행동 방식을 제안한 것이다.[66] 공진회의 이데올로그들은 조선의 여성들이 이와 같은 자기-통치적 개혁을 통해 '현모양처賢母良妻'로서 식민지 산업화라는 더 큰 프로젝트에 적극적으로 동참하도록 독려했다. 가부장제 체제에 의해 규정되는 '현모양처'라는 제한적인 역할은 도리어 식민주의에 의해 더욱 강화되는 양상을 보였던 것이다.[67]

공진회장과 같은 공공장소에 여성들이 많이 모습을 드러내면서 또 다른 효과들도 나타났다. 일부 남성들이 식민화된 옛 궁궐터를 산업적 '진보'를 위한 교육적 실험장으로 활용하는 대신에, 나름의 에로틱한 욕심을 채우기 위한 연애 시장처럼 사용했던 것이다. 세상을 떠들썩하게 만들었던 어느 기사에 따르면, 상류층 거주지인 효자

---

* 조중응(1860~1919)은 대한제국 법무대신으로 한일신협약에 참여한 일곱 명의 대신 중 하나였으며, 한일병합 당시에는 농상공부 대신으로 병합조약 체결을 주도했다. 1915년 조선물산공진회 당시에는 경성협찬회 발기인 총회에 참석해서 부회장 및 상의원을 맡고 있었다.

동에 사는 21세의 어떤 가정주부가 궁궐터를 이리저리 구경하고 있었는데, 양복 입은 한 남자가 그 여인을 열심히 좇아 집까지 따라갔다. 공진회장에서 본 여인에게 홀딱 빠진 사내는 그의 집으로 자신의 하인을 열 번도 넘게 보냈다. 사내는 집요하게 남편을 떠나 자신과 함께 야반도주하길 원했고, 결국에는 여인도 받아들였다는 것이다.[68] 물론 이 이 이야기에는 여성 관람객들이 주관적으로 어떤 경험을 했는지에 대해서는 거의 말해주는 것이 없다. 하지만 어떻게 조선 여성들이, 당시 인기절정이었던 이국적인 기생들과 별다를 바 없이 에로틱하고 낭만적인 욕망을 가진 일부 남성들의 노림을 받았는지는 잘 보여준다. 남성들은 이러한 욕망에 이끌려 식민지 산업화의 차분하고 냉정한 관찰자라는 기대 역할로부터 빈번히 탈선하곤 했다.[69] 이처럼 박람회는 방문객들이 이 기념비적 행사에 각자 나름의 다른 의미를 부여할 수 있는 능력을 다양한 방식으로 부여한다. 주최 측도 우려했지만 즐길거리나 소비에 참여할 기회가 너무 많았고, 그래서인지 교육기관으로서 전시회의 주요 기능은 무색해지기 일쑤였다.

물산공진회의 행사장이 놀이공원처럼 바뀌는 상황은 주최 측이 많은 특별 행사일을 조직했던 마지막 두 주 동안에 특히 두드러졌다. 심지어 '공진회 성공의 날'이라는 이념적인 냄새가 나는 이름이 붙은 행사는 일본인 3,304명, 조선인 5,115명의 방문객을 불러 모았는데, 정작 행사에 온 관람객들이 탐닉했던 것은 다양한 형태의 오락시설과 놀거리였다. 무료 경품권을 주는 떡 만들기 대회와 상품이 걸린 줄다리기 시합, 그리고 공진회 직원들의 가장행렬도 열렸다.[70] 공진회 폐막을 앞둔 마지막 3일간 주최 측은 입장객 수를 늘리기 위해 무료 입장을 실시했다. 경성에서 제일 가난한 자들에게도 공진회 관람의 희망이 생긴 것이다.[71] 무료입장의 혜택을 받은 29만 명이 넘는 조선인들—일본인은 8만 4천 명—도 식민지 산업 공부는 뒷전이었고, 다양한 종류의 인기 오락시설들을 즐기며 시간을 보냈다. 가령 10월 30일 '원숭이의 날'에는 9만 명이 넘는 기록적인 수의 조선인들이 입장했는데—일본인은 2만 3천 명—, 이들은 공중그네 위를 자유자재로 걸어다니는 이 재치 있는 생명체에 완전히 매료되었다.[72] 공진회 폐막 이후에 반쯤은 공식적으로 진행된 설문 조사를 보면, 조선인들은 오락시설 중에서 가장 기억에 남는 것을 다음과 같은 순서로 꼽았다. 한원궁漢原宮에서 열린 퍼레이드*, 광화문 분수, 고래 박제, 연못의 보석, 한반도 축소지도, 서커스, 인간과 호랑이의 공연.[73] 이 같은 오락시설, 즐길거리들이 누렸던 어마어마한 인기는 애초 기획자들이 바랐던 바를 훌쩍 넘어섰다. 그것은 고된 저임금 노동에서 벗어나 잠깐이나마 한숨을 돌릴 수 있게 하고, 전시를 보는 따분함을 약간 보완하는 정도의 수준에 그치지 않았다. 도리어 이런 즐길거리들은 소비자들이 중심이 되는 축제적인 세계를 창조했는데, 그로 인해 조선인들이 경제 근대화의 생산 역군으로 핵심 역할을 맡아주기를 바랐던 총독부의 기도企圖는 좌절될 지경에 이르렀다.

이처럼 박람회가 물질적 진보의 이데올로기를 항상 효과적으로 전달한 것은 아니지만, 그럼에도 이 행사는 주최자들의 기대에 부응하는 일정한 성과를 창출해냈다. 위에서 언급한 사례들이 증명하듯이, 박람회는 새로운 공공 공간으로 기능했다. 이 공공 공간에서 조선인들은 지역, 계급, 성별, 세대를 불문하고 이 접촉 지대가 그들에

---

* 간인노미야(閑院宮) 봉영식.

게 부여한 조건들과, 그들이 이 접촉 지대에 가져온 조건들 양자 모두에서 새로운 의미를 창출할 수 있게 되었다. 일부 개인들은 박람회의 전시가 제안하는 바를 선택적으로 받아들여 자신들의 잇속을 채우려고도 했다. 1916년 종로 상점가를 따라 생겨나 인기를 끌었던 야시장은 조선인들이 주도하여 '산업'을 진흥하려 했던 프로젝트 중 하나의 사례일 뿐이다. 야시장을 주도했던 엘리트들은 이 프로젝트가 자신들을 경제적으로 풍요롭게 만들고 조선인 공동체에도 이득이 되는 방법이라고 주장하며 이를 추진했던 것이다.[74] 이 프로젝트를 진두지휘해서 실현시킨 조선인 핵심 인물은 세 사람이었는데, 앞서 언급한 조중응을 포함해서 모두 직전까지 경성협찬회에 관여했던 사람들이었다.[75] 당시 경성부 당국은 노점상의 위치와 숫자를 관리하기 위해 허가제를 운영하고 있었다. 이 규정에 따라 종로2정목에서 파고다공원까지 거리에서 영업을 하려는 상인들은 당국의 허가를 받아야 했다. 그런데 야시장은 이러한 규제를 받지 않는 예외적 대상이었기에 수백의 조선인 상인들과 일부 일본인 상인들 사이에 하나라도 더 팔기 위해서 전쟁 같은 경쟁이 벌어지는 무제한적 자유시장처럼 작동하는 장소가 되었다.[76] 이 새로운 형태의 야간 사업은 큰 인기를 끌었고, 시 당국은 야시장의 상업 구역을 파고다공원 동쪽의 두 개 블록까지 추가로 확장해야만 했다.[77] 이 구역에 늘어선 노점상들은 봄에서 가을까지 매일 밤 야시장을 열었으며 잡화, 식품, 필기구 등 특색 있는 상품들을 판매했다. 티셔츠와 수건, 비누, 신발, 그리고 어린이용품 등이 가장 인기 있는 상품이었다.[78]

야시장 소비자의 입장에서 본다면, 개인적 소비와 다양한 놀거리가 주는 매력은 확실히 이 장소를 뭔가 새로운 것, 대중적인 놀이터 같은 것으로 바꿔버렸다. 하지만 여기에는 박람회의 교화 기능 따위는 존재하지 않았다. 야시장 개장 첫날에는 3만 명 가까운 방문자가 몰려들었다. 1915년 물산공진회의 하루 평균 관람객 수를 훨씬 넘어서는 수치였다. 언론 보도에 따르면, 방문자들은 악기 연주자들, 악극 배우들, 그리고 100명이 넘는 권번 기생들이 꾸미는 축제 퍼레이드를 즐겼다. 확실히 야시장에서 인기를 끌었던 이런 놀거리들은 직전에 열린 박람회를 흉내 낸 것이었다. 하지만 조선인 주최 측은 공진회 때와 달리, 조선인들을 독려하여 '산업'을 마음속에 확실히 그려볼 수 있도록 한다는 등의 숨은 속셈 따위는 갖고 있지 않았다. 그저 상업적 교환의 장소를 재미있게 만들어서 경성의 식민화된 주민들이 지닌 일상의 필요를 충족시키면서 자신들도 부유해지면 그만이었다. 마찬가지로, 환하게 불빛이 켜진 대로를 따라 늘어선 소상인들도 자신들을 포함한 다수를 빈곤에 빠뜨리고 있는 식민지 경제의 이른바 '진보'를 지원하기 위해 노점을 하고 있었던 것은 아니었다. 그들은 그저 생계를 이어가기 위해 거기에 있었던 것이다.[79]

1929년 조선박람회: '문화통치'에의 투자

앞서 논의했듯이 1925년은 다소 간과되는 측면도 있지만 식민지 조선의 역사에서 중요한 전환점을 이룬다. 그리고 적어도 경성에서 1925년이란 수많은 기념비적 건물이 완성되어 공간과 장소의 측면에서 새로운 국면을 맞이하는 해였다. 특히 조선총독부 신청사는 10년 전, 1915년의 조선물산공진회가 개최되었던 바로 그 장소에 세워졌다. 이 시기 완공된 건물들은 일본적 근대성의 건축학적인 전시라고 할 만한데, 식민지 개발의 결과로 민족과 계층에 따른 분열이 점점 심화되던 경성의 공적인 풍경 속에서도 총독부라는 강력한 각인을 아로새겨 남기고 있었다. 식민 당국은 1919년의 3·1운동에서 시작되어 1920년대 내내 계속 끓어올랐던 사회적 긴장들을 고려하여, '문화통치'라는 타협책 아래에서 더욱 적극적으로 동화의 노력을 강화했다. 분할 지배 전략에 입각해서 조선인들에게는 좀 더 폭넓은 정치 활동이 허용되었는데, 이를 통해 자유주의 성향의 엘리트들의 협력을 이끌어내는 한편, 더 나아가 사회주의에 경도될 여지가 많은 빈곤층들을 좀 더 효과적으로 자본주의적인 권력의 작동 방식 내부로 끌어들이고자 했던 것이다. 조선총독부 신청사 뒤편에서 열린, 식민 통치 20년간의 '진보'를 기념하는 1929년의 조선박람회는 이러한 문화통치의 극적인 표현이었다.

조선총독부 관료들은 이미 1921년 무렵부터 식민 통치 15주년을 기념하고, 장기간 기다린 총독부 신청사의 개관을 축하할 목적으로 또 한 번의 박람회를 개최할 가능성에 대해 논의하기 시작했다. 박람회는 1926년에 개최하기로 결정이 되었는데, 이전에 개최된 박람회들과 마찬가지로 이 행사의 목적도 이중적이었다. 첫째, 조선 문화의 생산품과 2천만 인구의 생산력을 세계만방에 과시한다. 둘째, 산업 교육을 진흥하여 조선인들의 의식을 변화시킨다.[80] 그들은 총 300만 엔 예산의 거대 이벤트를 꿈꿨다. 하지만 거의 초기 단계부터 예산상의 장애에 봉착하여 식민 정부는 박람회를 1929년까지 연기해야 했다. 그러는 동안에도 심각한 재정 위기가 이어지면서 총독부는 이 행사를 재정적으로 후원할 추가 지원자들을 물색하게 되었다.[81] 다시 말해, 그들은 문자 그대로 문화통치를 위한 '공공투자'를 모색했던 것이다.

박람회의 초기 경비는 143만 엔(56퍼센트)으로 예상되었다. 총독부의 계획은 여기에 더해 지방정부에서 13만 엔(9퍼센트), 경성부에서 25만 엔(17퍼센트)의 기금을 각각 확보하는 것이었지만, 이렇게 추가 재원을 확보해도 여전히 25만 엔(17퍼센트)이 모자랐다. 박람회 기획자들은 한정된 일부 개인들의 기부금과 매일 받은 입장료로 이 부족액을 벌충할 수 있으리라 기대했다.[82] 주최 측은 공진회의 관람객 수에 근거하여, 1929년 박람회에도 200만~300만 명의 관람객이 올 것이라는 낙관적인 예측을 내놓았다. 줄잡아 200만의 관람객이 각자 20전씩 낸다고 계산하면, 입장료만으로도 40만 엔을 기대할 수 있다는 것이다. 또한 상품 판매 및 기타 수입으로 20만~30만 엔의 추가 수입도 예상했다.[83]

많은 관람객들이 박람회에 와서 돈을 쓰도록 만들려면, 이와 별도로 지역 유지들이 박람회에 투자할 필요도 있었다. 박람회 기획자들에 따르면, 박람회가 가난한 조선인들 사이에서 인기를 끌기 위해서는 이들 지역 유지들의 역할이 매우 중요했다. 총독부는 1915년 공진회 때 사용한 기술에 입각해서 전국적으로 구축된 방대한 지역 기관들의 네트워크를 활용하여 이들 기관에 박람회의 홍보 업무를 위촉하고 이를 공식적으로 인증했다. 일례로 경성협찬회는 이런 지역 기관들 중에서 가장 중요했는데, 입장권과 엽서, 안내책자를 상업회의소 및 기타 지역 기관에 판매했다. 그런데 이 단체는 박람회의 상권과 즐길거리, 심지어 경성 여행 및 관광과 관련된 업무도 담당하고 있었다. 그래서 경성협찬회는 뜻이 맞는 유력 인사들, 즉 350명의 사업가, 부협의회 위원들, 지방 행정조직의 단체장들—100명 이상의 조선인 단체장도 포함해서—을 위촉하여 지원을 요청했다.[84] 지역 유지의 입장에서는, 경성협찬회 같은 조직의 회원권은 특권적 지위의 상징이었다. 그와 동시에 식민 권력은 이러한 관변 단체들을 통해 보다 효율적으로 하층 대중들에게까지 손을 뻗칠 수 있었으며, 자금이 부족한 총독부의 문화통치 프로젝트에 그들이 일종의 주주株主로서 참여하도록 독려했다. 경성협찬회와 다른 지역 단체 회원들은 다가올 기념행사에 대중적인 지원을 이끌어내기 위해 다양한 근대 미디어를 활용했다. 자동차, 의복, 제등 행렬, 노래 및 포스터 공모전 등이 광고 캠페인에 이용되었고, 홍보 자료도 대대적으로 출간하여 배포했다. 예를 들어, 200엔의 상금이 걸린 포스터 공모전은 가이드라인에 따르면 "식민지와 제국 본국 양쪽에서 모두 조선의 상황을 잘 보여줄 뿐 아니라, 조선의 산업 발전과 문화 진보를 진흥"할 수 있어야 했다.[85] 결국 경성협찬회 측은 첫 수상자로 경성에 거주하는 한 조선인의 디자인을 선정했다. 박람회를 위해 열성적으로 '투자'하여 모범을 보인 조선인에게 응당한 보상을 하겠다는 의도가 반영된 상징적 결정이었다.[86] 1등 수상작은 경복궁에서 이제 몇 남지 않은 건물 중 하나인 경회루를 배경으로 삼음으로써 이 장소가 박람회를 최우선으로 삼고 있음을 보여준다. 하지만 경회루의 배후에 도사리고 있는 총독부 신청사는 방문자들에게 식민지 조선에서 정치권력의 궁극적 원천이 어디에 있는지를 상기시킨다.

경성협찬회의 미디어 기법은 식민지 대중들이 자본주의적 발전을 위한 자기규율적인 행위 주체가 되도록 독려하는 데만 있었던 것은 아니다. 일본 기업과 식민 모국의 지방정부 등도 경성협찬회의 공략

대상이 되었다. 스펙터클한 전시를 통해 그들의 구미를 당겨 박람회
와 식민지 경제에 투자하도록 하겠다는 것이다. 예를 들어 당시 경성
에서 가장 수익률이 높은 백화점이었던 미쓰코시三越의 경우, 다가오
는 박람회를 소비자에게 알리기 위해 포장지에 박람회 로고를 인쇄
해 넣었다.[87] 미쓰코시를 비롯하여 많은 사기업들이 경성협찬회와 협
력하여 광고 캠페인에 참여했다는 사실은, 식민 통치라는 목표와 상
업적 이윤 추구라는 목표의 결합을 추구했던 총독부의 전략이 성
공을 거두고 있었음을 입증한다. 실제로 일본 기업 및 단체로부터
투자를 유치하려는 노력은 일본 본토로 확장되어, 본토 상업회의소
나 지방정부들을 대상으로 각자의 전시관을 세우고 후원하도록 독
려하기도 했다. 이러한 목적으로 경성의 많은 관료들은 도쿄나 오사
카, 교토로 출장을 가기도 했는데, 이들 도시에서 열린 박람회는 조
선전시관을 건립해서 운영한 것으로 잘 알려져 있기도 했다. 이들 도
시 이외에도 나고야名古屋와 후쿠오카福岡의 지방정부 관료들과 사업
경영자들은 각각 40만~50만 엔의 비용을 부담하면서 특별전시관
에 자금을 지원하기로 결정하기도 했다.[88] 조선박람회는 도쿄와 오사

〔그림 32〕확정된 조선박람회 포스터. 조선박람회경성협찬회 편,『조선박람회경성협찬회보고서(朝鮮博覽會京城協贊會報告書)』(경성: 고에즈카쇼타(肥塚正太), 1930), 권두 도판.

카에서도 중요성이 더해갔는데, 각 지역의 유지들이 자체적인 협찬회를 조직해서 식민지의 기념행사를 돈벌이의 기회로 삼으려 했다. 이들 조직들은 경성협찬회와 공조하면서 조선박람회의 개최를 대대적으로 홍보했다. 판매촉진용 기차표를 발행했고, 눈에 잘 띄는 곳마다 이벤트 포스터를 내걸었던 것이다.[89] 1929년 봄 내지를 방문한 어느 총독부 관료에 따르면, 이런 노력들은 곧바로 '조선열Korean fever' 같은 것을 만들어냈다. 이러한 현상은 특히 일본열도의 서쪽 지역에서 두드러졌는데, 그것은 이 지역 사람들이 어떻게든 해협을 건너 한반도로 넘어오기 가장 용이했기 때문이다. 조선총독부는 이들의 여행에 편의를 제공하기 위해 철도 및 여객선 회사와 20퍼센트 이상의 운임 할인을 협상했다.[90] 그 결과, 무려 30만 명이 넘는 일본인 관광객들이 조만간 경성을 방문할 것이라는 과장된 예측이 등장하기도 했다. 그들은 박람회에 전시된 '진보'를 관람함으로써 식민지적 원조 하에 서서히 산업화되고 있는 조선에 대해 한층 더 친근감을 느끼게 될 것으로 기대되었다.[91] 이처럼 식민지 관료들이 박람회 개최에 필요한 재원을 이럭저럭 확보했던 초반 시점만 해도 주최 측과 경성협찬회는 낙관적이었다. 하지만 조선총독부는 계속 심각해져가는 불황 속에서 박람회의 전체 예산을 이미 300만 엔에서 150만 엔으로 절 반 가까이 삭감해야 했고, 그나마도 실제로는 80만 엔 정도를 겨우 지급했을 따름이었다.[92] 1920년대 말 무렵에는 경제적 상황이 최악 으로 치달아서 박람회 개최를 불과 수개월 앞둔 시점까지도 전시관 과 기타 부대시설의 건설 공사는 아직 착수하지도 못하고 있었다.

박람회가 부를 가져다줄 것이라는 논리로 관람객들에게 투자를 이끌어내려는 노력은, 행사장의 공간적이고 미학적인 디자인에도 드 러났다. 1915년 공진회가 일본의 근대성을 과시하기 위해 서구의 건 축양식을 채용하는 방식으로 접근했다면, 1929년 박람회의 설계자 는 이런 접근 방식에 비해 사라져가는 '조선식' 궁궐 건축 형식을 부 활시켰다. 그렇게 하는 편이 조선인 방문자들로 하여금 이제 조선이 다민족 제국 일본에 확실히 편입되었다는 확신을 갖도록 하는 데 오 히려 더 나을 것으로 본 것이다.[93] 이러한 재현 전략은 한편으로는 조선인들이 박람회를 식민지 개발의 불가항력적 성격을 보여주는 사 례로 받아들이도록 유도하려는 목적도 있었지만, 다른 한편으로 이 전략은 이국적인 볼거리와 자본주의적 투자처를 희구하는 일본 본 토의 관광객들과 일본인 정착민들의 욕망도 만족시켜야 했다.[94] 조선 총독부 신청사는 도시계획에서의 역할이 그랬듯이, 박람회장의 공간 적 배치에서도 지배적 위치를 차지했다. 설계자들은 이 식민 권력의 상징물을 부각시키기 위해 경복궁의 정문인 광화문을 궁궐의 동편 으로 이전하기로 결정했다. 조선인 엘리트들뿐 아니라 일부 일본인 지식인들까지도 이러한 조치에 내포된 역사적 폭력성에 대해 격렬 히 비판했지만 그것은 말끔히 무시되었다. 시각예술사 연구자 홍 칼

〔그림 33〕 '순조선식'의 행사용 회랑. 1931년. 시정20년기념 조선박람회 기념엽서, 안창모 제공.

Hong Kal이 보여주었듯이, 이와 같은 광화문에 대한 공간적 조작으로 인해 경복궁의 남북 축은 붕괴되었지만, 다른 한편으로 새로운 행사용 회랑corridor이 창출되었다. 그 결과, 이전한 광화문은 동서 축으로 형성된 회랑의 동쪽 축을 맡게 되었으며, —경회루는 이 회랑의 서쪽 축으로 기능하게 된다—, 1929년 박람회 때에는 주 출입문의 역할을 담당하게 된다.[95] 〔그림 33〕이 보여주듯이, 광화문과 경회루, 이두 개의 궁궐 건물은 행사용 회랑을 따라 늘어선 전시관들에 미적인 영감을 불어넣었는데, 이 전시관들도 모두 언론 매체가 '순조선식 純朝鮮式'이라고 불렀던 건축양식에 따라 지어졌다. 이처럼 토착 문화를 수용하겠다는 자세는 물론 피상적인 것이기는 했지만, 한반도와 그곳의 주민들이 제국의 물질적 진보에 있어서도 종속적이지만 중요한 위치를 차지하고 있음을 드러내려는 목적도 있었다.[96] 설계자들은이 건축양식의 정통성에 대해 자랑하듯 떠벌렸지만, 그들 스스로도 대담하게 인정했듯이, 사실 이 건물들의 형태와 비례는 새로운 것이었다.[97] 더욱이 중앙 회랑에 딸린 전시관들이 표방한 이른바 '조선색朝鮮色'은 식민 통치 초기에 파괴된 궁궐 건물들을 복원한 것 같은 착각을 불러일으키는 측면이 농후했는데, 이에 대해서는 조선인 비평가들도 즉각적으로 규탄하고 나섰다. 결과적으로, 이러한 제국주의적 미학이 성취해낸 가장 큰 성공을 꼽자면, 아마도 일본인 관광객들이 조선 문화를 시대착오적이지만 이국적인 볼거리로 바라보도록 유도하는 데 성공했다는 점 정도가 아닐까.[98]

중앙 회랑의 '조선식' 전시관들은 일본 통치 20년 동안의 다방면에서의 발달을 과장해서 선전함으로써 방문객들이 이 불가항력적인 진보의 서사 속에 스스로를 자리매김하도록 북돋웠다. 가령 산업북관産業北館은 조선의 농업, 임업, 수산업에서 이루어진 발전을 다루었고, 산업남관産業南館은 식민지의 경공업, 수공예산업 및 광산업에서 창출된 상품들을 전시했다. 이어지는 사회경제관社會經濟館에서는 재정 개혁을 지지하는 각종 그래프와 차트가 전시되었고, 미관米の館은 쌀이 제국 경제 전체에서 얼마나 중요한 역할을 하는지를 강조했다. 1915년의 공진회와 마찬가지로 1929년 조선박람회에도 한반도의 13개 각 도의 물산을 전시하는 건물인 특설관이 있었다. 이곳의 전시물들을 통해 피식민 관람객들과 일본인 방문객들은 다 함께 조선의 서로 다른 지역의 현장들을 비교할 수 있었다. 이런 관람의 방식은 사람들 각자로 하여금 상대적으로 생산력이 낙후된 지역이 어떻게 하면 더 '근면한' 이웃 지역을 따라잡을 수 있을지 상상하도록 만들었을 뿐 아니라, 다른 박람회 입장객들로 하여금 자신들이 식민지 경제 발전에서 중요한 역할을 하고 있다고 생각하게끔 북돋우기도 했다.

박람회의 설계자들은 물질적 동화에 내포된 다민족적인 본성을 형상화하기 위해 미학적으로 확연히 구별되는 독특한 외관의 전시관들을 마련하여 제국의 일원인 다른 지역들을 재현했다. 관람객들이 경회루 주변에서 만나게 되는 이 일련의 건물에는 한반도 외부에서 이루어진 '진보'가 전시되어 있었다. 첫 번째 건물은 내지관內地館으로, 서양식 건축양식으로 지어진 큰 건물이었다. 일본 본토를 지칭하는 '내지'를 표방하는 이 공동 전시관은 일본열도의 각 현縣에서 출품된 물품들을 전시했는데, 이를 통해 조선인들을 제국 일본이 지닌 힘의 궁극적 원천으로 인도한다. 내지관 주변의 다른 건물들, 예컨대 교통토목건축관交通土木建築館도 서구식 건축양식으로 세워졌는데, 이곳에서는 특히 지난 식민 통치 20년 동안의 발전을 강조함과 더불어 그와 관련된 물품들을 전시했다. (이러한 점에서 여기에 진열된 전시품들은 조선관朝鮮館들과는 뚜렷이 대조적이었다. 조선관들은 식민지의 주요 산물 및 이를 생산하는 데 사용된 도구만을 전시했다.) 즐길거리 영역으로 가는 통로에서 관람객들은 제국 본토의 주요 대도시들—가령 오사카, 교토, 도쿄, 나가사키長崎, 나고야—과 일부 현들—가령 나라현과 홋카이도—의 특설관을 구경할 수 있었다. 박람회에는 가라후토華太, 타이완, 만몽滿蒙과 같은 일본의 해외 보유지에 대한 특설 전시관들도 포함되어 있었다. 제국의 권역 가운데 전시에서 제외된 것은 남양군도南洋群島가 유일했다.[99]

여기저기 산재한 제국의 전시관들 사이에 한반도의 13개 도道를 대표하는 조선 각 도 특설관도 배치되었다. 식민지 계획가들이 '조선풍'으로 꾸민 직영관直營館과는 달리, 각 도의 지역민들은 이 특설

〔그림 34〕 모더니즘 양식으로 설계된 경북관. 조선총독부 편, 『조선박람회기념사진첩』(경성: 조선총독부, 1930), 59쪽.

관 건물을 통해 각 지역의 자기 이미지를 창조하고자 적극적으로 참여했다.[100] 평남관平南館을 제외한 나머지 각 도 특설관은 일본 본토의 지역 특설관과 다를 바 없이 모더니즘 양식으로 지어졌는데, 이것은 식민지 조선과 그 주민들도 제국 일본의 선진적인 지역과 경쟁할 수 있음을 시사한다. 가령 경북관慶北館의 설계자들은 '전통적인' 건축양식을 차용하는 대신, 박람회 건물로서는 당시 가장 유행하는 양식으로 세워졌다. 화려하게 장식된 유리창과 중첩된 고리 형태가 결합한 스타일이었다.(〔그림 34〕) 이들 각 도 특설관의 모더니즘 양식은 심세관審勢館으로 대표되는 '조선풍' 건축양식과 명백한 대조를 이루었다. 이 심세관도 식민지의 산물들을 전시했고, 각 도의 지역 상품을 홍보하는 특별 주간을 선정하는 등 지역 거주민들의 기업 활동을 적극적으로 반영했다. 관료들은 이러한 노력들에 고양되어, 세심하게 만들어진 조선 이미지도 허가했는데, 이 이미지에서 조선은 문화의 측면에서는 여전히 '전통적'인 상태에 머물러 있지만, 사회와 경제의 측면에서는 일본 통치 20년에 '근대적'으로 되었다.

이처럼 박람회의 설계자들은 찬사 일색으로 한반도를 재현해내는 데는 성공했지만, 장래의 발전에 대한 투자에 있어서는 심지어 경성부 주민들조차도 한결같지는 않았다. 1929년 초반에 휘몰아친 경기 불황의 여파로 경성협찬회는 마지막 순간까지도 기금 모집 캠페인을 전개해야 했는데, 그것은 식민지 산업이 안고 있던 민족적이고 계급적인 편향을 부각시키는 결과를 초래했다. 캠페인은 처음부터 분열되어 있었다. 일부 경성협찬회 회원들은 대부분의 조선인들이 실제로 기부할 만한 재원을 가지고 있지 않다며 우려의 목소리를 냈다.[101] 이러한 경성협찬회의 입장에 대해, 경성부협의회京城府協議會에서는 이들이 조선인들의 호주머니에서 돈을 갈취하려는 꿍꿍이속이라고 성토했다. 조선인 부협의회 위원 중 한 사람인 성송록成松祿도 근심에 사로잡혀 기금 모집 캠페인을 전면 중단할 것을 제안했다. 그보다는 낙관적인 편이었던 김사연金思演과 한만희韓萬熙 같은 부협의회 위원은 이미 궁핍화된 조선인들로부터 관료들이 모금해오길 희망했던 25만 엔이라는 목표액은 비현실적이므로 감액해줄 것을 제안했다.[102]

그러는 와중에 한글 신문을 중심으로 경성협찬회의 모금 계획에 대한 대중적인 의혹이 활발하게 제기되었다. 이러한 의혹은 가난한 개개인들을 꼬드겨 다가오는 박람회를 위해 투자하도록 종용하려 했던 관료들의 계획을 좌절시켰다. 가령 『동아일보』는 어떤 이기적인 경성협찬회 회원이 사사로운 연회를 개최하려고 기부금을 전용했다는 의혹을 보도했다.[103] 설상가상으로 지역의 대행업자들이 조선인들에게 기부를 강요한다는 혐의도 제기되었다. 박람회가 개최되기 몇 주 전에 발행된 보도 기사에 따르면, 전라남도 순천의 군청에 근무하던 관료 두 명은 김종익金鍾翊*이라는 44세의 농장 지주를 방문하여 기부해줄 것을 요청했지만, 자금 여유가 없다고 거절당했다. 그러자 관료들은 김종익을 설득하다가 그를 도발하여 폭력을 휘두르게 만들었고, 결국 김씨는 폭행죄로 구금되었다.[104] 이런 극적인 사례들은 관료들이 기부금을 얻으려고 얼마나 고압적인 방법을 사용했는지를 잘 드러내고 있다. 이런 방식은 심지어 중산층 조선인들까지도 가혹한 경제적 시기에 금쪽같은 돈을 기부하는 것을 주저하게 만들었던 것이다.

만만치 않은 반대 여론이 지속되었음에도, 경성협찬회는 계속 기금 모집에 노력을 쏟아부었다. 지역행정 단위의 정동총대들, 신토의 씨자총대들에게 자체적으로 기금 모금 캠페인을 추진할 것을 요청한 것이다.[105] 하지만 여전히 경성협찬회가 개인 단위의 기부자들로부터 충분한 자금을 끌어내는 것은 불가능했다. 결국 식민지 경제에 강한 이해관계를 가진 조선 내의 기업 관련 조직들 및 일본 본토의 대기업들에 의존할 수밖에 없었다. 가령 조선은행과 식산은행殖産銀行은 경성에 기반을 둔 가장 유력한 금융기관이었는데, 각각 1만 2천 엔을 모금 캠페인에 기부하기로 약속했다. 또한 관료들은 경성에서 전차를 운영하는 회사인 경성전기를 쥐어짜서 2만 엔을 받아냈다. 조선에 사무실을 두고 있는 두 개의 초국적 기업인 미쓰이물산三井物

---

* 원서에는 '김부호(金富豪)'로 표기되어 있지만 『동아일보』 기사에 따르면 그의 이름은 김종익이다. '김부호'는 그를 지칭하는 대명사로 원서에 두 차례 등장한다.

産과 미쓰비시三菱에 각각 3만 엔씩 기부를 요청하자는 논의가 진행되기도 했다.[106] 경성협찬회 회장은 1929년 여름 도쿄를 방문해서 전직 식민지 관료 및 저명 사업가들로 구성된 제국 본토의 단체인 조선중앙협회朝鮮中央協會로부터 거액의 기부금을 받아냈다.[107]

이처럼 대부분의 조선인들로부터 기금 지원을 이끌어내는 일은 실패로 돌아갔다. 그것은 박람회 비용을 입장객들로부터 벌어들이는 수입에 의존할 수밖에 없음을 의미했는데, 입장객의 상당수는 단체 관광으로 동원된 사람들이었다. 조선박람회는 9월 12일에 개막되었지만, 이후에도 주최 측은 티켓 판매 수익금을 두고 계속 고심해야만 했다. 결국 폐막을 겨우 20일 앞둔 10월 31일, 주최 측은 박람회 운영에 필요한 자금을 충족시키려면 최소한 100만 명의 관람객이 입장해야 하는데, 현 시점에서 아직 그 수의 75퍼센트도 달성하지 못했음을 인정했다. 폐막 3주를 남겨두고 입장객이 더 줄어들 것을 염려한 주최 측은 필요한 관람객 수를 채우기 위한 방안으로 심지어 박람회 기간의 연장을 고려하기도 했다. 이것은 박람회의 인기 척도로 입장객 수를 전형적으로 옹호해왔던 관제 신문에서 제기한 걱정 섞인 제안이기도 했다.[108] 그러나 결과적으로 박람회를 연장할 필요는 없게 되었다. 시골에서 수많은 단체 관람객을 끌어올 수 있었던 것이다. 애초부터 박람회 기획자들은 예상 관람객 70만 명 중에서 약 절반 정도는 시골의 단체 관람객일 것으로 예상하고 있었다. 이 수치는 1915년 조선물산공진회를 관람했던 단체 관광객 8만 명의 세 배가 넘는 규모였다.[109] 1929년 조선박람회 당시 거의 30만 명에 육박하는 단체 관람객을 유치하기 위해서, 총독부는 경성협찬회 같은 중개 기관들에 의존했는데, 이들은 빡빡한 일정으로 시골에서 수많은 사람들을 실어 날랐다. 박람회가 개최되기 이전, 하루 평균 1만 6천 명의 철도 여행객이 박람회 기간 동안 경성역을 드나들 것으로 예상했는데, 사실 이것은 경성의 평균 일일 여행객 수보다 거의 1만 명 가까이 많은 숫자였다.[110] 이런 조직적인 노력의 결과, 주최 측은 애초의 기대치를 훨씬 초과하여 110만 명 이상의 유료 입장객을 포함한 150만 명 이상의 관람객을 동원할 수 있었다.[111]

'문화통치'는 식민지 사회의 각 세포조직을 물질적인 진보라는 다민족적인 이데올로기로 흠뻑 적시고자 했지만, 바로 그렇게 되는 순간에도 조선인 비평가들이 이 통치 프로그램에 내장된 사회적 불균등성과 문화적 폭력성을 비판할 수 있는 새로운 정치적 공간이 창출되었다. 식민 정부 관료들의 보수적인 설득에 맞서 민족주의적인 조선인 비평가들은 혹독한 비난을 했다. 관료들은 가난한 농민들에게 값비싼 박람회를 재정적으로 지원할 것을 태연하게 강요했는데, 심지어 그러면서도 그들은 뻔뻔스럽게도 자신들이 지닌 '문명개화'의 자격 요건을 내세워, '무지몽매'한 하층민들로부터 자신들을 구별하려 했다는 것이다. 이들 조선인 비평가들은 주최 측도 비난했는데, 박람회에 미리 투자한 조선인 상인들이나 여관 주인들이 관광객의 유입에서 이익을 얻도록 보장하는 데도 실패했기 때문이었다. 비평가들 스스로가 발생 초기 단계에 있는 중산층의 일원이었기에, 박람회에 대해 나름의 관심을 표명하기도 했고, 일본적 근대가 지닌 치부致富의 가능성을 적극 수용하기도 했다. 하지만 그들이 표면적으로 드러낸 열정에도 불구하고, 모든 엘리트 방문객들이 물질적 동화의 협력적인 논리를 진심으로 믿었던 것은 아니다. 박람회에서 조선의 경제와 문화적 전통이 전시된 것을 본 그들의 반응은 식민지 종속에 대한 대항적 적개심으로 표출되었는데, 전시에 대한 위트 있는 풍자부터 멜랑콜리한 분노까지 그 정도는 다양했다. 하지만 이들 비평가들은 본질적으로, 좌파들이 선전하듯 경제체제의 전복을 지향하기보다는, 더 많은 부가 우선은 자신들을 위해서, 그러나 궁극적으로는 식민화된 민족을 위해서 축적되기를 바랐다.

조선총독부는 박람회의 인기를 보여주는 지표로 입장객 통계를 주로 활용했다. 하지만 한글 신문의 민족주의적 기사들은 이런 대중 동원 캠페인의 배후에 있는 강압성을 드러내고자 고군분투했다. 경성에서 상당히 멀리 떨어진 지역에 사는 식민지 농민들에게 얼마나 부당한 부담이 지워졌는지에 주목한 기사는 그 좋은 예다. 가령 『동아일보』는 경상북도의 어느 지역 관료들이 하루에도 몇 차례 여러 마을을 돌면서 주민들에게 경성 방문을 강요했다고 보도했다. 2천 명이 넘는 상주의 주민들은 이런 형태의 협박에 눈물을 흘리며 불만을 제기했지만 결국 순순히 따르고 말았다.[112] 다른 사건 기사에서는 경상북도의 마을 이장들이 주민들에게 경성 방문을 위한 경비로 옷과 식기를 저당 잡도록 강요했다고 전한다.[113] 이와 같은 강압은 조선 농민들에게는 갈수록 커져가는 스트레스의 원천이었고, 곤경에 빠진 부르주아 작가들에게는 민족주의적 고발의 대상이었다. 조선인 비평가들이 재빨리 지적한 바와 같이, 경성 여행은 입장료와 시설 사용료만 필요한 게 아니었다. 이동을 하는 데도 숙박을 하는 데도 돈이 들었고 용돈이 필요했다. 어느 관련 보고서를 보면, 경성 여행의 전체 비용은 최소 20엔으로 추산되었다. 시골의 조선인들이 70만 명 넘게 박람회를 찾을 것이라는 경성협찬회의 예상 수치를 바탕으로, 조선인 비평가들은 박람회와 관련된 비용으로 적어도 100만 엔 이상이 시골에서 흘러 나갈 것이라고 계산하기도 했다. 농민 가구가 매년 50~70엔의 세금을 납부한다는 점을 감안한다면 박람회 때문에 추가로 강요된 지출은 전체 세액 지출의 40퍼센트에 해당되었는데, 이는 일본인 씨자총대들이 돈 없는 조선인 주민들에게 씨자 갹출금을 강요한 것을 떠올리게 만드는 상황이다. 이처럼 박람회 견학은 재정적인 부담이 컸기 때문에, 세무 관료들조차도 과연 농민들이 예정된 부과금을 다 감당할 수 있을지 걱정하기 시작했다.[114]

또한 조선인 엘리트들은 1929년의 기념행사는 비용이 많이 드는 일본인 중심의 행사일 뿐으로, 조선인 대중들을 더 빈곤하게 만들 것이라고 매도했다. 『동아일보』의 한 논설에서 부르주아 저자는 박람회가 일반적으로 물질적인 이득을 창출해낸다는 데에는 동의하지만, 중산층 이하의 사람들은 그러한 이벤트의 성과를 누릴 수 없을 것이라고 주장했다. 특히 그들은 가난한 농민들이 박람회 참석을 위해 고리대금을 빌리도록 설득당하고 있다고 개탄했다. 나아가 이런 위험한 투자는 일본 본토 및 만주로의 이주를 가속화할 것인데, 이미 노동자계급의 디아스포라가 몰려 있는 지역이기도 했다. 그들은 비판의 자원으로 유교적 도덕성을 재활용하여, 총독부 관료들이 조선인들에게 복지라는 윤리적 정책을 제공하는 데 실패했다고 책망했다. "부자富者의 사치奢侈는 공중公衆을 위하야 근신謹愼할 일이다. 그러나 빈자貧者는 자기의 파산破産을 의미한다."[115] 다른 사설은 다음과 같은 개선책을 제시했다. "십인十人의 부자를 맨들어내는 것보다 백인百人의 걸군乞郡이 생기지 안토록 더 노력하는 것이 정치의 이상理想이 되어야 할 것이 아닌가."[116] 이들 대중 평론의 대부분이 부자를 일본인에 등치시키고 ―조선인 지주들은 포함된다― 빈자를 조선인과 동일시했는데, 조선인 논평자 중에서는 박람회가 가졌던 상류층 중심의 이해관계와 일본 민족 사이에 존재하는 노골적인 연계를 좀 더 명시적으로 드러내기도 했다. 가령, 윤치호는 종종 식민지 대중을 경멸하는 글을 쓰곤 했던 특권적인 조선인이었는데, 그런 그조차도 부당한 부담을 안긴 박람회의 조직자들을 신랄하게 비판했다. 윤치호는 그의 일기에 다음과 같이 썼다.

> 공연은 모두 일본인의, 일본인에 의한, 일본인을 위한 공연이었다. 그 공연의 목적은 조선, 즉 조선의 자원과 명물을 일본인에게 광고해서 그들로 하여금 조선으로 건너와서 자립해 살아가도록 장려하는 것이다. 가난한 조선인들이 그 박람회 운영 경비를 내야 했다. 쌀값이 한 말에 6전인 상태로 기근이 든 해가 두 번 지나간 뒤, 각 지역에 살고 있는 조선인에게는 그렇게 쥐어짜서 주머니를 말리는 정책을 감당할 여력이 없다. 이 박람회가 끝나자마자 곧 가을철 세금 징수가 들이닥치고, 일본인 토지 수탈자와 고리대금업자들은 몸이 터지도록 살이 찔 것이다.[117]

조선인 비평가들은 제국 본토로 흘러들어가는 왜곡된 부의 분배뿐만 아니라 이미 뽑아낼 것도 없는 농민들의 자원을 전시장을 만들기 위한 자본에 쏟아붓는 것에 대해 조선박람회를 비난했다. 특히 그들은 물질적인 욕망을 적절하게 조절하기 어려운 농민들이 금융조합이나 고리대금업자로부터 돈을 빌려서는 감당할 수 없는 비싼 물품들에 낭비하지 않을까 걱정했다. 그들은 사치스런 소비라는 망령을 떨쳐내기 위해 유교적인 레토릭을 다시금 사용했다. 그리고 오랫

동안 식민지 대중들에게 지출과 소비보다는 저축과 생산을 장려해 왔던 총독부가 박람회를 통해 드러낸 위선도 지적했다.[118]

더욱이 조선인 필진은 무분별한 조선인 소비자들이 본정 상점가의 눈부신 진열장을 보고 미쓰코시나 다른 일본인 백화점에서 비싼 물건들을 구입하게 될 것이며, 이는 결국 종로의 조선인 상업계를 위협할 것이라고 걱정했다.[119] 실제로 북촌의 많은 상점들은 조선박람회로 인한 예상치 못한 시장의 변동을 맞아 파산하기도 했다. 일부 조선인 상인들은 빈곤한 농촌 사람들과는 다른 이유로 은행이나 고리대금업자들로부터 많은 액수의 돈을 빌렸다. 박람회를 계기로 수요가 증가해서 큰 이익을 볼 수 있으리라 기대하며 평상시보다 최대 10배의 물품을 추가로 구매하여 선반에 쌓아놓았지만, 예상과 달리 고객은 많지 않았다. 심지어 종로의 4대 상점은 박람회가 개막하기도 전에 문을 닫았다. 예상치 못한 손님의 부족이 종로의 조선인 상인들을 어느 언론 기사의 소란스런 표현처럼 "거대한 공포" 속으로 던져 넣었던 것이다.[120] 숙박업 종사자들도 박람회로 한몫 챙기려고 애를 썼지만 고전을 면치 못했다. 시골에서 온 단체 관광객들이 지정된 시설에 묵지 않았던 것이다. 이에 대응해 조선여관협회의 대표 다섯 명은 경성협찬회에 즉각적으로 손해를 보상해줄 것을 요구하며 불만을 제기했다.[121] 일본어 신문에 보도된 그들의 불만 사항은 다음과 같았다. "박람회를 위해서 우리는 협회비로 2엔, 광고비로 1엔, 그리고 간판비로 0.5엔, 총 3.5엔을 각자 지불했다. 박람회가 개최된 지 열흘이 지났지만, 겨우 두 개의 여관이 손님을 받았을 뿐이고 나머지 40개 여관들은 한 사람의 손님도 없었다. 그들이 지불한 3.5엔은 아무런 의미가 없었다."[122] 이 같은 불평이 암시하듯이, 경성협찬회는 조선인 여관 주인들을 협회에 가입시켜 협회비를 납부하게 하면서 자신들을 대신해 업무까지 맡도록 동원했다. 하지만 종로 상인들과 마찬가지로 여관업자들도 박람회 투자로 수익을 내지 못했고, 결국 많은 조선인들은 빚을 갚으려 애쓰다가 서비스 산업을 떠나고 말았다.

그런데 조선인 참가자 중 어떤 이는 박람회에서 자기 나름의 목적을 성취했다는 사실도 언급할 만한 가치가 있을 것 같다. 경성협찬회가 2개월간 관광 안내원으로 고용한 600명 정도의 '여성 안내원'이 좋은 사례다. 이들 여성 안내원의 3분의 2는 조선인으로 고용했는데, 조선어를 사용하는 많은 관람객과 의사소통할 수 있어야 한다는 것이 표면적인 이유였다.[123] 조선인 피고용자였던 이들은 일본제국의 다민족적인 시장과 결합된 토착 노동력으로서 그 상징과 같은 역할을 맡았다. 여성 안내원이 되기 위해 관에서 지정한 고용 자격은 보통학교 졸업장, 16~30세의 연령, 그리고 건강한 신체였다.[124] 젊은 나이, 건강한 신체에 초점을 두고 보면, 언론 매체들이 왜 이 여성들을 고도로 성애화性愛化된 용어로 표현했는지, 이들을 에로틱한 카페 여급들과 연관시켜 공주라고 지칭했는지도 그리 놀라운 일은 아니다.[125] 일례로 제국 본토의 유명 신문인 『오사카아사히大阪朝日』의 조선판에 실린 만평을 보면, 여성 안내원이 전시 부스 옆에 앉아서 관람객들에게 그 내용을 설명하고 있는데, 만평 속 남성들은 전시 물품들을 바라보지 않고 박람회 노동자에게 끌려 그녀를 둘러싸고 성적 매력의 대상에게 추파를 던지고 있다. 이 만평에는 다음과 같은 설명이 붙어 있다. "어떤 전시관에는 특히 젊은 남성 관람객들이 급증했으며, 심지어 중년 남성도 매일 갔다. 아마 거기에는 특별한 전시가 있으리라 생각하겠지만, 사실상 이 남자들은 예쁜 여성, 즉 여성 안내원인 공주님을 힐끗힐끗 쳐다보기 위해 가는 것이었다. 믿을 수 있겠는가?" [126]

그런데 여성 안내원들도 나름의 이익—그것이 물적인 것이든 에로틱한 것이든—을 얻고자 이렇게 성애화된 환경을 활용하기도 했다. 예를 들어 일부 여성 가이드는 '키스 걸'로 알려져 있었다. 보도에 따르면 이들은 한 번에 50전을 받고 볼 뽀뽀를 해주었다고 하는데, 두 명만 해줘도 하루 일당의 두 배를 번다. 주최 측에게는 유감스러운 일이지만, '키스 비즈니스'는 그저 돈을 버는 것을 넘어서 젊은 여성들이 자기 나름의 로맨틱한 욕망을 추구하는 새로운 기회를 열어주었다. 이에 극도로 비판적이었던 신문 기사에 따르면, 수많은 여성 안내원들은 이 안내원 자리를 매력적인 '모던 보이'들과 만나는 기회로 활용했다. 심지어 일부는 박람회에 구경 온 남성 관광객과 무단 이탈해버리는 경우도 있었다. 다른 안내원들 중에서는 특정 남성에 쑥 빠져 임무를 망각하고 구경꾼들 앞에서 안내가 아니라 사전 데이트를 하는 경우도 있었다. [127] '키스 걸'들은 남성 관람객들에게 성적으로 대상화되었고 언론을 통해 극심한 비난도 받았지만, 욕망을 팔고 경험하면서 박람회장을 교육적 실험실에서 에로틱한 시장으로 탈바꿈시키기도 했다.

부르주아 관람객 중에서는 박람회가 가진 풍요와 자유의 가능성을 인정하면서도 계급이나 젠더, 세대, 인종에 비해서 민족이 여전히 우선한다는 견해를 고수하는 이들도 있었다. 이들에 따르면 민족은 일본인이 주도하는 이 행사를 민족주의적 관점에서 비판함에 있어서 여전히 가장 유용한 범주다. 따라서 이들의 글은 문화통치의

경제적 불평등성과 미학적 폭력성을 부각시키는데, 문화통치의 태생적 한계는 식민지 통치의 분열 전략에 기인한다는 것이다. 예컨대 함경남도의 도청 소재지 함흥의 출품자인 김기곤이 쓴 박람회 방문기는 박람회의 잠재적인 수혜자로서 그가 느꼈던 실망감을 상세히 기술하고 있다. 1929년 박람회에 대한 그의 첫 인상은 건물의 "장관壯觀", "눈부신" 장식들, 그리고 "비싼" 땅이었다. 하지만 정작 전시를 보면서 그는 환멸을 느끼며, 전시 내용을 "결핍"과 "반복"으로 묘사했다. 미관米の館을 관람하면서는 제대로 된 전시 기법을 사용하지 못한 설계자들을 비판했다. 쌀의 지역적 차이를 적절하게 강조하는 한편, 이 곡물의 다른 형태를 효과적으로 전시했어야 했는데 그러지 못했다는 것이다. 김기곤은 자신의 경험에 비춰 농민들이 박람회의 화려함에는 경외심을 드러냈겠지만 자신과 마찬가지로 그들도 결국에는 전시물에 대해서는 큰 인상 없이 귀향했을 뿐이라고 예상했다. 하지만 그는 지역 생산물들을 홍보하기를 원했기에, 농업 생산성의 근대적 진보를 환영했다. 나아가 더 나은 결과를 만들 전시 기법들을 제안하기도 했다. 예를 들자면, 그는 한 개의 전시관에 물품들을 모아서 전시하는 것보다는 각자의 전시관에서 자신들의 생산물들을 전시하도록 권고했다. 또한 통계의 유용성을 격찬하면서 좀 더 과학적이고 자세한 자료들을 전시품들과 함께 보여줄 것을 주최 측에 요구했다. 이와 같은 방법은 김기곤과 같은 진지한 관람객들이 다른 경쟁자들을 이기는 데 필요한 정보를 얻고, 이를 통해 자신의 이익을 증대시킬 수 있게 해 줄 것이었다.[128]

김기곤이 조선인들이 직접 투자를 통해서는 이득을 얻기 어렵다는 이유로 조선박람회를 비판했다면, 기자 유광열은 조선 경제가 일본제국 내부에서 차지하는 열등한 지위에 대해 불만을 제기했다. 그의 주장에 따르면, '조선박람회'는 그 명칭과는 달리 조선인을 위해 만들어진 것이 아니므로, '재조선 일본인을 위한 박람회'라고 불러야 한다. 1929년 박람회에서는 조선의 농산물들을 전시함으로써 본토의 산업 자본가들의 한반도 투자를 장려했다. 유광열의 민족주의적인 비판에 따르면, 이와 같은 해외 투자의 유치는 식민지 사람들을 1차 공급자의 위치로 전락시키는데, 이는 이들이 더 이상 자기 나라의 발전 방향을 제어할 수 없게 됨을 의미한다. 박람회에서 직영한 전시관에 진열된 조선의 농산품은 해외 투자가들이 주도하는 광산, 임업, 산업에 대한 관심과 비교하면 미미할 따름이었다. 유광열은 이런 불균등성에 대해서 다음과 같이 썼다. "조선인들은 당연히 조선박람회의 주역이 되어야 했다. 하지만 그 대신에 일본인들이 주역이 됨으로써 주객전도가 일어났다."

유광열의 비판은 그저 식민 모국에 비해 조선이 열등하다는 사실만을 반영한 것은 아니었다. 그의 비판은 제국 경제로 빨려 들어가는 한반도의 위상을 폭로하기도 했다. 가령 그는 타이완관臺灣館을 관람하면서 조선에서도 여름철에 먹을 수 있는 바나나가 실은 이 열대 섬에서 수입된 것이라는 사실을 알게 되었다. 그리고 다른 전시관에서는 몽골의 툰드라에서 방목되는 양도 구경하고, 만주에서 생산된 대두大豆 앙금과 밤도 구경했는데, 특히 후자는 조선의 농민들이 대량 소비하고 있는 산물이었다. 제국 경제의 이동 경로에 이 산물들을 연계시키면서, 유광열은 일본 본토는 산업 권력을 계속 독점할 것이며, 만몽은 축산업 및 농업 생산에서 결국 조선을 능가하게 될 것이라고 걱정스레 예측했다. 이 시나리오에 따르면, 한반도의 경제는

'반농업적·반산업적인 상태'로 중간 어디쯤에 애매하게 위치하게 되며, 식민지 조선의 노동력은 만주 농업과 일본 산업의 증진을 위한 교환의 대상이 될 것으로 예측되었다. 이러한 내용에 근거하여, 유광열은 전시관에 진열된 무수한 생산품들은 단지 제국 경제의 불균등한 작동을 촉진시키는 데 기여할 뿐이라고 결론을 맺었다.[129]

박람회가 일본의 경제적 지배를 강화하는 데 기여한다는 비판은 문화 영역에도 흘러들어가서, 경복궁을 폭력적으로 파괴하고 모조품으로 재건한 것에 대한 혹독한 비난으로 이어졌다. 어느 기사에는, 교육받은 중산층 남자인 S씨와 그의 부인, 그리고 이들과 동행한 신문기자 K가 풍자적인 대화 형태로 자신들의 박람회 방문기를 들려주는 내용이 실렸다.[130] 옛 궁궐터인 박람회 회장에 들어서며 K기자는 S씨 부부에게 왜 일본 신문들이 박람회 건축을 "순조선식"이라 자랑스러워하는지 이해할 수 없다고 이야기한다. S씨는 맞장구를 치며, 자기 생각에는 박람회 건물은 나고야성이나 히메지성에서 볼 수 있는 일본식 건축양식을 모델로 한 것 같다면서 박람회 건축의 진정성authenticity에 의문을 제기한다. 그는 광화문을 이전하여 박람회 회장의 정문으로 전략적으로 사용하는 것을 직접적으로 언급하면서, 조선 궁궐 건축의 사이비 '일본화'에 대한 비평을 이어갔다. 특히 S씨는 돌이킬 수 없이 훼손된 이후 '일본 스타일의 망루'로 재건축된 이 중요한 조선의 랜드마크의 구조를 묘사한다. 광화문의 애통한 운명에 아연실색하며, 그는 잔존해 있는 기념비적 궁궐 건축인 경회루를 "형언할 수 없는 깊은 감정"으로 마주한다. 그는 따사로운 아침 햇살을 받고 있는 경회루를 바라보며, 이 건물의 돌이킬 수 없는 과거에 대해 "멜랑콜리한 감정으로 벅차오를" 수밖에 없었다.

조선 궁궐 건축이 일본화되어 서글퍼진 그들은 경성협찬회가 추천한 경로와는 상당히 다른 경로로 움직인다. 조선식 회랑을 따라 배치된 전시관들은 그저 지나치거나 잠깐 멈춰서 보았을 뿐이다. 다른 전시관의 전시들 역시 이들에게는 매력 없고 실망스러우며, 보잘 것없었다. 예를 들어 '근대적'인 건강 개혁을 장려하고 '전통적'인 민간요법을 억제하기 위해 만들어진 위생관에서 이들은 검정 커튼 뒤에 있는 것을 보려고 줄서서 대기 중인 사람들의 행렬을 따라 '20세 미만은 출입금지'라고 쓰여진 표지판을 넘어 들어갔다. 사람들로 빼곡한 작은 전시관에서 S씨는 임질과 매독에 감염된 여성 환자 표본의 은밀한 부분을 발견했다.[131] S씨 부인은 그것을 역겨워하며 두통을 호소했고 얼른 참고관參考館으로 가자고 종용했다. 하지만 참고관에 가서도 주 전시물인 로봇에 실망했을 따름이다. 왜 로봇의 귀가 소의 귀처럼 기계적으로 움직이는지 S씨 부인이 묻자, K기자는 "그건 (일본의) 과학이 아직 유치한 수준에서 벗어나지 못한 증표죠"라며 신랄하게 비난한다. 이들은 일본 통치 20년 동안 표면적으로 만들어진 물질적 진보에 실망한 나머지, 내지관에 대해서도 거부감을 느껴서 이 중요한 전시관을 통째로 지나치기로 결정했다. S씨는 통명스럽게 말한다. "이건 지나가죠. 여기엔 볼 만한 (특별한) 건 아무것도 없을 것 같네요."

여러 지역 특설관과 유흥 시설들을 짧게 방문한 후에 이들은 결국 다시 조선관이 있는 중앙 회랑으로 돌아왔다. 하지만 이들 조선관의 전시 역시 매우 빈약하게 설계되어 있어, 교육 수준이 높은 관람객들을 전혀 매료시키지 못했다. S씨는 미술공예교육관美術工藝敎育館의 전시 기법을 두고 관람객이 어느 한 가지에 집중하지 못하게 만드는 매우 복잡한 전시라고 설명했다. 가령 그는 회전식 통계 전시물에 대해서 누구도 그만큼의 인내심을 갖고 기다리기 어려운, 시간 낭비적인 전시라고 주최 측을 비난했다. K기자도 이에 동의하면서, 이런 비효율적인 전시 기법 때문에 관람객들이 좀 더 보기 편한 전시들을 보기 위해 시간을 쓰는 것까지 포기하게 될 것이라고 예견했다. 이들은 사회경제관社會經濟館에서도 비슷한 문제점을 발견했다. 일본의 어느 사립대학에서 정치경제학을 전공한 S씨조차도 진보를 통계적인 방식으로 보여주는 이 난해한 전시물을 해독하는 데 골머리를 앓았다. 이에 대해 기자는 대담하게도 "동화를 홍보하기 위한 전시관"이라고 말하면서, 이 전시관은 명백히 이데올로기적으로 편향되었다고 비판했다.

우습게도 이 세 명의 관람객이 사회경제관을 떠나 잠깐 들른 곳은 조선의 '진보'를 식민지적으로 보여주는 가장 중요한 두 개의 전시관인 산업관 즉 산업북관·산업남관과, 미관米の館이었다. S씨 부인은 산업북관에서 조선인들이 만든 상품들을 보면서 흥분했지만, S씨는 일본제국 안에서 미약한 조선의 경제적 위치를 상기시키며 그녀의 흥분을 가라앉혔다. 좀 더 구체적으로 말하자면, 정치경제학 전공자 S씨는 자기 부인에게 수입 통계의 구체적인 수치를 동원해서 식민지로 수입되는 것들의 가치가 조선에서 생산되는 것들의 가치보다 두세 배 높다는 사실*을 알려줬다. 산업남관에서도 비슷한 상황이 벌어졌다. 이들은 여기서 농업 발전을 진흥하는 공식 기구에서 후원하는 모범 농장을 관찰할 수 있었다. 식민지 농민이라는 거주자의 관점

---

* 다시 말해 가격경쟁력이 없다는 사실.

에서 이상화된 농장의 삶에 관한 전시를 보던 S씨는 빈약한 수확과 관련해 자주 인용되는 비판을 되풀이한다. 농촌의 급속한 발전과 결부되는 다양한 인재人災들을 언급하면서 이 전시에 의문을 표했던 것이다. 한편 S씨 부인은 미관이 농민들의 관심을 끌기에는 여러모로 부족하다며 관료들을 비난했다. 부인의 평가에 따르면, 이 전시관에서 그나마 장점이라고 할 만한 유일한 부분은 "상품을 생산하는 힘"이라고 쓰인 일본어 표지판 아래 전시되어 있는, 찹쌀로 만들어진 제품들의 컬렉션뿐이었다. 전형적인 방식이지만, K기자는 S씨 부인의 의견에 동의하면서, 전시 기법들이 좀 더 효율적이었다면 식민지 관람객들도 박람회에 대한 투자가 그에 따르는 보상을 산출해줄 것이라고 확신할 수 있었을 것이라고 말했다.

전 세계적 공황의 와중에 개최된 조선박람회는 아마도 문화통치의 가혹한 현실과 실제적인 한계를 가장 잘 보여주는 사례였다. 물질적 동화는 상당히 다양한 방식으로 모든 이들의 삶을 향상시키겠다는 보편적인 약속을 제시했다. 하지만 그럼에도 불구하고, 1907년과 1915년 박람회에서도 다르지 않았듯이, 조선인들이 계급, 세대, 성별, 지역에 따라 상당히 다른 방식으로 1929년 박람회에 관여했다는 사실은, 물질적 동화의 매우 불균등한 보상을 암시한다. 1929년의 조선박람회가 제공하는 치부의 가능성을 결국에는 받아들인 조선인 부르주아 엘리트들조차도 식민화된 민족이 제국에서 차지하는 미미한 위치에 대해서는 줄곧 비통한 심정이었으며, 전시관에 발전의 이데올로기가 제아무리 심혈을 기울여 진열되어 있다 할지라도 궁핍한 대다수 조선인들은 그것으로부터 아무런 이익도 얻을 수 없었다. 민족주의적인 조선인 지식인들의 비평에 따르면, 박람회에 구경 온 가난한 조선인들은 경성의 백화점에 가서 고급 상품을 구입하며 무모한 지출을 했고, 소규모 지역 상인들은 애쓴 보람도 없이 결국에는 손해만 보고 말았다. 이들 소상인들의 관점에서 볼 때 이 행사는, '물질적 동화'라는 것이 부유한 투자자들, 즉 일본인 기업의 이익을 위해 그렇지 않아도 희소한 자원들을 더욱더 그들에게 유리한 방식으로 재분배하는 교활한 방식에 불과한 것임을 드러낼 뿐이다. 하지만 식민지 산업에 개별적으로 관여하는 개인들의 실천은, 키스 걸이 보여주고 있듯이, 다양한 배경의 조선인들이 어떻게 박람회라는 장소의 의미를 재조합해냈으며, 심지어 그 장소의 기능까지도 방향을 틀게 만들었는지 드러내어 보여준다. 비록 박람회라는 공간이 조선인들로 하여금 제국 경제 속에서의 종속적 역할을 사들이도록 설득하기 위해 고안된 강력한 장소성을 띠고 있음에도 말이다.

제4장

공중적 동화

주민 생활의 청결과 위생

앞 장에서 살펴보았듯이, 총독부는 박람회와 다른 대중매체를 이용해 근면성을 주입시키고자 했다. 기획자들은 이러한 근면성이 한반도의 경제를 제국의 이해관계에 지속적으로 종속시킬 수 있는 근간이 될 것이라고 기대했다. 당국이 '진보'라는 이데올로기적 메시지를 지속적으로 송출했음에도, 그러한 행사들의 일회적 성격과 축제적 분위기 때문에 대부분의 조선인 관람객들이 식민지적 프로젝트를 지지하는 태도나 그에 필요한 실천을 갖추기는 어려웠다. 제2장에서 살펴보았듯이, 경성신사와 제전에 대한 접근은 제한되어 있었으므로, 신민으로서의 충성심을 바탕으로 '일본인다움'의 정신적 통합을 일궈내려는 제국 본국의 기획에만 의존해서는 식민 당국이 의도하는 '동화'의 목표를 달성해내기 어려웠다. 총독부는 자신들이 고안해낸 조선신궁이라는 강력한 공간을 통해 이 간극을 채우려고 노력함과 동시에, 건강한 식민지 도시를 조성하는 데 기여할 수 있는 —

또는 적어도 그것을 저해하지는 않는— 일상적 윤리를 도시민들에게 장려하고자 했다.

이 장에서는 위생의 증진에 초점을 맞추려고 하는데, 이 주제는 루스 로가스키Ruth Rogaski가 중국의 조약항 톈진天津에 대한 연구에서 적절히 고안해낸 '위생적 근대성'에 대한 연구이기도 하다.[1] 이 기획은 당국자들이 의도한 것도 아니었고, 경성의 모든 주민들에게 받아들여진 것도 아니었지만, 일본이 (서구로부터) 받아쓴 위생 영역에서의 근대적 삶의 규범에 조선인들이 부합하도록 만드는 것이 식민지 주체화의 강력한 기제로 자리 잡게 되었다. 필자가 명명한 '공중적 동화civic assimilation'의 중재적인 역할을 설명하기 위해, 이 장에서는 식민지 공중보건 정책과 전통적 치료술이 교차하는 주된 공간인 경성의 조선인 거주 지역에 초점을 맞추려고 한다. 매년 두 번 실시되는 대청소와 위생박람회, 그리고 위생협회가 주최하는 대중적 행사 등에 식민지인들을 동원하기 위해서, 당국은 조선인 개개인의 보건 행위와 공동체 전반의 건강 증진을 유기적으로 연계시키려고 했다. 여기서 공동체란 가족으로부터 시작해서 마을과 도시, 더 나아가 국가를 넘어서 궁극적으로는 제국 전체까지 포함하는 것이다. 이러한 개선 조치들에 의해 입증 가능한 결과들이 산출되기도 했지만, 이 공중적 동화에 대해서는 방해 요인들도 적지 않았다. 아마도 가장 큰 장애물은 경찰력을 동원해 식민지 대중에게 일본의 위생 활동의 기준을 주입시키게 만든 결정이었다. 당국은 대중이 당국의 결정에 잘 반응하리라고 믿었지만, 정작 식민지 대중은 다양한 형태의 일상적 저항을 통해서 개입하는 법을 터득했다. 제국의 '병든 도시'라는 오명을 뒤집어쓰고 있던 경성에 대한 당국의 치유가 효과를 거두기 시작한 것은 위생적 근대성에 대한 강력한 옹호자들이기도 했던 문화민족주의자들의 활동을 통해서였다. 물론 조선인 다수가 아니라 소수인 일본인 주민들의 보건에 특혜를 부여하는 기조는 내내 유지되었으며, 여전히 서양의학biomedicine*의 치료보다는 한방 치료나 비합법적인 치료술에 의존했던 식민지 하층민들은 일본인 제국주의자들과 조선인 민족주의자들에 의해 전개된 부르주아적 캠페인에서 동정어린 경멸의 대상이 되곤 했다. '동상이몽同床異夢'이라는 상용구는 아마도 이러한 역설적이고도 위태로운 상황을 가장 잘 포착한 것이라고 할 수 있는데, 사실 이 위기는 세기 전환기 제국 정치로부터 기원하는 것이었다.

병합의 노정에서 경합하는 두 보건제도

초기 식민 국가의 위생제도는 조선왕조의 마지막 수십 년 동안 두 개의 통치 권력이 직면한 생체정치적 도전에서 비롯되었다. 전염병이 지속적으로 발병하는 상황에서, 일본 당국은 증가하는 재경성 일본인들의 건강을 보호하고자 노력했다. 1885년 100명 미만에 불과했던 일본인들은 1910년에는 17만 명을 넘어섰다. 같은 시기에 조선인 근대주의자들은 설령 그 효과가 부분적일지라도 도시 하층민들의

---

* Biomedicine은 '생의학'을 의미하지만, biomedicine이 조선에 처음 소개된 당시에는 '서양의학'이라고 통용되었던 상황을 고려하여, '서양의학' 및 '생의학'을 문맥에 따라 혼용하여 번역했다.

비위생적인 관행을 개선시키기 위해 강도 높은 노력을 기울였다.[2] 양측은 조선 사회 전반에 대한 정치적 영향력을 확대하기 위한 방책의 일환으로 도시민의 보건과 위생제도를 활용했다.

일본인 거류민들을 보호하고자 했던 임시 정책들은 서서히 조선인들에게까지 확대되었는데, 이는 조선인들을 개선된 복지를 수혜할 자격을 갖춘 자치적 주체로 본 것이라기보다는 일본인 주민들의 안녕을 위협하는 병인病因으로 간주했기 때문이다. 청일전쟁이 끝난 몇 달 후인 1895년 여름, 조선인 거주지에서 발생한 콜레라가 일본인 거주지까지 침투했다. 이에 대응해 몇몇 부유한 일본인들이 500엔을 투자해 근대적 방역 시설을 건설했는데, 이것이 순화원順化院 터의 효시다.[3] 이러한 임시방편적 조치에도 불구하고, 1902년과 1904년 여름에 전염병이 계속되자 규제 문제가 쟁점으로 대두되었다. 전염병이라는 골칫거리와 싸우기 위해 일본인 거류민 대표들은 추가적 조치를 단행했다. 남대문과 동대문 밖에 오물처리장을 마련하고, 조선인 가정에 분뇨통을 설치하게 하여 배설물을 거리에 무분별하게 방출하는 것을 금지하고, 오물은 지정 수거인이 수거하게끔 하는 등의 조치가 그것이다. 1904년 조선 내 일본인 거류민 회의에서 거류민 대표자들은 일본인 거주지에서 매년 두 번씩 청소를 실시하고, 조선인들에게도 이를 독려함으로써 위생 관리를 체계화하자는 데 의견을 모았다.[4]

도시 위생에 대한 보다 더 체계적인 접근은 1905년 통감부의 법적 보호 아래 거류민단이 위생조합을 설립하면서 시작되었다.[5] 본국의 기관을 모델 삼아, 위생조합은 식민 국가의 본래적인 정책 목표와 지역사회의 위생 상황을 연결하는 중재자 역할을 담당했다. 메이지 일본에서 그랬듯이, 조선위생조합의 지도자들은 공중보건에 대한 기본적인 개념을 전파함은 물론, 개인과 가구 차원의 위생 문제를 환기시키는 데 중점을 두었다. 이들은 경찰과도 긴밀히 협력해 주민들에게 연 2회의 청소 작업에 동참하도록 했고, 전염병의 징후가 나타나면 서양식 의료검사와 치료를 받게 했다.[6] 그럼으로써 위생조합은 앰보 노리오Ambo Norio가 지적한 '이중 감시 구조'의 중추가 되었다.[7] 이러한 규제 시스템을 통해 외부적으로는 순회 의사와 경찰 들이 잠재적으로 비협조적인 거주민들을 의학적 시선으로 바라보게 되었고, 내부적으로는 지역 유지들이 비협조적인 주민들의 위생 생활을 감시하게 되었다.

그러나 이중 감시 구조를 고안해낸 당국의 희망과는 달리, 그것은 도시 내 일본 거류민들에게조차 실제로는 효과를 거두지 못했다. 1909년 또 다른 콜레라로 인해 사망자가 1천여 명이나 발생했을 때, 위생조합의 거류민 대표들은 관리감독 역할의 일환으로 일본인 거류민 가구를 개별 방문함으로써 전염병에 대해 주의를 주고 위생 예방책들을 권고했다.[8] 일부 거류민들은 그들의 권고에 주의를 기울였지만, 훈계조로 씌어진 어느 신문의 표현을 빌리면, "놀라울 정도로 무관심한 개인들"은 자신들의 질병을 무시하거나 조합의 서비스를 거부하기도 했다. 설상가상으로 일부 의료진들은 감염의 징후가 있는 사람들을 치료하는 것에 실패하기도 했다.[9] 결국 지도자들에 대한 보상이 부족한 것에 불만을 품은 거류민 지도층들은 조합 시스템을 철폐하자는 캠페인을 벌였다. 조합이 철폐되지는 않았지만, 거류민 지도층의 이러한 노력의 결과로 이 시스템은 약화되었다. 사실 1910년 식민화 당시 서울에 위생조합은 23개가 있었는데, 1914년 거류민단 해체 직전에는 거의 50개에 육박했다.[10]

북촌에서는 조선인 근대주의자들이 주민 위생자치 프로그램을 제도화하려고 분투했다. 통감부에서는 지역 유지들에게 위생 개혁을 시행할 것을 권장하는 한편으로, 이들의 공중보건 조치들이 통감부의 권위를 약화시킬까 두려워했다. 이러한 정치적 역학은 두 번째 보호조약인 한일신협약 체결 후 몇 개월 뒤인 1907년 10월 유길준 (1856~1914)이 주도적 역할을 한 한성부민회漢城府民會의 운명에서 잘 드러난다.* 메이지식의 계몽운동에 친숙한 문명개화파였던 유길준은 이 조직이 일본 거류민단처럼 자치를 일궈내기를 기대했다. 위생조합이 그랬던 것처럼, 한성부민회는 그 지부에 위생과를 둘 정도로 공중보건에 지대한 관심을 보였다.[11] 하지만 통감부는 이들에게 친일 활동에 전념할 것을 강요하면서 신속히 정치색을 제거했다.[12] 이후 1909년 콜레라가 발병했을 때, 통감부는 한성부민회 본사를 질병예방위원회 회원들을 지도하는 장소로 사용했다.[13] 그럼으로써 점점 더 강력해지는 위세를 뽐내던 이 원형적proto 식민 국가는 그들이 만든 거류민 중심의 공중보건 프로그램을 촉진시키는 한편, 조선인들이 국가와 사회를 중재하는 주체로 스스로를 조직화하는 것을 차단하려고 한 것이다.

경성의 조선인 주민들에 대한 영향력을 확대할 목적으로, 통감부는 한성위생회를 통해서 좀 더 직접적이고 강제적이며 적극적인 위

---

* 한성부민회는 1907년 당시 한성부윤이었던 장헌식이 회장을 맡고 유길준 등 친일 성향의 인사들로 이루어진 자치 단체다. 1907년 일본 황태자의 서울 방문을 환영하기 위해 그해 10월에 만들어졌으며, 이후 국가 의식행사를 준비하는 반관반민 단체로 활동했다. 유길준이 이 단체에 적극 가담하기 시작한 것은 발기인으로 참여한 1908년 이후다. 윤병희, 「한성부민회에 관한 일고찰」, 『동아연구』 17, 1989, 609~632쪽.

생 정책을 만들어냈다. 지역사회의 전문가들과 주민들을 무시한 채, 한성위생회는 위로부터의 권위를 확립했다. 장차 다이쇼大正 천황(재임 1912~1926)이 될 황태자 요시히토嘉仁(1879~1926)는 1907년 한반도를 방문했을 때 한성위생회 설립을 지원했다. 전하는 바에 따르면, 최근의 콜레라 발병을 "걱정하고", 조선의 위생 상황을 "심히 염려한" 요시히토가 3만 엔을 기부해 보다 체계적이고 전방위적인 위생화 작업에 착수하도록 했는데, 이 금액은 당시 한성부 예산의 약 85퍼센트에 해당하는 거금이었다![14] 한성위생회는 본부를 경무청에, 지부를 한성부 내 각 경찰서에 두고, 위생경찰과 협력해 배설물을 수거하고 처리했으며, 오물 소제, 하수관 준설, 공중변소 설치 등도 담당했다. 한성위생회는 쾌적한 도시 환경을 위해 경성의 대로를 따라 흰 버드나무를 심었으며, 당국에서는 이것을 도시의 '허파'를 정화하는 것이라고 표현했다.[15] 지속적으로 창궐하는 콜레라와 전염성 질병에 대한 대응책으로 한성위생회는 검역병원을 설립하고 도축장의 위생 상태를 규제하는 운동을 주도했다. 그러나 경찰이 주도하는 이러한 까다로운 개혁 조치들은 환영받지 못했다.[16] 더구나 이러한 조치들은 매우 가혹하게 이루어져 의사나 여타 전문가들이 독단적인 경찰력을 저지할 수 있었던 본국 도시에서의 시스템과는 차이가 있었다. 1907년 이후에는 위생적 근대성의 장점에 대해 홍보하기 위해 조선인 관료들이 일본인 의사경찰과 함께 동행했는데, 이들은 단지 통역자의 역할을 맡았을 뿐이다. 대중들은 노골적으로 비싼 생의학 치료비와 예방접종비 때문에 경찰 당국에 대해 깊은 불신을 품게 되어, 일부 주민들은 경찰이 치료가 아니라 독살을 하려 한다고 믿기까지 했다.

한성위생회는 일본 본국과 대한제국으로부터 기부금을 받아서 재정을 충당했으며, 결국 1914년 경성부로 그 업무가 이관되었다. 매월 일본인은 8전, 조선인은 2전씩 납부하는 월 위생비 또한 한성위생회의 전방위적 업무를 지탱하는 자금이었다. 그러나 위생비의 월별 징수제로 인해 실질적으로 심각한 타격을 입은 것은 배설물을 농업용 비료로 만들어 생계를 유지하던 거름장수들과 경성부 주민들이었다. 민족주의 언론에서는 이러한 상황을 비판하면서, 조선인들에게 일본인들의 이윤 추구 논리와 가혹한 전술에 맞설 것을 촉구했다. 경성의 불결한 위생 상태가 비위생적인 조선인들 때문이라는 식민주의자들의 주장을 논박하면서, 한 논자는 다음과 같이 상황을 설명했다. "전일에는 거름장수가 날마다 똥을 치워가더니 이제 위생회사에서는 한 달에 혹 한번 혹 두번씩 치워가는 고로 집집에서 똥이 산같이 쌓이메 청결을 실시함이 아니오 오예汚穢를 실시함이라 하고 민원民怨이 낭자하는 도다. … 거름장수들이 똥을 치워갈 때에는 인민들이 돈 한 푼을 허비하지 아니하고 똥은 날마다 밀리지 아니하고 치워가더니 저 위생회사가 설립된 후로는 소위 위생비라 하는 것을 집집마다 2전씩을 강제로 거두어가니."[17]

또 다른 기사에 따르면, 조선인, 특히 도시의 대다수 빈곤층은 이 위생비를 내지 못하거나 내기를 거부해 최대 5엔에 달하는 상당한 벌금을 내거나 가차 없이 최대 열흘에 이르는 구금에 처해졌다. 임시방편으로 한성위생회는 이들 극빈한 조선인들에게 위생비를 강요하는 대신에 그들에게 일본인 노무자들의 3분의 1 수준의 저임금을 지급하고 오물 수거를 시키기도 했다.[18] 경찰은 기습적으로 가정방문하여 위생비 대신에 음식을 압수하겠다고 협박하기도 했으며,[19] 심지어 어떤 기사에서는 경찰이 가난한 지인이나 가족을 대신해 돈을 내려는 조선인을 구타하기도 했다고 보도했다.[20] 한 신문 기사는 경찰의 폭력성을 다음과 같이 묘사했다. "령이 날마다 나메 독촉이 성화같으며, 경찰 관리가 다니며 돈을 바치라 공갈하메 계견鷄犬까지 겁을 내는 도다."[21] 조선인 오물 수거인들에게는 일본인이 분뇨를 독식한다는 것은 이익의 손실을 의미하는 것이었고, 농촌의 소비자들에게는 비싼 값에 적은 양의 거름을 사용해야 함을 의미하는 것이었다. 병합 직전에 한 민족주의 논평가는 다음과 같은 글을 신문에 실었다.

이때에 일인이 설립한 거름회사에서 그 기회를 타서 성 안의 똥을 모두 수집해 성 밖의 농민에게 비싼 값에 파는 도다. 이로부터 몇백만 명 한국인의 똥이 일인의 손으로 모두 넘어가서 몇백만 석 거름의 이익이 일인의 입으로 다 드러가메. … 슬프다. 동포들이여 이 경쟁시대에 나서 생업의 경쟁을 알지 못하면 말라죽기를 면치 못할지니라.[22]

1909년에는 새로운 위생제도가 도입되어 상황을 더욱 교란시켰는데, 한성위생회가 실직한 거름장수들에게 한성위생회의 장비들을 사용해 분뇨를 가난한 농민들에게 갖다줄 수 있게 한 것이다.[23] 이러한 조치는 거름장수들을 달래는 한편, 그들을 식민지 도시위생체계에 편입시키기 위함이었는데, 이 위생체계는 지속적으로 수많은 규제 문제에 직면했다.

심지어 당국이 제도적 개혁에 대한 통제권을 확보한 이후에도 조선인 개개인의 생활 태도를 바꾸는 데에는 훨씬 미미한 성과를 거두는 데 그쳤는데, 바로 이 조선인의 위생 습관도 도시의 위생 상태에 적지 않은 영향을 미치는 변수였다. 한성위생회는 조선인 가정의 열악한 변소 시설 때문에 유해한 결과가 생긴다고 생각했다. 그래서 (반半)식민지인들에게 자기 감시와 자기규율화에 자발적으로 참가하도록 해서 그들의 습속을 개혁하고자 했다. 당국은 도시 전역에 걸쳐, 특히 북촌 지역에 공중위생시설을 설치했는데(1913년까지 79개), 이러한 위생시설을 본다고 해서 식민지 위생 기준에 대한 신뢰나 협력이 수반되는 것은 아니었다. 실제로 일부 조선인들은 새로운 위생 제도가 기대했던 결과와는 전혀 다른 방식으로 공중변소를 사용했다. 한성위생회는 이러한 전술을 전형적인 우월적 어조로 기록했다. "조선인들은 (애초에 보건에 대한 지식이 부족하고 공덕심이 미개해) 변소 문을 부수기도 하고, 훔쳐가기도 하고, 집 온돌에 불을 피우는 데 사용하기도 한다. 소변기에 대변을 보고, 시궁창 바깥쪽에 소변을 보고, 공중변소를 가족의 소유 재산처럼 사용한다."[24] 『매일신보』도 조선인들이 도시의 허파 역할을 하게끔 최근에 식재된 버드나무를 뽑아간다고 보도했다. 이러한 행위들은 조선인들이 가정 난방용 장작을 구하기 어려웠다는 사정을 말해주는데, 엄격하고 생소한 위생 규범을 준수할 것이라는 기대를 여지없이 저버릴 정도로 경제 사정이 절박했음을 보여준다. 이러한 행위를 막고 '올바른' 위생 활동을 유도하기 위해서 당국은 태형을 하거나 3~4엔의 벌금을 물리는 혹독한 처벌을 가했던 것이다.[25]

이처럼 한성위생회는 조선인들의 경제 사정은 외면한 채, 필자가 '대중적 민속지학자'라고 부르는 오키타 긴조沖田錦城, 우수다 잔운薄田斬雲(1877~1956)과 그 밖의 다른 일본인 전문가들이 조선인의 행동을 이해하기 위해 만들어낸 식민주의 담론에 의지했다.[26] 이들 아마추어 기행 작가들은 조선인 문화의 특정 부분—예컨대 「아리랑」과 같은 민속음악—을 강조하면서 편협한 형태의 집단주의 때문에 위생의 자기규율화와 같은 공중도덕이 형성되지 못한다고 주장했다. 한성위생회는 이런 오리엔탈리즘적인 담론에다 숫자의 힘을 보태 조선인들의 행동을 설명하고 정의했다.[27] 매달 수거되는 배설물의 양과 도시인구를 열거하는 표를 통해 조선인 몸과 배설물을 수량화했다. 이로써 식민지 조선인이라는 정체성 안의 다양한 개인들을 비위생적인 생활이라는 하나의 이미지로 획일화시켜버렸다.

한성위생회에 따르면, 위생경찰의 구두 권고 덕분에 경성의 조선인들은 공중보건에 대한 지식을 쌓게 되었고, 그에 따라 위생경찰 병력은 1909년 473명에서 1914년 287명으로 축소되었다.[28] 식민지 문건은 다수가 자화자찬 일색이므로, 이러한 언술은 비판적으로 접근하는 것이 중요하다. 그들이 주장하고자 했던 정치적 현실의 반영이라고 단순하게 파악할 것이 아니라 '지배의 기술'이라는 측면에서 살펴봐야 한다.[29] 실제로 (1910년대 내내 거의 동일하게 유지된) 경찰관과 헌병gendarme의 숫자나, (도쿄에 비해 거의 네 배나 많았던) 경성의 민간인 대비 군·경의 비율이나, 1910년대에 제도화된 전례 없이 많은 경범죄 규칙을 고려한다면,[30] 식민 당국이 강제적이고 설득적인 조치들을 점점 더 복잡하고 정교하게 발전시켰음을 알 수 있는데, 이는 일본인들의 위생적 요구 사항에 대해 조선인들이 지속적으로 회피했기 때문이다. 이러한 조치들을 통해 당국은 일종의 일상생활의 공중도덕 같은 것을 산출해내고자 했으며, 궁극적으로는 그것이 공중적 동화로 나아갈 수 있기를 기대했다.

식민화 초기 일상생활의 공중도덕 만들기

1910년 한반도의 주권을 빼앗은 후, 총독부는 위생 업무를 내무 아문內務衙門 위생국으로부터 경무총감부로 이관했다.[31] 경찰은 공중 보건 제도를 실행할 만한 지식이 부족했으나, 식민지 당국은 예상대로 이 행정조직 개편을 '시세時勢의 차이'라는 것으로 정당화했는데, 이른바 일본인에 비해 낮은 조선인의 문명 수준에 기인했다는 것이다.[32] 이러한 인종차별 논리에 의거해 위생경찰은 "'인민'의 '공동 이익'을 보호한다"는 명목하에 개인의 자유를 제한하는 광범위한 자격을 획득했다.[33] 이러한 악의 없어 보이는 언어는 '천황의 자애로운 시선(일시동인一視同仁)'이라는 평등주의적 이데올로기를 표방했지만, 위생제도는 확실히 식민지 조선인보다 재경성 일본인들에게 특권을 주었다. 당국은 조선인들이 위생적 근대성을 위한 자기규율화의 주체가 되기를 독려하면서도, 국가적 차원에서 조선인 개인 혹은 공동의 복지를 개선하려는 노력은 기울이지 않았다. 당국의 입장에서 볼 때 조선인들은 회피와 은폐라는 일상의 정치를 통해 위생 통치를 크게 저해하면서도, 그들의 목숨이 위태로울 때에는 경찰에 복종하는 사람들이었다.

이러한 역학은 1912년에 제도화된 위생 행사인 마을 청소에서 잘 드러난다.* 매년 봄과 가을 두 차례에 걸쳐 경찰의 지도하에 치러진 청결 사업을 통해 조선인(그리고 일본인)은 당국의 위생 개혁에 적극적인 주체가 될 것을 요청받았다. 세부적인 행동 지침들도 언급되었

---

* 「警務總監部令 第3號」, 『朝鮮總督府官報』 1912년 2월 26일 자.

는데, 각 가정의 집 안팎을 청소하고, 가구들을 햇빛에 소독하고, 축축한 다다미는 통풍시키는 것(물론 떼어낼 수 없는 한국식 마루는 제외) 등을 포함했다. 그들은 또한 주민들에게 우물과 변소, 하수구 등 수인성水因性 질병을 야기한다고 생각되는 시설들을 청소하고 수리할 것을 주문했다. 규제 조항을 덜 구체적으로 만들어서 검사관과 조합 대표들이 배설물과 오물 소제에 대한 다른 규제들을 적용할 수 있도록 폭넓은 재량을 허용했다.[34] 이러한 규제는 객관적으로 '깨끗한' 거리와 '정돈된' 가정을 만들어내는 것을 목표로 했을 뿐만 아니라, 주민들로 하여금 자신의 건강과 지역 공동체의 건강을 주관적으로 연계하기 위한 것이기도 했다. 이러한 연관성에 대해 내무부 위생과 촉탁 의사인 야마네 마사쓰구山根正次(1857~1925)는 1910년의 어느 강연에서 유명한 메이지 시대의 경구를 들어 다음과 같이 설명했다. "위생이라 함은 신체를 건강케 함이니 국민이 개인마다 강건하면 국부병강國富兵强함은 당연한 이치라. …"[35] 대다수 조선인들은 이 제국 수의적 논리를 받아늘이는 것은 고사하고 이해하기도 힘들었지만, 정부 당국은 조선인들이 동리洞里의 청결에 적극적으로 참여함으로써 경찰의 위생 임무를 지지하기를 원했다. 경찰관들은 그들 스스로 개인의 위생이라고 불렀던 영역에 침범하면서까지, 개인, 나아가 공동체의 건강을 책임지는 자기규율적인 개인이 되도록 종종 주민들을 설득하고 강제했다.[36]

　이러한 위생 규제가 가정과 주변 지역을 대상으로 했기 때문에, 조선인 여성들, 특히 소중산층 여성들이 일상의 공덕심을 함양함에 있어서 중요한 역할을 담당하게 되었다.[37] 식민지 관료들은 개인위생 영역의 중심에 가정주부가 있다고 여기고, 그녀들에게 음식 준비와 집

안 청소, 빨래 등에 특별히 주의하도록 충고했다. 『매일신보』의 한 논설 기사가 부르주아 여성에게 상기시켰듯이, "만약 부인 된 자가 음식물에 주의를 태만히 해 부패한 것을 제공한다면 가족이 모두 병자病者됨을 면치 못할 뿐 아니라 의외에 목숨을 잃을 수 있으니…"[38] 가족의 생사가 달린 가정 위생을 강조하면서, 저자들은 중산층 여성들이 이러한 임무를 하인들에게 떠넘기지 않아야 한다고 주장했다. 왜냐하면 이들은 위생 활동에 대한 '적절한' 지식이 결여되었을 것이기 때문이다. 이러한 훈계는 성 차별적인 데다 계급 차별적이기까지 한 것인데, 이러한 차별이 아니었더라면 조선인 개인의 위생 활동은 구별 없이 하나의 집단 정체성으로 묶였을 것이다. 예컨대 1914년 봄 『매일신보』는 사회계층 사다리의 최하층에 위치한 노숙자가 경성의 위생을 위협한다고 보도했다. 길거리에서 그들의 쉼터를 제거하는 공격적인 정책은 성공했지만, 어느 논설의 표현과 같이, 이 "흉물스러운" 개인들은 여전히 도시와 다양한 주민들의 생산력을 상당히 위협했다.[39] 개인의 위생 생활과 더 나아가 도시 주민들의 건강은 공중보건의 가장 기초적인 이해에서 비롯되는데, 일부 조선인 여성들과 대부분의 하층계급의 사람들은 그런 지식이 없다는 것이었다.

공식 기록을 통해 알아내기는 어렵지만, 위생 지식과 위생 활동의 결합은 엇갈린 결과를 낳았다. 식민지 경찰과 지역 관계자들에 의해 주도된 반년 주기의 위생 사업으로 인해 주민들의 삶은 주기적인 집단 청소의 리듬에 길들여지기 시작했다. 예상되듯이, 당국의 보고서는 조선인들이 국가 명령에 따르고 있음을 지적하며 조선인들을 공식 명령에 굴복하는 사람들로 묘사했다.[40] 실제로 경찰 관료들은 식민지인들이 위생 기획에 재정적으로는 저항하지만, 물리적으로는 협조를 잘한다고 명시했다. 반대로 상대적으로 부유한 재경성 일본인들은 집 앞을 청소하는 대신에 쓰레기통을 구매하거나 위생적인 음식 용기를 사는 등 금전적으로 해결하는 쪽을 선호했다.[41] 민족 간 문화적 차이가 있다손 치더라도, 자기규율화보다는 재정적인 제재가 조선인들로 하여금 위생 지침을 따르게 하는 주요한 동기부여가 되었던 듯하다. 그래서 『매일신보』에는 불복종이 초래하는 금전적인 비용에 대한 경고가 종종 등장하곤 했다.[42] 예컨대 1913년의 한 기사에는 혜점동의 식료품 노점상인 조정석이라는 인물의 가련한 운명이 소개되었다.[*] 그는 자신의 점포 앞에 오수를 버리고 하수구에 비위생적인 오물을 버렸고, 이에 대해 경찰이 3엔이라는 무거운 벌금을 부과했는데, 이는 한 달 위생비의 40배에 달하는 금액이었다![43] 1913년의 또 다른 기사에서는 청결하지 못하다고 헌병으로부터 엄한 훈계와 꾸지람을 들은 10명이 지시에 따르지 않자 각각 1엔씩의 벌금을 물게 된 사연이 소개되었다.[44]

　조선인들이 꼭 위생적인 태도를 내면화했다고 보기 어려운 추가적 증거는 그들이 단지 경찰의 압박을 피하기 위해 위생 과제를 수행했을 뿐이라는 신문 기사의 보도를 통해 확인할 수 있다. 그들은 경찰관이 검사를 하러 오기 직전에는 집 앞과 주변을 깨끗이 청소해서 경찰관이 집 안까지 들어오지 않게 하려고 하지만, 경찰관이 떠나고 6개월 뒤 다음 청소에 참여하기 전까지는 쓰레기가 쌓인다고 보

---

* 『매일신보』 기사에 따르면 중부 장통방 혜점동(鞋店洞) 12통 2호에 사는 조정석이라고 나오는데, 중부 장통방 혜전후동(鞋廛後洞)의 오기(誤記)로 보인다. 장통방의 혜전후동은 현재 종로2가 관철동에 해당된다. 서울특별시사편찬위원회, 『서울지명사전』(서울: 서울시사편찬위원회, 2009).

도되었다.[45] 한 신문 기사는 "소위 중산층 계급 이상 생활의 가정에도 춘추 두 계절春秋二季 청결법 시행할 때에만 한하야"라며 애통해했다.[46] 다시 말해서, 집 안 청소로부터 시작해서 자연스럽게 사회 전체에까지 파급되어야 할 위생 활동이, 그저 외견상의 위생 기준 충족 요건을 연출해냄으로써 필요한 공식적 승인을 얻어내기에 급급한 일로 전락해버렸다는 것이다.

이러한 회피 관행을 알아챈 당국은 지역 유지들을 동원해 노동 계층 조선인들이 보다 더 개인위생에 힘쓸 수 있도록 했다. 예컨대 1913년 가을부터 나오는 신문 기사는 도시의 중심 구역인 정선방貞善坊*에 살고 있는 조선인들이 집 앞을 청소하기는 하지만, 가정의 물건들을 바람과 햇빛에 쬐게 하지는 못했다고 전했다. 그 결과, 경찰은 지역 유지들을 동원해서 동리를 순찰하고 주민들이 위생 규제에 따르도록 훈계했다. 지역 유지들도 주민들에게 주기적으로 집 안 청소를 실시할 것을 권고했는데, 특히 연 2회의 청결 기간 전에 청소를 해서 위생경찰의 검사 기준에 맞출 것을 당부했다.[47] 유사하게, 그해 초부터 『매일신보』에 실린 논설에서는 조선인들에게 하수구의 적절한 사용법을 익힐 것을 독려했다. 기사에 따르면 당국에서는 경성부 하수도의 위생 상태를 확보하고자 만전을 기해왔으나, 오수가 가정으로 유입되는 것을 막지 못해 애를 먹고 있었다. 그러므로 조선인들은, 경찰의 지시를 기다리기보다는, 오수로 인해 하수구가 오염되지 않도록 하기 위해 그들 자신과 주변 마을 공동체 사이의 공동의 '이해관계'에 대해 감사할 줄 알아야 한다는 종용을 받았다.[48]

---

* 현재의 종로2가 일대에 해당한다.

더구나 이러한 권고가 뜻하는 바는, 바로 북촌의 비위생적인 상태로 인해 남촌에 해악이 초래될지도 모른다는 계속된 두려움이었다. 이러한 공포가 잘 드러난 일례로 1916년에 종로를 담당했던 일본인 경찰관이 조선인들에 대해 남긴 비평을 들 수 있다. 그는 다음과 같이 썼다. "누군가 (이) 조선인 마을을 걸어가려고 한다면 지독한 냄새에 피까지 섞여 있는 푸르고 누런색의 가래가 끔찍하게 많아 발 디딜 틈이 없음을 깨닫게 된다."[49] 문제는 악취 나는 침으로 뒤덮인 것이 종로만이 아니라는 점이다. 조선인들은 끊임없이 도시의 민족 간 경계를 넘나들면서 남촌까지 체액으로 오염시켰다. 이에 경찰서장은 경찰의 추가 경고문 외에도, 가로변에 침통을 놓는 등 부가적인 위생 시설을 신설할 것을 고려했다. 그러나 결국 그는 위생윤리를 더욱 강화하는 것이 문제를 해결하는 최선책이라는 결론을 내렸다. 다른 대중 민족지학자들과 마찬가지로 이 경찰관도 문화를 오리엔탈리즘적으로 이해했다. 즉, 쾌적하지 못한 온돌 생활과 줄담배, 매운 음식들 때문에 조선인들은 가래가 많이 생기므로 그걸 내뱉어야 한다는 것이다. 공덕심을 반복해서 강조하면서 그는 조선인들이 이런 비위생적인 행위를 중단하고 공식적으로 가래를 없애는 방법을 받아들일 것을 촉구했다. 그는 이러한 자기규율적인 방법을 통해서만 경찰의 위생 업무가 성공할 수 있으므로, 경성부의 위생 업무 예산을 제국 본토의 어느 도시보다도 높여야 한다고 결론 맺었다.[50]

위생윤리를 고취함으로써 공중적 동화를 가동시킨다는 목표의 실현을 가로막는 가장 큰 걸림돌은 강압적이지만 허약한 국가권력과 그로부터 소외된 주변부 지역을 효과적으로 매개할 수 있는 중재자가 없다는 점이었다. 1910년대 내내 위생 업무는 경무총감부의 소관 사항이었는데, 직원들의 전문지식 결여와 인내심 부족으로 도시의 보건 문제는 늘 임기응변적인 처리 방식에 의존할 수밖에 없었으며, 주민들은 늘 재정과 인력의 불평등으로 인한 피해를 감수해야 했다. 경성의 위생시설을 개선하기 위해 경무총감부는 지역의 일본인 의사 협회뿐만 아니라 경찰, 군대, 경성부 관계자들로 구성된 일시적인 위생위원회를 조직했다. 임시 위생위원회는 한성위생회의 관례에 따라 하수구를 새로 만들거나 보수하는 업무 이외에 공중변소와 검역병원의 수를 늘렸으며, 경찰의 점검에 맞춰 조선인들이 집 안팎을 청소하고 청결하게 유지하도록 함으로써 위생윤리를 고취시키고자 했다. 한 기사에서는 전염병이 계속 퍼지는 현상이 조선인 가옥의 빈약한 배치 구조에 기인하는 것으로 생각되며, 이에 대한 '자택요법自宅療法'의 방편으로 이 위원회가 설립된 것이라고 보도했다.[51]

또 다른 문제는 정부 당국이 경찰의 불쾌한 단속으로부터 질병을 감추려는 **조선인** 가정을 효과적으로 감시할 수 없다는 데 있었다. 이러한 회피 행동을 인지한 임시 위생위원회는 조선인 '의생醫生'들로 하여금 증상을 숨기는 개개인들을 보고하도록 했는데, 이 의생이란 서양식 의사에게 훈련받은 무면허 조선인 의료인을 지칭하는 공식적인 용어였다.[52] 병든 조선인 입장에서는, 자신의 증상을 당국에 보고한다는 것은 곧 수갑을 찬 채 가족으로부터 분리되어 낯선 치료를 하는 정부 병원에 격리되어 검역을 거쳐야 한다는 것을 의미했다. 더구나 대부분의 조선인들은 집 밖에서 죽음을 맞이하는 일에 대해 질색했다. 그들에게 집이란 단순히 편안함의 공간일 뿐 아니라, 사후에도 다시 찾아오는 영혼이 위안을 얻을 수 있는 공간으로 여겨졌기 때문이다.[53] 결과적으로 다수의 의생들은 조선인 환자들의 편에 서서 한약을 처방했다. 일본 관료들은 한약이 효과가 없다고 여겼지만, 실제로는 그것이 전염병에 대한 치료의 효험을 지녔을 수도 있다.[54] 1917년의 어떤 놀라운 보고에 따르면, 심지어 이 토착 의료진들은 조선인들이 비교적 강한 내성을 지니고 있었던 이질이나 장질부사(장티푸스) 또는 다른 전염성 질환의 존재 자체를 믿지 않았다.[55] 그 결과, 서양식 의학 치료법을 연구하고 보급해야 했음에도 불구하고,[56] 식민 초기에 300명이 넘은 의생들이 조선인들을 신고하지 않았는데, 그들 중 일부는 3, 4년 동안 전염병을 앓으며 살아온 것으로 알려져 있다.[57] 이 시기 식민지 의료 체계의 발전은 한심한 지경이어서, 1920년까지도 겨우 두 개의 학교에서 100명도 채 안 되는 졸업생을 배출하는 정도에 그쳤다. 1923년 식민지 조선은 1,700만 명의 인구에 서양 의술을 배운 의사가 1,100명도 못 되었으며, 일본 본토에 비하면 그 비율은 15배나 작은 것이었다.[58] 더욱이 통계적으로는 소수인 일본인 거주자가 의료 서비스에 있어서는 다수를 차지했는데, 이는 피식민 조선인들이 토착 임상 의료진을 선호했기 때문이다. 그런데 이 조선인 의료진조차도 조선인들을 소외시키는 불평등한 식민지 위생 체제에 대해 별로 관여할 뜻이 없었다.[59]

조선인들은 가능하면 일본이 주도하는 공중보건 제도에 말려들지 않으려 했으나, 계속되는 질병과 죽음의 재앙으로 인해 국가에 협력하지 않을 수 없는 상황에 놓이게 되었다. 1916년 또 한 번의 콜레라가 한반도를 휩쓸어 1,250명 이상이 죽어갔다.[60] 식민지 당국은 긴급히 북촌을 포함한 경성 전역에 임시 위생조합을 조직했다. 예컨대 종로경찰서장은 자신의 담당 지역을 17개 구역으로 나누고 각 구역에 대표와 부대표를 임명했다. 이들과 함께 100명이 넘는 공무원들을 불러 모아 이 비상 조직의 목적에 대해 지시하고, 그들에게 국가 권력의 팔 역할을 해달라고 주문했다.[61] 신문 기사에서도 1916년 콜레라에 대해 경찰이 적극적으로 대처하고 있다고 보도되었는데, 이 보도는 시민들에게도 전염병 퇴치에 힘을 모아줄 것을 호소하기 위한 것이었다. 한 기사에서는 질병에 대처하는 것을 "전쟁 중 군사행동"으로 묘사하면서 "분연히 떨쳐 일어나 갑옷을 입으라"고 24만 경성 주민들에게 호소했다.[62] 신문에 나온 또 다른 군대식 용어를 빌려 말하자면, 도시의 위생조합은 '여단旅團'처럼 기능했다. 한 신문 기사는 다음과 같이 용감하게 선언했다. "위생조합의 설립은 우리의 무기다!"[63] 이러한 군대식 수사법은 한편으로는 공식적인 보건 정책과 대중들의 몸에 대한 위생 관리를 공고히 결합하기 위한 것이었지만, 다른 한편으로는 경찰이 이들 양자를 연결시키기 위한 제도적 창안물인 위생조합을 홍보하는 매우 강압적인 상황들을 강조하는 것이었다. 1916년 콜레라가 발병하여 야기된 비상 상황으로 인해 조선인들(및 일본인들)이 당국이 마련한 위생 준칙을 준수할 가능성이 실제로 매우 높아졌다. 어쩌면 이것은 많은 생명을 구하는 길로 이어졌을 수도 있다. 그러나 이 상황은 자발적인 위생윤리의 고취라는 국가적 목표 달성을 오히려 저해하는, 전혀 의도하지 않은 효과를 낳았다.

1916년 콜레라가 발병하자, 식민지 당국은 대중강연과 같은 혁신적인 매체를 도입해 위생적 근대성의 일상윤리에 대해 더욱 강조하게 되었다. 사실 위생 강연 그 자체는 그리 새로운 것이 아니었다. 1880년대 이래로, 사찰 승려, 지역 유지, 의학 전문가들이 이러한 강연을 하여 메이지 일본의 무지한 대중들에게 국가가 정한 공중보건에 대한 정보를 심어주었던 것이다.[64] 식민지 조선에서는 통감부 시

〔그림 35〕도로변에서 위생 강연 중인 이동식
캐러밴.『경성일보』1916년 9월 27일 자.

기 후반부터 이와 유사한 활동에 대한 언급이 나타났는데, 강연 내
용을 보면 직접 실행하지는 않더라도, 그러한 활동을 수도하는 압도
적 힘을 지닌 국가의 존재가 드러난다.[65] 1912년부터 경무총감부는
조선 전역의 경찰관을 상대로 위생 강연을 실시했다.[66] 경찰이 주도
하는 노력에 부응하여, 당국은 한정된 몇몇 의료 전문인들로 하여금
대중에게 당국이 추구하는 위생적 근대성에 대한 메시지를 전달하
도록 했다. 1913년 가을,『매일신보』는 동대문 지역의 일본인 경찰서
장 나카지마 노보루中島昇가 주민들을 상대로 대중 위생 강연을 주최
했다고 보도했다. 지역 조선인들이 위생을 소홀히 한다는 보고를 수
없이 접한 나카지마는 야마네 마사쓰구라는 일본의 고위 의사를 초
청해 2천 명이 넘는 남녀를 대상으로 강연을 부탁했다. 공중보건의

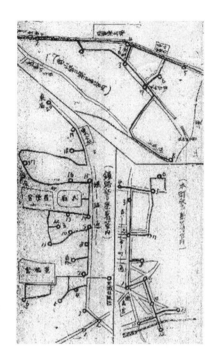

〔그림 36〕 1916년 콜레라 퇴치를 위한 이동식 위생 강연의 위치도. 『경성일보』 1916년 9월 27일 자.

원리를 축음기를 통해 들려준 후, 야마네는 가정에서 쓰레기와 똥을 처리하는 방법 등 실제적인 위생윤리에 대해 강연했다.[67]

　1916년 콜레라가 한창일 당시, 당국은 초기 경성의 위생을 증진시키기 위한 노력으로 새로운 형태의 위생 강연을 실험적으로 도입했다. 조선인들을 경찰서 안팎으로 불러내는 대신, 치명적인 질병에 대한 대처법을 들고 자동차를 이용해 도시를 돌아다니며 주민들에게 가까이 다가갔다.(그림 35) 기관지의 후원을 받은 이 '방역 노상 강연회'는 종로의 20군데, 본정의 열두 군데, 용산의 여덟 군데에서 이루어졌다.(그림 36) 이 순회강연을 통해, 당국은 계급과 성, 나이를 불문하고 그동안 신문에 인쇄되었던 위생에 대한 조언들을 읽을 수 없었던 도시 내 다수의 조선인(그리고 일본인) 집단과 대면하는 효과를 거두었다. 한 신문 기사가 언급했듯이, "귀는 눈보다 빠르다. 여성과 아이들을 포함해, 아무리 바쁜 사람이라도 20~30분간 강연을 들을 수 있다."[68] 비록 단편적이긴 했으나, 지식을 전달하는 이러한 방식은 1916년 전염병 기간에 어느 정도 결실을 맺었다. 노상 강연이 조선인 6만 명을 끌어 모은 데다, 추가로 8만 명이 이 질병의 확산에 대한 방역 대처법을 서면으로 받아보았다.[69] 이 이동식 캐러밴과 보행 부대들에 대해 조선인들이 정중히 인사를 하거나 박수갈채를 보냈다는 결론까지는 동의하지 않더라도, 이들이 가로망을 효과적으로 이용해 위생 도덕을 간단명료하게 전달하는 초석을 다졌다고는 할 수 있다.

이와 더불어 1916년 전염병 발발 당시 주민 위생 강연의 한 방편으로 식민지 당국은 새로운 기술을 이용해 조선인들의 시각에 호소하기 시작했다. 당국의 해설이 더해진 활동사진이 여기에 해당한다. 위생 강연처럼 이 활동사진도 통감부 시절부터 조선인과 일본인에게 위생 지식을 전달하기 위한 기술로 사용되었다. 예컨대 1907년에도 조선인 엘리트들은 정부와 기업 및 보건 관료를 위한 활동사진을 사용했다.[70] 1909년에는 일본 경찰이 400명이 넘는 종로 주민들을 상대로 지역 경찰서에서 나흘에 걸쳐 활동사진을 상영하기도 했다. 당시 활동사진에서는 집 안 청소, 요리에 쓰이는 식수, 요강 설치 등을 다루었다.[71] 이 시기에 당국은 거부감을 줄이기 위해 조선인들에게 일상적으로 친숙한 장소인 파고다공원에서 활동사진을 상영하기도 했다.[72]

조선인들이 쉽게 이해할 수 있고 최소한의 관심을 둘 정도의 개인위생을 환기시키는 노력은 1910년대와 1920년대에도 계속되었는데, 한 가지 방법만으로 청중들의 관심을 유지하기는 쉽지 않았다.[73] 그에 대한 해결책으로, 행사 조직자들은 이러한 교훈적 활동사진에 보다 더 흥미를 유발할 수 있는 요소를 가미하기 시작했다. 예컨대 1920년 4월 경찰관들은 종로에 있는 1천 석 규모의 극장인 우미관 무대에 대단한 구경거리를 마련했다. 청중들을 즐겁게 하기 위해 기생의 춤과 풍악과 같은 기성의 유희거리는 물론, 무성영화와 같은 최신의 시각 테크놀로지까지 도입한 것이다. 바로 이 특별한 회합에서 총독부 관계자는 위생에 대한 활동사진을 보여주면서 설명하기 시작했다. 이 활동사진 상영에 이어서 장티푸스에 대한 교육 영화 두 편이 상영되었다. 그중 한 편은 환자의 집을 소독하는 내용이었다. 조선인들이 때때로 흥미로운 지점에서는 박수를 치기도 했지만, 주최자들은 이들이 질병 예방에 대한 지루한 설명을 받아들이지 않음을 알게 되었다. 조선인들의 주의를 환기시키고자 '화사하게 옷을 차려입은' 기생 여덟 명에게 서양식 춤을 추게 했다. 청중들의 환심을 얻은 당국은 콜레라에 대한 활동사진도 보여주었다. 그러나 조선인들이 채 예방책에 대해 집중하기도 전에 또 다른 볼거리인 바이올린 연주와 또 다른 영화 상영이 이어졌다. 청중은 가득 차 있었고, 위생 강연의 일부로 오락거리를 사용한 것은 성공적인 전략이었을지도 모른다. 하지만 이러한 타협은 일상의 공중도덕을 상당히 비이념적인 대중오락의 형태로 변환시킴으로써 그 메시지를 희석시켰을 수도 있다.

'동상이몽': 식민지 도시의 병을 진단하고 치료하기

비록 식민 국가는 조선인들을 주된 대상으로 삼아 위생의 복음을 지속적으로 설파했지만, 정부 관료들과 의료 전문가들은 이 공중적 동화의 논리에 의문을 제기하는 정보와 맞닥뜨렸다. 보건 당국자들은 『경성휘보』와 같은 월간지에 실린 의학 기사와 함께 최근 통계자료만을 확인하더라도, 덜 위생적인 조선인들에 비해 일본인 주민들이 훨씬 더 전염병 발병률이 높다는 놀라울 정도로 역설적인 사실을 알게 되었다. 1920년에 6만 5천 명을 넘어선 재경성 일본인은 계속 증가해서 1940년에는 15만 명 이상에 달했다. 식민지 당국은 제국 일본의 다른 도시들과 비교해보면서 경성이 '병든 도시'라는 오명을 뒤집어쓰게 된 원인과 대책을 찾으려고 분투했다. 식민자들이 질병에 걸리기 쉽다는 사실을 발견하자, 그렇지 않아도 이미 잘살고 있는 일본인 거주 지역인 남촌에 더욱 불평등하게 공공자원을 분배했다.

조선인 엘리트들은 『동아일보』나 『조선일보』와 같이 새로 창간된 신문을 이용해, 이러한 민족차별적 현상과 일본의 편파적인 정책에 대해 이의를 제기했다. 민족주의적 논자들은 경성이 태생적으로 차별적인 도시라고 확신하면서, 피식민자들의 위생 지식과 도시 위생시설의 인과관계를 주장하는 식민주의자들에게 이의를 제기하기 위한 목적에서 '위생衛生'이라는 공통된 용어와 활동을 사용했다. 서양의학의 혜택에 대해 깊은 신뢰감을 지닌 이들 민족주의 논자들은 조선인 하층민에 대해서 비위생적이고, 개혁이 절실히 필요하다는 부르주아적 견해를 보여주었는데, 이는 식민주의자들의 유사한 견해를 되풀이하는 것이었다. 그렇지만, 식민자들과 위생적 근대성이라는 침상을 공유하고 있음에도('동상同床'), 조선인 엘리트들은 좀 더 공평한 미래를 꿈꾸고 있었다('이몽異夢'). 예컨대 민족주의 논평가들은 조선인들에게 증상을 숨기지 말고 그들 스스로 조사병리학에 응할 것을 열정적으로 주문하면서도, 지역에 위생경찰이 주둔하는 데에는 동의하지 않았다. 부의회의 조선인 의원으로 경성신사 씨자총대의 열성 조직원이었던 전성욱은 공식 출판물의 통계를 통해 그가 '자치自治'라고 부른 것의 전혀 다른 전망을 공유했다. 이 슬로건은 권위주의적 국가에 직면한 지역의 자치를 보호하기 위해 메이지 시대에 사용되었던 언어를 재활용한 것으로, 공중보건 행정에 대한 통제를 되찾고 관련한 자원을 상대적으로 소외된 북촌에 배분하는 것을 목표로 했다. 전성욱과 같은 논평가들은 조선인들의 본성이 비위생적이라는 인종주의 담론을 반박하면서, 가난한 조선인들의 사망률이 높은 주요 결정 요인으로 계급이 어떤 역할을 하는가에 대해 공통된 인식론적 틀을 사용했다. 특히 그들은 조선 대중(그리고 일본인 하위계층)이 본질적으로 더럽다는 인종주의적 논리에 반대했다.[74] 대신 이 논평가들은 식민주의의 소산인 상대적으로 낮은 교육과 빈부 격차로 인해 일본인과 조선인 사이의 위생 관행에서 민족적 차이가 발생하고, 경성의 조선인 거주지에서 위생비 납부에 편차가 생겼다고 주장했다. 문화민족주의자들은 최근의 정부 통계를 인용하면서, 조선인 하층민들이 일본 하층민들처럼 미개하긴 하지만 그런 개혁의 혜택을 가장 많이 받을 것이기 때문에 당국이 보다 평등한 위생복지 정책을 마련해야 한다고 요구했다.

1920년대에 식민지 당국은 의료과학과 조사 통계, 그리고 다른 근대적 행정체계와 같은 최근의 발전 등에 힘입어, 보다 포괄적이고 체계적인 방식으로 경성의 위생 상태를 조사했다. 그들은 특히 증가하는 일본인 거주민들의 보건을 확립하기 위해 이 '병든 도시'의 쾌적함을 정량화하기 시작했다.[75] 1920년대와 1930년대에 발간된 보고서에는 공중보건 문제가 더 구체적으로 다루어져, 전염병 발병 횟수와 질병과 민족에 따른 사망률 등이 적시되었다. 1914년에서 1921년 사이에 출간된 초기 보고서들 중 하나를 통해, 당국은 일본인 거주자들이 지속적으로 식민지 조선인들보다 상당히 높은 비율로 질병에 감염되었음을 발견했다.[76] 예컨대 1919년 일본인은 장티푸스 294건, 이질 190건, 발진티푸스 169건 등 총 776명이 전염병에 걸린 데 비해, 조선인은 장티푸스 119건, 이질 21건, 발진티푸스 21건 등으로 200명만이 발병했다. 1922년 이질 확산에 대한 또 다른 보고서에서 부청의 위생 전문가인 한 저자는 비슷한 발병 패턴을 발견하고, 제한적이나마 그 근본 원인을 규명했다.[77] 지역, 연령, 민족별로 구분해보니 전년도(1921)에 비해 이질 발생이 10배 가까이 증가한 것으로 나타났으며, 그는 이질 발병자 중 25퍼센트 미만이 북촌에 살고 있음에 비해, 거의 50퍼센트가 남촌에 살고 있다고 보고했다. 그는 이런 통계를 근거로 이 질병이 본정의 일본인들 사이에서 처음 발병해, 그 후 종로로 번진 것이라고 추측했다. 그는 조선인들 사이에 감염자가 적은 것은 그들의 면역력이 강하기 때문이라고 결론지었다.[78] 그는 이 현상을 보다 면밀히 분석하기 위해 가능한 원인에 대해 추론했다. 조사자 87명 중 45퍼센트는 다른 가족 구성원이나 이웃과의 접촉에 의해 전염된 것이었고, 36퍼센트는 식음료를 섭취하여 감염된 것으로 나타났다. 오물통의 비위생적인 상태 때문에 감염된 비율은 4퍼센트에 불과했다.

일본 관료들은 점점 더 많은 역학 정보를 관리했지만, 감염의 원인과 경로를 추적하는 데에는 거의 성공을 거두지 못한 채 고군분투했다. 1924년 가을에 발표된 익명의 보고서는 1914년부터 1923년 사이에 발생한 전염병에 대해 상세히 기술했음에도, 그 결과는 동일했다. 조사에 따르면 다섯 건 이상의 발병이 일어난 57개 지역 중에서 단지 아홉 개 지역만이 조선인 밀집 지역이었고, 나머지 발병 지역은 거의 전적으로 일본인 거주지였다. 이러한 수치는 이전의 조사 결과가 반복된 것인데, 저자는 이 불편한 현상을 설명하면서 자주 언급되고 있는 인구밀도와 교통 빈도와 같은 방해 조건에 대한 설명을 빼버렸다. 그로 인해 저자는 어떻게 더 '비위생적인' 조선인 지역에서 더 '위생적인' 일본인 거주지에서보다 전염병 발병이 감소되는지에 대해 설명할 수 없게 되었다. 저자는 신뢰할 만한 근거를 제시할 수 없게 되자, 단도직입적으로 서양의학의 종잡을 수 없는 본질을 탓하는 결론을 내렸다. "내 생각에 전염병은, 본질적으로 변덕스럽다."[79]

정부 당국자들이 질병을 과학적으로 설명하려고 애쓰면서 일본인 전문가들은 '비위생적인' 조선인의 문화적 특성이 전염병의 원인이라고 역설했다. 더 위생적이라고 알려진 일본인 주민들보다도 조선인들이 더 효과적으로 감염을 막을 수 있는 남부러운 능력을 가졌음에도 불구하고 말이다.[80] 예컨대, 1928년 놀라운 보고서가 발간되었는데, 1910년대 이래로 조선인들의 신체 관행이 달라진 것이 거의 없다는 것이었다. 일부 특권층 조선인들이 집 안의 변소 덕분에 배설물을 도로에 버리지 않게 되었지만, 대다수는 여전히 실내 온돌방에 있는 요강을 이용했다.[81] 식민주의자들에 따르면, 위생 상태는 식민

지배와 함께 개선의 조짐을 보였지만, 이러한 노력에도 불구하고 경성은 저자가 말하는 '문화 도시'로 탈바꿈하지는 못 했다는 것이다. 그 결과, 전시장이었던 수도는 불균형적으로 높은 전염병 발생률을 기록했다. 저자는 식민지 조선인들이 계속해서 오염된 물에서 씻고 빨래하고 있음은 물론, 아무 데서나 배변을 보고 있다고 맹비난했다. 조선인들이 상대적으로 감염에 대한 저항력이 강하긴 하지만, 저자는 재경성 일본인들 사이에서 발병 가능성이 높은 전염병을 예방하는 데 도움이 되었을지도 모르는 현지의 관행을 거부했다. 조선인들이 마늘을 섭취해서 질병에 강하다는 이론을 소개하면서 마늘이 위장과 대장에 좋다는 것은 인정했다. 이 전문가는 마늘이 효험은 있지만 불쾌한 냄새를 풍기기 때문에 일본인이 마늘을 섭취한다는 것은 상상할 수 없다고 말했는데, 일본인이 스스로 다른 동아시아인들과 같은 '열등한' 지위로 스스로를 낮출 수 없기 때문이라고 했다. 그는 "만약 일본인이 이것(음식)을 먹는다면, 그들은 역겨운 냄새를 내뿜는 중국인과 한국인처럼 문명인(의 카테고리)에서 제명될 것"이라고 거들먹거리며 말했다.

일본어 신문 또한 북촌의 열악한 시설에 대해 왜곡된 언급만 늘어놓으면서, 조선인들이 그들의 '비위생적인' 습관을 개선하지 못하여 그들 자신의 공중적 동화에 도움을 주지 못한다고 비난하는 경향이 있었다. 1925년 여름, 장티푸스가 발생해 많은 주민들, 특히 인구밀도가 높은 지역에 사는 주민들이 감염되었다. 문제를 해결하기 위해 『경성일보』의 한 기자는 근대도시계획 운동과 밀접하게 관련된 예방조치를 옹호하고 나섰다. 1인당 면적 17제곱미터 미만인 24개의 정町과 동洞을 계산한 다음, 질병이 가족 구성원이나 이웃 주민들에게 전염될 가능성을 줄이기 위해 이 비좁은 주거지를 네 배 더 확장하자고 제안했다.[82] 이후의 신문 기사에서도 부족한 도시위생 기반시설이 장티푸스 확산의 원인일 수 있다고 보았다. 한 신문 기사에서 30만 도시 주민 중 12만 3천 명(41퍼센트)만이 음용수를 이용할 수 있다고 밝혔는데, 수돗물을 사용하는 대부분이 일본인일 것이라는 사실은 언급하지 않았다. 민족에 따른 위생시설의 차이는 암묵적으로만 드러내는 한편, 궁극적으로 저자는 식민지 대중들이 여전히 오염수를 사용하고 있다는 점만 비난했다. 또한 그는 '무지한 조선인'들이 병을 숨겨서 의료 검진을 하려는 경찰들의 노력을 무효화시킨다고 혹평했다.[83] 그는 정부 당국이 조선인들의 위생 지식을 향상시키기 위한 조치를 제도화할 것을 다시 한 번 제안했다. 그들이 보기에 조선인의 위생 지식은 여전히 애석할 정도로 불충분하다고 판단했기 때문이다.[84]

일본어 출판물에서 조선인들에 대한 비난이 지속되는 와중에도, 당국은 경성의 부족한 위생시설이 '병든 도시'의 원인이라는 것을 점차 인식하게 되었다. 장티푸스가 치명적으로 발병한 1925년, 경성부윤인 마노 세이이치馬野精一는 경성의 '문명의 인프라'를 일본 본토의 도시들과 비교하면서, 이 수도의 공중보건 체계에 대한 불만을 공개적으로 피력했다. 그는 과거에 기울인 노력에 대한 좌절감을 토로하면서 다음과 같이 썼다. "우리는 정부 관리자로서 지금까지 상당한 노력을 기울였지만, 그 결과는 우리가 단순 위생 업무에 쏟는 노력만큼조차도 확실하지 않다."[85] 그는 연 70만 엔의 자금을 투입할 것을 공약하고, 공중보건의 개선을 시정의 최우선 과제로 삼을 것을 약속했다. 이 계획에는 이미 125만 엔이라는 천문학적인 예산이 투입된 경성부의 하수도 사업을 완수하는 내용도 포함되어 있었다.[86] 경성부의 민족 편향적 정책을 비판하던 조선인 논평가들은 이 개발을 환영했지만, 경성부의 요금기반 급수제도의 혜택을 누릴 수 있는 사람들은 조선인 인구의 3분의 1에도 채 미치지 못했고, 대다수의 가난한 조선인들은 여전히 우물물에 의존해야 했다.[87]

더구나 오물 처리가 제대로 되지 않아 우물은 지속적으로 오염된 상태로 있었고, 이는 가뜩이나 높은 연간 지출액(40만 엔)을 더욱 압박했다.[88] 1923년의 상세한 통계에 따르면, 위생 관계자들은 하루 총 배설물(34만 937리터) 중에 겨우 절반을 넘는 양만을 수거할 수 있었다. 그 결과, 나머지 배설물(16만 547리터)은 개천으로 여과되었고, 이는 조선인들을 중심으로 질병을 확산시켰다.[89] 경성부윤은 배설물을 더 많이 수거해서 비료로 전환하려고 했지만, 분뇨 수거를 맡은 회사는 늘어나는 인구에 따른 배설물의 증가량을 따라잡는 데 어려움을 겪었다.[90] 1931년까지, 경성 주민 40만 명은 1923년보다 9만 1,999리터가 증가한, 하루 43만 2,936리터의 분뇨를 쏟아냈다. 위생업체들은 가까스로 더 많은 양(1923년 18만 390리터 대비 24만 5,330리터)을 처분했지만, 처분하지 못한 양(1923년의 16만 547리터에서 1931년의 18만 7,606리터)은 가파르게 늘어나, 질병을 옮기는 파리의 문제를 악화시켰다.[91] 주민들이 정기적으로 전염병의 역효과에 시달리자, 마노 부윤의 행정부는 계속해서 전체 연간 예산의 절반 이상을 이 병든 도시를 치료하는 데 쏟아부었다.[92] 게다가 광범위한 납세자로부터 혜택을 받는 본토의 도시들과 달리, 경성 주민은 절반 이상이 납세를 감당할 수 없는 빈곤층이었다.[93] 1925년 경성부윤이 말했듯이, "경성의 인구는 30만 명이라고 한다. 그러나 가난한 조선인

이 그중 3분의 2를 차지하기 때문에, (경성은) 개인의 실제 감당 능력으로 보자면 본토의 인구 10만 도시와 다를 바 없다."[94]

경성의 위생시설을 개선하려는 정부의 시도가 재정의 한계로 인해 무력화되는 동안, 공중변소와 같은 공공시설의 지속적인 부족과 잘못된 사용 때문에, 경성이 제국의 병든 도시라는 오명에서 벗어나고자 하는 노력도 무력화되어갔다. 1923년 발표된 보고서에 따르면, 다수의 주민들(30만 명)이 적은 수의 변소(70개)를 사용하면서 공공시설은 만성적으로 엉망인 상태가 되었으며, 이 상태는 열 명의 직원이 하루 두 차례씩 청소를 해도 소용이 없었다. 설상가상으로 이 보고서는 조선인들이 집에서 쓰려고 변기 의자와 전구를 훔쳐가거나 땔감으로 쓰기 위해 문짝을 떼어간다고 주장하고 있다. 수양단修養團 경성지부 회원들은 이러한 행동이 '공덕심'의 저열한 수준을 방증한다면서, 이 문제를 해결하기 위해 직접 행동에 나섰다.* 매달 세 번째 일요일, 이 수양단들은 부청으로부터 청소 도구를 빌려 두 시간씩 공중변소를 청소했다.[95] 이 단체는 식민 국가의 적극적인 대리자 역할을 자임했지만, 경성부 공중변소의 사정을 개선하는 데에는 조금도 기여하지 못했다. 이는 조선인들이 변소를 청소하는 이 수양단 회원들을 어리둥절한 표정으로 쳐다보며, 심지어 정기 청결 기간에도 변소를 더럽혔기 때문이다.[96]

공공시설을 잘못 사용하기 때문만큼은 아닐지 모르지만 다수의

---

* 수양단(修養團) 경성지부는 수양단조선연합회(修養團朝鮮聯合會) 본부의 경성지부로 일본에 본거지를 두고 있는 사회 정화 단체다. 수양단에 대한 자세한 내용은 다음을 참조. 藤井龜若 編著, 『京城の光華』(京城: 朝鮮事情調査會, 1926).

조선인들이 개인 변소나 기본적인 청소 도구를 구입할 처지가 못된다는 사실도 도시 위생시설의 악화를 초래한 동등한 원인이라고 볼 수 있다. 이에 대해 정부는 매년 250엔의 예산을 할당해서 요강을 구입해, 1913년에서 1928년 사이에 3,700개의 요강을 배급했다. 또한 같은 기간에 1만 5천 엔을 들여 3,600개의 쓰레기통을 장만해 '비위생적인' 가정에 나눠주었다.[97] 이러한 노력에도 불구하고, 많은 가정과 사업체들은 여전히 기본적인 위생 설비 부족에 시달렸다. 1932년 발표된 통계 조사에 따르면, 경성부 가구의 50퍼센트만이 가정에 휴지통을 소유했는데, 4만이 넘는 주택 소유자들은 어떠한 형태의 쓰레기통도 구비하지 않았다. 도시 전체 가구의 80퍼센트는 '적절한' 변소 시설을 갖췄지만, 조선인 밀집 지역은 더 암울한 통계를 보여주었다. 예컨대 본정 지역 가구의 95.5퍼센트가 변소 시설을 갖추었으나, 동대문 지역의 가구는 42.7퍼센트에 그쳤다. 종로 지역은 상대적으로 높은 79.8퍼센트를 기록했지만, 북촌에 사는 1천 가구가 넘는 조선인들은 '불충분한' 변소 시설을 갖추고 있거나 아예 변소가 없었다.[98] 종로에 있던 조선인 상인들도 그런 시설이 부족해서, 지역 경찰관들은 그들에게 즉시 변소를 설치하거나, 설치할 수 없는 이유서를 작성하라고 요구했다. 변소 시설이 부족해서 일어나는 피해를 조사하기 위해 지역 경찰관들은 대중들의 관습에 대한 긴급 조사를 실시했다. 1932년 7월 초에 있었던 나흘간의 조사에서는 144건의 노상 방뇨와 노상 배변이, 165건의 무분별한 쓰레기 처리가 적발되었다.[99] 조선인들의 이런 '제멋대로의' 행동을 고발하지는 않았지만, 한글 신문에서는 북촌의 부족한 기본 위생설비에 대해 우려를 나타냈는데, 이 때문에 도심 거리에 쓰레기가 대량으로 쌓여

있다고 지적했다.[100]

공공자원의 불평등한 분배에 대응하여, 조선인 저자들은 1920년 대와 1930년대에 일본인들이 주도한 위생적 근대성에 다시 뛰어들 었다. 이들은 조선왕조 말기에 한때 공중보건 지도자로 활동했던 인 물들이었다. 민족주의적 저자들은 위에서 아래로 베푸는 유교적 '인 덕仁德' 관념을 환기시키면서, 일부(전부가 아니라) 조선인들이 건강하 지 못한 습관을 갖게 된 것은 일본 당국자들이 충분한 위생시설을 제공하지 못한 데 주된 원인이 있다고 지적했다. 보건 지식과 위생시 설 사이의 인과관계를 뒤집어버린 대담한 반전은 "부府 위생계의 각 성을 촉구"라는 부제가 달린 1921년『조선일보』 사설에서 확인할 수 있다. 도로 확장을 비롯해 도시의 외관을 향상시킨 다른 개선 조치 들의 성과를 인정하면서도, 저자는 인구 과밀화와 주택 부족과 같은 더 긴박한 사안을 해결하지 못한 계획가들을 비난했다. 저자는 경성 의 위생시설이 부족한 것은 조선인의 책임이 아니라고 하면서, 똥오 줌과 오물이 길거리와 집 앞, 그리고 사람들이 몰려드는 지역에 넘쳐 나는 것은 식민주의로 인한 비인간적인 생활환경 때문이라고 주장했 다. 이런 환경을 비위생적이라고 한다는 점에서는 식민지 전문가들 과 의견을 같이하면서도, 그는 그것이 조선인들의 선천적 결함을 반 영한 것이라는 주장은 부인했다. 그 대신에 그는 충분한 시설을 제공 하지 못한 정부에 책임이 있다고 주장했다. 그가 바람직한 해결 방 안으로 제시한 것은 식민화 이전의 유교적 '온정과 덕의'였다. 일본인 논평가들이 주민들의 자기 개선에 천착한 반면, 그는 이 현대판 성 왕의 국가는 그 책임의 중심이 식민지 당국에 있다고 보고, 정부가 일본인 주민만이 아니라 조선인들의 보건 향상을 위해 헌신하고 있다고 조선인들을 설득해야 한다고 주장했다. 이런 맥락에서 그는 당국이 위생비를 더욱 효과적으로 사용할 것을 독촉했는데, 특히 질병에 취약한 일본인들의 예방접종에 엄청난 자금을 쓸 것이 아니라, 이 세금을 조선인 마을의 공중보건을 개선하는 데 투자할 것을 촉구했다. 그는 그러한 행동이 조선인들에게 새로운 신체 행동을 완전히 받아들일 수 있도록 유도하면서 그들에게 큰 믿음을 심어주는 계기가 될 것이라고 생각했다.[101]

민족주의적 논자들은 빈민들에게 위생의 개선을 주문처럼 받아들이기를 권유하면서도, 조선인이 본질적으로 더럽다는 대중적 편견을 극복하려고 노력했으며, 그들은 민족 차별과 계급 차별이 문제의 근원이라고 판단했다. 예컨대 1928년 『동아일보』의 한 기사에서 저자는 식민지 하층민들의 보건 행위는 일본인 정착민들에 비해 현저히 떨어진다는 일본인 전문가의 의견에 마지못해 동의했다. 그러나 그는 곧 흑색선전으로 쓰이는 '조선인이 천부적으로 열등하다'는 담론은 단호히 거부했다. 유교의 영향을 받은 비평가들이 식민지 당국의 태만을 비난하는 대열에 동참했듯이, 이 저자도 불량한 위생은 당국이 적절한 교육의 기회를 제공하지 못했기 때문이라고 비판했다. 민족 간 계급 차별이라는 논지를 강화하기 위해서 그는 자신과 같은 중산층 조선인들은 일본인 부르주아지와 마찬가지로 위생적인 생활 태도를 지녔다고 항변하면서, 조선인이 선천적으로 비위생적이라고 간주하지 말 것을 요구했다. 조선인과 일본인 사이에 차이가 있다면 그것은 결국 교육과 수입의 정도에 따른 것이라는 것이다.[102]

조선인과 일본인의 근본적 차별에 대해 문제를 제기하면서도, 참기 힘들 정도로 열악한 북촌의 위생 상태를 다룬 민족주의자들의 글은 오히려 민족적 범주 의식을 강화시키고 주민들을 도시의 사회 지리 속 어느 한 곳에 고착시키는 결과를 초래했다. 만일 조선인과 일본인 사이에 실제로 이루어지고 있는 보다 복잡한 상호작용이나 각 민족 커뮤니티의 내적 차이가 있는 그대로 드러났다면, 민족주의자들이 가장 힘주어 주장했던 요구 사항, 즉 그들 공동체에 좀 더 건강한 생활공간의 도입을 촉구하는 요청은 약화되었을지도 모른다. 아킬 굽타Akhil Gupta와 제임스 퍼거슨James Ferguson은 이러한 공간의 물상화를 상호 배타적인 문화적 권역으로 묘사한 바 있는데, 도시 행정의 불평등성을 세밀하게 고찰한 연구서들에 담긴 비판적 논의들을 통해 이러한 "권력의 지형적 배치power of topography"론의 매력은 은연중에 증진되었다.[103] 1923년 『동아일보』에 실린 기사는 위생적 근대성에 대한 민족주의자들의 담론이, 과장을 좀 보태자면 어떻게 경성의 공간에 저지선을 만들어 민족 거주지를 분리시켰는지를 드러내 보여주는 사례다. 이 기사에서 저자는 자신이 가장 선명한 지정학적 용어라고 규정한 '국경(민족 간 경계)'에 의해 일본인들과 조선인들이 사는 세계가 분리되어 있는데, 그 분리의 정도는 특히 그들이 처한 위생 조건의 차이라는 측면에서 뚜렷이 나타난다고 주장했다. 민족 공동체를 분할하는 계급과 성, 다른 사회적 역학 관계보다도 훨씬 더 중요한 요인으로서, 피식민 대중들이 부족한 오물과 쓰레기 수거 서비스 및 도로와 하수구의 결손으로 인해 줄곧 고통받고 있다고 주장했다. 그는 또한 당국이 대중에게 이러한 불평등의 실상을 은폐하고 있음을 꼬집으면서 자신과 같이 근심에 찬 조선인들의 비판까지 무시하기 일쑤라고 토로했다.[104]

공공자원의 분배의 형평성을 향상시키기 위해서, 한글 신문들은 경성을 제국의 병든 도시로 낙인찍는 것에 맞서 숫자를 이용한 반대 담론을 형성시키려 했는데, 그 과정에서 이들은 국가에 의해 산출된 통계를 민족 간 불평등을 확인하고 공표하는 데 사용했다. 예컨대 1924년 『동아일보』에 실린 「남북 차별의 실례」라는 기사에는 북촌의 한 동네에 사는 조선인 인구수가 남촌의 한 동네에 사는 일본인 인구수에 비해 훨씬 더 과다함을 보여준다. 남촌에 비해 북촌에서 배출되는 배설물의 양이 약간 더 많고, 오물은 그 양이 훨씬 더 많음에도 불구하고, 그것을 수거해가는 인부와 수레는 일본인 거주지 쪽이 더 많다는 것이다. 이러한 불평등성을 감안할 때, 저자는 과연 당국이 피식민자들이 거주하는 마을의 위생 상태를 개선할 의지가 있는지를 의심했다. 또한 그는 비관적으로 "억만 원의 경비가 늘어난다 하더라도, 억만의 마차와 인부를 부린다 하더라도 북촌 조선인에게는 하등의 실익이 없을 것"이라고 썼다.[105]

조선인 민족주의자들은 위생을 최우선으로 하겠다는 경성부윤의 공약이 일본인 거주자들을 은근히 우대하는 정책에 불과하다고 비아냥거리며 공격했다. 1925년 『조선일보』에 실린 사설에서는 오물 수거, 방역병원, 공중변소, 하수 처리 등에 있어서 식민지인들이 상당한 부족에 시달리고 있는데, 이는 모두 부윤이 처리해야 할 일이라고 주장했다.[106] 다른 논평가들은 조선인 납세자들이 낸 돈을 질병에 약한 일본인 정착민들의 예방접종에 지출하는 부정府政을 비난했다. 경성부윤은 세금을 내지 않는 가난한 조선인들을 비난함으로써 부정의 어려움을 호소했지만, 민족주의자들은 경성부에서 피식민 조선인 대중이 차지하는 압도적 비중을 언급하며 그들에게 좀 더 평등한 정책적 혜택을 부여해줄 것을 요구했다. 1925년 가장 최근의 통계를 인용한 다른 기사에서는 일본인은 시 전체 인구 41만 명 중 8만 명에 불과하거나 20퍼센트도 안 된다고 지적했다.[107] 그럼에도 불구하고, 당국은 여전히 조선인들은 희생시킨 채 일본인들만을 지나치게 우선시하여 계속 특혜를 부여했는데, 이에 대해 한 민족주의적 비평가는 부윤의 위생 정책은 일본인의 자기방어 정책에 다름 아니라고 공격했다.[108]

조선인 필자들은 위생적 근대성의 식민지적 편향을 비판하면서, 일본인들이 종종 간과한 또 다른 지점을 공식 통계를 통해서 제기했다. 그것은 '병든 도시' 경성을 제국 전역의 건강한 도시들과 비교한 것이었다. 즉 일본인 정착민들이 식민지인들보다 더 높은 비율로 전염병에 계속 걸리고 있지만, 이러한 질병은 조선인들에게 훨씬 더 큰 피해를 입히고 있으며, 이들 조선인들 중 다수가 효과적인 치료를 받을 형편이 못되거나 치료를 거부당하고 있다는 것이다. 세브란스병원의 한국인 부원장인 반복기가 1927년에 쓴 보고서에 따르면, 조선은 세계에서 가장 사망률이 높은 나라 중 하나였다. 그는 1917년과 1921년 사이의 통계에 근거해 볼 때, 조선의 연 사망률은 2.43퍼센트로 나타나는데, 이는 각각 2.38, 1.48, 1.4퍼센트인 일본, 영국, 미국 등 제국 열강들의 평균값에 비해 약 0.7퍼센트나 높은 수치임을 보여주었다.[109] 질병에 의한 사망의 경우, 식민지인들에게서 상대적으로 사망률이 높게 나타나는데, 특히 어린아이에게서 두드러지게 높았다. 한 보고서에 의하면, 1920년대 조선의 유아 사망률은 25퍼센트에 육박하는 것으로 추정되는데, 일본(15퍼센트), 독일(10퍼센트), 프랑스(8퍼센트), 영국(7퍼센트)의 사망률에 비하면 상당히 높은 수치다. 조선인 의사 정석태가 1930년 쓴 글에서 조선이 문명국 중에서 가장 높은 사망률과 유아 사망률을 보이는 것을 통탄해하면서, 이런 걱정스러운 수치를 식민 국가의 병들어가는 건강에 연계시켰다.[110] 『동아일보』는 이와 같은 불편한 통계 수치를 적극적으로 보도함으로써 당국이 개선 조치를 실행에 옮기도록 유도하려고 했다. 예컨대 1928년 한 기사에는 그해 10개월간 507명의 조선인만이 전염병에 걸렸다고 보도했는데, 이는 그보다 네 배나 많은 일본인(1,954명)과 비교되는 수치다. 그러나 식민지인의 사망률은 11퍼센트에 이르러 일본인보다 2.5배나 높았다. 사실 1928년 가장 치명적인 질병이었던 성홍열에 감염된 조선인 중 절반에 이르는 사람들이 사망했으며, 일본인의 경우엔 15퍼센트만이 사망했다.[111]

조선인의 높은 사망률에 대한 원인과 치료 방법에 관해서, 민족주의 비평가들은 궁극적으로 당국의 잘못이라고 비난했다. 정부가 가난한 사람들에게 제대로 된 교육 기회와 의료 시설을 제공하지 않았기 때문이라는 것이다. 다수의 민족주의 저자들은 지속적으로 병을 숨기거나 서양의학의 치료를 받기를 거부하는 조선인들의 잘못도 분명히 지적했다. 『동아일보』 논설위원은 다음과 같이 썼다. "장질부사 예방으로 말하면, 첫째, 예방주사, 둘째, 음료수와 채소 기타 음식물의 소독, 셋째, 병자와의 격리가 필요하고 불행히 발병되는 경우면, 즉시 의사의 치료를 받을 것은 물론이거니와 가족과 일반 공중을 위해 단연히 전염병실의 설비가 있는 병원에 입원할 것이니 만일 그렇지 아니하고 병을 은휘隱諱하면 이는 가족과 공중을 무시하는 이기주의자로 타기할 것이다."[112] 이 논평가는 일본인 관료나 전문가들이 즐겨 쓰는 위생적 근대성의 언어를 사용함으로써 개인의 책임을 강조했다. 그러나 대부분의 민족주의 필자들은 조선인들이 전염병의 고통을 겪어야만 하는 불평등한 사회경제적 상황을 강조했다. 한 비평가에 따르면, 식민지에서 사망률이 상대적으로 높은 이유는 병원이 부족하고 치료를 받을 돈이 없는 등 조선인들이 공중보건에 쉽게 접근할 수 없기 때문이었다.[113] 또 다른 논자는 1932년 천연두 발병의 원인을 민족, 계급, 교육이라는 상호 연관된 세 요소의 문제로 돌리면서, 정부가 나설 것을 주문했다. 그의 제안은 다음과 같다. "먼저는 빈곤을 치료해야 할 것이요, 그리되면 다음에 무지와 질병은 퇴치하기 어렵지 않을 것이다. 민족적 빈인貧因을 치료하는 것은 근면이나 절약이니 하는 상약으로는 불가능한 것이요, 오직 국가경륜적 수술이었어야만 될 것이다."[114] 비록 대다수의 조선인 필자들이 보건 문제가 놓인 구조적 조건에 대해 비평을 가하지는 않았을지언정, 그들은 식민지인과 식민자 간의 물질적 불평등을 강조했다. 그렇게 함으로써 도시위생 기반시설을 증진시키는 진일보한 변화를 고취해서 조선인들의 위생 지식과 활동을 발전시키고자 했다. 한 논설가는 다음과 같이 지속적으로 높은 사망률에 대해 설명했다. "조선인의 문명 수준이 아직 발달되지 못하고 위생 관념이 부족하기 때문이기도 하지만, 더 중요한 이유는 시정과 감독 당국이 (제공하는) 위생시설이 부족하기 때문이다."[115]

공중보건 담론의 중첩적 특성에서 착안한 '동상이몽'이라는 문구는 서로 교차하면서 경합하는 두 캠페인의 영향력하에 놓여 있는 조선인 거주지의 위생 프로젝트를 포착해내기에 적절한 사자성어다. 위생박람회, 순회강연 및 다른 의사소통 기술을 통해 총독부와 각 지방 단체에서는 위생 개혁을 문화통치의 전술로 삼아 마을 단위 조선인들의 신체 활동을 위생화 프로젝트라는 식민 국가의 특권적 요구 사항에 묶어두고자 했다. 이러한 식민 정부의 프로그램과 병행하여, 헌신적인 조선인 민족주의자들도 경성을 비롯한 한반도 전역에서 그들 나름의 문화운동을 추진해 나아갔다. 위생적 근대성을 교육계몽의 만능 주문처럼 품은 채, 이 운동가들은 반대편의 식민주의자들이 국민적 신체 강화라는 목표를 달성하기 위해 사용한 것과 동일한 수많은 제도와 미디어에 의존해 운동을 전개했다. 그럼으로써 그들은 치명적인 세균의 확산으로부터 스스로를 보호할 수 있는 공중보건의 기초 지식을 식민지인들에게 심어주고자 했다. 이처럼 조선인 민족주의자들과 일본인 식민주의자들은 '서로 다른 꿈'을 마을 캠페인이라는 '같은 침상' 위에서 구현하고자 했다. 조선인의 사회적 신체의 전망을 둘러싼 경쟁이 활성화되는 가운데에서도, 이 두 가지 움직임은 위생적 근대성이라는 공통의 헤게모니적 척도를 점점 더 확대시킴으로써 그것에 포함되지 않는 치료 행위의 범위를 점점 더 협애하게 만들어갔다.

사이토 마코토齋藤實 총독(재임 1919~1927, 1929~1931)은 그의 문화통치 기획의 일환으로 더 헤게모니적이고 덜 강압적인 행정의 토대를 마련하려고 시도했다.[116] '경찰의 민중화, 민중의 경찰화'라는 새로운 정책을 도입하면서, 당국은 조선인들 사이에서 경찰의 평판이 개선되기를 바랐다. 또한 앞서 언급한 위생조합과 같은 정·동 수준의 규율화 조직에 식민지 엘리트들이 보다 적극적으로 동참해줄 것을 독려했다. 1921년의 훈시에서 경성부윤은 정동총대가 조합장을 맡을 것을 지시했다. 하향식으로 만들어지긴 했지만, 위생조합은 지역 유지들이 운영하도록 했는데, 이들은 식민 국가로부터 책임을 위임받아 주민들에게 지켜야 할 위생 요건에 대한 자문 업무를 수행했다. 가령 주민들은 다음과 같은 규정을 준수해야 했다.

(1) 가옥의 내외와 도로의 청결을 항상 실행할 일

(2) 쓰레기통을 만들고 쓰레기는 반드시 그 통에 모을 일

(3) 집 안에 있는 수채든지 자기 집에서 담당하는 개천을 때때로 잘 치우고 수선하기를 힘쓸 일

(4) 똥통을 만들고 변소를 정결히 설비하고 오줌이나 똥물이 땅에 새들어가지 않도록 할 일

(5) 전염병 비슷한 병에 걸리거든 경찰서에 신고할 일

(6) 일반 위생과 전염병 예방에 대해 지시와 명령이 있을 때에는 이 것을 실행할 일[117]

이 규칙을 시행하려는 과정에서 주민들이 쉽사리 응하지 않아서 조선인 조합장들은 반복적으로 서면과 구두로 경고해야 했다. 예컨대 조합장들이 모인 초기 회의에서 부 당국자들은 수인성 질병과 곤충 매개 질병의 발병을 낮추기 위한 새로운 캠페인을 발표했다. 이를 위해 각 정·동 대표들은 경성의 수도를 청결하게 유지할 수 있도록 주민들이 협조해줄 것을 당부했다. 특히 지역의 중재자인 이들은 주민들이 오수와 쓰레기를 하수구에 버리지 않도록 권도하고, 물길을 청소할 것을 주문했다.[118] 이러한 주의에도 불구하고, 하층민들은 계속해서 쓰레기를 물길에 버리는 등 조합의 규칙을 지키지 않았다. 1928년에 소개된 한 기사에 따르면, 경성의 얕은 하수도에 상당한 오물이 쌓여 있어서 청계천의 물이 도시를 관통해서 흐르지 못했다. 이 문제를 해결하기 위해 정부 당국은 조선인 지역 유지들에게 오물

처리와 관련해 주의하도록 하층민들에게 다시 한 번 당부할 것을 요구했다. 당시 이 사안은 상당히 심각한 정도여서, 조합장들은 각 가정을 방문해서 서면 지시문을 나눠주고, 쓰레기 처리를 위해 쓰레기통을 사용하도록 주의를 주었다.[119]

그러나 조선의 위생조합 대표들이 당국의 정책 시행 과정에 더 깊이 관여하게 되면서 머지않아 깨닫게 된 사실은, 바로 하층계급이 조합비(10전)를 낼 형편이 안 되기 때문에 조합의 대표들이 조합비를 사용해 지역을 돌볼 수 있는 상태가 아니라는 것이었다. 이에 조선인 대표들은, 지역의 불평등한 복지 제도를 개선하는 대신에, 그들이 들이는 노력에 대해 공공자원을 더 지원해줄 것을 요구했다. 예컨대 1923년 4월 경성부협의회에서 앞서 언급했던 전성욱이라는 유력한 유지는 부족한 자금에 대한 문제를 제기하면서, 다수의 무급 조선인 총대들은 그들 지역을 관리하는 비용을 충당할 수 없다고 했다. 또 다른 부의원이 언급한 문제 중 하나는, 자원봉사를 하는 부유한 일본인들과 달리 조선인 총대들은 지역민을 지원할 개인적 자금이 부족하다는 것이다. 이 상황을 타개하는 방법으로 전성욱이 당국에 요구한 것은, 미천한 하인 노릇을 하는 조선인 총대들에게 적절한 보상을 해달라는 것이었다.[120] 처음에는 반대에 부딪혔으나, 결국 그의 주장을 부윤이 받아들여서 각 총대들에게 매달 5엔의 보조금을 지급하기로 결정했다.[121] 이 선례를 계기로 시 정부가 위생조합의 무보수 활동을 지원하기 위해 매달 5엔의 추가 보조금을 배정할 수 있는 기반을 마련하게 되었다. 지역 유지들의 이러한 '승리'는 그들과 국가와의 관계를 더욱 끈끈하게 만들었고, 이를 통해 국가는 위생조합과 더욱 직접적인 관계를 맺게 되었다.[122]

〔그림 37〕 위생조합이 주도한 정기 청
결 사업. 『경성일보』 1934년 9월 20
일 자.

　'민중의 경찰화' 덕분에 조선인 위생조합은 상당한 재정 지원을
받게 되었다. 이에 따라 그동안 순찰경관들이 맡았던 위생 사무를
점차 담당하게 되어, 보다 덜 강압적인 방법으로 실행하고자 했다.
1925년 6월 중앙위생조합연합회가 설립되기 이전에는 경찰관들이
호구戶口에 직접 정기적인 청결 행사의 날짜와 시간을 알리는 포스터
를 붙였었다. 방문 조사 이후에는 순찰관들이 각 호구에 어느 집이
청결도에서 만족스러웠는지를 표시하는 표식지를 붙였다. 경찰이 감
독하고 있긴 했지만, 당국을 설득해 1925년 여름에는 조선인 조합장
들이 정기 청결 사업을 지도했다.(그림 37) 여러 해에 걸쳐, 이들은 조
선인들을 언짢게 했던 그간의 행동들을 시정하고자 했는데, 특히 가
정방문 조사의 결과 포스터를 집 앞에 붙이는 수치스러운 행동들을
고치려고 했다. 대신 그들은 청결 결과를 경찰관에게 보고하고, 경찰
관들은 신뢰할 만한 정보를 얻기 위해 이들에게 의존했다. 중앙위생

조합연합회에서도 활동했던 부협의회 의원인 전성욱은 1930년에 이룩한 이 업적을 위생 자치의 다섯 단계 중 두 번째 단계라고 언급했다. '성공'이라는 표현은, 엘리트 식민지인들이 국가권력의 행정 업무에 얼마나 관여하고 싶어 했으며, 그 권력을 민족주의적인 방향으로 재정립하고자 했는지를 여실히 드러낸다.

조선인 지도자들이 경찰과 조합의 계약 건을 실행하는 와중에도, 그들은 더 강력해진 위생 감시라는 침입적 제도를 따르기를 거부하는 빈민들 때문에 골치를 앓았다. 위에서 언급한대로, 지역 총대들은 정기 청결 사업에 위생 책임을 다한 조선인들의 문 앞에 표식지를 붙이지 않는 것으로 그들에게 보상했다. 대신 위생 규칙을 지키지 않은 세대에는 '공공의 불인가(不認可)'라는 배척의 상징인 빨간색 경고문을 붙였다. 순응하지 않는 개개인을 당국의 기준에 맞추기 위해서 위생조합 회원들은 특별 가정방문을 하기도 했으며, 순순히 따르는 경우에만 빨간색 경고문을 떼어주었다. 위생 자치의 세 번째 단계로, 전성욱은 주민들이 스스로 법규를 지키는 것에 전적으로 의지하면서 이런 감시를 완화시키고자 했다. 이 단계가 지나면, 그가 묘사한 대로, 전염병의 망령이 나타나면 자연스럽게 개개인이 필요한 예방 조치를 하게 되는 문명화된 위생 운영 방식이 나타날 것이었다. 그러나 1931년까지, 하층 조선인들은 아직 전성욱이 제안한 다섯 단계 모델에는 미치지 못했다.[123]

다른 한편, 위생조합들은 극빈자들을 위한 중요 구호품을 제공했다. 예컨대 정·동 총대들은 봄철과 여름철 동안 변소, 쓰레기통, 하수구 소독을 위해 회비를 사용했다. 같은 방식으로, 중앙위생조합연합회 임원들은 가난한 주민들에게 상대적으로 값싼(2엔짜리) 요강을 제공해서 위생적인 배설물 처리를 독려했고, 질병을 옮기는 파리를 잡을 파리채를 주었다. 그들 지역에서 가난한 주민이 아프면, 조합 임원들은 감염된 가정을 위문 방문하고, 가족들에게 음식을 제공하며, 싼 약이나 무료 의료 상담을 주선해주었다. 어떤 경우에는 특별히 관대한 지역 유지들이 가난한 주민에게 의료품을 제공하기도 했는데, 이로 인해 그들 스스로가 태만한 식민 국가의 훌륭한 대안으로 자리 잡게 되었다.[124] 이러한 개입에도 환자가 죽을 경우, 지역 유지들은 장례식을 마련하기도 했다. 처음에는 화장비 마련을 위해 지역 주민들로부터 기부금(각 가구당 10~20전)을 받았는데, 이런 기부금 모금 활동은 족히 일주일이 걸렸다. 병든 시신으로 인해 지역 주민들의 건강이 위협받지 않도록, 이제는 공생 관계가 된 부청 직원들은 의사가 사망진단서를 발급하고 즉각 무료로 화장할 수 있도록 주선했다. 이로써 위생조합의 임원들은 정부 당국의 코디네이터 역할을 맡아, 제국 신민의 통합적이고 건강한 공동체라는 이상과 극빈층이 위생적 근대성이라는 공식 처방을 수혜받기 위해 고군분투했던 현실 사이의 간극을 메워 나갔다.

조선인 조합의 임원들은 지역 활동을 관리하는 것 이외에도, 영화, 전시회, 심지어 연극 등 평등한 위생 복지 정책을 촉구할 수 있는 대중매체의 적극적인 지지자가 되었다.[125] 자신들의 교육적 활동의 일환으로 『동아일보』가 정기적으로 광고해주는 대중 행사들은 대중들을 공원, 광장, 학교로 끌어모았다. 그러나 이러한 행사를 지원함으로써 지역 유지들은 식민 국가가 조선인을 의료 감시의 대상으로 삼을 수 있도록 도와준 격이었다. 당국이 이런 공공장소를 이용한 의료 검진과 무료 예방접종을 통해 식민지 조선인들의 건강을 검사했기 때문

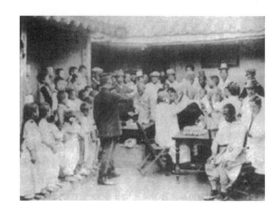

〔그림 38〕 인천에서 예방
접종을 실시하는 모습.

이다.(그림 38)

그 사례로 1922년 하반기에 있었던 대중 행사들을 들 수 있다. 무
더운 여름이 임박해오자 당국은 또 다른 전염병이 발생할 가능성을
우려하고 있었다. 예상치 못한 천연두가 발생함에 따라 경찰은 조선
인 가정에 대한 예방 검진 방문을 실시했는데, 많은 조선인들이 질병
에 걸려 있음을 발견하게 되었다. 더 많은 주민들이 필요한 예방 조
치를 취할 수 있도록 하기 위해 당국은 파고다공원을 포함한 도시
전역에서 위생 강연회와 위생 선전영화 상영회를 개최했다. 6월에 영
화 상영회와 강습회가 개최되었을 때, 당국은 이 기회를 이용해 약 1
만 명의 참석자에게 그 자리에서 검진과 접종을 실시해 그들의 건강
상태를 확인할 수 있었다.[126] 또한 위생 전문가들은 집 안 청소, 쓰레
기 처리, 식생활 건강, 전염병 발병에 대한 안내지를 제공했다. 그들
은 1만 개의 파리채와 병균을 옮기는 곤충을 막는 퇴치제를 나눠주
고, 이 도구들을 가장 잘 사용하는 사람에게 금전적인 보상을 수여
하기로 했다.[127] 또 다른 날에는, 당국이 조선인 조합 임원들을 동원
해 홍보 포스터를 붙이게 했는데, "차가운 물을 마시지 마시오", "씻

〔그림 39〕 1922년의 진
탄위생전람회. 『경성일보』
1922년 7월 24일 자.

지 않은 야채를 사지 마시오", "과식이나 과음을 하지 마시오"라는
문구가 쓰여 있었다.[128] 이 포스터들은 사람들이 많이 모이는 버스 정
거장이나 기차역은 물론이고, 목욕탕이나 극장, 이발소, 시장, 학교,
그리고 회사 곳곳에 부착되었다.[129]

　조선인들을 공식적으로 허가된 위생 활동에 참여시키고 정기 청
결을 준비하도록 하기 위해서 정부 당국은 1922년 여름과 가을 두
차례에 걸쳐 행사를 준비했는데, 『동아일보』에서 자신들의 문화민족
주의 캠페인의 부대 행사로 이 두 행사를 홍보했다.[130] 먼저 오사카
에 본사를 둔 제약회사 진탄仁丹*이 후원하는 위생 순회 전람회를 이
용해 부 관계자들은 그 회사로 하여금 관중들에게 약품을 설명하는
일곱 가지 안내서와 함께, 전염병에 대한 많은 차트와 전시물을 준비
하게 했다.(그림 39) 입장료가 무료인 데다, 논란이 되었던 성병에 감

---

* 모리시타 진탄(森下仁丹)은 1893년 오사카에 세워진 제약 회사로, 지금도 약품과
건강식품을 판매하고 있다. 이 회사의 최초의 주력 상품은 오늘날 우리에게도 널리
알려진 은단(銀丹)으로, 해방 이전에는 '인단/진탄(仁丹)'으로 불렸다.

염된 여성 시체를 전시하여, 진탄 전람회를 찾은 관람객은 첫째 날(7월 23일) 오전에만 3천 명이 넘었다.[131] 두 번째 행사로는 10월에 총독부가 경기도청과 조선적십자사와 공동으로 개최한 또 다른 위생 전람회였는데, 당국에서는 그 개최 비용으로 2,500엔을 할애했다.[132] 예전에도 그랬듯이, 이번 행사에서도 개인위생과 전염병, 성병에 대한 견본, 차트, 사진 등이 전시되었다. 참석자들의 주의를 끌기 위해서 주최 측은 저녁에 영화를 상영했는데, 전시회와 상영회 둘 다 무료입장이었다.[133] 정부 당국이 후원하는 행사였음에도, 『동아일보』는 조선인들이 위생적 근대성을 배우는 좋은 기회가 될 것이라며 이 행사를 홍보했다. 당시 『동아일보』 지면에는 일본 통치하 공중보건에 대한 문화민족주의자들의 비판이 실리곤 했었는데 말이다. 한 기자는 다음과 같이 설명했다. "보통 사람이 보아도 명료하게 알도록 설명서까지 붓치어 위생사상을 선전하는 데에 매우 필요한 전람회이라는데. ⋯"[134]

빈발하는 전염병 때문에 조선인 주민들이 위험한 상황에 놓인 지 10년이 지난 후까지도 『동아일보』는 여전히 정부 주도의 전람회와 영화를 지지했다. 일례로 1933년 총독부, 경성부, 경기도가 공동으로 기획해 16개 동의 건물에 1만 2천여 점의 전시물이 전시되었던 대규모 행사인 질병 예방 전람회를 살펴보자.[135] 8월 9~15일에 개최된 이 행사는 여름철 질병 시기와 우연찮게 겹쳤는데, 특히 치명적인 질병이 돌아 유례없이 많은 주민들이 고통을 받았던 시기였다.[136] 교육용품을 전시하는 것 이외에도 주최 측은 종로 지역 조선인들이 자주 이용하는 수송보통학교 운동장에서 식음료 검사뿐 아니라 무료 신체검사도 실시했다.[137] 새로 제정된 질병 예방 주간의 일환으로 진행된 다른 부대 행사들이 전람회장 바깥에서 벌어져 이 행사의 교훈을 주민과 가정에 전달했다. 여전히 경찰이나 조합 임원들에게 자신의 병을 감추는 조선인들을 찾아내기 위해서 조사단들이 가정을 방문해 가난한 조선인들에게 무료로 약을 주었다. 중앙위생조합연합회는 정기 청결사업의 규칙을 지키기 위해 50명의 노동자를 고용해서 변소 소독을 시켰다. 전시회 관계자는 파리 잡는 날을 정해서 주민들이 해충을 퇴치하도록 했다. 이와 더불어 경찰은 지역과 연계해 거리 청소, 우물 소독, 오물 처리 등의 작업을 진행했다. 긴급 소제 인부掃除人夫가 각 정·동의 주민들을 동원해 정기 청결과 관련된 다른 위생 규정을 실행하는 데 협조하도록 했다.[138]

전시회 및 관련 행사에는 약 8만 명의 관람객이 참가했는데, 그 대부분이 조선인이었다. 이들 식민지인 참가자들의 관점에서 평가할 수는 없지만, 이 행사는 이들 개개인의 신체 건강에 대한 자기규율화에 있어서 (오래 지속되지는 않았을지라도) 즉각적인 효과는 있었던 것 같다. 한글 신문과 당국의 공식 문서 모두에 실린 만족스러운 보고 내용에 따르면, 전염병 질병 예방 주간 동안 700명이 넘는 사람들이 질환으로 인해 사망한 상황이었기에 관람객들은 치명적인 감염의 심각성에 대해 경각심을 느낄 수 있었다.[139] 심지어 훌륭한 조선인들이 병에 걸린 이웃을 지역 경찰서까지 동행해주고, 특히 좋은 사마리아인들은 그들을 응급치료를 받을 수 있는 응급치료실까지 데려다주기도 했는데, 하층민들이 비인간적인 격리를 거부해왔다는 점에서 이 두 행위는 특별한 행위에 속했다.[140] 이와 같이 1933년의 전염병 전람회와 일주일간의 위생 프로그램은 그동안 경계해왔던 조선인들을 마침내 위생 통치의 영역으로 끌어들이는 데 성공한 것 같았으며, 이는 특히 일부 자기규율화에 성공한 개개인들의 도움에 힘입은 바가 크다.

조선인 엘리트들이 이러한 문화통치의 지역 운동에 암묵적이고 때로는 적극적으로 지원해주었지만, 그들은 위생적 근대성의 힘을 빌려 그들 자신의 국가 만들기 프로그램에서 하층민들의 관심을 알게 되었다. 전염병예방전람회가 개최되기 1년 전인 1932년, 중앙위생조합연합회는 4월 말부터 전염성 질병 예방에 대한 영화를 시작으로 그들 나름의 위생 캠페인 시리즈를 조선인 마을에서 실시했다. 주최자들은 수송보통학교에서 첫 번째 영화를 상영했는데, 이곳이 바로 1933년 전람회가 개최될 공간이었다. 이후에는 파고다공원, 사직공원 등 조선인들이 자주 찾는 두 공원에서도 영화를 상영했다.[141] 영화는 질병 예방 지침을 제공했으며 중앙위생조합연합회가 후원하는 5월 2일부터 7일까지의 위생전람회 행사의 홍보 역할도 담당했다. 이 행사는 북촌위생조합의 소관이 된 정기 청결 사업과 시기가 일치했다. 하층민을 위생 개혁의 대리인으로 만들기 위해서, 중앙위생조합연합회는 위생 규칙을 가장 잘 지켜서, 변소, 하수구, 부엌, 그리고 쓰레기통의 청결을 실행한 조선인들에게 일련의 보상을 해주었다.[142] 이러한 노력들은 피식민 대중들도 자기규율화의 주체가 될 수 있을 것이라는 '믿음'이 증가하고 있음을 드러낸다. 사실 그들은 일본인과 조선인 양측 모두의 대리인들에 의한 엄격한 강제 집행에 복종하고 있었을 뿐임에도 말이다.

식민지 정부 당국이 특혜 받은 일본인 정착민들의 건강을 보장하기 위해서 서발턴의 신체를 규율화하려 했던 반면, 조선인 엘리트들은 문화 자치와 민족 발전을 홍보하기 위한 수단으로 위생 관념을 주

〔그림 40〕 경성의우구락부(京城醫友樂部) 위생 순회강연 광고 기사. 『동아일보』 1921년 3월 16일 자.

입시키고자 했다. 그들의 프로젝트는 다양한 형태를 취했는데, 그중 가장 눈에 뛴 것은 순회 위생 강연이었다. 이 행사는 의대생들이 조직했는데, 작지만 영향력 있었던 조선인 의사들이 경성의학전문학교와 같은 식민지 고등교육으로부터 얻어낸 전문지식을 소개했다.[143] 야심찬 젊은 의사들은 자신들의 방학 기간을 이용해 강연회를 개최하고 개인위생의 중요성을 계도하는 활동사진을 보여주었다. 주최 측은 청중들의 관심을 끌기 위해 음악 공연과 다른 즐길거리를 포함시켜서 이 강연을 위에서 언급한 전람회처럼 인기 있는 행사로 만들었다. 이러한 즐길거리를 통해, 조선인 의료 종사자들은 식민지 대중에게 진일보한 위생 관념과 실천이 그들 개개인과 식민화된 국가의 건강에 필수적인 것임을 가르치고자 했다.

『동아일보』에서 후원한 최초의 위생 강연은 1921년 가을에 열렸는데, 새로 설립된 경성의우구락부京城醫友樂部 의대생 및 그 학우들로 결성된 여덟 명의 회원이 수원, 대전, 대구, 부산을 포함한 도시를 방문하면서 지방으로 향했다.(그림 40) 그들의 강연이 경성 주민들을 대상으로 한 것은 아니지만, 이들은 각 도시의 식민지인들을 포함하는 행사 패턴을 창출해냈다. 모든 행사에서, 강연자들은 개인위생과 국가 건강의 발전이 밀접히 연관되어 있음을 강조했다. 『동아일보』 기사는 첫 문장에서 다음과 같이 결연히 언표했다. "한 나라의 문화 정도는 일반 인민의 위생 사상의 엇더함을 보아서 이를 말할 수 있나니 실로 민족의 흥망성쇠가 이에 달리었다 하여도 과언이 아닐 것이라."[144] 지방 도시들을 순회하면서 조선인 의대생들은 자치를 추구하는 하나의 민족 집단으로서의 식민지인을 연결하는 문화적 유대를 강조했다. 이와 동시에 그들은 건강한 국가라는 신체를 증진시키기 어려울 정도로 심각한 대중의 무지에 대해서 알게 되었다. 대구에서 강연에 나선 한 연사는 무지한 조선인들의 문제를 제기하면서 상황을 다음과 같이 설명했다. "조선 사람 지식이 박약함을 따라 위생 관념이 없다. 그러고 보니 전염병이 한번 나기 시작하면 감당을 못한다. 우리도 남과 같이 살라고 하면 위생의 관념이 발달되어야 된다."[145] 그들의 활동을 묘사한 서술에서 이 엘리트 강연자들은 '민족의 영웅'으로 소개되었는데, 미개한 대중이 스스로 일상의 위생 활동을 개선시키도록 이들이 충성으로 헌신한 것이었다.[146] 이러한 활동을 통해서 조선인 의사들은 조선인들이 굴종해야 할 대상인 일본제국을 폄하하고자 했다. 비록 그들이 자신의 민족 국가 만들기 프로젝트에 식민지 대중을 끌어들이기 위해서, 일본이 사용하는 위생적 근대성과 공통된 의제agenda를 이용했음에도 말이다.

10년 넘게 조선인 의대생들은 정기적인 시골 방문을 지속하면서 농촌 주민들에게 그들의 충고를 따르고 식민화된 국가의 건강을 위해 헌신할 것을 당부했다.[147] 동시에 경성 주민들도 강연의 대상으로

〔그림 41〕 1924년 유린회의 위생 강연. 『동아일보』 1924년 6월 9일 자.

포함하기 시작했다.[148] 경성 주민들은 제국의 전시장이었던 수도에 살았기 때문에 지방에 거주하는 조선인들보다는 위생적 근대성에 더 많이 노출되어 있긴 했지만, 불평등 때문에 고통을 겪고 있었다. 경성의학전문학교의 조선인 졸업생들과 학생들은 도시민들에게 실질적인 정보를 제공하기 위해 유린회有隣會를 결성했다. 회원들은 많은 활동을 했는데, 그중에는 전염병의 예방과 치료 같은 문제들에 대한 정기 강연회도 있었다.(그림 41) 그들의 활동은 위생조합의 활동과 명백히 중복되는 면이 있었고, 따라서 이들은 당국의 위생 통치 체제에 암묵적으로 따르는 듯 보였다. 하지만 이 조선인 의대생들은 ―그중 일부는 3·1운동에 참여하기도 했는데― 그들 자신의 민족주의적 의제를 홍보하면서 식민지 정부와 비판적 거리를 유지하려고 했다.[149] 그들이 선택한 강연 장소가 경운동에 있는 천도교회관이었다는 점은 이러한 민족주의적 입장을 반영하고 있다. 3·1운동의 원동력이었던 천도교는 19세기 말 동학농민운동에서 시작한 토착 종교로, 『개벽』과 같은 출판물을 후원하면서 1920년대 문화운동의 중심역할을 자임했다. 「국가 위생에 대하여」나 「의학으로 본 식민지 조선」과 같은 학생 강연회의 주제들은 행사 주최 측의 관점을 크게 반영한 것이다.

식민지 당국과 마찬가지로, 조선인 의대생들도 그들의 메시지를 전달하는 행사에 대중의 관심을 끌기 위해 종종 대중적 볼거리와 새로운 시청각 자료를 사용했다. 예컨대 1924년 봄의 위생 행사에는 솔로 성악 공연과 바이올린 공연이 있었다. 또한 금강산의 풍경을 보여주는 영화를 상영하기도 했는데, 금강산은 이광수를 비롯한 문화 민족주의자들이 일본인 여행 회사들의 침략적 사업으로부터 탈환하고자 했던 민족적 성지였다.[150] 이 행사는 조선인들을 끌어들이는 데 성공하여, 200명의 여성을 포함해 약 600명의 관중이 모였다. 이러한 관객의 높은 참여율에 고무되어 한 기사는 하층 조선인들의 위생 태도가 극적으로 개선되었다며, 이 행사를 성공적이라고 평했다.[151] 이 강연들의 높은 인기 덕택에 유린회는 이웃 도시인 인천에서도 행사를 개최했다. 물론 볼거리에 매혹된 것이었겠지만, 청중들은 쏟아지는 비에도 아랑곳하지 않고 「의학과 법의 관계」, 「문명과 위생」 같은 사뭇 진지한 강연을 들었다. 지난번과 마찬가지로 주최 측은 엔터테인먼트를 함께 기획했는데, 오케스트라 공연, 바이올린 연주, 만돌린 연주, 솔로 성악 공연 등을 무대에 올렸다.[152] 식민 정부가 사용한 기술들을 받아들여, 조선인 의사들도 이렇게 모인 군중들을 대상으로 무료로 상담을 하고, 전문 의료인들은 관람객들의 건강을 검진했다. 경성과 인천에서 성공적으로 강연을 마친 열혈 강연자들은 다른 도시를 방문하려고 했으나 경찰이 급작스럽게 개입해 그들의 다음 행선지 이동을 막아섰다. 이들은 단념하지 않고, 다음 해인 1925년 조선 전역에 걸쳐 수백 명의 조선인에게 위생 강연을 실시했다.[153] 1930년 말까지 유린회는 『동아일보』의 후원을 받아 대중 강연을 지속적으로 개최해 식민지 대중들로 하여금 식민 지배하에서 건강한 국가를 만드는 험난한 프로젝트에 동참하도록 했다.[154]

　비록 문화민족주의자들이 식민지 당국에 의해 개발된 기술들을 자신들의 목적을 위해 재사용하는 데에는 성공했지만, 진행형인 식민지 조건에서 그들이 성취할 수 있는 목표의 측면에서는 심각한 불이익을 감수해야 함을 알게 되었다. 공중적 동화는 문화통치 아래에서 전개된 덕분에 조선인 엘리트들이 그것을 어느 정도 재분류하고 재인용하는 것이 가능했다. 그러나 시간이 지나면서, 일제 당국은 '병든 도시'를 완전히 치료하기 위해서 문화통치에서 점차 더 강력하고 중앙집권적인 조치들로 전환했다. 1928년 이래 가장 치명적이었던 1935년의 전염병 사태에 직면하여, 식민지 당국은 확장된 경성부를 그들이 '위생적 도시'라고 부르는 공간으로 전환시키는 새로운 캠페인을 발표했다.[155] 이 캠페인의 일환으로, 그들은 일본 본토에서 들여온 소득기반세를 부과하는 법을 제정했는데, 이 법은 오물 처리를 위해 모든 가구에 적용되었다.[156] 조선인 민족주의자들이 요구했던 정책의 평등한 분배 대신에, 당국은 전 주민이 총독부의 개혁에 재정적으로 동참할 것을 강요했다. 경성의 위생 문제에 대한 재정적 부담을 조선인들에게 떠안긴 데다, 1910년대를 연상시키는 일부 가혹한 조치들을 부활시켜 주민들이 위생 규제에 따르도록 했다. 예컨대 1936년 「오물소제령」을 통해서 당국은 집 안 청소를 제국의 신민으로서 반드시 지켜야 하는 의무로 만들어버렸다. 위생조합이 주민들에게 연 2회의 정기 청결 규칙을 지킬 것을 설득하는 것에서 더 나아가, 부청은 불응하는 개인들의 가정에 소제 인부를 파견해 위생

처리를 하면서, 이들에게 조합세를 지불하도록 강요했다.[157] 일본이 중국과 장기적인 적대 관계에 접어드는 1937년에 이르기까지 도시 주민들은 서서히 새로운 시대의 삶을 맞이했으며, 그에 따라 지역 주체들이 공중적 (또는 다른 어떤 형태의) 동화라는 용어들을 재조정할 여지가 줄어들기 시작했다. 경성이 도시 공간의 전례 없는 대전환을 겪게 되는 이 시기는 도시가 전시체제에 접어드는 시기인데, 다음 장에서 살펴보게 될 것이다.

제5장

황국신민화

전시체제기 도시 공간의 재편

아시아태평양전쟁(1937~1945)*의 발발과 더불어 제국 일본이 급격히 팽창하면서 경성의 도시 공간은 유례없이 극적인 방식으로 변화했다. 도시계획 연구자들이 밝힌 바와 같이, 교외 지역 통합안이 실현됨에 따라 도시 규모는 세 배 이상 커졌다. 그 결과 1936년 약 37만 5천 명이었던 경성의 인구는 1942년에는 110만 명을 넘어서게 되고, '대경성'은 일약 일본제국에서 일곱 번째로 큰 도시의 반열에 올랐다.[1] 그 와중에 전시 동원 체제의 긴급조치들로 인해 식민지 조선의 사회적 풍경은 중요한 질적 전환을 겪게 되었는데, 그것은 제국 일본이라는 지리적 실체에 더욱 종속적으로 통합되는 변화였다. 필자는 이러한 전환이 다음과 같은 두 가지 상호 연관된 과정을 통해

---

* 일반적으로 '아시아태평양전쟁(또는 '태평양전쟁')'은 1941년 12월 7일 일본군의 진주만공격에서 시작된 것으로 보지만, 이 책에서는 1937년 7월 7일 중일전쟁의 발발을 그 시작점으로 보고 있다.

이루어졌다고 주장할 것이다. 첫째는 신구新舊의 모든 성역聖域들이 다양한 공간적 차원에서 재편되었다는 점이고, 둘째는 비록 불균등할지라도 피식민 조선인들(과 재조선 일본인들)의 의식에서 군국주의 제국의 충량한 신민 의식이 확산되었다는 점이다. 가장 친숙한 곳에서 가장 낯선 곳에 이르기까지 이러한 동일시의 동심원적 과정은 가정과 도시의 차원에서 출발하여 한반도의 다른 성소聖所들로 확산되었으며, 이들 공간은 일본제국이 아시아대륙에서 새롭게 획득한 거점지를 포함하게 되었다. 전시기 관료들이 '해외 식민지'라기보다는 '외지外地'라고 부른 제국 일본의 해외 지역들 간의 새로운 연계는 점점 더 멀리까지 확장되어 '본토'라기보다는 '내지內地'라고 불린 공간을 둘러싸게 되었다.[2] 제국의 명명법과 지정학 양 측면 모두에서 이루어진 이러한 전환은, 다카시 후지타니가 주장한 바와 같이, 조선인이 전례 없을 정도로 식민 국가의 생명정치적 관심의 대상으로 포함되었음을 보여준다.[3] 하지만 그 대상은 전쟁의 노역에 참여시키기에는 지나치게 성급하게 호명되고 불충분하게 훈련된 신체들이었다.

전시체제기 제국과 경성의 삶의 공간에서 일어난 이러한 전환은 조선인들의 내밀한 일상까지 둘러싸게 되었는데, 바로 그것이 '황국신민화皇國臣民化'의 과정이다. 필자는 이 장에서 그 전환의 과정을 고도로 잘 짜여지고 능수능란하게 조율된 황민화의 중핵적 기능이자 동시에 배후 추동력으로 설명하고자 한다. 앞서 설명했듯이, 동화는 식민 통치 전반기 25년 동안 다양한 정신적·공중적·물질적 형태를 통해 (다소 모호할지라도) 중심적인 이데올로기로 기능해왔다. 1937년 중일전쟁의 발발과 더불어 황국신민화는 동화를 식민지 체제 말기의 새로운 균질화 원칙으로 포함하기 시작했다. 이 원칙은 제국의 모든 주체들, 특히 피식민 주민들로 하여금 천황제의 충량한 종복從僕이 될 것을 요구했다.[4] 평등주의적인 미사여구와는 달리, 황국신민화는 모순적이고 차별적인 프로젝트였다. 특히 조선인들은 그들의 체제에 대한 충성심을 증명하기 위해서는 유난히도 불평등하게 부과되는 의무와 맞닥뜨리게 되었다. 체제는 물질적이고 상징적인 모든 차원에서 일본인 주민에게만 특권을 부여하는 방식을 지속했다. 황민화로 인해 민족 간 구분이 붕괴되면서 놀라울 만치 광범위한 영역에서 다양한 반응이 일어났지만, 그 모든 반응들이 전시체제의 동화 논리에 부응하는 것은 아니었는데, 그것은 이러한 모순이 지속되고 있었기 때문이다.

많은 조선인들—특히 청년 학생들, 군 입대자들, 그 밖에 국가권력과 긴밀한 관계를 맺은 다른 사람들—은 황국신민서사皇國臣民誓詞 낭독이나 신토의 신사참배와 같은 충량한 신민으로서의 의무를 수행해야 했는데, 일부 사람들은 놀라울 정도로 열정적으로 그것을 수행하기도 했다. 이들과는 대조적으로, 민족주의적 입장의 지식인들과 같이 통계적으로는 소수에 불과하지만, 개신교도들은 신사참배를 비종교적인 것으로 간주하여 받아들이라는 총독부의 입장에 대해 강력히 도전했다. 개신교에서는 신사참배가 도저히 수용할 수 없는 우상숭배의 한 형태라고 생각했기 때문에 총독부의 요구를 거부했다.[5] 그보다는 덜 눈에 띄지만 동등한 중요성을 띤 것으로 가정의 '신토화'에 대한 반대 움직임을 들 수 있다. 가미다나神棚에 대한 참배를 거부하는 것이나 이세신궁의 부적大麻(다이마)을 폐기하는 것 등이 이에 해당한다. 그 밖에도 궁성요배宮城遙拜가 강요되었을 때 의뭉스럽고 개인적인 방식으로 가볍게 이를 거부하는 행위들도 있었다.

예를 들면 어떤 이들은 신토와 관련된 일본식 의례가 아니라 큰절과 같은 유교적인 조상숭배의 방식으로 궁성요배를 행하기도 했다. 그런데 식민 국가는 이러한 황실 숭배의 이례적인 실천까지도 대동아공영大東亞共榮 이데올로기를 선전하는 미끼로 활용했다. 따라서 전시체제기의 무차별적인 민족융화 프로젝트에 대한 사소한 저항들을 발굴해내고 분석하기란 그만큼 더 어려운 일이다.

황국신민화의 미시 정치를 파악하기 위한 선행 요건으로, 이 장에서 나는 신체적 수행遂行(performance)의 중심성을 강조할 것이다. 여기서 수행이란 그것을 지켜보는 사람들에게 그 효력을 확신시키기 위해서 행해지는 특정한 종류의 실천을 말한다. 한편으로, 이러한 수행 개념은 전시체제기 일본제국에 의해 신성화된 장소에서 피식민 조선인들이 행한 과장된 경배 행위를 설명하기 위한 것이다. 다른 한편, 그것은 식민 정부 당국자들이 이러한 행동들을 말기 식민지적 합리성(나는 그것을 본질적으로 계산적 특성을 띤 것으로 볼 것이다)에 따라서 어떻게 평가했는가에 대해 설명한다. 다시 말해서 당국자들은 전시체제하에서 신민들의 충량한 행동이 늘어나고 있음을 보여주기 위한 척도로서, 궁극적으로 통제 불가능한 질적인 변화의 편리한 대체물로서 통계적 수치가 증가하고 있음을 사용했다. 그러나 신토에 대한 비판자들이 이미 오래전에 지적했듯이, 조선인들의 외견상 경배하는 행동들을 세밀하게 들여다보면 황국신민화의 훨씬 더 지저분하고 덜 순종적인 현실이 드러난다.

팽창하는 제국의 성역과 전시기 식민지 조선의 위상

아시아태평양전쟁이 중간 지점에 가까워진 1940년, 일본제국은 그 2600주년을 기념하는 거창한 축하행사를 벌였다. 전전戰前 시기 일본의 국가 이데올로기에 있어서 태양신 아마테라스의 후손인 진무천황神武天皇은 기원전 660년에 백성들을 다스리기 시작했으며, 그의 핏줄은 현재의 천황인 히로히토裕仁(1926~1989)까지 명맥이 끊이지 않고 이어졌다는 것이다. '제국'이라는 민족국가의 공식적인 이야기는 강제된 교육과 잦은 스펙터클을 통해 반복적으로 주입되었기에 1937년 중일전쟁이 발발할 즈음에 이르면 내지에 거주하는 대부분의 일본인들은 이 이야기와 완벽하지는 않더라도 밀접한 관계를 맺게 되었다.[6] 1940년 한 해 동안 일본 열도 전역에 걸쳐 총 1만 1천 번의 기념행사가 열렸는데, 이를 통해 일본인들은 제국의 성소에 직접 방문하고 그것에 대해 얘기할 수 있는 더 많은 기회를 얻게 되었다. 이 기회란 케네스 J. 루오프가 "제국이 만들어진 순간을 해독해낼 수 있는" 장면으로 묘사한 것의 일부에 해당한다.[7] 그와는 대조적으로, 공립보통학교 진학률이 20퍼센트 미만에 불과했던 조선인들은 일본인들에 비해 일본제국의 역사와 관련된 신화적 장소에 실제로 방문할 기회가 훨씬 적었음은 물론이거니와, 그것에 대해 알 수 있는 기회도 훨씬 적었다. 예컨대 1940년 1년간 가시하라신궁橿原神宮(진무천황이 황위에 오른 장소)에 방문한 총 120만 명의 노동여단 '지원대' 가운데 한반도에서 찾아온 사람은 겨우 4,676명(0.4퍼센트)에 불과했으며, 그마저도 대부분은 일본인 중간계급에 속한 사람들이었다.[8] 이처럼 제국의 성소들은 사람들로 하여금 '성전聖戰'으로 치장된 유혹에 동참하도록 작동했는데, 피식민 대중들은 이제 막 이러한 작동 방식의 시작 단계를 경험했을 뿐이었다.[9]

1940년 한반도에서 벌어진 약 2천 건의 행사는 이처럼 점점 더 통합되어가는 제국 체제의 신민 의식을 피식민 조선인들에게 확산시키기 위한 전례 없는 기회로서 실행되었다. 그럼에도, 전시체제의 평등주의적 수사는 예측하지 못한 모순과 해결할 수 없는 딜레마와 마주치게 되었다. 주목받는 조선인 대표 인사들로 구성된 일부 선택된 그룹은 이 행사들에서 '경건한' 애국자로 등장했지만, 아이로니컬하게도 당국의 통제하에 있는 미디어에서는 '황국신민'의 주된 모델로서 일본인 정착민들의 의심할 여지없는 충성심을 강조하는 경향을 띠었다. 이는 민족성이 완전히 폐기할 수 있는 범주라는 생각을 약화시켰다. 흥미로운 것은, 1940년의 기념행사를 치르면서 전시기 국가도 문맹이거나 언어적으로 동화되지 않은 조선인들을 계도하는 주된 매체로 압도적으로 '국어(일본어)'와 관제 출판물인 『경성일보』를 사용했다는 점이다. 그렇게 함으로써 당국은 이들 조선인들의 감정이 매체를 통해 표현되는 것을 통제하고자 했다.

9월과 10월의 대부분 기간 동안 130만 명 이상의 군중이 참석한 경성대박람회는 특히 제국의 성소들을 하나의 스펙터클한 공간 위에 압축시켜냈다는 점에서 이들 행사 가운데 가장 인상적인 것으로 볼 수 있다.[10] 이 기념비적 행사를 위해 당국자들은 이전까지 박람회가 가장 빈번히 개최된 장소인 경복궁으로부터 상당히 떨어진 교외 지역을 선택했다. 설계자들은 그들의 미래주의적 모토를 새겨 넣을 수 있는 장소로 왕십리 인근에 위치한, 현재 개발 중인 지역을 활용했는데, 이 모든 것은 피식민자들이 천황가와 더 친근감을 느끼

〔그림 42〕 팔굉일우(八紘一宇)의 이념을 형상화한 박람회 탑. 『기원2600년 시정30년기념(紀元2600年始政30周年記念): 조선대박람회 개관(朝鮮大博覽會の概觀)』, 1940, 20쪽.

도록 유도하기 위한 것이었다. 박람회장 중앙 회랑의 중심부에는 '팔굉일우八紘一宇(세계를 지탱하는 여덟 개의 기둥을 한 지붕 아래 통합한다는 뜻)' 탑을 건립했는데, 이는 나라奈良 시대(710~794) 진무천황의 영토 통일을 떠올리게 하는 전시 슬로건이었다. 이 탑은 최근 미야자키宮崎(고대 휴가日向)에 건립된 37미터 높이의 기념물을 절반 크기로 복제한 것이었다. 공식적인 전설에 따르면, 미야자키 지역은 아마테라스의 손자인 니니기瓊瓊가 하늘에서 내려온 곳이자, 그 후 니니기의 3대손인 진무가 동진하여 야마토大和에 그의 새로운 권력 거점을 만들기 전까지 3세대에 걸쳐 일본 천황가가 머무른 곳이다.[11] 비록 대부분의 한국인(과 일본인) 방문객들은 규슈 남동부에 있는 미야자키탑을 한 번도 방문한 적이 없었지만, 이 복제물은 한반도의 역사를 일본제국 중심부로 다시 쓰려는 소설적 시도를 형상화했다.(그림 42) 이 탑은 통합화하는 주문呪文(mantra)을 통해 조선인 방문객들을 분리되고 독립된 역사의 후예가 아니라 예속적으로 통합된 고대 공동체의 일원으로 균질화시켰다.

박람회장의 중앙 회랑은 건국대통建國大通으로 명명되었는데, 이 중앙 회랑의 전방에 양 축軸을 형성하게끔 배치된 두 건축물이 황국역사관皇國歷史館과 시정기념관始政記念館이다.* 일단 이 두 전시관 건물 안으로 들어서면, 방문객들은 제국의 2600년 기념일을 '내선일체(조선의 복잡한 역사를 일본제국의 과거, 현재, 미래라는 승리의 서사 속으로 편입시키는 것을 목적으로 한 또 하나의 전시 슬로건)'의 관점에서 더 상세히 설명하는 일련의 시각 전시물들과 마주하게 된다.[12] 대형 디오라마는 방문객들을 한반도의 성역화된 공간들로 이동시켜 이들 장소를 제국의 호전적인 운명과 결부시켜 생각하게끔 만든다. 이 중 하나가 백제 왕국(기원전 18~기원후 660)의 마지막 수도 부여다. 당국자들은 이 역사적 공간을 신축할 대규모 신사와 청년 훈련 시설이 들어설 곳으로 지정했는데, 이는 부여를 신도神都로 재건하려는 원대한 계획의 일부였다. ―하지만 이 계획은 실패로 끝나고 말았다.[13] 고대 '일본'과 '조선'의 다른 세 개의 왕국 사이의 (그럴듯해 보이는) 관계를 강조하기 위해 그들은 이 신사의 제신으로 네 명의 일본 왕을 선택했다.[14] 영웅적 주인공인 이들 지도자들의 혈통은 끊이지 않고 이

* 이 두 건물은 중앙 회랑의 전방 좌우에 열주 형태로 배치되어 있어, 박람회장 정문을 들어선 방문객들이 가장 먼저 마주치게 되는 건물이었다. 중앙 회랑 전방 좌우에 배치된 황국역사관과 시정기념관은 그 후방에 중앙 회랑과 직교하는 열주 형태로 배치된 성전관(聖戰館)과 더불어 박람회장의 '삼대기주(三大基柱)'로 불리기도 했다. 「博覽會を捧く」, 『京城日報』 1940년 9월 1일 자.

어졌는데, 이들 신을 숭배하려는 계획은 명백히 '내선일체'의 균형추를 일본 쪽으로 기울어지도록 하는 것이었다. 부여의 디오라마는 기차나 버스나 비행기를 타고 관광 여행을 경험해볼 수 없는 관람객들에게 (서울에서 약 150킬로미터 떨어진) 충청남도에 신축 중인 부여신궁으로 떠나는 가상 여행을 가능하게 했다. 박람회의 주된 후원자인 경성일보사에서 발행하는 신문은 방문객들이 이들 성소를 보면서 '고도로 숭배된 일본 천황과 근친 관계'를 느낄 수 있도록 유도하는 사전에 각본이 짜여진 안내서의 역할을 부여받았다. 하지만 몇몇 친일파를 제외하면, 대부분의 식자층 조선인들은 부여를 한민족의 고유한 역사적 전통과 연관 지어 생각했으므로 이러한 시시한 가르침을 받아들이려 하지 않았다.[15] 또한 박람회 방문자의 대다수를 차지한 것은 문맹이거나 교육받지 못한 조선인들이었는데, 그들에게 이러한 전시戰時 이데올로기의 해괴한 상징은 사실상 해독 불가능한 것이었다.[16] 이와 유사한 자막이 삽입된 조선신궁(제국의 압축적 위상학에서 또 하나의 중요한 결절점에 해당한다)의 디오라마도 피식민 방문객들이 천황가에 능동적으로 경의를 표현하게끔 유도했다. ─그들이 신전에 모셔진 신(아마테라스와 메이지 천황)에 대해 어떤 느낌을 갖는지와는 무관하게. 이 독특한 전시물은 한국인 가족이 신토 사제(신직神職) 앞에서 일본식으로 절하는 모습을 보여줌으로써 '일본과 조선이 일체가 되는' 성공적 사례를 무대 위에 전시했다.[17] 이처럼 이상적인 경배 행위의 모델을 재현함으로써 특히 남산을 직접 방문할 기회가 거의 없었던 지방에 거주하거나 하층계급에 속하는 조선인들에게 조선신궁의 복제물과 실물 간의 물리적 거리를 조금이나마 좁혀보고자 했다.

이처럼 1940년 박람회 전시에서 신토 신사가 성소의 배치에서 한 축을 담당했다면, 다른 한 축을 형성한 것은 생사를 건 격전이 전개되고 있는 중일전쟁의 최전방 전장의 모습이었다. 당국자들은 피식민 대중들이 이 영웅적 서사를 통해 더 큰 감명을 받기를 기대했다. 군부의 후원을 받아 설치된 전시관인 군부삼관軍部三館은 성전관聖戰館, 무훈관武勳館, 양우(회)관糧友(會)館으로 구성되어 있었는데, 혈전血戰의 생생한 광경을 담은 이들 전시관을 중앙 회랑인 건국대통建國大通의 후방 열주에 배치한 것은 이러한 기대에 부응하기 위함이었다.* 예컨대, 야스쿠니신사의 유슈칸遊就館(도쿄의 야스쿠니신사에 부속 시설로 설치되어 있는 전쟁기념관)에 해당하는 기능을 담당하게끔 임시로 설치된 무훈관에는 전사한 군인들이 남긴 다양한 유품들을 전시했다.[18] 전시물에는 난징南京대학살(1937~1938)을 비롯하여 최근의 유명한 전투에서 목숨을 잃은 군인 300여 명의 초상화와 칼, 쌍안경 등도 있었다. 잠재적인 신병들과 그의 가족들에게 군인들의 '무훈'에 대해 더 잘 알려주기 위해서 전시 설계자들은 헌신적인 애국심의 상징인 혈흔이 묻은 군복을 전시함으로써 관람객들이 앞으로 다가올 제2차 중일전쟁을 간접 체험할 수 있도록 했다.[19]

이는 한반도가 전선戰線과 맺게 될 점증하는 긴밀한 연관성을 강

---

* 박람회장의 중앙 회랑인 건국대통에는 군부삼관 외에도 경성관(京城館), 도쿄관(東京館), 교토관(京都館), 규슈관(九州館), 약진조선관(躍進朝鮮館), 일본고주파관(日本高周波館) 및 교육사회관 등이 들어서 있었다. 중앙 회랑 주변에 위치한 박람회장의 보조 회랑으로는 일제하 조선의 근대적 발전을 선전하는 전시관들을 특징으로 하는 반도통(半島通) 또는 약진조선통(躍進朝鮮通), 급속히 팽창하는 일본제국의 지리적 판도를 과시하는 데 주력한 흥아통(興亞通), 그리고 전사자를 미화하는 등 호전적인 군국주의 이데올로기를 담아낸 성전통(聖戰通) 등이 있었다.

조하고자 한 전시 설계자들의 의도의 산물이다. 하지만 의도와는 달리, 당국자들이 천황제에 대한 복종의 성공적 사례로서 전시한 상징들에서 늘 지배적인 비중을 차지한 것은 일본인들이었다. 때문에 조선인 방문객들이 전시되어 있는 용맹한 군인들과 모종의 유사성을 발견해내기 위해서는 상당한 노력이 필요했다. 실제로 당시 조선인 지원병 제도가 도입된 것은 최근의 일로서, 이를 통해 일본군에 입대한 조선인은 극소수에 불과했다. 1938년, 식민 정부는 엄격한 시험을 통과한 조선인 신병들을 대상으로 징병제를 실험적으로 도입하겠다는 결정을 사전 예고 없이 내리기도 했다. 그럼에도 조선인들의 충성심에 대한 의심은 쉽게 가시지 않았으므로 징병제 도입은 종전을 채 1년도 남기지 않은 1944년에 가서야 이루어지게 된다. 그 결과 1944년 이전까지 총 80만 8천 명의 조선인 지원자 가운데 고작 1만 6,830명(2.1퍼센트)만이 입대했으며, 그 명단의 거의 70퍼센트가량은 일본의 진주만공격이 이루어진 1941년 말 이후에야 집계되었다.[20] 그러므로, 군부삼관에 씌어진 승전의 확신에 찬 기사에는 전사한 1만 2,600명의 한반도인 중 단지 22명(0.2퍼센트)만이 조선인 혈통이라고 나와 있었다.[21] 전시관의 설계자들은 모든 전사자들을 초상화에 포함시키려 했지만, 실제로 포함된 것은 전시된 이들 중 10퍼센트 미만이었다. 그 대신에, 당국자들은 상징적 중요성을 띤 소수의 인물을 강조함으로써 유족들과 조선인 신병들을 황군기념일과 같은 특별한 축일祝日에 초대하더라도 전혀 문제가 없을 것으로 판단했다.[22] 한편 『경성일보』를 비롯한 언론 매체들은 관람객들이 이 군사적 전시에 대해 어떻게 반응해야 하는가에 대한 당국의 기대를 설명하면서 매우 감성적인 용어를 사용했다. 그러나 아이로니컬하게도 이러한 신문 보도들은 전적으로 특권적인 식민자들의 입장에서만 이루어졌다. 잘 알려진 다음과 같은 기사는 이를 증빙한다. "눈앞에 펼쳐지는 모든 전시가 가슴에 자부심을 불러일으킨다. **일본인**이라면 누구라도 감격이 북받쳐오름을 참을 수 없을 것이다."[23]

대부분의 조선인들은 실전 경험으로부터 멀리 떨어진 거리에 놓여 있었지만, 군부삼관은 남성 성인 및 미성년자들에게는 원격지의 전투에 참전하는 상상을 북돋워주었으며, 여성 성인 및 미성년자들에게는 총후銃後에서 헌신적으로 지원해야 한다는 생각을 갖도록 하는 데 효력이 있었다.[24] 예컨대 양우관에서는 방문객들에게 군보급용 식량과 의복을 보여줌으로써 중국에 주둔 중인 전투원들의 미각과 촉각을 실감케 함으로써 전시체제를 느낄 수 있도록 했다. 이 전시관의 설계자들은 두부와 배아미胚芽米 및 일본군의 다른 군용식이(한 신문 기사에서 "냄새 나는 서양인들"이라고 폄하한) 자신들의 적들이 먹는 우유와 육류에 비해 영양학적으로 우월하다는 것을 증명하는 차트를 전시했다.[25] 또한 양우관에서 일하는 직원들은 빵과 같이 원산지가 서양인 음식을 국산화하여 제빵하는 과정을 전시하여, 서양 국민들의 주식主食을 맛보기를 원하는 방문객들에게 하루 4천 개의 아시아형 가정빵亞細亞型家庭パン을 나눠주기도 했다. 한편 야외 병기 진열소를 찾은 방문객들은 이곳에 전시된 군사무기를 통해 실전에서 사용하는 항공기, 탱크, 속사포를 관람할 수 있었다. 여기서 군 관계자들은 무기들이 지닌 놀라운 성능에 대해 열정적인 강연을 했다. 그들은 특히 현장학습 수업의 일환으로 박람회장을 찾아온 차세대의 군인(남성) 또는 후방 지원자(여성)인 청소년들을 교육했다. 언론에서는 종종 이들을 '생도부대生徒部隊'라는 군사 용어를 써서 불렀

다.[26] 사실 전시 동원 프로젝트가 극히 불완전하고 불균등했음에도 불구하고, 언론에서 행사장을 가득 메운 군중에 대해 보도할 수 있었던 것은 이 의무적 방문자들이 물량을 채우는 대체자 역할을 해준 덕분이었다.[27]

애국적 청소년과 열정적 지지자라는 유사한 프레임은 1940년을 기념하는 다른 두 가지 미디어에서도 무대의 중앙을 차지했다. 안내된 신토 신사 경로를 따라가는 성화聖火 봉송과 내지로의 수학여행은 황민화된 신체와 제국의 성지를 가깝게 결합시키는 스펙터클한 캠페인으로 활용되었다. 성화 봉송 이벤트는 1936년 베를린 올림픽 개막식을 기괴하게 모방한 것이었는데, 그것은 아테네에서 베를린까지를 성화 봉송을 통해 연결하고자 했던 히틀러의 기획을 연출하여 구현해낸 것이었다. 비록 전쟁의 발발로 인해 도쿄에서 개최될 예정이었던 비서방 세계 최초의 올림픽은 무산되고 말았지만, 정부 당국자들은 제국 2600년을 기념하여 올림픽에 필적할 만한 감동적인 성화 봉송 이벤트를 고안해냈다. 이 두드러지게 범아시아적인 행사는, 내지 신토의 총본산인 이세신궁에서 점화된 성화를 56명의 아동(41명의 조선인과 15명의 일본인)의 손을 차례로 거치면서 한반도의 13개 도를 순회하도록 한 다음, 폐막 예정일인 기원절紀元節(National Foundation Day)*에 맞춰 최종 목적지인 남산 위의 조선신궁에 도착하도록 계획되었다.[28]

---

* 2월 11일로, 『일본서기(日本書紀)』에 기록된 진무천황의 즉위일인 기원전 660년 음력 정월 초하루를 양력으로 환산한 날짜다. 1873년 메이지 정부에 의해 선포되었다가 1948년 군국주의의 잔재로 지목되어 폐지되었으나, 1966년부터 '건국기념일(建国記念の日)'로 이름을 바꿔 시행되고 있다.

『경성일보』는 성화 봉송에 주목하여 전면에 걸쳐 상세한 내용을 대서특필하여, 천황가에 대해 문외한인 대다수 조선인들(심지어는 일부 일본인들)에게 이 고귀한 광경에서 무엇을 느껴야 할 것인가를 설명했다. 언론들은 이들 참석자들, 관객들, 독자들이 어떤 반응을 보일지에 대해 상당히 우려했기에 언론 지면을 극도로 통제했으며, 특히 전시 동원 체제의 가장 우려스러운 대상인 교육받지 못한 조선인 대중들이 이 기념행사에 대한 그들의 느낌을 표현할 기회를 거의 허용하지 않았다. 심지어 2월 3일 부산항에 고안마루弘安丸가 입항하기도 전에, 『경성일보』는 지역 주민들이 각종 도로 보수를 하여 이세신궁으로부터 온 성화가 관객들의 마음을 정화시킬 바탕이 마련되었다고 자신만만하게 주장했다.[29] 이어서 관객들이 성공적으로 '황민화'되었다는 거창한 주장을 담은 유사한 보도가 그 뒤를 이었다. 일본인 기자는 최초의 성화 전달이 이루어진 경상남도의 유명한 온천 마을인 동래에서부터 560킬로미터에 걸쳐 이루어질 앞으로의 봉송 과정이 연출할 장관에 대해 깊은 감명을 담아낸 기사를 전송했다. 농민과 상인을 포함한 환영 인파들은 살을 에는 추위 속에서 몇 시간을 기다린 끝에 이 행렬을 맞이했다. 기념식은 기대에 어긋나지 않게끔 잘 짜여진 각본에 의해 연출되어 대부분의 외딴 마을 문전에서도 일장기가 펄럭였다. 기자는 구경꾼 개개인이 실제로 느낀 바에 대해서는 단 한마디로 인용하지 않은 채, 이 자발적인 충성심의 발로를 조선인들의 숭앙심이 일어나기 시작한 '증거'라고 표현했다. 그들의 변덕스럽고 복잡미묘한 감정을 드러내기보다는, 성화의 불꽃으로부터 뿜어져 나온 '천황제 민족의 진정한 정신'이 2,300만 한반도 주민들의 마음을 울리는 감명을 주고 있다고 황급히 결론지었다.[30]

〔그림 43〕 성화를 '환영하는' 조선 남자들. 『경성일보』1940년 2월 6일 자.

하지만 아이로니컬하게도 『경성일보』에 보도된 성화 봉송의 획일화된 개선凱旋의 이야기와 이미지야말로 성화를 대하는 지역사회의 반응이 (심지어는 겉보기에는 순종적인 조선인들 사이에서도) 같은 수준의 경외심을 보여준 것은 아님을 증명한다. 성화가 경상북도의 어느 작은 마을을 지날 때에는 그 지방 보통학교 학생 40명이 일본인 교장과 함께 그 행렬을 거의 8킬로미터나 따라왔는데, 이들 어린 학생들의 행동은 다른 마을 주민들에게 충성의 본보기가 되었다. 이와 마찬가지로 〔그림 43〕에 나타나 있는 조선인 촌로村老들의 모습은 황국신민화의 성공적 사례로 선전 효과를 노리고 널리 알렸지만, 별로 진심이 우러나지 않는 가식적인 태도를 취하고 있는 듯 보인다. 이들 중 예전 양반 계급의 차림새를 갖춰 입은 몇몇은 성화에 엄숙한 경의를 표하며 기립해 있는 것이 아니라 별 생각 없이 땅바닥에 주저앉아 있다. 기사에서는 이들의 충성심이 잘 드러나고 있다고 표현했지만, 고작 몇 사람만이 머리를 숙이고 있는 사진에서 그러한 태도를 읽어내기는 어렵다. 사람들이 "신으로부터 입은 감명으로 전율하고 있다"는 과장된 표현은 이들 중 다수가 머리에 쓴 갓조차 벗고 있지 않다는 사실을 통해 거짓임이 드러난다.[31] 제2장에서 언급했듯이, 신토 사제들과 다른 식민주의자들은 이러한 태도가 가식성을 드러낸 것이라고 종종 비판하곤 했다. 『경성일보』에서도 조상을 숭배하는 유교적 관습에 빠져 있는 조선인들의 모습이 천황제에 대한 충성의 이례적이지만 정당한 대체물이라는 모호한 결론으로 기사를 맺기도 했다. 맹인인데도 성화 앞에 엎드렸다는 어느 연로한 조선인으로 인해 행사 참여자들이 눈시울을 적셨다는 이야기도 관심을 끌었다.[32] 이와 유사하게, 성화가 천안 부근에 다다랐을 때, 조선인 행상임이 분명한 A자형 지게를 진 사람이 성화 앞에서 머리를 조아린 일에 대해 언급한 또 다른 기사도 있었다.[33]

이처럼 식민지 말기 정부는 조선인들의 이례적인 행동들을 '내선일체'의 성공적 사례로서 살려내고자 했지만, 『경성일보』는 여전히 조선인들보다는 일본인 정착민과 일본인 단체들을 충성의 본보기로 형상화하기를 선호했다. 일례로 2월 5일 성화 봉송이 경상북도 구미 부근의 금오산을 통과할 때, 아오모리현青森縣의 양조장에서 일하다가 국외 추방된 기야마 겐사쿠라는 노인이 통곡한 사실이 보도되었다. 그는 성화에 너무나 감동한 나머지 한 해 전 여름 가뭄으로 인해 씨가 말랐던 쌀 대신에 밤을 넣어 빚은 술을 여러 통이나 가져와 바쳤다.[34] 유사한 기사에서, 일본인 학생들이 대다수를 차지하는 경성의 남대문보통학교 재학생들이 빈 병과 빈 깡통, 폐지와 재활용 고무를 팔아서 모은 돈으로 200킬로그램의 소나무 목재를 구입했는데, 이 나무는 폐막식에서 조선신궁의 수석 사제(신주神主)가 이세신궁에서 가져온 성화를 점화하는 데 쓰였다.[35] 조선인들에게 일본 황실 문화를 더 파급시키기 위해서 주변에 빛을 밝힐 여러 묶음의 땔감을 지역 유소년 단체에 나눠주기도 했는데, 그것은 밥을 짓고 기념 떡을 만들어 이웃들에게 나눠주는 데 쓰였다. 이러한 포교 활동 이외에, 또 다른 일본인 위주의 단체인 애국여성회 경성지부에서는 성화의 불꽃을 이용하여 2,600개의 떡을 만들어 지방 병원에서 회복 중인 부상병들에게 나눠주기도 했다.[36] 전반적으로, 황민화를 보여주는 자발적인 행동들은 외지의 일본인들에게 특별히 두드러진 것으로, 성화 봉송이 피식민 조선인들보다는 일본인 정착민들에게 훨씬 더 큰 영향을 미쳤음을 보여준다.

이러한 행사가 일본 천황가의 상징으로부터 거리가 먼, 황민화 수준이 낮은 대중들을 겨냥한 것이었음에 비해, 한반도에서 선발한 29명의 청소년으로 하여금 내지에서 가장 성스러운 장소를 방문하도록 한 1940년의 학교 순회 행사는 오직 중산계급(이번에도 그 대다수는 일본인 정착민들이었다)에게만 허용된 특권적인 기회였다.[37] 당국의 기획자는 이 순회 여행이 제국의 성역에 대한 인식을 확대할 뿐만 아니라 가난한 조선인들에게도 신에 대한 경외심과 조상숭배 의식을 확산시킬 것으로 기대했다.[38] 총독부 정치국장은 이 임무에 대해 다음과 같이 설명했다. "가시하라신궁, 황궁, 야스쿠니신사를 방문함으로써 일본 정신과 일본 문화의 정수를 알 수 있게 될 것이다. 여정을 마치고 나면 당신은 그 인상을 보통학교 친구들과 가족들에게 전함으로써 한반도의 모든 학생들이 황민임을 새삼 자각하게 될 것이다."[39] 전시하 언론에서는 이들을 군복과 프로이센 스타일의 배낭, 그리고 아주 튼튼한 물병으로 무장한 '작은 전사戰士'로서, 전쟁에 준비하라는 명령을 하달받은 식민지 청년으로 그려냈다.

열흘간의 여정 동안, 학생들은 타고난 재능과 더불어 (잠재적으로)

충만한 충성심을 지닌 존재로 간주되어, 마치 지역 유명인사와 같은 칙사 대접을 받았다. 불과 두 달 전에 이세에서 경성으로 성화를 실어 날랐던 바로 그 배인 고안마루에 탑승하기에 앞서, 부산에서 학생들은 단체로 그들의 조선인 지방 대표자인 조창수를 만나 해협을 건너가는 여행을 위한 선물로 과일과 과자를 전달받았다.[40] 그 후, 후쿠오카에서 오사카로 향하는 열차에 탑승한 다음에는 전시기 제국의 국혼國魂의 중심점으로 다가가고 있음을 경배하는 일체화된 의식을 치렀다. 가령 학생들은 4월 26일 오전 10시 15분 정각에 근대 일본의 전쟁에서 전사한 영령들을 모신 추모 공간인 도쿄의 야스쿠니 신사를 향해 추도의 절을 올렸다고 『경성일보』는 보도했다. 그들은 대륙에서 찾아온 방문단과 합동으로 최근에 전사한 군인들을 위한 묵념을 올리기도 했는데, 이는 '만선일체滿鮮一體'를 보여주는 적시適時의 본보기로서 이를 목도한 승객들에게 감동을 안겨주었다고 보도되었다.[41] 오사카 방문 중 한때는 제국 육군의 이름난 장성이었던 마쓰이 구타로(1887~1969)가 학생 방문단에게 군복을 선사하고는 그들에게 아낌없는 찬사를 쏟아내기도 했다.[42]

이러한 찬사에도 불구하고, 내지인들과의 만남은 외지인 학생들로 하여금 황국 신민으로서 상대적 열등감을 뼈저리게 자각하게 만들었다. 예컨대 오사카 학생 24명과 함께한 일선日鮮 특별 컨퍼런스에서 한신수라는 어느 지방학교 재학 조선인은 외지에 살고 있는 동료들에게 자신이 걸어온 길을 따라 "충량한 일본인"이 되자고 고무하면서 조선인들에게 호소하는 어법으로 충성을 호소했다. 일본인과 조선인 양측을 동시에 겨냥한 이 간곡한 권고는 피식민 조선인은 물론 일본인조차도 한반도에 거주한다는 이유만으로 천황에 대한 경배심

〔그림 44〕도쿄의 황궁 앞에서 절하는 조선 학생들. 『경성일보』 1940년 5월 2일 자.

이 부족할 것으로 생각해온 오랜 관념을 불식시켰다.[43] 이를 증명하기라도 하듯이, 이 단체 여행 그룹은 자리에서 일어서서 1937년 하반기에 식민지 당국에서 조선인들을 위해 제정한 짧은 판본의 제국 교육칙어인 황국신민서사를 암송했다.[44] 이 선서는 황국신민화라는 동화 프로젝트의 일환으로 도입되었는데, 대체로 피식민 조선인들에 의해 그들의 충성심의 증표로서만 독점적으로 암송되다시피 했기에, 오히려 내지인들보다도 이들 한반도의 대표자들을 더 두드러져 보이게 했다.

이와 유사하게, 여정 중에는 그들을 지켜보는 실제적 혹은 상상적인 관객들의 열광적인 충성심에 호소하는 또 다른 과장된 경배의식이 거행되었다. 이들 여정의 최초의 성소인 가시하라신궁에서, 강원도 수석대표인 후루카와 주니치가 학생들로 하여금 황국신민서사를 되풀이하여 암송하도록 했다. 그들의 '목소리의 울림'은 이 성소의 정적을 깨뜨렸으며 그것은 한반도의 모든 학생들의 집단적 목소리가 되었다고, 『경성일보』는 전체주의적인 표현을 망설임 없이 구사하면서 주장했다.[45] 이들 일행은 4월 27일 오후에 아마테라스에게 헌정된 성소인 이세에 당도했다. 농경과 산업의 여신인 도요우케노오미카미豊受大神를 모신 외궁 앞에서 거행된 경배 의례에 이어 그들은 황국신민서사를 암송했다. 신사의 신성한 경내를 향해 6킬로미터를 행진한 이후에 그들은 아마테라스 앞에서 무릎을 꿇고 다시 한 번 서사를 암송했다. 4월 29일 도쿄에 다다르자, 그들은 전시 제국의 정신적 본산인 황거로 향했다. 수백만의 일본인들이 근대 천황제 앞에서 존경을 표했던 니주바시二重橋 앞에서 학생들은 국가國歌를 불렀고 다시 한 번 서사를 암송했다.(그림 44)[46]

이처럼 반복되는 충성심의 표현에도 불구하고, 신문 기사에서는 한반도의 학생들이 '신국神國 일본의 진정한 초상'이라고 할 만한 이상에 도달했을 경우에나 부여할 만한 충분한 감사의 보답을 받았다고 보도했다. 어떤 기사에서는 "그들로서는 진정한 황민이 되는 영광을 깨달을 수 있는 최초의 기회"라고 표현했다.[47] 이러한 문구에서 기자가 강조하고 있는 "진정한" 또는 "참된" 충성심이란, 대다수 피식민 조선인(및 해외 거주 일본인)들은 그들이 아무리 맹세와 실천을 반복하더라도 구현할 수 없는 것이었다. 실제로, 전시하 언론과의 극히 드문 인터뷰에서 박성걸과 권오홍이라는 두 명의 조선인 학생은 이세신궁에서 의식을 거행하면서 마침내 '일본 정신'에 도달하게 되었다고 말함으로써, 그러한 수준의 충성심을 획득하려면 이세를 방문해야만 함을 보여주었다. 행사의 공식 목표에 철저하게 복무하고자, 그들은 귀환한 이후에도 황민화가 미진한 학교 동료들에게 이 정신

을 전달할 것을 맹세했다.[48]

이 학생들이 야스쿠니신사에 도착했을 때, 그곳에서는 연례 제전과 히로히토 천황의 생신축하연이 동시에 벌어지고 있었는데, 군중들은 황국신민서사를 암송하는 이 학생들의 축하 행렬을 위해 길을 터주었다고 보도되었다. 이러한 식민지민들의 독특한 의례를 미처 알지 못한 채 그것을 인상적으로 지켜본 일본인 구경꾼들은 이 낯선 광경에 궁금증이 생겨 동행한 신문사 기자들에게 질문 세례를 퍼부었다.[49] 그다음 날에는 여러 정부기관을 방문하는 일정이 있었는데, 도쿄의 관리는 그들의 충성심에 대해 여전히 양가적인 평가를 내렸다. 한편으로는 내지인들보다도 이들 그룹이 우수한 점에 대해 되풀이해 말하면서도, 다른 한편으로는 대다수 조선 출신 학생들이 보이는 불충함에 대해 언급했는데, 이는 마치 한반도 사람들은 제국의 성소에 자주 또는 직접 찾아가지 못하기 때문에 그럴 수밖에 없다는 표현처럼 보인다.[50]

군국주의의 정신적 거점이 된 남산

남산의 신토 신사는 조선과 관련된 1940년의 모든 기념행사에서 중요한 결절점으로 표상되었다. 도시 내적으로도, 식민화 말기 경성에서 남산은 정신적 거점으로서의 역할을 담당하게 되었다. 1936년 여름부터 총독부는 수백 개의 지방 신사에서 조선의 최고 신사인 조선신궁을 모시게끔 하는 새로운 규칙을 통과시켰다.[51] 이 규칙이 제정됨으로써 경성신사는 (부산의 용두산신사와 더불어) 조선신궁

(및 그와 동격인 부여신궁) 바로 아래 등급에 위치한, 국폐소사로 격상되었다.[52] 이와 동시에 말기 식민 정부는 신사의 제전, 제관들의 제의 내용, 성직자들의 급료와 의복 등을 포함한 신토 제도 일체를 통일함으로써 다른 하위 신사들까지 그들 관할 범위 안에 위치시켰다. 이처럼 당국은 규칙을 균질화함으로써 지방 신사들을 보다 효율적인 전시 동원의 공간으로 전환시켰다.

경성신사 씨자조직의 일상적 활동에 대한 당국의 개입은 곧 신사 제전을 점진적으로 군국주의화하는 것으로 이어졌다. 그 주된 전략적 목표는 경성 시내의 떠들썩한 거리보다는 남산의 신성한 장소가 더 주목받도록 하는 데 있었다. 전쟁이 발발한 이후에도 제전의 행렬은 신사의 주요한 기념행사로 계속 이어졌지만, 총독부는 그것을 길거리를 오가는 사람들에게 군국주의적 적개심을 불어넣는 수단으로 전환시켰다. 후기 식민지 정신의 관리자들은 통제하기 어려운 행동을 유발할 소지가 있는 제전의 과도하게 유희적인 요소들을 축소시키고, 그것을 국책 목표에 긴밀히 순응하는 신토 숭배의 새로운 엄격한 형식으로 대체했다. 이런 방식으로 그들은 장기간 유지되어 온 도시의 구경거리를 (이미 중국 인근에서 벌어지고 있었으며, 머지않아 태평양으로까지 확대될 예정인) 군국주의적 전투의 또 다른 표현으로 탈바꿈시켰다.

1937년 7월 제2차 중일전쟁이 발발한 지 정확히 3개월 후, 식민지 관료들은 전시 제국의 차분한 분위기를 반영하도록 경성의 가을 대제를 손보기 시작했다. 신토를 감독하는 총독부 내부과장은 주민들로 하여금 '낭비를 줄이고 절약할 것'을 간곡히 권고하는 일련의 새로운 규칙을 공포했다. 이러한 규칙에는 스모나 무예, 꽃꽂이, 다도

茶道 같은 공식적 헌정獻呈 활동에 소요되는 비용을 삭감하는 것도 포함되었다. 1937년 제전에서부터는 수상水上 전시나 가장행렬과 같은 또 다른 유희적 관행도 일절 금지되었다.[53] 한 신문 기사는 독자들을 다음과 같이 상기시켰다. "올해와 같이 황군이 정의로운 군대를 전진시켜 북중국과 상하이에서 고투하고 있는 상황에서는 우리도 그 고난을 마음에 새기며 진심 어린 가을제전을 진행해야만 한다."[54]

연례 행렬의 가장 중요한 상징인 황실 가마의 군국주의화는 식민지 말기에 제전이 어떻게 전선의 적개심에 의해 지배당하게 되는지 보여주는 좋은 사례다. 1937년 이전에는 신사의 교구 조직에서 거류민단의 부유한 일본인 상인들과 유지들로 하여금 신여神輿를 끌 수 있는 명예로운 특권을 부여했었다. 그러나 전쟁이 시작되자, 총독부는 일본인 사회의 유지들이 지녔던 이러한 특권을 군대에 넘기도록 강제했다. 여기에는 청소년 및 중등학교 군사조직뿐만 아니라 한반도의 예비군과 방어 단체와 같이 방관자들에게 전시 제국에 대한 경외감을 불어넣기에 효과적인 사람들이 포함되었다. 1938년 신문 기사에는 경성의 총인구의 약 7분의 1에 해당하는 10만 명이라는 믿기 힘든 숫자의 사람들이 신시가지 방면으로 행진하는 군대 행렬을 맞이하기 위해 거리에 운집했다는 보도도 있었다.[55] 하지만 동화 작업이 시작된 지 거의 30년이 지났음에도, 그들을 끌어모은 것이 오로지 황국에 대한 경외심 때문인지는 여전히 명확하지 않았다. 분명히 씨자총대들과 전시기 국가의 다른 지역 대표자들은 다수의 제전 참가자들을 동원했음에도, 행사 조직자들은 조선 궁정과 조선의 전통 스타일 행렬로부터 유래한 군사 음악을 포함시켰다. 『경성일보』에 '지방색'이라는 다민족적 성격의 용어로 표현되었듯이, 이 주목할 만한 조선식 오락물은, 비록 다소간 각색되었지만 잘 만들어진 의식을 구경하고자 하는 많은 피식민 대중들이 길거리에 나오도록 유인한 요인이었다고 볼 수 있다.[56]

전시기 당국자들은 '내선일체'라는 새로운 구호에 이끌려 제전에 참가하는 대중들이 황실에 관심을 가질 수 있도록 하는 새로운 문화적 형태를 도입했다. 예컨대 1941년 가을제전 기간 동안 주민들에게 처음에는 천황의 세 가지 상징의 형식으로 종을 울리며 춤을 추는 우라야스노마이浦安の舞い를 보여주었다. 그 각각은 일본 천황의 세 가지 주된 덕목을 대표하는 것이었다(검劍은 용맹을, 거울은 지혜를, 보석은 자비를 뜻한다).[57] 이것은 1940년 황기皇紀 2600년 기념물의 일환으로 궁내청에 의해 창안된 대중적 오락물로서, 고대 신토의 의례를 현대 천황제 숭배의 소설적 외양을 통해 표현한 것이다. 1937년 이전의 제전에서 게이샤나 기생에 의해 수행된 공연과 마찬가지로, 이 춤은 지방 고등학교에서 선발된 아홉 명의 매력적 여성을 출연시켰는데, 그것은 그들로서는 거절할 수 없는 영예이기도 했다.[58] 1941년 기념 제전의 또 하나의 새로운 구경거리는 전사들의 행렬이었는데, 그들에게는 그해의 황실 가마를 끄는 특권이 부여되었다. 『경성일보』는 이 특별한 행렬에 대해 "기도자들을 미래의 국가 번영으로 선도하고 있다"는 안성맞춤의 표현으로 묘사했다.[59] 이 전사들의 행진은 항상 이동식 신사 앞에 나타났으며, 이는 천황과 그의 군대가 이 도시적 구경거리를 지배하고 있었음을 보여주는 명백한 증표다.[60]

이 기간 동안 당국에서는 남산의 신궁 경역境域에 군국주의적이고 천황제 중심적인 새로운 활동을 만들어내면서 과거에 제전에서 행해지던 즐길거리들을 재배치시켰다. 1937년부터 당국자들은 전쟁에서의 연승을 기원하는 행사를 조직하는 데 조선신궁의 가을제전을 활용했다. 10월 19일 오후 3시 제국 전역에 걸친 신사에서 동시다발적으로 이러한 연례 기도회 행사가 열렸는데, 이는 식민지 주체들의 가슴과 마음을 통일시키기 위한 행사였다. 남산을 찾아온 사람들은 일본 검도, 스모, 검무, 시詩짓기 등을 즐기기도 했으며, 이러한 신토에 헌정되는 활동들은 이제 길거리보다는 신사 경내에서 이루어졌다.[61] 1937년의 남은 기간 동안, 제전이 끝나자 남산에서는 500번 넘게 군사 기념식이 개최되었는데, 그중 다수는 재조선 일본인들이 정부와 신토 관리들과 협조하여 조직한 것이었다.[62] 1939년에는 국가 관료들이 피식민 대중들의 더 많은 관심을 유도하기 위해 조선신궁 아래에 17미터 황국신민서사탑의 제막식을 거행했다. 한반도 전역에서 학생들의 '기부'를 통해 모금된 10만 엔으로 세워진 이 탑에는 그들이 직접 받아쓴 140만 개의 신민서사 사본을 저장하여 조선인들이 '자발적으로' 전쟁을 지원하고 있음을 증명하고자 했다.[63] 황국신민서사탑 앞에서 절하기를 포함한 신사 중심의 활동들은 전쟁이 진행되면서 점점 더 늘어났는데, 특히 1942년 6월 미드웨이해전 이후 태평양에 대한 일본의 제해권制海權이 축소되면서 더욱 늘어났다.

군국주의화된 제전 기념행사와 황국신민서사탑과 더불어 남산을 경성의 정신적 거점으로 만든 것은 호국영령을 모시기 위해 새롭게 건립된 신사였다.[64] 용산의 일본군 기지와 가까운 곳에 세워진 경성호국신사京城護國神社는 조선판 야스쿠니신사로서 기능했다. 이미 1885년부터 재경성 거류민들은 야스쿠니 연례 제전의 기념행사와 전몰자 추모 행사에 참여해왔다. 신토 사제들은 (야스쿠니에도 동시에 합사된) 약 5천 명의 해외 일본인 전사자에 대해 매 3년 주기로 추모 제사를 지내왔다.[65] 총독부에서는 1937년 중일전쟁 발발과 식민지에서의 군대 동원 필요성으로 인해 이러한 추모 행사를 체계화하고 한반도에서 이를 관장할 시설을 신설할 필요를 느끼게 되었다. 그 결과 한반도에 야스쿠니의 위성 신사 두 개가 설립되었는데, 그 입지로 경성과 함경도의 군항 도시인 나남이 선정되었다.[66]

경성호국신사는 식민 정부와 군부의 합작품이었지만, 전시체제기 황국신민화의 대중적 표상이기도 했다. 총독부 내무과에 설치된 신사지원협회는 이를 위해 창설된 단체였다.[67] 이 단체는 신사 건립 비용의 거의 4분의 1에 해당하는 금액을 경성부에서 부담하게끔 로비 활동을 펼쳤다. 또한 이 단체 회원들은 나머지 건립 비용을 기부금으로 충당하기 위해 한반도 전역에 걸쳐 캠페인을 전개했는데, 이는 오히려 주민들의 자발적 의지를 깎아먹기도 했다.[68] 새로운 신사의 건설 공사는 1940년 여름 총독부 근로보국대勤勞報國隊에 의한 일주일간의 상징적 활동과 더불어 시작되었으며, 그 뒤를 이어 2,600명이 넘는 관리들과 6천 명이 넘는 학생들, 근린 단체 회원들, 그리고 군 요원들이 3년 이상에 걸쳐 노동력을 제공하여 신사 건립을 도왔다.[69] 또 다른 자축적인 기사에서는 조선대박람회 무훈관 현관 앞에 놓여 있던 헌금함에 730엔이 넘는 기부금이 모금되었다고 보도했다. 박람회장에 매일 거의 2만 5천 명의 관람객이 방문했음에 비춰볼 때 이 정도의 기부금은 평균 15엔 미만에 불과했음에도, 글쓴이는 이러한 집단 헌금이 전시기 제국의 범아시아적 연대를 예시하는 것이라고 자랑스럽게 썼다.[70] 강제적인 것이든 자발적인 것이든, 언론에서는 이러한 개별적이고도 집단적인 노력을 황국신민화의 성공적 사례로 조명하기를 반복했다.[71]

이러한 행동들의 배후에 놓인 복합적인 동기를 잡아내기란 거의 불가능하지만, 이 고도의 각본으로 짜여진 기사를 의심의 눈초리로 독해한다 할지라도 일부 주민들이 실제로 황민화 과정에 적극적으로 동참했음을 부인할 수는 없다. 그럼에도, 1940년의 기념행사를 보도함에 있어 『경성일보』는 피식민 조선인보다는 재조선 일본인들에게 우선적으로 스포트라이트를 비추는 경향이 있었다. 예를 들어 1940년의 한 기사에서는, 병약한 54세의 노인을 포함한 150명의 개개인이 호국신사를 신축하기 위해 노역하면서 전장에서 죽음을 맞은 그들의 혈족들과 같은 수준의 충성심을 보여주었다고 열정적으로 보도했다.[72] 또 다른 기사에서는 신사 신토의 대중적 분파 중 하나인 천리교天理敎의 회원인 오쿠마 주지로가 새 기념물 건립에 500엔을 희사했음에 축하의 뜻을 표했다. 같은 기사에서는 사재私財를 저당잡힘으로써 거의 300엔에 달하는 기금을 모아 기부한 재경성 일본인 오쿠보 사토코에게 아낌없는 찬사를 보내기도 했다.[73]

적어도 재경성 일본인들에게는, 식민 통치 말기 남산에서 전개된 모든 활동 가운데 경성호국신사에 전몰자 추모시설을 설치한 것이야말로 황국신민화를 진전시키는 데 가장 큰 기여를 한 것으로 보인다. 야스쿠니에 대해 다카하시 데쓰야가 말했듯이, 이 엄숙한 행사들은 전시기에 가족 구성원들, 특히 여성과 어린이들이 겪게 되는 고난의 삶을 제국의 영광으로 탈바꿈시켰다.[74] 이 "정서적 연금술emotional alchemy"의 과정은 1943년 여름, 전사자의 수가 급증하는 것에 대응하여 신토 사제가 전몰장병의 친족 약 600명을 신사의 첫 건립기념식에 참석하도록 초청하면서부터 시작되었다.[75] 그해 11월 말 신사가 최종적으로 3일간의 기념행사를 거쳐 문을 열었을 때 이미 549명의 신규 충원된 조선인 군인을 포함한 7,447명의 영령이 안치되어 있었다.[76] 전쟁에서 혈육을 잃은 가족들에게 경의를 표하기 위해 정부에서는 동리 애국반과 지역 상공인들로 하여금 이들을 살아 있는 영웅으로 대우하여 환영하도록 했다. 지방의 유족들이 경성까지 이동하는 데 드는 교통비는 전액 무상이었을 뿐만 아니라, 유족들의 옷깃에 단 붉은 핀은 만원 버스나 전차에서 좌석을 확보할 수 있는 권리의 표식이자 도시 어디에서나 무료로 타고 내릴 수 있는 권리의 증표이기도 했다.[77] 그들이 서울에 머무르는 동안 경성부민관에서는 특별한 영접 행사가 벌어졌으며, 사진사들은 이들 명예로운 유족들의 초상 사진을 찍었다.[78] 이들 유족들의 방문 행사에서는 전선의 남성 군인들을 돕기 위해 1942년에 결성된 대일본여성회 경성지부가 특히 중요한 역할을 담당했는데, 이는 말기 식민 정부의 젠더화된 면모를 엿볼 수 있는 대목이다. 1943년 말 이 단체에서는, 신축된 경성호국신사에서 영예를 받은 약 1,500명의 외부 손님을 영접했다. 전시 복장인 헐렁한 몸뻬 바지를 입은 이 단체 소속 여성들은 기차역으로 마중을 나가 이들의 짐을 끌고 숙소까지 안내하고, 아침저녁 식사를 그들과 함께했다. 심지어 그들은 이 유가족의 모친 또는 부인들과 함께 동물원으로 유명한 창경원과 같은 명소 등 시내 특별 투어에 동참하기도 했다.

"정서적 연금술"의 다른 하나의 계기는 1944년 3월 말에 전몰영령 25명의 고아를 경성으로 초대하여 이들의 죽은 부친들을 호국영령으로 기리기 위해 진행된 행사로, 이들의 여비는 전액 제공되었다.[79] 식민 통치 말기 언론에서 이러한 방문은 눈에 띄게 두드러졌는데, 이들 매체의 감정적인 수사적 표현은 그 자체로 효과적인 동원

기술로 작동했다. 어느 기사에 따르면, 도메 쓰루자키라는 광주 출신의 한 보통학교 학생은 창덕궁과 비원을 직접 가보고는 너무나 감동을 받은 나머지, 그날 밤 집에 가서 그녀의 죽은 부친에게 (그의 죽음을 애도하기보다는) 일생에 단 한번뿐일 이 여행을 가능케 해준 은혜에 깊은 감사를 표했다. 경기도 출신의 학생인 소나에 이세키는 총독부 건물에서 거행된 특별 기념식에 참석했는데, 일본제국의 황후가 선물로 보낸 과자를 받은 것이 자신의 여정에서 가장 특별한 기억으로 남았다고 말했다. 실제로 황실에서는 아버지를 잃은 고아들의 고통을 좀 더 달콤한 것으로 만들기 위한 방안에 관심을 표현했다. 유사하게 미화된 또 다른 기사에 따르면, 이처럼 '자애로운' 제스처로 인해 가요코 시미즈라는 또 다른 방문객은 전쟁고아가 됨으로써 오히려 더 '행복감'을 느끼게 되었다.

비록 '국어(일본어)'로 씌어졌고 일본인 어린이들을 등장시키고는 있지만, 이 기사는 조선인 여성 잡지에도 실렸는데, 이는 조선인 어머니들로 하여금 이기심을 버리고 전쟁에 참여한 동족 남성들과 같은 편에 서게끔 고무했다.[80] 고아들에 대한 고도로 각색된 일련의 질문들과 그에 대한 고아들의 (절제되었을지언정) 겉보기에는 활기찬 답변은 조만간 집으로 돌아올 기약 없이 전선으로 끌려갈지도 모를 아버지를 둔 어린이들의 가슴을 겨냥한 것이었다. 이 목적을 달성하기 위해, 인터뷰 진행자들은 이들 아홉 명의 참석자 각자가 아버지가 전사한 이후에도 양호한 정신 상태를 유지하고 있음을 우선적으로 확증해 보여주고자 했다. 기대한 대로, 고아가 된 아이들은 아버지의 죽음으로 인해 초래되었을지도 모를 고통을 드러내는 사례를 찾아보기 어려울 정도로, 하나같이 긍정적으로 대답했다. 앞서 언급한 도메 쓰루자키는 그녀의 6남매가 모두 행복하게 잘 살고 있다고 답변한 것으로 보도되었다. 6남매 중 남자 3형제는 곧이어 입대했으며, 그녀의 손위자매(언니)는 야스쿠니신사를 찾아가기도 했다는 것으로 이 '사실'은 입증된 것으로 보도되었다. 이어서 기자는 고아들의 서울 방문에 대한 리포트로 독자들의 시선을 이끈다. 군산에 사는 학생인 데루오 요시모토는 경성호국신사에 찾아가서 아버지와 재결합할 수 있어서 너무나 기뻤다고 대답했다. 다른 고아들의 경우, 신사에서 마주친 천황제의 3대 상징 중 하나인 성스러운 거울 속에서 죽은 아버지의 얼굴을 보고는 크나큰 감동을 받았다고 보도되었다. 보도 기사 속의 이처럼 다양한 정서적 반응들은 독자들로 하여금 천황제 본연의 '자애로움'에 대한 감사의 마음을 품도록 만들었다. 점점 더 죽음의 그림자가 드리워져가고 있는 전쟁의 한복판에 서 있는 바로 그 인물을 말이다.

병역 의무와 긴밀한 관계에 있는 청년층의 황민화를 강조하기 위해 언론 매체에서는 매우 정교한 노력을 기울였다. 이 노력은 피식민 대중을 천황제 숭배로 동원하고자 하는 공식 정책이 성공적임을 대중들에게 확신시키는 데에 중요한 역할을 담당했기에 찬사를 받았다.[81] 정부 관리들은 남산의 신사에 강제 참배해야 하는 사람들은 거의 인터뷰를 하지 않았다. 경배하는 겉모습 속에 깔려 있을지도 모르는 어떤 것에 대한 두려움으로 말미암아 말기 식민 정부는 전반적이고 무차별적인 방식으로 신사 방문자들에 대해 그 추세를 추적하여 공표하고, 그럼으로써 그 충성심을 고취시키는 데 주력했으며, 민속지적(질적) 측면보다는 통계적(양적) 관점에서 그 변화 양상을 기술했다. 신문지상에서 전개된 공식적 보도 방식은 '신사참배자 총 숫자의 증가가 곧 경배심의 증가를 나타낸다'는 극히 단순한 원칙에 따른 것이었다.

1937년 중일전쟁 발발 이전까지 신사 당국에서는 조선신궁의 방문자 숫자를 민족별로 집계했다. 이러한 범주화는 총독부가 '충량한' 일본인들과 구분되는 '동화'에 미달한 조선인들을 식별해내는 데 행정력을 쏟아부었음을 뜻한다. 1930년대 후반까지 언론에서는 신사 참배자가 증가하는 것에 별다른 관심을 기울이지 않았지만, 통계 수치는 민족 간에 큰 격차가 존재했음을 드러낸다.[82] 1926년 공식 통계에 따르면 30만 1천 명을 넘는 일본인이 신축된 조선신궁에 방문했다. 경성의 조선인 인구는 재경성 일본인들보다 훨씬 많았지만, 같은 해 조선인 신사 참배자들은 대략 17만 2천 명에 불과했다. 다시 말해서 식민지 총인구 구성비에서 일본인들이 현저히 낮은 비중을 차지하고 있음에도 불구하고, 1926년 신사 참배객 구성비에서 조선인들은 3분의 1을 겨우 넘는 정도인 반면, 일본인들은 거의 3분의 2에 가까운 비중을 차지했다.

공식 통계에 따르면, 정신적 동원 정책이 점점 더 공격적으로 변모함에 따라 1920년대 후반부터 1930년대 전반에 걸쳐 두 민족 집단 모두에 있어서 신사 참배자의 숫자는 지속적으로 증가했다.[83] 1936년 한 해 동안 일본인들은 거의 83만 번이나 조선신궁을 방문했는데, 이 수치는 10년 전에 비해 2.75배 증가한 것이다. 같은 해에 조선인들은 약 34만 1천 번 조선신궁을 방문했는데, 이는 10년 전에 비해 두 배로 증가한 수치다. 그렇지만, 이 10년 동안 조선인들의 방문 비율은 실제로는 총 방문자 수의 30퍼센트에 살짝 못 미치는 수준으로 감소했다. 그리고 1930년대 초에는 그 수치가 20퍼센트 아래로 떨어지기도 했다. 그와 동시에, 조선인 개인 방문자 숫자―천황제 숭배의 태도를 측정함에 있어 학교, 회사, 군대 등과 같은 단체의 의무적 방문에 대한 통계보다는 훨씬 더 믿을 만한 지표로 볼 수 있다―는 현저히 낮은 수준에 머물렀다.[84] 예컨대 1934년과 1936년에 신년 축하의 의미로 조선신궁을 방문한 조선인들은 단 한 사람도 없었던 반면, 같은 해에 193명과 299명의 일본인이 추위를 견뎌내면서 아마테라스와 메이지 천황에게 경의를 표하기 위해 신궁을 찾았다.[85] 이러한 통계는 여전히 피식민 조선인 다수와 재조선 일본인 상당수가 이 신토 시설로부터 소외되어 있었음을 보여준다.

총독부에서 신사참배를 모든 황국신민의 공중적 의무로 강요하기 시작하자마자 당국에서는 방문객들의 추이를 민족별로 집계하던 작업을 중단했다.[86] 비록 '내선인內鮮人'이라는 융합적 범주를 통해 식민 말기 제국 통합의 이데올로기가 분명하게 구체화되었지만, 이러한 새로운 셈법으로 인해 총동원체제기 통계에서 각 민족집단별 비율을 확인하는 것은 거의 불가능하게 되었다. 1936년의 공식 통계에는 120만 명에 육박하는 참배객들이 조선신궁으로 찾아온 것으로 기록되어 있으며, 이듬해에 그 수치는 200만 명을 넘어섰다. 1942년에는 260만 명이 넘는 방문객이 찾아와 10년 전에 비해 71만 명 이상의 증가세를 기록했다. 전시체제기 국가에서는 (관에 의해 보다 효과적인 통제가 가능한) 단체 참배객 숫자에서만 민족별 통계를 지속시켰다. 예상과 같이, 단체 참배에서는 조선인들이 다수였다. 1930년 단체 참배에서 조선인의 비중은 약 80퍼센트에 해당했으며, 1943년에 이르면 그 수치는 거의 100퍼센트로 증가한다![87]

『경성일보』에서는 황국신민화가 진전되고 있음을 공공연하게 확인하기 위한 미디어 퍼포먼스의 일환으로 신사 참배객의 수적 증가를 이용했다. 이러한 유형의 계량적 합리성의 사례는 1935년부터 나타났다. 당시 총독부는 일본 신토를 무속과 같은 한국 종교 위에 덮어씌움으로써 공동체적 유대감을 지탱하려는 새로운 정신적 캠페인에 착수했다.[88] 그해 6월에 출간된 어떤 글에서 한 저자는 조선신궁 월별 방문객의 숫자가 거의 10만 명으로 늘어났으며, 그 절반가량이 피식민 조선인들임을 자랑스럽게 내세웠다. 더 나아가 그는 1935년 상반기 방문객 숫자가 매일 평균 3천 명을 기록한 것은 1925년 하반기 조선신궁이 처음 건립된 이래 전례 없는 일이라고 주장했다. 이 위풍당당한 글의 끝부분에 등장하는 보기 드문 논평을 통해 저자는 중요한 질적 변화가 나타났음을 내세우고 있다. 이전에는 조선인들이 신사의 입구에 들어설 때 '구경꾼 느낌'을 갖고 입장했었다면, 이제는 신사 입구에서 절을 한다는 것이다. 이러한 전환은 충량한 심성의 내면화가 증진되었음을 표현한다는 것인데, 이러한 저자의 주장은 명확한 증거가 없는 한 대담한 결론이라 하지 않을 수 없다.

1936년 가을, 『경성일보』에는 '국민정신작흥주간國民精神作興週間'이라는 정부의 또 다른 캠페인이 전시하 애국심 함양에 어떤 도움을 주었는지에 대해 쓴 기사가 실렸다. 매년 11월 둘째 주에 개최된 이 캠페인은 개막 이벤트로 특별 신사 방문일 행사를 갖는 것이 특징적이었다.[89] 신문 매체에서는 당일 3만 3,600회 방문이라는 천문학적인 숫자를 내세워 '대성공'이라고 단언했지만, 그 가운데 92퍼센트에 가까운 신사 참배자들은 145개의 단체에 소속되어 신사를 참배했다. 겨우 636명의 조선인과 2,124명의 일본인만이 개인적으로 신사를 참배했다는 것은 국민정신작흥주간과 같은 대중적인 캠페인조차도 상당한 설득과 강요와 결합되지 않고서는 피식민(또는 식민) 주체를 신사참배로 이끌기 어려웠음을 보여준다.[90] 이러한 문제들에도 불구하고, 말기 식민 정부는 줄곧 이러한 신사참배의 증가 현상이 충량한 심성의 내면화에서 비롯된 것인 양 행세했다. 예컨대 1937년 가을부터 어느 신문 보도에서는 전쟁 발발 이후 신사참배의 기록적 성장은 "헌신 일색으로 불타오르는" 조선인들의 자각 의식을 정확히 반영한 것이라고 주장했다.[91] 1939년 말 『경성일보』는 그해에 매일 평균 약 6,700명의 개인이 조선신궁을 참배했는데, 이는 민족 간 차별이 사라진 대중들이 한결같이 전쟁을 지지하고 있는 증거라고 보도했다. 이 기사에서는 1939년에 200만 회의 신사참배가 이루어졌음은 곧 경성에 거주하는 남녀노소 주민 75만 명이 한 해 동안 각자 세 차례씩 참배했음을 뜻한다고 제시했다.[92]

언론 매체에서 천황숭배를 측정하는 주된 척도로서 신사 방문객의 수를 늘리고자 매진했음에도 불구하고, 이 계량적 합리성은 통계학적 감소라는 유령에 의해 위협받았는데, 특히 이 위협은 전쟁 열기가 차갑게 식으면서 더 커졌다. 공식적 수치에서도 조선신궁 참배자의 총 숫자는 최고치를 기록했던 1938년에는 270만 명에 근접했으나 1940년에는 210만 명을 가까스로 넘는 정도로 떨어졌음이 드러난다.[93] 널리 공표된 자료는 아니지만, 경찰 내부 보고서에서도 높은 수치를 유지하는 데 대한 심각한 우려를 드러내고 있다. 이들 보고서 중 하나에서 한 저자는 조선신궁 방문자의 숫자가 1941년 4월 26만 5,733명에서 5월에는 18만 8,125명으로 현저히 하락한 데 대해 당국자들에게 경고하고 있다. 1941년 5월의 방문자 수는 4월과의 비교에서뿐만 아니라 전년도 5월의 수치(21만 3,657명)와 비교해서도 관계자들의 안색을 창백하게 하기에 충분한 것이었다.[94] 경찰 보고에 따르면, 한 달간 방문자 수가 증가하는 경우라 할지라도, 그리하여 그것이 '천황제 숭배 사상'이 점진적으로 상승하고 있음을 보여주고 있다 하더라도, 역설적이게도 교육받은 계급의 방문자 수는 감소세에 놓여 있다는 점을 우려했다.[95] 1941년 12월 한 달 동안 기록적으로 많은 31만 6,490명의 개인 참배객이 조선신궁을 방문한 것은 그해 하반기에 벌어진 진주만공격과 미국과의 개전에서 기인한 것인데, 그 숫자에는 장래의 전승戰勝을 기원하는 특별 기도회에 참석하기 위해 신사를 방문한 3만 명에 가까운 경성부민들도 포함되어 있었다.[96] 말기 식민지 매체에서는, 설령 신사 참배자 수가 일시적으로 감소했다손 치더라도 이러한 수적인 증가야말로 전시 후방 지원의 급증 양상을 탈선시키지는 못할 것임을 보여주는 명백한 증표라고 예전과 다름없이 둘러대었다.

그러나 신토 사제들은 이러한 언론 매체의 보도를 거의 액면 그대로 받아들이지 않았다. 이 봉직자들은 강제된 형태의 참배가 지속됨으로써 신토의 정신적 토대가 약화될 수 있음을 우려한 나머지, 참배자의 수적 증가가 곧 조선인들의 경배심의 성장을 반영하는 것이라는 공식적 해석에 대해 의문을 제기함으로써 총독부의 통치 합리성에 심각한 문제를 제기했다. 아치와 야스히코阿知波安彦는 1936년 『조선총독부월보朝鮮總督府月報』에 실은 글에서 신사참배의 최신 통계를 인용하면서 참배자 수가 1931년 40만 3,550명에서 1935년 93만 7,588명으로 꾸준히 증가하고 있음을 보여주었다. 정부 당국자들과 마찬가지로, 그는 이러한 숫자가 앞으로도 줄곧 증가일로에 있을 것으로 예견했다. 하지만 신토 사제인 그의 입장에서 볼 때 표면적인 숫자보다 우려스러운 것은 신사 참배자들의 내면적 태도였다. 정당하게도 그는 참배자들이 "저 375개의 돌계단을 그들 자신의 의지에 의해 올라가는 것이 아닌 것 같다"고 주장했다. 그는 "참배자들은 대부분 단체의 일원으로 오며, 인솔자의 안내에 기계적으로 따른다"고 지적했다. 아치와는 피식민 조선인들이 조선신궁에 방문하는 것을 마치 '난젠지南禪寺*의 법회에 억지로 끌려오는 소와 같다'고 비유할 정도로 참배가 강요되고 있다는 점에 대해 근심스러워했다. 피상적인 계량적 논리를 비판하면서 그는 '가미神의 존재에 대해 인지하지 못한 채 신사를 참배하는 것은 전혀 무의미한 일'이라는 결론을 내렸다.[97] 이런 우려 때문에 다른 신토 관리자들은 신사에 모셔진 신들이 실제로 일본제국의 조상들이며 '어떤 가상의 신들'이 아니라는 점을 조선인들에게 계속 상기시키기도 했다.[98]

그 후, 1940년 여름에 아치와는 참배자 수의 증가를 경배심의 증진을 입증하는 근거로 사용하는 것에 대해 의문을 던지는 또 다른 글을 썼다. 1938년과 1939년 동안의 기록적인 신사참배 붐이 가라앉자, 아치와는 대부분의 참배가 단지 격식에 불과함을 다시 한 번 확신했던 것이다. 이전과 마찬가지로 그는 신위 앞에서 몇 번 절하는가 보다는 신을 대하는 태도가 훨씬 더 중요한 것임을 제시하면서, '양보다는 질이 우선'이라고 주장했다. 특히 그는 황국신민들이 제전이 없는 경우나 성직자들과 마주칠 일이 없을 때에는 경배하지 않는다고 비판했다. 또한 그는 신사에 부적절한 옷을 입고 와서는 누추한 옷차림새 때문에 기도할 수 없다고 변명하는 방문자들을 비난했

---

* 13세기에 세워진 교토의 유명한 절.

다. 신사 방문자들의 내면 심리를 의식하면서 아치와는 이러한 행동을 용납할 수 없는 '불경함'이라고 거칠게 비판했다.[99] 1943년 스즈카와 겐쇼鈴川顯彰라는 조선신궁의 또 한 사람의 고위 사제(신직神職)는 많은 조선인들이 여전히 남산에 지나치게 형식적인 방식으로 또는 매우 내키지 않는 듯한 태도로 방문하는 경향이 있어 유감스럽다고 썼다.[100] 스즈카와는 '황민화' 수준이 저급한 독자들을 꾸짖기 위해 한글로 출간한 글에서 이들은 신토 의례에 대해 "전혀 무관심한"이들이라고 묘사했다.[101] 지방의 제전에 대한 정부 연구에서도, 피식민 주민들이 이러한 행사에서 절하는 것에는 익숙해져 있지만 여전히 신 앞에서 (신을 불러내고 그들의 축복을 얻기 위해 고안된 표준화된 행동인) 박수를 치지 않는다는 점을 발견해냈다.[102] 준공식적인 보고서에서는 일부 일본인들에게서조차도 공식 준칙에 따른 정화 의식을 행하지 않거나, 일몰 후에 예배하거나 차량에서 내리지 않는 등 의례의 예법을 위반하는 경우가 있었음을 끄집어냈다.[103] 한 신토 비평가는 이러한 행동에 함축된 경배심의 불충분한 내면화와 전시하 신사참배의 비자발적 성격에 대해 좀 더 일반적 차원에서 다음과 같이 우려스럽게 결론을 맺었다. "(우리가) 아무리 신성神聖을 경배하라고 강연을 하고 신사참배에 대해 홍보하더라도, 개개인이 자기 자신의 의지에 따라 (이러한 실천을) 행동으로 옮기지 않는다면 아무런 소용이 없다. 그리고 그 정신이 그들의 모든 말과 행동에 배어들지 않는다면, 그것은 허위다. 신사 앞에서 행해지는 의식이란 그러한 경배심의 하나의 표현에 지나지 않는다."[104]

가정생활의 '신토화'

신사의 사제들은 정부의 수량적 논리를 비판하기는 했지만, 전시 동원에 대해 반대하지는 않았다. 사실 그들은 조선인들에게 경배심을 더욱더 전면적으로 내면화할 것을 강권함으로써 동원 체제의 가장 강력한 지지자들이 되었다. 실제로 사제들은 신사 참배자들의 정신적 실천에 대해 내밀하게 파악함으로써 그들 자신의 목표 달성을 향해 나아갈 수 있었다. 필자는 그것을 가정생활의 '신토화'라고 부르고자 하는데, 그것이 목표로 삼는 것은 공적인 신사에서의 의례적 행동들을 사적 영역에서의 일상적 활동 속에 재편성시킴으로써 황국신민 의식을 확산시키는 것이었다. 경찰관, 학교 교사, 마을 지도자들과 긴밀한 협조 체제를 구축한 신사 사제들이 주도한 이 프로젝트에는 신사 부적과 달력의 대중 보급, 가미다나의 설치와 그 앞에서의 제의祭儀, 그리고 매일 도쿄의 황궁을 향한 궁성요배의 실천 등이 포함되었다. 대중 동원을 통해 남산의 신사에 단체 방문한 것과 같이 성공적이지는 않았지만, 신사 문화를 전시기 가정으로 점진적으로 침투시키는 작업을 통해 황국신민화의 불가능한 경계는 점점 더 사라져갔으며, 성역의 공간적 판도는 새로운 방식으로 변화해 갔다. 그 결과 당국자들은 각 지역 조직망의 대리자들에 의해 구축된 전례 없는 감시 형태에 의존함으로써 집 안까지도 감시의 대상으로 삼을 수 있게 되었다. 그렇다고 할지라도 그들은 피식민 조선인들이 그들 가문 혈족의 초국가적 우두머리로서 일본 천황에 대한 숭배를 자발적으로 받아들이고 있는지는 확신할 수 없었다.

1930년대 후반부터 성직자들은 공식 달력과 신사 부적을 대중들에게 나눠주기 시작했다. 이 부적은 이세신궁에서 직접 배포된 것으로, 조선인들을 가구 단위로 '신토화'하는 가장 간단하고도 저렴한 방식이었다. 이 부적은 가미다나 옆에 두게끔 했는데, 신토 당국자들은 이 부적을 황실의 실제 인장印章이자, 아마테라스 여신의 상징 휘장으로 간주했다. 이처럼 그들은 황민들이 아침저녁으로 이세 부적 앞에서 예배하면서 성스러운 숭배의 대상으로 다루어주기를 기대했다.[105] 한 장짜리 공식 달력에는 중요한 제전 날짜를 포함한, 황국신민이 알아야 할 매일매일의 정보가 담겨 있었다. 다른 지방 단체들처럼, 경성신사에서도 이세의 공식 달력을 나름대로 보충했는데, 1938년 판본의 경우 50개가 넘는 연례 기념행사와 7개의 월례 행사가 목록에 포함되어 있었다. 이 달력은 신토화하는 장치 그 자체였기에, 교구 사람들에게 전시하 가정의 정신적 구심점인 가미다나 바로 옆에 붙이라는 권고 문구를 포함하고 있었다. 다른 지방 신사의 출간물에는 조상을 추모하는 법이나 출생, 입학, 결혼과 같은 가족사적 사건을 기념하는 법과 같은 상세한 지침이 제공되고 있기도 했다.[106] 이러한 달력을 통해서 당국자들은 집안 대소사에 대한 공통의 실천을 통해 황민들이 일상생활의 리듬을 일치시키게 될 것으로 기대했다.

전쟁이 진행되는 과정에서 조선인에 대한 이세 부적의 보급이 크게 늘어났음을 통계자료를 통해 확인할 수 있다. 신사 방문자 수의 추이를 추적하는 데 이용되었던 것과 동일한 수량적 논리를 전개함으로써, 당국자들은 황국신민화가 대성공을 거두고 있다는 실증적 증표로서 이러한 증가세를 반복적으로 보도했다. 예컨대 1941년의 한 출간물에는 식민지 조선에 배포된 이세 부적의 수량이 1936년에는 7만 5천 부 미만에 불과했으나 1940년에는 125만 부 이상으로 증가했다는 기사가 실렸다.[107] 유사하게, 1944년 말 내각에 제출된 문서에는 연말까지 그 수량이 300만 부를 넘어서게 되어, 1936년에 비해 그 증가분이 40배를 초과할 것이라는 호언장담이 제시되기도 했다.[108]

정부 당국에서는 이러한 총량이 증가한다고 줄곧 자랑 삼아 내세웠지만, 신사 관리들은 조선에서의 부적 배포가 제국의 다른 지역에 비해 뒤처져 있다고 우려의 목소리를 냈다. 1939년 한 신토 사제는, 내지에서는 전체 가구의 거의 60퍼센트에서 이세 부적을 사용하고 있고, 타이완에서는 37퍼센트의 가정에서 부적이 등록되어 있는데 비해, 한반도에서 부적을 보유한 가구의 비율은 5퍼센트 미만에 그치고 있다는 사실에 당혹감을 금치 못했다.[109] 심지어는 종전終戰이 임박한 무렵에도 정부 당국에서 자랑스럽게 떠벌린 300만 부의 부적은 실상 조선의 전체 가구 수의 20퍼센트 정도에 불과한 것으로, 이는 타이완에 비해 3.5배나 미달하는 비율이었다.[110] 한편, 전쟁 기간 동안 공식적인 달력이 배포된 숫자는 명확하지는 않지만, 현존하는 기록에 따르면 그것이 한반도 전국에 보급된 정도는 제국의 다른 지역에 비해 훨씬 뒤떨어졌는데, 이는 피식민 주민 대다수가 이 대상에 대해 다른 방식으로 이해하게 되는 결과를 낳았다.[111]

신사 방문자 수가 간헐적으로 줄어들고 있다는 경찰 보고서와 마찬가지로, 이세 부적의 배포와 사용에 대한 전시기 신토 사제와 마을 지도자들의 계산에서도 널뛰듯 불안정한 변동이 나타났다. 1939년 한 성직자는 부적의 수가 전반적으로 늘어나고 있다고는 하지만, 1937년 8만 부였던 것이 1938년에는 7만 5천 부로 실질적으로는 줄어들었음을 고백했다. 그는 이처럼 저조한 수치를 황민화의 효능과 관련짓는 것에 대해서도 회의적이었다. 그는 근심스러운 어조로 다음과 같이 썼다. "단체나 학생, 다른 신사 방문자의 수가 극적으로 늘어나고 있다고 할지라도, 경배 사상이 그와 같은 비율로 가정으로 침투하고 있는 것은 아니다. 아침저녁으로 신에게 문안드리는 이들은 극소수에 불과하다."[112] 경성부의 정신동원운동의 조선인 엘리트 회원인 석태우도 빈곤층 조선인의 태도에 대해 유사한 결론에 도달했다. 1940년 초에 쓴 글에서 그는 최근 들어 이세 부적의 배포량이 늘어나고 있음을 상찬함과 동시에, 이 늘어난 수치도 전시 제국의 다른 영역과 비교해보면 아무것도 아니라고 애석해했다. 그의 신토 측 상대자와 마찬가지로, 그는 이 상대적으로 낮은 수치를 남산의 신궁에 모셔놓은 신에 대한 조선인들의 '불충분한 이해' 탓으로 돌렸다.[113]

신사와 신토 사제의 상대적인 부족으로 인해, 한반도의 가정을 '신토화'하는 방법은 내지에 비해 훨씬 더 간섭적인 국가권력의 출현을 수반했다. 이러한 강제력의 개입은 대다수 조선인들의 자발적 의식을 통해 자연스럽게 충성심이 배양될 것이라는 공식적인 바람과는 상충하는 것이었다. 당국자들도 숭배의 강요가 황국신민화를 진전시킴에 있어 (전혀 극복 못 할 정도는 아니지만) 상당히 중요한 장애물임을 인정해야만 했다. 신토 관행에 대한 글에서, 한 고위 관료는 어떤 일본인 여행객의 의견에 동의했는데, 놀랍게도 그 여행객은 조선인의 신사 방문과 이세 부적 소유가 크게 늘어난 이유를 가장 잘 설명하는 것은 강제성임을 알아챘다. 밖으로 드러나는 기표가 충성심의 경험적 증거를 제공한다는 통치 권력의 논리를 폐기하면서, 그는 대부분의 조선인들이 전통적인 묵종의 관행에 따르고 있는데, 그것은 당국자들을 달래기 위한 것에 불과하다고 주장했다. 더 나아가 그는 국가 대리인들이 의례적 실천을 강요하지 않으면서 조선인들이 불복종으로 되돌아갔음을 암시했다.[114] 후속적으로 열거되는 숫자들은 이 혼란스러운 결론을 확증해줄 뿐이었다. 1941년 한 고위 사제는 비록 조선인들이 매달 남산에 무수히 찾아온다 할지라도, 그들의 가정에서 신에게 시간을 바치는 사람들은 거의 없다고 불만을 토로했다.[115] 1944년에 이르러서까지도, 또 다른 필자는 피식민 조선인들이 이세 부적을 함부로 또는 무례하게 다루는 일이 너무나 잦다는 사실을 유감스러워했다.[116]

가정생활을 '신토화하기'가 영구적 난제에 직면하자, 전시 당국자들은 학교 임원, 신사 봉직자, 마을 지도자 들에게 이 전도 프로젝트를 진일보시킬 것을 요청했다.[117] 교사들은 수업시간에 학생들에게 가내 의례에 대해 얘기함은 물론이거니와, 각 학생의 가족들이 이러한 의례를 실제로 어느 정도나 실천에 옮기고 있는지를 조사하고, 필요할 경우 추가적인 현장 지침을 제공하기 위해 가정방문을 실행했다. 학생들 중 연장자는 같은 반의 어린 급우들에게 매일매일 황궁요배를 완수하는 지침을 전수하도록 한 다음, 어린 학생들이 집에 가서 가족들과 함께 그것을 실천에 옮기도록 했다. 신토 사제들도 그들 나름대로 강연을 하거나 읽을거리를 나눠주었으며, 심지어는 조선인들이 가내 의례에 익숙해지도록 영화를 상영하기도 했다.[118]

1930년대 후반~1940년대 전반의 시기를 민족문화의 '말살'기로 단순하게 이해하는 대부분의 학자들에게 충분히 인지되지는 않았지만,[119] 식민지 말기 정부 당국자들은 천황제 숭배의 표준적이지 않은 관행을 적극적으로 되살려내어 이 다민족적인 국체가 전시기를 버텨낼 수 있기를 바랐다. 모든 매체를 통해 사제들은 천황제 숭배의 신토적 실천이 조상숭배의 유교적 의례의 연장선상에 있는 것으로 생각하면 된다고 주장함으로써 전자와 후자를 전면적으로 결합시키고자 했다. 예컨대, 1943년 초에 발간된 한글로 된 글에서 스즈카와 겐쇼는 독자들로 하여금 조상을 모신 사당(가묘家廟)의 신위(위패位牌)에 절하는 고유의 풍속을 상기시켰다. 그가 이 씨족 중심적 풍속과 천황제 숭배의 풍습 사이에 상당한 차이가 존재함을 몰랐을 리는 없다. 예를 들어 그는 조상숭배는 일반적으로 양반가의 세대주에게만 해당되며 연중 몇 차례의 행사에만 국한된 것이라고 쓰고 있다. 그럼에도 스즈카와는 궁극적으로 이 신위가 조선인들 가계의 조상인 천황가를 뜻하는 것이므로, 조선인들에게 이러한 성격이나 빈도의 차이가 중요한 것은 아닐 것으로 확신했다.[120]

전시체제에 대한 협력 혐의가 있는 일부 조선인 지식인들도 자발적으로 이러한 입장을 취했다. 이들 '친일' 문필가들 중에서 가장 악명 높은 인물은 이광수(1892~1950)일 것이다.[121] 한때 문화적 민족주의와 깊이 관계를 맺었던 그는 종전을 불과 1년 앞둔 시점에 「절하는 마음」이라는 에세이를 썼다. 가장 못 배운 조선인들까지도 감화시키려는 의도에서 집필된 이 글은 학교 교사들이 사용하는 교훈적인 어조로 토착 한글 어휘를 구사하여 씌어졌다. 그는 천지신명과 조상에 대한 숭배라는 의무가 지역적 차원에서는 천황가에 대한 충성으로 표현되어야 한다고 주장했다. 이 등식에 대해 탐탁치 않게 생각하는 독자들을 설득하기 위해 이광수는 '부모에 효도, 군왕에 충성'과 같은 조선의 전통을 대표하는 광범위한 유교적 사례를 끌어들였다. 결국 이 유구한 경배의 형태는 천황제 숭배라는 근대적 의식에 종속되었다. '조상을 숭배하기 **이전에** 국가의 신을 경배하고, 조상에게 절하기 **이전에** 천황에게 절하라'는 것이 그의 조심스러운 권유였다.[122] 이러한 이데올로기적 공식화에 대해 대중들이 반감을 갖고 있음을 잘 알고 있었기에 그는 대중들로 하여금 조상숭배에 집중하면서 그 대신에 더 이상 머뭇거리지 말고 이민족 통치자에게 경의를 표할 것을 권했다. 이를 위해 이광수는 일황日皇을 언급할 때 전략적으로 '임금님'이라는 토착 용어를 사용했으며, 그를 조선인과 흡사한 모습으로 그의 선조인 아마테라스 앞에서 기도하는 인물로 묘사했는데, 아마테라스는 곧 '나라의 큰 신'이기도 했다. 이처럼 이광수는 조선의 대중들이 그들 선조의 정체성을 천황가와 동일시하도록 유도했다. 그 결과 천황제의 상징적 현존은 점점 더 가정생활의 친밀성의 영역으로까지 스며들게 되었다.

이러한 신토화 방안의 유효성을 측정하는 가장 좋은 방법은 가내에 설치된 가미다나 앞에서의 행동을 살펴보는 것이다(식민지 말기에 나온 다양한 출판물들에서 이 공간은 가정의 정신적 거점으로 묘사되었다). 전통적으로 일본식 가옥의 도코노마床の間에 자리 잡은 이 신사의 소형 복제물이 없었다면, 천황가를 구심으로 하는 매일매일의 가내 의례는 미완성으로 끝나고 말았을 것이다. 1930년대 후반부터 신사 당국자들과 조선의 지원자들이 이세 부적의 배급 확대에 나서기 시작하면서 그들은 곧바로 대부분의 피식민자들의 가정에 이 부적에 경배할 적당한 장소가 마련되어 있지 않음을 깨달았다. 전시기 국가정책을 추진하기 위해 설립된 민간 단체인 녹기연맹綠旗聯盟에서 가장 두드러진 여성 인물 중 하나인 쓰다 세쓰코는 이러한 상황에 주

목한 한 청년과 감동적인 대화를 나눴다. 일본 가정의 정신적 핵심인 가미다나를 중심으로 일본 가정에 대해 묘사한 다양한 전쟁 영화를 감상한 후, 이 청년은 한국 가정에는 이와 같은 '신성한 공간'이 없다는 사실에 부러움을 느끼게 되었다.[123] 물론 이 대화의 기록은 이데올로기적 효과를 거두기 위해 극화된 것으로, 스펙터클한 사례가 돋보이도록 각색된 기록의 일부라고 가정할 때, '일본인이 되려는' 조선인 개개인의 실현되지 않은 욕망이 전시체제기 대다수 조선인의 실제 정서를 어느 정도나 반영하고 있는지 식별하기는 쉽지 않다. 그럼에도, 이 결핍 또는 불충분성에 대한 지각知覺의 결과로 전시체제기 국가가 '비애국적인' 가정에 가미다나를 설치하는 것을 포함하여 피식민 주민의 일상생활에 전례 없이 개입하는 실제적 효과를 거두게 되었다.[124]

가내에 가미다나를 설치하는 것은 전시기의 의무 사항이었지만, 대부분의 피식민 주민들은 그에 따르지 않았다. 이것은 가정이라는 사적인 공간에서까지 공적으로 강요된 의무를 준수하기를 꺼려하는 조선인들의 오랜 반감에 더해서, 가미다나를 구입하거나 구비하는 데 드는 (10전에서 15전의) 비용 때문으로 볼 수 있다. 조선인 가정에 가미다나라는 천황가에 헌정된 새로운 공간을 설치하는 데 따르는 건축적인 (그리고 금전적인) 장애물을 인식한 당국에서는 가미다나가 대청마루나 온돌방의 벽장과 같은 예외적인 공간에 설치되는 것을 이례적으로 허용했다.[125] 그럼에도, 조선인이 가미다나를 설치하는 것을 확인하는 데에는 전시기 행정체제의 최하위 수준의 행위자인 동리 애국반의 존재가 결정적이었다. 이 식민 정부의 대리자는 1943년 초부터는 이 정책을 열정적으로 강요하기 시작했다.[126] 그 와중에, 정신적 동화운동을 홍보하는 공식 전단지는 간곡한 권유의 기사를 실어서 계속 찍어냈다. 가령 어떤 기사에서는 어떻게 하면 저렴하게 가미다나를 구축할 수 있는지에 대한 상세한 지침을 설명했는데, 이 글의 저자는 5~6학년 정도 수준이면 충분히 따라 할 수 있는 일이라고, 경멸적인 어조로 주장하기도 했다.[127]

심지어 지역 유지들이 마을 사람들로 하여금 가내 신사를 갖추게끔 설득하는 데 성공한 경우에도, 신토 사제들은 그들 중 많은 이들이 올바르게 경배할 줄 모른다고 유지들 앞에서 불평불만을 늘어놓았다. 그들이 쓴 권유하는 기사에는 가내에 가미다나가 설치되어 있다는 사실만으로는 마음속에서 우러나오는 경외심에서 비롯되는 경배를 보증하지 못한다는 내용이 종전 시점에 이르기까지 계속 나타났다. 1943년에 스즈카와는 다음과 같이 썼다. "만일 (조선인들)이 조상숭배를 한답시고 가미다나 앞에서 함부로 절을 한다면, (그런 행동은) 겉치레에 불과할 뿐 아무런 의미가 없다. 이것은 비록 의례의 한 형식에 불과하지만, 진정성을 갖고 행하는 것이 그 최소한의 요건일 것이다."[128] 동리 애국반에서는 피식민 주민들에게 다음과 같은 메시지를 상기시킴으로써 사제들의 우려를 전했다. "중요한 것은 가슴속으로부터 신을 진심으로 숭배하는 것이다. 그것은 형식이 아니고, 정신의 문제다."[129] 천황가에 충분한 존경심을 표시하는 않는 것으로 생각되는 행동들을 하지 않도록 하기 위해 지역의 '신토주의자들'이 조선인들에게 취할 수 있는 조치는 그들 스스로 공부하고 연습하도록 종용하는 것뿐이었다. 심지어 사제들은 피식민 주민들이 취하는 이러한 행동이 스즈카와가 말하는 '관습적 의례'에 따른 것이라고, 즉 혈연 중심적인 조상숭배에 따른 큰절에서 유래한 것이라고 마지

〔그림 45〕 가내 신토 신앙을 홍보하는 광고 전단지. 『사진보도, 싸우는 조선(寫眞報道, 戰ふ朝鮮)』, 1945, 36쪽.

못해서 인정했다. 이처럼 포괄적인 양보에도 불구하고, 신토 의례가 더 '한국적'인 것에 가까워질수록 실무자들이 그것을 천황가와 연결 짓기는 더욱 어렵게 되었다.

때문에 말기 식민 국가와 그 지역 대리자들은 일본식 가내 의례를 적극적으로 도입한 조선인들을 부각시키는 글과 사진(시각자료)들을 계속 발간했다. 예컨대, 이상적인 부르주아 조선인 가정을 그려낸 다음의 사진 전단지(그림 45)에는 「황민화된 가족의 조건」이라는 제목이 붙어 있다.[130] 이 전단지는 동리 애국반이 그들이 담당하는 10개 가족에게 배포한 것이다. 〔그림 45〕의 우측 상단의 이미지에는 조선인 어머니와 그의 어린 아들이 가미다나 앞에서 공식 인가된 의식을 행하고 있으며, 그들 앞에는 신선한 제수 음식과 신성한 비쭈기나무 가지가 놓여 있다.[131] 이 모델 가족은 제단 오른쪽으로 공식 달력을 걸어 놓았으며, 거기에는 중요한 제전 날짜가 표시되어 있다. 전단지 가운데에는 조선인 어머니가 일장기를 들어 올리고 있는데, 전시기 제국에 대한 그녀의 충성심이 드러난다. 그와 더불어, 이들 이미지는 어린 자녀들을 천황제의 충량한 신민으로 지도할 때 '애국 어머니'가 수행해야 할 역할의 중요성을 강조하고 있다.[132] 이 이미지의 좌측 하단에는 이 부르주아 가족 구성원 네 명이 휴식을 취하고 있고, 그 배경이 된 공간은 조선인 서민들의 주택인 일반적인 온돌방이 아니라, 일본식 다다미방이다. 이 조선인 가족의 '황민화'의 또 다른 증표는 트랜지스터라디오다. 전시 국가는 이 매체를 통해서 시기별로 적절한 정보를 송출했다.[133]

식민지 말기 미디어에 대한 강력한 검열과, 전시기 조선인들이 그들의 시각을 에둘러 표현해야만 했을 엄혹했던 주변 여건을 감안해 볼 때, 가정을 '신토화'하려는 프로젝트에 피식민 주민들이 어떻게 대응했을지를 확실하게 말하기는 어렵다. 그럼에도, 가내 신사를 설치하는 데 대한 광범위한 저항에 추가하여, 조선인들이 이세 부적과 공식 달력을 아무렇지도 않게 버리거나 심심치 않게 잘못 사용했음을 보여주는 파편적인 증거들이 있다. 위에서도 언급했듯이, 문제 중에서 일부는 건축적인 것이었다. 당국자들은 조선인들이 대청이나 온돌방에 가미다나를 설치해도 되게끔 양보할 수밖에 없었는데, 그것은 가정생활의 신토화에 예상치 못한 장애를 초래했다. 1941년 초에 출간된 한 기사에서 스즈카와는 가내 소형 신사의 적합한 위치를 논한 바 있다. 그는 한편으로는 사람들에게 가미다나를 깨끗한 장소에 설치할 것을 권하면서, 다른 한편으로는 가족 구성원들이 아침저녁으로 기도하기에 불편하지 않은 곳에 설치할 것을 권했다. 다른 한편, 가미다나가 집 안에서 사람들이 거주하는 영역에 설치된다면, 그것은 불필요한 분란에 휘말릴 우려가 있었다. 대부분의 조선인 가정에는 반침(선반이나 수납공간)이 부족했기에, 식구들은 이불(요)이나 다른 사소한 물건들을 가미다나 근처에 무질서하게 쌓아놓기 일쑤였다. 결국 이처럼 모순으로 뒤엉킨 가내 의식을 위한 지침은 '적절치 못한 것'이었다.[134]

똑같이 단편적이지만 더 구체적인 사례로, 경성 외부의 조선인들의 삶은 가정의 '신토화'에 대해 더 의식적인 저항의 형태를 보여준다. 이는 일반적으로 서울보다는 지방에서 가내 생활에 대한 감시가 덜 철저하고 신토 신봉자들(일본인 거주자들)이 서울에 더 집중되어 있다는 점과 무관하지 않다. 황해도 시골에 사는 한 마을의 애국반 지도자는 그가 1941년에 받은 두 개의 신사 부적을 잘못 다루었다는 이유로 기소당했다. 창고(광) 속에 있는 이불 장롱 위에 그것을 놓아두었다는 것이다. 그가 다른 부적은 가내 신사 앞에 두었음에도, 1942년 5월 하순에 그의 가택을 점검한 경찰관은 그가 줄곧 신성한 가미다나 위에 이발 도구를 보관해왔음을 적발했으며, 이 범죄 행위로 인해 그는 체포되었고 지도자의 지위를 박탈당했다.[135] 문서에 기록된 사례로는 좀 더 드물지만, 조선인들은 매일매일의 가정 생활에 공적인 신사 문화가 개입하는 것에 대한 저항의 뜻을 더 명백하게 드러냈다. 1944년 가을, 종전을 채 1년도 남기지 않은 시기에 지방 관리들이 충청남도 지방에 대한 조사를 실시했다. 조사 과정에서 그들은 강요된 부적 숭배와 그 밖의 다른 가내 의식에 대한 반응으로 수많은 농촌 가족들이 가내 신사 앞에서 '왜놈 귀신'이라는 노골적인 반감이 묻어나는 별칭을 쓰고 있음을 알게 되었다. 그것은 경성의 신토 신사에서도 참배자들에 의해, 침묵 속에서일지언정, 똑같이 반복되는 습관이었다(이에 대해서는 아래에서 좀 더 논할 것이다).[136] 이처럼 아마테라스와 황실에 대한 불경한 언행은, 조선인들의 가정생활을 신토화하고자 한 각고의 노력에도 불구하고, 일본의 신을 조상숭배의 대상으로 포용하는 조선인이 거의 없었음을 보여준다.

전시체제하의 수행에서 식민 이후의 기억으로

1937년부터 조선인들이 ─공적인 신사에서든 사적인 가정에서든─ 행하는 충량함의 수행 방식은 그 양상이 달라지게 된다. 말하자면 그것은, 개개인에 따라 여전히 논쟁적이었기에 근심거리였던 공적인 실천으로부터 이제는 적어도 겉으로는 감히 누구도 반대하기 어려운 전시하 지상명령으로 신속히 전환된 것이다. 리오 칭이 전시하 타이완에서의 정체성 형성에 대한 분석에서 주장했듯이, 충량한 '일본인' 신민이 된다는 도전은 압도적으로 존재론적 불안감을 양산했다.[137] 그와 동일한 공식을 식민지 말기 조선의 신사참배(만일 그것을 공적인 실천 양식의 고도로 면밀하게 관찰된 한 형태로 본다면)에 대해서도 적용할 수 있을 것이다. 말기 식민 국가가 모든 개개인들을 완벽하게 감시할 수 없었음은 명백하다. 그럼에도 누군가가 지켜보고 있다는 지각은 조선인들로 하여금 그들을 지켜보는 신사 당국자들에게 자신들의 경배심을 확신시켜야 한다는 막중한 의무감으로 작용했다. 이 부담스러운 참배에 대해 고도로 검열된 언론 매체에 발언할 기회가 주어졌을 때, 대부분의 조선인들은 충량함의 지침을 그대로 본뜬 내면화된 주체성을 열정적으로 표출했다.[138] 하지만 그보다 더 일반적이지는 않지만 더 대표적인 표출 방식은 남산의 '공적인 시선'을 만족시키되 훨씬 덜 열정적이고 덜 '황민화'된 방식이었다. 이처럼 자신의 마음을 다독거리는 미묘한 전복顚覆의 방법은 유교적인 조상숭배 의례를 살짝 위장하는 것에서부터 천황제 앞에서 침묵시위를 행하는 것에 이르기까지 다양한 스펙트럼에 걸쳐 있었다.

놀랍게도 이와 같이 이중적인 신사참배 행위의 일례를 우리는 말기 식민 정부에 의해 만들어진 선전용 뉴스릴에서 찾아볼 수 있다. 위에서 말했듯이, 전시기 당국자들은 종종 경성부 주민들을 남산의 군사화된 영역으로 긴급 소환하여 전장의 승전 경축 행사에 참석하도록 했으며, 이를 통해 제국의 위상에 대한 주민들의 의식이 확대되기를 바랐다. 그와 같은 행사에서 일련의 뉴스릴이 촬영되었다. 「조선, 우리의 후방」은 그 가운데 한 편이다.[139] 다른 무엇보다도 이 특별한 뉴스릴은 한커우漢口 함락(1938. 10. 25)을 형상화했는데, 이는 신사 방문자 수가 역대 최고치에 달했던 1938년 말 또는 1939년 초에 해당한다. 1938년 10월 한 달만으로도, 당국자들은 조선신궁에 45만 2,882명이라는 기록적인 인파가 방문한 것으로 집계했는데, 이는 거의 1만 5천 명이 매일같이 이 신성한 공간을 찾아왔음을 의미한다. 한 대목에서는 군중들이 다음과 같은 두 가지 서로 다른 자막에 의해 분류되어 있는 광경이 목격되었다. "후방의 가정에서, 일본의 정신 아래", 그리고 "전쟁에서의 무운武運을 위해 신 앞에서 기도를."

이 신성화된 제국의 점점 더 압착되어가는 지형도를 강조하기 위해서, 이 대목은 도쿄의 황궁 이미지로 시작과 끝을 장식했다. 전시기 동안 매일 아침 사이렌이 울리면 동원된 모든 사람들은 일제히

〔그림 46〕 신사 앞에서 조선식 큰
절을 하고 있는 모습. 단편 뉴스영
화 「조선, 우리의 후방」(1939)의 스
틸컷. 「발굴된 과거, 네 번째: 고스
필모폰드 발굴영상모음」, 2009.

궁성요배를 했다. 이 대목의 영상이 시작할 때에 황궁의 니주바시 사진이 등장했다가 이어서 천황가의 상징인 국화 사진이 '천황의 의지는 더욱더 공고하다'는 자막과 함께 나타난다. 마지막 장면에는 같은 다리의 사진 이미지가 나타나는데, 거기에는 황국신민서사가 가로질러 프린트되어 있다. 그것은 내지의 정신적 구심과 한반도 신민들의 일상생활을 직접 연결한다. 이 이미지에 쓰인 자막은 종종 반복되는 전시기 슬로건인 '내선일체'였다. 수사학적으로, 이러한 일련의 이미지들은 황국신민화를 문화적 동화 과정으로 강조하고 있는데, 여기서 천황제 숭배의 실천은 전시기 정체성 확보의 주된 기제로서 찬미된다. 일제히 경의를 표하는 민족적으로 구분하기 어려운 여러 집단들의 수많은 장면들에 더해서, 뉴스릴은 조선인 개개인이 방문하는 모습을 담아내고 있으며, 거기에는 자발적인 충성의 제스처로 일본식 요배를 하는 젊은 여성의 모습이 포함된다.

하지만 이와 같이 황국신민화의 표면적인 성공을 기록한 선전선동적인 뉴스릴에서조차도 모든 조선인들이 같은 방식으로 그들의 경배심을 표현하고 있는 것은 아니다. 일례로 공적인 신사 앞에서 마치 집에서나 할 법한 조상숭배의 행동을 하고 있는 연로한 조선인을 담은 짤막한 동영상을 들 수 있다. 이 남자는 신토 사제의 강요에 의해 신성한 장소에서 모자를 벗고, 돗자리 위에서 유교적 방식으로 절을 하기 위해 고무신도 벗었다.(그림 46) 전시하 일본제국의 다민족적인 '관용(톨레랑스)'적 특성을 증명하기 위해 포함된 것 같지만, 이 비표준적인 경배의 실천은 다중적인 의미로 우리에게 경고한다. 서로 다른 성별, 세대, 계급, 지역, 그리고 종교를 지닌 조선인들이 의심할 여지없이 신토 신앙에 귀속되어 있다는 것을.

이 마지막 장면에 등장하는 이 조선인 남성의 절하는 행동을 떠받치고 있는 주체성으로부터 우리는 무엇을 읽어낼 수 있을까. 그 복잡미묘한 수행성을 통해서 우리는, 천황가에 대한 헌신적 충성심을 조목조목 따져 묻는 비판적 시선을 확신시키고자 공을 들이는 수천 명의 그와 같은 부류의 존재들이 편재해 있었을 것이라 추측할 수 있을 따름이다. 유명한 신학자인 김재준(1901~1987)은 해방 이후 35년이 더 지난 1985년에 행한 인터뷰에서 전시기를 회상하면서, 어떻게 서로 다른 배경의 조선인들이 열정적으로 그들의 충성심을 '수행했는지'에 대해 최종적인 일례를 제시했다. 한국의 많은 학자들이 보여주었듯이, 1930년대 후반에 신사참배 강요가 시작되자 많은 기독교인들은 존재론적 위기를 맞았다. 다수의 교파들은 신토 신사에서 절하는 것을 우상숭배 행위로 간주했으며, 몇몇 특별히 독실한 조선인 교도들은 이 신성모독적 행위를 모면하기 위해 순교할 각오가 되어 있었다. 하지만 김성건이 증명했듯이, 신사참배를 거부한 기독교도들은 그들이 운영하는 미션스쿨의 장래에 암운을 드리우는 위협을 맞았다.[140] 새로 설립한 조선신학교에 대한 식민 정부의 폐쇄 조치를 두려워한 나머지, 그곳에서 29년째 교수로 봉직한 김재준은 그의 목사인 함태영에게 신사참배를 할 것인지 말 것인지에 대해 의견을 물었다. 함태영은 김재준과 그의 신학교 학생들에게 주저하지 말고 조선신궁을 방문하라고 확답했으며, 그 자신이 먼저 그것을 결행했다. 하지만 그들이 신궁으로 향하는 계단을 오르기 전에 함태영은 그들에게 공식적 요구를 충족시키는 데 필요한 외견상의 의식을 수행하면서도 내면의 신앙을 지킬 수 있음을 확신시켜주었다. 김재준은 함태영이 전혀 경배할 뜻이 없는 신 앞에서 어떻게 기도함으로써 그 난관을 극복해낼 수 있었는지에 대해서, 다음과 같이 말한 바 있다고 회상했다. "신께서 하루 빨리 일본 귀신을 쫓아내고 그 자리에 그리스도의 교회를 세워주시기를. 우리가 하루속히 우리의 독립을 되찾을 수 있기를."[141]

제국의 소멸 이후

식민 이후 서울의 공공 공간 다시 만들기

본문에서 필자는 식민 국가가 공공 공간을 스펙터클하게 변형시키고 지역 거주민들이 이를 둘러싸고 다투는 일련의 상황이 경성의 사회 및 문화 발전에서 얼마나 중요한 역할을 했는지를 보여주고자 했다. 나아가 이를 통해 식민지 조선의 다른 지역들이 경성의 이러한 괄목할 만한 ―비록 매우 불균등하지만― 전환으로부터 큰 영향을 받았다는 사실도 드러냈다. 도시의 시가지를 방사형과 격자형 구조로 부분적이나마 개선시키고(제1장), 남산의 기념비적 신토 건물과 도시의 제전을 숭배의 현장으로 만드는 것(제2장). 사적 공간이었던 경복궁 터를 물질적 '진보'를 홍보하는 일종의 공적인 교실로 재창조하고(제3장), 마을 주민들의 활동을 위생적 근대성에 초점에 맞춘 일상적인 공중도덕 창출에 활용하는 것(제4장). 이 모든 것은 식민 지배를 뒷받침하기 위해 이루어진 수많은 공간적 개입들 중 단지 일부분일 뿐이다. 확실히, 식민지 관료 및 이들의 지역 대행자들은 경성을 꺼져가는 왕조의 왕도王都에서 제국 일본의 근대적 도시로 전환시키는 프로젝트를 장악하고 통제했다. 그리고 조선인들의 사고방식을 완전히 재교육시켜, 문중門中과 민족에 쏠린 소위 '편협한' 충성심을 대신해서 다민족적인 정치체polity로 확장되는 일체감을 갖도록 획책했다(제5장). 하지만 중첩되는 정신적이고 물질적이며 공중적公衆的인 동화의 양식들이 어느 정도로 경성의 조직 구조에 침투하고 거주민들의 의식에 투영되는지, 그 정도를 결정하는 것은 조선인 사회의 대다수 사람들, 즉 비非엘리트 행위자들의 일상적 실천이었다. 그 결과, 이런 식민지 통치성의 경합적인 실험들, 특히 1937년 이전에 시행되었던 것들은 주체화의 효과라는 측면에서 보면 매우 단편적이고 임시방편에 지나지 않은 것이 많았다. 가난한 조선인들과 소외된 개인들이 총독부의 차별적인 논리에 대해 재정적 자원이나 감정적 자원을 투여하기를 거부했다는 사실은, 식민 지배가 관철되었던 범위에 확실히 한계가 있었음을 드러낸다. 이렇게 식민지 사회의 구조와 행위 주체 모두는, 근대적인 도시 기반의 허식적인 간선망과 형편없는 골목길의 노쇠한 모세혈관 사이에서 상당한 불일치를 만들어냈던 것이다. 비록 전시 동원은 이러한 균열을 극복할 요량으로 훨씬 더 철저한 황민화 프로그램을 필요로 했지만, 말기 식민 국가의 생체정치적 합리성조차도 이전 시기에 손도 못 댔던 이런 파열들을 고스란히 물려받아야 했다. 식민지 아카이브의 소소한 사료 알갱이들을 비판적인 시각에서 곰곰이 곱씹어보면, 완전히 길들여지지 않은 조선인의 신체를 그렇게 광적일 정도로 하나하나 열거하려 했던 것은 제국에 대한 충량함을 입증함으로써 이를 보상해주고자 하는 과잉된 시도라고 할 수 있는데, 이것은 오히려 이 오래되고 거의 극복할 수 없었던 지배의 문제를 극적으로 일깨워준다.

1910년 이후 조선총독부가 식민화 이전 도시인 한양/황성의 공간성을 탈바꿈시키려고 애썼던 것만큼이나, 한국의 새로운 지도자들도 과감하게 서울을 자주적인 민족국가의 자랑스러운 상징으로 재창조해내고자 했다. 비록 이 민족국가는 냉전의 결과 두 개의 경쟁하는 체제로 분단되고 말았지만 말이다. 지금까지 살펴본 35년간의 경성의 역사와는 대조적으로, 식민 이후postcolonial 이 도시의 재건은 해방과 더불어 즉각적으로 시작되었다. 전시 동원의 가장 뚜렷하고도 이질적인 상징이었던 남산의 신토 신사는 해방 직후 곧바로 제거되었다. 하지만 도시의 공공 공간을 탈식민화하려는 프로젝트는 1945년 이후 지속적으로 수행되지는 않았음이 분명하며, 설령 그렇다손 치더라도 동일한 강도로 수행되지는 않았다. 그럼에도 이 프로젝트는 1995년에 철거된 옛 총독부 건물 자리에 경복궁을 복원하는 현재의 공사가 끝나는 2030년까지는 계속될 예정이다. 거의 한 세기 가까운 프로젝트의 시간 구획으로 생각해보면, 경성 공간의 무형적 전통을 입증하는 이들 두 장소는 일본 식민 지배의 물리적 현현물들이 대부분 제거된 지금도, 여전히 현대 서울의 변화하는 도시 경관 속에서 생생하게 살아남아 있는 것이다. 게다가 이러한 기념물들을 해방된 —하지만 여전히 분단된— 한반도에 어울리는 기념물들로 대체하려는 정부의 프로젝트들은, 남한 사람들이 청산되지 않은 복잡한 식민지의 과거사에 대해서는 입을 닫게 만드는 한편으로, 훨씬 더 철저하게 반일적이고 반공적인 주체가 되도록 만든다는 점에서 기분 나쁠 정도로 묘하게 조선총독부를 닮아왔다.[1]

남산 신토 신사들의 즉각적인 파괴는, 천황숭배 강요의 강력한 상징을 휩쓸어버리고 싶었던 한국인들과 이들에게 포위된 장소들이 신성한 위엄을 지키기를 바랐던 일본인 관료들의 상반된 의지가 뜻밖에도 수렴되는 지점을 찾아낸 결과였다. 이는 해방 이후 한국에서 줄곧 사실이었음이 확인된다. 아시아태평양전쟁이 끝나자마자 서울에서는 반일적인 움직임이 일어났고, 시위를 조직했던 사람들은 거주민들에게 "조선신궁과 경성신사를 불태우라!"고 독려하는 전단지를 붙였다.[2] 이런 위협 아래에서 신토 사제들은 해방 그다음 날인 8월 16일 일본인 관료들과 모임을 가졌다. 그들은 조선인들이 일본의 신전을 모욕하는 행위가 한반도 전역의 신사로 확산되어 하나의 관행이 되기 전에 그들의 존엄한 신들을 자신들의 손으로 제거하기로 결정했다.[3] 이러한 수세적 조치에도 불구하고 남산에 대한 위협은 9월 초순까지 계속되어서 일본인 상인들은 일찍 상점 문을 닫고 해질 무렵부터 위험한 시간대에는 외출을 꺼렸다. 설상가상으로 일본인 관료들은 조선신궁을 불태우라고 한국인을 독려하는 플래카드를 찾아내 없애는 일을 계속하는 한편, 그런 선동적인 행동의 촉매제가 될 소지가 있는 휘발유를 채운 병들을 수거해서 폐기해야 했다.[4]

바로 이러한 찰나에 신사의 전직 사제들은 자신들 스스로 조선신궁을 철거함으로써 선동적인 조선인들이 보복하기 전까지 선수를 치기로 결정을 내렸던 것이다. 하지만 9월 7일에 시작된 이 프로젝트가 완수되기까지는 거의 한 달 가까운 시간이 걸렸는데, 그것은 이제는 사라진 총독부와 주한미군사령부USAFIK 사이에 맺어진 협정 때문이었다. 여기서 관건은 식민 이후의 남산을 어떻게 재규정할 것인가 하는 문제였는데, 그것은 다시 한 번 위로부터 하향식으로 지시된 프로젝트였다. 토론 과정에서 신토의 사제들은 신사가 비종교적이고 공중적인 성격을 띤 것임을 강조했다. 이런 이데올로기는 식민 통치기에 모든 조선인들에게 신앙과 무관하게 신사참배를 강요할 때에도 사용된 바 있었는데, 이제 종교적 자유를 내세우는 미국인들의 완강한 주장을 충족시키기 위해 재동원되었다. 반면, 본국 송환에 반대하는 일부 일본인 주민들은 경성신사에 대한 관리권을 되찾기 위해 종교 시설은 국가로부터 분리되어야 한다고 보았던 주한 미군의 지향에 호소했다.[5] 결국 미군정 당국은 신토는 종교가 아니라고 공식적으로 천명했다. 이러한 (총독부와 미군정 간의) 공모 덕분에 일본인 관료들은 전시기 신토의 폭력을 대수롭지 않은 것으로 치부할 수 있었고, 이에 대한 한국인들의 계속되는 보복을 묵살할 수 있었다. 예컨대 조선신궁의 마지막 사제였던 나카가 히로나오額賀大直(1877~1961)는 심지어 신사는 일본인의 재산이므로 한국인들과는 무관하다고 쓰기도 했다.[6] 그는 자신이 관장해온 이 영적靈的 시설이 미군의 지원에 힘입어 완전히 제거되었다고 안심하고 확언할 수 있었는데, 이를 통해 그는 예전 식민자로서의 위엄을 지키려고 한 것이었다. 궁극적으로 볼 때, 이러한 결말은 철거에 찬성한 한국인들로서도 환영할 만한 일이었다. 비록 그들 자신은 최종 국면에서 그다지 결정적인 역할을 하지 못했지만, 그럼에도 불구하고 1946년 초반 감격한 언론인들은 신사가 사라진 장소의 일부를 잠시 차지하고 들어선 음악학교를 방문하여 자신들의 환희를 생생히 전했다. 이제 그곳에서 학생들은 피아노 반주에 맞춰 애국적인 한국 노래를 부르고 있었던 것이다.[7]

해방 이후 불과 몇 달만에 서울의 신토 신사들이 모두 사라져버렸다. 하지만 그럼에도, 식민지적 과거는 여전히 남산의 건조 환경과 그곳을 찾는 방문객들의 행동 양쪽 모두에 계속해서 강력한 영향력을 행사하고 있었다. 예컨대 옛 조선신궁 터는 잠시나마 장로교 신학교의 근거지가 되었는데, 전시 상황에서 교회와 학교의 문을 닫고 남산 참배를 강요받았던 일부 —전부는 아니지만— 기독교도들에게 이것은 꿈과 같은 상황이었다.[8] 비록 신사가 있던 장소에 교회를 짓겠다는 그들의 계획은 실현되지 못했지만, 한국인 기독교도들은 계속해서 종교적 안식처로서 남산을 찾았는데, 특히 봄날 부활절 축제 기간이 대표적이었다. 이미 1947년부터 신도들은 이 장소에 모여 새벽 예배를 거행하기 시작했다. 교리 내용이 확연하게 차이가 나는데도 불구하고, 이 의례는 직전까지 같은 장소에서 거행되었던 신토 의식과 기분 나쁠 정도로 닮아 있었다.[9] 예컨대 1956년 4월 1일에는 수천 명의 기독교도가 부활절 예식에 참가하기 위해 비를 맞으며 견뎠다. 그들은 남산을 오른 후에 거대한 십자가 앞에서 기도했으며, 한국전쟁 이후 계속 이어져온 미군 주둔의 징표인 미국인 브라스밴드의 음악을 들었다.[10] 그 후 몇 년 동안에도 서울의 한국인 거주자들과 용산 근처에 주둔한 미국인 병사들은 식민 이후의 이 도시에서, 이제는 기독교적인 장소가 된 남산 위에 모여 부활절을 축하하기 위해 종종 손을 맞잡았던 것이다.[11]

얼마간 종교적인 색채의 잔상은 남았지만, 그럼에도 반일 민족주의를 고취했던 기념물들은 이 장소를 지배하게 된다. 이 기념물들은 남산이 가졌던 식민지 시기의 의미를 사실상 침묵시키는 한편으로, 동시에 저항이라는 단순한 서사를 통해 의미를 새롭게 새겨 넣는다. 아마도 이런 유령의 현전現前으로 가장 전형적인 것이 안중근(1879~1910)에게 헌정된 기념비일 것이다. 잘 알려져 있듯이 그는 1909년 초대 조선 통감 이토 히로부미伊藤博文(1841~1909)를 암살한 민족주의적 애국자였다.[12] 심지어 한국의 초대 대통령 이승만(재직 1948~1960)조차도 반식민주의적 민족주의의 역사와 보조를 같이하려 애썼을 정도였다. 그는 그 당시에는 식민지 시기 대부분의 시간을 보냈던 미국과의 정치적 커넥션으로 더 잘 알려져 있었지만, 단명했던 독립협회(1896~1898)와 임시정부(1919~1948)가 상하이에 있었던 초기 단계에도 활약했었다. 이승만 정부는 안중근의 사망일인 3월 26일을 연례 기념일—마침 이승만 대통령의 생일과 겹쳤다—로 이용하기 위해 1959년 숭의여자중학교 앞에 9.1미터짜리 안중근 동상의 건립을 관장했다. 남산의 서쪽 지역, 이토 히로부미에게 봉헌된 불교 사찰(설립연도 1932년)이 있던 자리였다.[13] 안중근 동상보다 더 큰 이승만 자신의 동상은 1955년 그의 80세를 기념해서 제막되었는데, 10년 전 조선신궁이 자리했던 바로 그 위치, 남산 위의 정중앙에 세워졌다. 이 기분 나쁘지만 강력한 치환displacement과 대체replacement의 전략은 이승만 대통령을, 제국 일본의 몰락과 그로 인해 더럽혀진 한국 황실의 종말 이후에야 잠에서 깨어난 이 나라의 유일한 '왕'으로 재현하는 것이었다.[14] 우뚝 솟은 이승만의 동상은 그 높이가 28.4미터에 달했으며, 이는 80세를 맞은 그의 생애 한 해 한 해를 기념하는 의미를 띤 것이었다. 동상의 기공식은 개천절(10월 3일)에, 제막식은 광복절(8월 15일)에 거행했는데, 이는 이승만의 개인적 권위와 시민 주체들의 집합적 역사를 좀 더 밀접하게 연관 짓도록 하기 위해서 상징적인 일치를 도모한 것이었다.[15] 이승만 대통령은 이 호사스러운 동상을 1956년의 선거에서의 재선을 확고히 하는데 이용하려 했지만, 동상은 세워진 지 불과 4년 만에 파괴되고 만다. 1960

년 4·19혁명의 학생 지도자들이 그의 부패한 공화국을 끝장내어버렸던 것이다.[16] 군사독재자 박정희(대통령 재직 1961~1979) 역시도 개인숭배에 기댄 것은 마찬가지였지만, 박정희와 그의 지지자들은 남산을 자신들의 정권을 상징하는 화신化神처럼 형상화하는 데에는 훨씬 더 조심스러웠다. 그들은 안중근이라는, 훨씬 더 대중적인 민족주의적 상징이 지닌 주체화하는 힘에 의존했다. 안중근의 흉상은 1967년 국가기념물로 지정되었고, 곧이어 옛 조선신궁(그리고 이승만 동상)이 있던 자리로 옮겨졌다.[17] 이후 1970년에 안중근의사기념관이 개관되면서 이전된 안중근 흉상과 합쳐졌다.[18] 2010년에는 그의 사망 100주년을 기념하여 상당한 규모의 리모델링과 확장이 이루어졌는데, 이 장소는 여전히 대중적이어서 매년 수천 명의 어린 학생과 성인들이 방문한다.[19] 이러한 방식으로 한때 일본의 지배를 상징했던 기념물이 결국 순교殉教라는 형태로 반식민주의적 저항을 고취시키는 기념물로 대체되었다.

하지만 조선신궁을 제거하고 대체한다고 해서 예전의 신토 기념물의 공간적 현전現前이 완전히 말소된 것은 아니었다. 사실, 남산은 1945년 이후 일본 외교관들이 서울을 방문할 때마다 상당한 논란의 대상이 되었다. 1958년 당시 일본 총리 기시 노부스케岸信介(1896~1987)의 개인 특사로 파견되어 한일 관계 정상화를 위한 논의를 시작했던 야쓰기 가즈오矢次一夫(1899~1983)의 경우가 이를 잘 보여준다. 서울에서 야쓰기 가즈오는 이승만 대통령과 만나서, 아시아태평양전쟁 기간 한국인들에게 가해졌던 잔혹 행위들을 포함해서 미해결된 사안들을 논의했다. 이 회견은 야쓰기 가즈오의 공허한 사과를 넘어서는 구체적인 결과를 이끌어내지는 못한 채 끝나고 말았으며, 그의 사과라는 것도 실은 일본 당국이 다양한 방식으로 계속 반복해오던 제스처에 불과했다.[20] 더 극적이었던 것은 5월 20일 아침 야쓰기가 차를 타고 남산에 올라가 표면적으로는 당시 막 세워진 이승만 대통령 동상 사진을 찍었을 때, 언론이 보인 격렬한 반응이었다. 한국 신문들은 야쓰기를 맹렬하게 공격했는데, 이 장소가 실은 이전에는 조선신궁의 거점이었음을 그가 확실히 알고 있었으며 이 신토 기념물이야말로 그가 막 유감을 표명했던 식민지 폭력과 관련된 것이었기 때문이다. 야쓰기는 그런 것은 알지 못했다고 발뺌했지만, 이를 의심한 한 기자가 묘사한 그가 사진을 찍을 때 취한 쾌활한 얼굴 표정은, 심지어 남산이 공중적civic 민족주의의 장소로 전환되었음에도, 그가 옛 신사 공간을 경험하며 즐거워했음을 드러낸다.[21]

세월이 흘러, 1980년대 초반이 되면, 일본의 학교 교과서의 식민지 시기에 대한 서술을 둘러싸고 서울과 도쿄 사이에 긴장감이 높아지는 가운데, 남산이 재차 주목의 대상으로 떠오른다.[22] 이른바 교과서 논쟁에서 첫 번째 관심사는 1982년 여름 미쓰즈카 히로시三塚博(1927~2004)와 모리 요시로森喜朗(1937~)의 서울 방문이었다. 두 사람 다 일본 자유민주당(자민당) 소속으로 교과서 논쟁 위원회의 국회의원으로, 긴장 관계를 해소하려고 한국의 국회의원들과 만났다. 비록 진전은 거의 없었지만, 국민당 소속의 김영관(1931~2010)은 미쓰즈카와 모리 두 사람을 데리고 남산에 갔다. 김영관은 이들 자민당 정치인들이 한국 시민들이 숭배하는 민족 영웅에 대한 부담감을 느끼도록 하기 위해 안중근기념관에 방문할 것을 권했고, 그들은 이 기념물 앞에서 '참배'했다고 한다. 그런데 그 당시 『조선일보』의 어떤 비판적 기사는 얼핏 적절해 보이는 이 행위가 보여주기 쇼 이상은 아무것도 아니라며 맹렬히 비난했다. 안중근 동상 앞에서 그들이 머리를 조아리는 것이 정말 교과서 논란을 풀기 위한 진지한 행동을 반영한 것인지 의문을 제기한 것이다. 총독부의 관료들과 신토 사제들이 과거 식민지였을 때 조선인들의 충성심이 정말 내면화된 것인지 의심스러워했던 것과 마찬가지로, 이 기사는 그들이 안중근 동상 앞에서 고개를 숙였을 때 미쓰즈카와 모리가 어떤 마음을 먹었을지, 혹시 안중근을 애국적인 순교자가 아니라 암살범으로 봤던 것은 아닌지, 정색하며 유보적인 태도를 드러냈던 것이다.[23]

그렇지만, 시간이 지나면 언젠가는, 남산의 반식민주의적 기념물들도 결국에는 이들 방문자들의 태도 변화를 이끌어낼 수 있을 것이라고, 언론에서는 간절한 염원을 담아 보도하는 경향이 있었다. 1984년 수학여행으로 한국을 관광했던 1만 2천 명의 일본 청소년 집단에 대한 기사에 따르면, 이들 중고등학생들 대부분은 안중근의사기념관과 높게 솟은 흉상에 깊은 인상을 받았다. 기사는 의기양양하게 히로시마여고의 한 여학생이 했다는 발언을 인용했는데, 이것은 백일장의 내용이기도 했다. "일본의 교과서는 이런 사실을 말해주지 않았습니다. 애국자 안중근이 국권을 침탈했을 뿐 아니라 일본이 저지른 침략적이고 잔인한 행위들의 상징인 이토 히로부미를 죽임으로써 자신의 생명을 바치려 했다는 것을. 안중근의사기념관에서 저는 일본 군인이 한국인을 죽이는 그림을 보고, 그리고 (없어진 그의) 왼쪽 약지 손가락 이미지를 보고 충격을 받았습니다. 손가락은 안중근이 뤼순旅順 감옥에 갇혔을 때 스스로 잘랐다고 합니다."[24] 이것은 아마도 일본인 방문객 중 극히 일부의 시선만을 반영한 것일지도 모르지만, 이 여학생의 촌평은 기념물이 의도했던 효과를 거두기 시작했으며, 이 효과라는 것도 실은 일본 지배하에서 최초로 개발된 공공 공간을 개조refashioning함으로써 만들어진 결과임을 시사한다.

이처럼 1980년대 무렵이면 이승만과 박정희 대통령이 남산을 반식민주의적 (그리고 반공주의적) 민족주의를 고취시키는 교육적·오락적 장소로 성공적으로 재건했다고 말할 수 있게 되었다. 하지만 경복궁 부지는 일반인들은 고사하고 한국의 지도자들이 자신들의 것이라 부를 만한 장소로 다시 창조하는 데 훨씬 더 오랜 시간이 걸렸다. 이렇게 된 데에는 조선총독부 건물의 존재가 한몫을 했다. 이 식민적인 기념물은 지속적으로 궁궐을 볼 수 없도록 가로막아왔던 것이다. 수십 년 동안 한국의 지도자들은 이 난처한 기념물을 제거하는 데 드는 엄청난 비용을 어쨌든 맞춰보려고 애썼다. 전후戰後 빈곤, 이것은 한국의 냉전 동맹인 미국이 해주었던 엄청난 재정적인 지원에서 완벽한 예를 찾아볼 수 있는데, 이 전후 빈곤이 이승만 대통령에게 좌절을 안겨주었던 것이다. 그는 이 건물이 계속 남아 있는 것이 민족의 수치라는 사실을 잘 알고 있었다. 하지만 이전하거나 파괴하는 데는 실패하고 말았다.[25] 그러는 동안 언론은 총독부 건물을 파괴하라는 요청들 때문에 애태우고 있었다. 새로운 정부 청사의 건립이 한국 정부의 재원 규모를 훨씬 뛰어넘는 것이 아닐지, 그래서 전쟁으로 폐허가 된 수도를 독립적인 민족국가의 상징으로 재건하려는 장기적인 계획에 이것이 혹시나 위배되는 것은 아닌지 두려웠던 것이다. 그래서 논평자들은 다음과 같이 말하기도 했다. 파괴를 지지하는 반식민적·민족적 주장들은 논리적으로는 예전에 식민지 주민들을 지배했던 모든 건물을 파괴할 것을 요구하는 것이 될 터인데, 이러한 명령은 터무니없고 말도 안 된다. 이들 건물들을 한국 시민들의 이익을 증진하기 위해 재사용할 수도 있다는 선택지와 비교한다면 더욱 그렇다는 논조였다.[26] 이 건물이 가까운 과거에는 산업적 '진보'를 촉진시키는 장소 중 하나였다는 사실을 고려해본다면, 식민 이후 이 건물을 맡게 된 관리자들은 쇠퇴한 궁궐터를 반공주의적 발전의 강력한 상징으로 개조했다고 하겠다.[27] 그런데 널리 받아들여지는 이런 자본주의의 궤적은 일본적 영성靈性의 독특성과는 날카롭게 대비된다. 경복궁과는 달리, 일본적 영성과 관련이 깊은 남산에서는 한국적인 어떤 것을 조금이라도 회복하려는 시도가 불가능했던 것이다.

이승만 대통령과 그의 계승자들은 자신들의 권위를 높이기 위해 실용적인 접근법을 채택했다. 다시 말해, 일본의 지배하에서 개발된 전략을 모방했던 것이다. 이들은 국가적 행사를 적절히 배치하여 조선총독부 건물을 한국의 중앙청(1948~1986)으로 전환시켰는데, 이 건물은 빈번하게 반공 활동을 위한 무대가 되었다.[28] 아마도 1960년과 1986년 반정부 시위의 시기, 민주주의를 외치는 지지자들이 경찰에게 돌을 던지고 이 건물 유리창을 부셨던 그 시기에 이 장소는 반정부 시위의 성공적인 현장locus이 되었다. 이 시위로 결국 이승만과 전두환(재직 1980~1988) 모두가 축출될 수 있었기 때문이다.[29] 1990년대 들어 시민사회가 등장했지만 그 이전까지 지도자들은 유사시에 발생하는 모든 봉기를 군사력으로 평정하여 치안을 확보했는데, 이들은 경복궁을 단장하여 이곳에서 공들인 국가 행사를 개최했다. 1949년에 벌써 이승만 대통령은 이 장소를 이용해서 대한민국 헌법 공포 1주년을 기념했다.[30] 이러한 기념행사는 1950년대에도 계속되었으며 광복절, 양력설, 개천절의 연례 기념식이 여기서 열렸다.[31] 이들 행사에서 관중들은 군가, 애국적인 노래, 반공적 연설, 그리고 만세 제창과 같은 시민적 집합 의례에 동참했다.[32] 여기서 열렸던 1915년과 1929년의 박람회와 다를 것도 없이 이 기념행사에는 친숙한 여흥의 형식들을 포함하고 있었다. 치장된 시내 전차와 버스들, 도심 내 궁궐의 자유 입장, 경회루에서 열리는 VIP 칵테일파티.[33] 중앙청 또한 이승만 대통령과 그의 지지자들에게는 나라의 자유를 되찾게 해준 17만 영령英靈들을 기억하는 장소로서 기능했는데, 군중들이 국가의 반공 군사주의를 지지하도록 고취시켰다.[34] 일본 황군의 소위였던 박정희 대통령은 이러한 민족주의적 유행을 더욱 확장시켰다. 예컨대 1966년 그는 세종로를 확장하라고 명령했다. 이전까지 광화문로였던 이 길은 조선왕조에서 가장 존경받는 군주인 세종(재위 1418~1450)을 기념하여 재빨리 개칭되었다.[35] 이듬해 박정희는 이 상징적인 도로를 이용하여 국군을 사열하고, 여기서 자신들이 보유한 최신 무기를 선보였다. 1950년 후반 이승만 대통령이 처음 제도화한 전통으로, 이 장대한 행사에는 지역 정치인들, 외국 고위 관리들, 해외 한국인들이 참석했고, 구경꾼만 해도 10만 명이 넘었다.[36]

박정희 대통령이 반공 체제의 상무정신尙武精神을 더욱 강화하기 위해 조선왕조의 위인들을 재조명함에 따라 1960년대 후반 경복궁과 그 주변은 더욱더 철저하게 '한국화'하는 변화를 겪었다.[37] 그 가운데 대표적 인물이 1590년대에 있었던 도요토미 히데요시의 조선 침공 때 국토를 지켜낸 해군 제독 이순신(1545~1598)이었다.[38] 박정희 대통령이 건립 기금을 희사해서 세워진 이 충무공을 기리는 6.4미터 높이의 동상은 1967년에 제막되어 오늘날까지 광화문광장에 우뚝 서 있다.[39] 1968년에는 민족 정기를 되찾겠다는 명목으로 광화문의 '유사' 복원 공사를 주도하기도 했다. 이렇게 복원된 광화문은 옛 총독부 청사 앞으로 위치가 조정되었는데, 궁궐터와는 여전히 어울리지 않는 입지였다. 광화문은 내구성이 더 강한 소재를 사용해서 철근 콘크리트로 지어졌는데, 전통적인 목조 형태를 선호했던 일부 비평가들에게는 이것도 마뜩치 않았다.[40] 게다가 박정희 대통령은 자신의 권력을 과시하기 위해 문화재의 진정성을 훼손시키는 일도 서슴지 않았다. 광화문 현판에 식민 이전 사대부들의 엘리트 언어였던 한자 편액을 다는 대신에 박정희 자신이 친필로 쓴 한글 편액을 달았던 것이다.[41] 위치나 양식 어느 것 하나도 조선시대의 원형을 충실히 따랐다고 할 수 없었다. 하지만 가假복원된 광화문은 이순신 동상에서 경복궁을 바라보는 방문객들의 시야에서 옛 조선총독부 청사가 차지하는 비중을 현저히 감소시켰던 것은 분명했다. 당시 방문객들은 중앙청 내부로 들어서면 또 다른 상징적 변형과 마주할 수 있었다. 청사의 낡은 실내 구조를 고치고 내부의 미학美學을 한국적인 것으로 바꾸는 30억 원짜리 프로젝트의 일부였다. 그중 가장 상징적인 것은 일본 천황가의 상징인 국화를 대한민국의 국화인 무궁화로 대체한 것이었다.[42] 이것은 박정희 대통령이 일제의 기념비적 건축물을 대체하는 데 필요한 70억 원이라는 천문학적 비용을 감당할 수 없었기에 내린 불가피한 선택이었지만, 경복궁 일대를 그의 무자비한 개발독재의 이미지를 순화시키는 강력한 대중 동원장치로 재단장하는 데에는 성공적인 효과를 거두었다.

박정희가 권좌에서 물러난 이후, 일부 사람들은 비용이 많이 들더라도 옛 총독부 건물을 철거할 것을 진지하게 주장하기 시작했다. 하지만 이 논쟁은 비록 일시적이지만, 이 건물을 허물지 말고 국립중앙박물관(1985~1996)으로 창의적으로 재사용하자는 주장의 우세로 귀결되었다.[43] 이 생각이 구현됨에 따라, 경복궁 부지는 과거 식민지 박람회의 현장이었던 당시와 연속성을 가지는 교육센터의 성격을 띠게 되었다. 하지만 이번에는, 한 당국자의 표현을 빌리자면 '주인 의식'을 심어주기 위한 곳이라는 점에서 이전과는 차별성을 띤다. 그는 "민족적 수모의 역사적 상징인 건물로부터 박물관으로 창조해냄으로써, 우리는 이민족의 침탈에 의한 주권 상실이라는 뼈아픈 교훈을 전할 것"이라고 설명했다.[44] 이를 위해 경관 설계자는 모든 벚꽃나무를 제거하고 이를 한반도 고유 식종植種으로 대체했다.[45] 박정희 대통령의 전례를 따라 박물관의 설계자들은 건물의 공간 설계도 '한국화'했다. 원래 이 건물에 있던 두 개의 중정中庭(안뜰) 공간을 메워버린 것이다. 이는 이 중정 공간이 총독부 건물에 '일본日本'의 첫 글자인 '날 일日' 자를 새겨 넣고자 했던 식민 당국의 의도에 의해 만들어진 것이라는 새로운 속설이 강력한 영향력을 발휘했기 때문이다.[46] 물론, 모더니스트 건축가들이 설계한 유럽 스타일의 건물들도 대부분 이와 비슷한 형태를 띠고 있으며, 방문자들이 이런 은밀한 메시지를 해독할 만한 조감도적 시선top-down vision을 가지는 경우도 거의 드물 것이다. 그러나 비평가들은 이런 불편한 사실들은 외면한 채 이 건물 구조가 식민 지배자들이 의도적으로 자국의 나라 이름을 궁궐 경관에 각인시켰음을 증명하는 용서받지 못할 증거라고 비난했다.[47] 대략 비슷한 시기에 북한산에 25개의 철심이 박혀 있음이 발견되었다는 충격적인 보도가 널리 퍼지기 시작했다. 미디어에서는 이것을 서울의 정기를 단절시키려는 일제의 의도적인 산물이라고 해석했다.[48] 이 새로운 반反식민 민족주의의 서사는 궁궐터의 거듭되는 재단장—그리고 또 하나의 풍수지리적인 랜드마크인 청계천을 복개하는 같은 시기의 프로젝트―을 목표로 하고 있던 해방 이후의 전략은 무시한 채로, 옛 총독부 청사 건물은 북한산과 시청 건물과 더불어 한자어로 '대일본大日本'을 형상화하고 있으며, 이것은 일제의 영속적 지배 의도를 함축한 것이라고 주장했다. 심지어 일부 논평자들은 조국의 자궁에 가해지는 성폭력의 상징적인 구현이라 매도하기까지 했다. 이런 민족주의적인 견해는 이른바 위안부 문제와 관련해서 당시 커지고 있던 비판―그런데 가부장적이라는 점에서는 매한가지인―과 중첩되고 있었다.[49]

이처럼 문제적이지만 상당한 영향력을 지닌 비판 여론 속에서, 여러 권위주의 정권들이 옛 총독부 청사 건물을 자본주의적 발전의 국민적 상징으로 전환시키는 작업을 추진했다. 그리고 당시 한국의 지도자들은 사실상의 맞수인 북한의 권력자들에 대항해서 서울이 한반도 전체를 다스렸던 조선왕조의 수도였다는 사실을 내세우고 있었다. 따라서 이 프로젝트는 반공의 상징으로 전환시키는 작업이기도 했다. 하지만 그럼에도 옛 총독부 청사 건물은 일본적 기원을 가진 것이기에 파괴되어야 한다는 비난 여론이 들끓는 것을 끝내는 이겨내지 못했다. 심지어 국립중앙박물관으로 존치되었던 그 짧은 기간 동안에도, 한국인 방문자 수에 비해 일본인 관광객 수가 1만 명이상 더 많았으며, 이 관광객들이 한국의 훌륭한 예술 수집품들을 감상하기보다는 과거 식민지 시기의 영화榮華를 회상하러 찾아오는 것은 아닌지 우려스럽다는 등 철거론자들의 비난은 계속되었다.[50] 광복 50주년 기념일이 다가오자, 문민정부의 수장으로 선출된 김영삼 대통령(재직 1993~1998)은, 풍수적 단맥설斷脈說을 비롯하여 일제의 식민지 침략에 대한 전형적인 메타포에 대해서 대중들이 점점 더 공감대를 넓혀가자, 이를 이용하여 일제 식민주의의 이 해묵은 상징물을 제거하고 "민족정기를 보존"하고자 했다.[51] 일부 문화유산 보호론자들은 이 건물을 이전하여 교육용 시설로 보존하기를 원했다. 하지만 김영삼 대통령은 여론조사를 조심스럽게 조작하여 대부분의 시민들이 철거를 지지한다는 것을 "증명"했다.[52] 지지가 높지 않았기 때문에 김영삼 대통령은 광복 50주년 기념일을 옛 총독부 청사 건물 철거의 기회로 삼았다. 마침내 총독부 건물을 상징하는 돔은 제거되었고, 그 돔은 현재 천안의 독립기념관에 보존하고 있다. 그리고 이 철거 광경을 더 극적으로 연출하기 위해 국가 행사의 안무가들은 히로히토 천황의 항복 연설 라디오 방송을 재연했다. 8월 15일 그날의 집단적 황홀감을 다시 불러일으키려고 한 것이다. 당시로서는 최신 시청각 기술을 활용하여 KBS는 이 행사를 한반도 전역에 생방송으로 중계했다. 이를 통해 시민들은 김영삼 체제의 민족주의적 제전에 실시간으로 참여할 수 있었다.[53]

하지만 이렇게 일제 식민 통치의 상징물이 물리적으로 제거된 이후에도, 이 공간에 뿌리 깊게 자리 잡은 식민지 역사는 경복궁의 장기적인 복원 작업이 계속되는 가운데서도 계속 끊임없이 유령처럼 출몰했다. 왕조의 이씨 군주들이 거주했던 사사로운 공간을 복원하는 게 아니라, 이 복원 자체가 한민족―남한 민족―의 공적 구현으로서 전략적으로 재조명되었기 때문이었다. 아마도 가장 명백한 연속성은, '조선 르네상스'가 한창인 와중에 '진짜' 궁궐을 복원하기 위해 벌였던 고군분투孤軍奮鬪에서 찾아볼 수 있을 것이다. 이 용어, '조선 르네상스'를 통해 필자는, 과거 일제에 의한 국권 강탈이라는 민족사적 비극의 주된 원인 제공자로 간주되었던 한국의 마지막 왕조로부터 어떤 요소들이 선택되었고, 또 이 요소들이 어떻게 현대 한국의 민족 정체성과 국제 관광의 기초로서 적극적으로 다시 상상되었는지에 대해 설명하려 한다. 식민지 관료들이 1929년 조선박람회 당시 자기들의 필요에 따라 경복궁에서 '순수한 한국식'을 뿌리 뽑기 위해 고심했던 것과 마찬가지로, 한국 지도자들도 이 공간의 진짜 모습, 그 진정성을 창출하는 것이 쉬운 일이 아님을 깨닫게 되었다. 식민화 이전의 역사조차도 식민화의 역사만큼이나 이 공간에 불명예스러운 그림자를 드리우고 있기 때문이다.[54] 예컨대 1996년에서 2010년 사이에 1789억 원이라는 천문학적 비용을 들여 진행된 궁궐 복원의 1단계 작업은 광화문을 본래의 위치와 미학적 형상으로 복원하는 것으로 시작되었다. 이 계획은 광화문이 서 있는 방향을 서쪽으로 3.5도 틀고, 그 위치를 남쪽으로 약 14.5미터 이동시킴으로써, 철거된 총독부 건물의 축이 아니라 경복궁의 본래 남북 축 방향에 일치되도록 하는 것이었다. 또 과거 박정희 대통령이 높은 비용과 화재 위험을 이유로 들어 기피했던 목조 건축으로 다시 제작하도록 했다.[55] 하지만 광화문의 현판에 어떤 서체의 글씨를 새겨 넣는 것이 이 화려한 기념비의 원형에 가장 가까울 것인가를 둘러싸고 불협화음이 발생했다. 박정희가 쓴 친필 한글이 14세기 후반에 제작된 이 궁궐의 정문을 장식했던 전통적 한자 편액의 대안이 될 수 없음은 명백했다. 그러나 19세기 후반에 부분적인 재건이 이루어지기 이전까지 경복궁은 1590년대 도요토미 히데요시의 침략으로 크게 파괴된 채 폐허로 버려져 있었기에 현판에 새겨진 글씨의 원형을 발견해내기란 거의 불가능했다. 이러한 불확실성을 고려하여, 일부 관료들은 회화와 서예와 관련된 몇 가지 예술 프로젝트를 후원한 것으로 잘 알려진 정조(재위 1776~1870)가 친필로 쓴 글자 중에서 두 개는 집자集字하고, 나머지 한 글자는 만들어내는 방안을 선호했다. 그렇지만 즉각적으로 다음과 같은 두 가지 반론이 제기되었다. 하나는 조선시대의 임금이 그런 편액을 친필로 썼을 리가 없다는 비판이었고, 다른 하나는 엉뚱하게도 정조가 현 대통령 노무현(1946~2009)과 놀라울 만치 닮았다는 주장이었다. 정부 당국도 이런 최종 결정이 반쯤은 가공적 성격을 지닌 것이라는 것을 잘 알고 있었다. 결국 이 문제는 1865년부터 사용된 훈련대장 임태영任泰瑛(1791~1868)이 쓴 편액을 오래된 사진들을 가지고 디지털적으로 복원하는 것으로 낙착되고 말았다.[56]

경복궁 복원 공사는 2010년 현재 일본 식민 지배에 의해 파괴된 궁궐 건물 중 약 40퍼센트가 다시 지어진 상태다. 그런데 이 복원 공사가 진행되는 과정에서 건축가들은 19세기 후반의 궁궐 형태를 참조해서 작업하라는 압박이 상당했다. 이 작업을 둘러싼 '조선 르네상스'는 전근대와 근대 시대를 통틀어 반일 민족주의를 대표하는 특별한 기념물에 초점을 맞추어졌다. 세종대왕은 표음문자인 한글을 창제한 것으로 잘 알려져 있는데, 역설적이게도 신축된 광화문에서는 한글이 사라지고 말았지만 복원 공사에서 그는 특별히 중요한 인물로 부상했다. 세종대왕은 근대 이전 왕조의 '황금기', 저 평화적이고 문치적인 전통을 상징하는 존재로 부각된 것이다. 궁궐 및 그 주변에 진짜, 즉 진정성의 아우라aura를 가미하기 위해, 국가의 연출가들은 이 유명한 성군聖君을 기념하는 다양한 방법들을 실험했다. 예컨대 1999년 신축한 홍례문興禮門이 완공되었을 당시 ─원래의 홍례문은 조선총독부 건물이 들어설 자리를 마련하기 위해 식민지 관료들이 1916년에 파괴한 바 있었다―, 미디어 기획자들은 세종대왕의 대관식을 정교하게 재창조했다. 2개월 넘게 매주 토요일마다 무대에서 상연된 이 화려한 볼거리는 약 340명의 사람이 공식 궁궐 복식을 입고서 구경하러 몰려든 한국인들을 매료시켰다. 외국인 관광객들을 더 효과적으로 매혹시키기 위해 당국자들은 이 '전통적인' 의식을 영어와 일본어로 번역한 판본으로 연출하기도 했다. 쇼가 끝난 후 관광객들은 오색찬란한 옷을 입은 참가자들과 함께 기념사진을 찍을 수도 있었다.[57] 10년 후인 2009년, 당국은 새롭게 리모델링한 광화문광장의 중심부에 6.7미터 높이로 건립된 세종대왕 동상을 공개했는데, 그 주변은 조선시대의 주요 연대기가 새겨진 표석으로 둘러쌌다. 이보다 오래된 이순신 동상이 보는 이들에게 그의 군사적 성취를 떠올리게 한다면, 세종대왕 동상은 조선왕조의 문화적 성취를 구현하면서 이순신 동상을 보완한다고 볼 수 있겠다. 광장 밑에 있는 작은 박물관은 존경받는 이 두 인물의 민족적 공헌을 상기시킨다.[58]

이 기념물들이 임진왜란 이전 시기를 참고하고 있다면, 궁궐 볼거리의 다른 차원들은 대한제국을 특별히 중시해왔다. 사실 대한제국은 오랫동안 조선왕조의 몰락과 일본의 식민화에 원인이었다고 여겨왔다. 최근으로 올수록 자주적인 근대화를 추구한 체제로 받아들이는 경향이 커지고 있었다.[59] 특히 궁궐 의식은 제국들 사이의 경쟁이 격화되고 있던 위기의 시대에 국민국가를 재건하기 위해 1897년 황위에 오른 고종을 집중적으로 조명했다. 가령 2003년 국가의 연출자들은 대대적인 수리와 보수를 통해 경복궁의 정전正殿인 근정전勤政殿을 복원했고, 이를 이용해서 군주의 황제 즉위식을 재창조해냈다. 약 3만 8천 명의 관람객이 참석했던 볼거리 화려한 행사였다.[60]

그런데 그 이전까지 일반 국민들은 이 의식을 원구단에서 축하해왔었다. 19세기가 저무는 시기에 세워진 원구단은, 사실 고종의 입장에서는 불운했던 경복궁이 아니라 경운궁 즉 오늘날의 덕수궁 위에 군주의 권위를 다시 바로 세우려는, 민족국가 프로젝트의 일부였다. 경복궁을 이용해서 즉위식을 재창조했기 때문에 이러한 권력의 새로운 장소를 알아채지 못하게 만들어버렸지만, 그럼에도 이와 같은 대한제국의 창조적인 추모는 식민화의 구렁텅이로 빠져들고 있는 한반도의 운명을 고종이 바로잡으려고 애쓴 것으로 기억하게 만들었다. 그런데 이러한 해석이 허용된다는 것은 21세기라는 지구화된 세계에서 한국이 그만큼 정치적 자립과 경제적 부를 확보했음을 입증하는 강력한 상징에 다름 아니기도 했다. 최근 들어 이명박 정부는 경복궁에서 남대문으로 이어지는 2킬로미터의 길 전체를 '국가 상징거리'로 지정했다. 이명박 정부의 국가건축정책위원회는 대놓고 파리의 샹젤리제 거리에 빗대면서 —실은 이 메타포 자체가 식민지 시기 계획가들의 것을 재활용한 것이다—, 조선시대의 민족적 상징들을 효율적으로 활용했다. 국가의 이른바 '자랑스러운 역사'를 통해 시민들의 자신감을 고취시킨다는 구실이었다.[61]

남산에서는 반식민적이고 반공적인 기념물들이 여전히 현저한 것과 마찬가지로, '조선 르네상스'의 이 같은 움직임은 일본 지배로부터 해방된 지 거의 70년이 지났음에도 서울의 식민화된 공간에 여전히 유령처럼 떠돌면서 계속 영향력을 발휘하고 있음을 드러낸다. 그런데 지금 현재 이 공간의 관리자들은 민족적 진보의 서사를 만들어내어 이런 식민지 시기, 그리고 식민 이후 시기가 끼친 참화慘禍를 의식적으로 건너 뛰어버리려 한다. 물론 이것은 과거를 부정하는 일본 사람, 경쟁자인 북한 사람에 반대하도록 한국 사람—실은 남한 사람—을 동원내는 데는 효과적일지 모르겠다. 하지만, 남산 위의 기념물 중에서 그 어떤 것도 정신적 동화와 황국신민화라는 복잡한 역사를 꼭 집어 언급하는 것은 존재하지 않는다. 물론 동상과 기념박물관은 한국이 경험했던 식민화의 폭력적인 역사를 전거로 들어 참조한다. 하지만 현재 이들이 터하고 있는 장소 그 자체가 옛 조선신궁 자리라는 사실, 이런 장소의 지리-역사적geohistorical 중요성을 인정하지 않는 한에서만, 이들은 식민지 시기를 참조할 수 있는 것이다. 이런 침묵으로 인해 평범한 보통의 관람객이 남산이 가까운 과거에 어떤 곳이었는지, 이에 대한 지식을 획득하기란 매우 어렵게 되어버린다. 이런 지식을 얻게 되면 식민 이후의 정의를 실천하는 데 보탬이 될지도 모르겠지만 말이다. 이것이 어떻게 가능할지 단 한 가지 예를 들어보겠다. 사실 남산은 일제 식민 통치 이전까지로 거슬러 올라가는 반식민적 저항의 전형적 상징이라고는 할 수 없다. 오히려 그보다는 아시아태평양전쟁 당시 희생되어 현재에도 도쿄의 야스쿠니신사에 유골이 '안치된incarcerated' 2만 1천 명의 한국인—그리고 사정이 마찬가지인 2만 8천 명의 타이완인—의 부당한 신격화deification에 반대하는 공통의 토대로서 남산이 지속적으로 기능할 수 있을 것이다.[62]

옛 총독부 건물이 사라지면서 과거를 침묵시키는 협소한 반反정치가 유사한 방식으로 생겨났다. 진행 중인 경복궁 '복원' 사업을 통해 한때 강력했던 건축물들이 가진 치욕스런 기억을 더욱 철저하게 지우려고 하면 할수록, 그리하여 조선왕조의 정궁正宮을 한국의 반식민적·반공적 정체성의 원천이라고 예찬하려고 하면 할수록, 역설적으로 일본의 식민 통치와 그것이 남긴 식민 이후의 유산이 지닌 중심성이 한층 더 부각되었다. 조선왕조 정궁의 미화美化는 내국인 및 외국인 방문객들의 관심을 돌려 이씨 왕조의 군주 치하의 통일된 한반도에 대한 상상된 영광과 미학적 광휘에 빠져들게 만든다. 그런데 일제 식민 통치 바로 직전의 시대에 대한 이러한 조명으로 인해 일본 제국주의에 의해 결정된 역사적 시기 구분의 특권적 중요성이 더욱 부각되는 것이다. 더욱이 이 궁궐터는 더 이상 이왕가의 사적이고 신성한 거주지가 아님에도, 제2차 정비사업(2011~2030)*에서 복원될 예정인 또 다른 254동의 건물에서 건축가들은 '문화적 생활양식'이라고 부르는 것을 재창조하는 데 초점을 맞추고 있다. 그 목적은 방문객들이 '궁중 생활'이라는 고품격의 전통을 확인할 수 있게 하는 것이다.[63] 오늘날 경복궁은 수익 지향적 관광을 위한 대중적인 명소로 자리매김하고 있는데, 그것은 일제 식민 통치기에 처음 개발된 궁궐터의 사용법을 1945년 이후 한국 정부가 은밀하게 물려받아 참조한 것이다. 한때 제국 일본을 현시하는 중요한 전시장으로 기능했던 공간이 이제는 독립된 민족국가의 전망을 제시하는 공간으로 탈바꿈한 것이다. 이러한 방식으로 식민 이후 한국의 건축가들은 강단 역사학자들, 대중 작가들 및 대중오락 전문가들과 결합하는 양상을 보인다. 이들은 20세기 한국사를 세심하게 다루는 대신에 이를 '진

---

* 1990년 당시 36동이었던 경복궁 경내 전각은 제1차 종합정비사업(1990~2010)을 통해 89동이 늘어나 총 125동이 되었다. 이는 고종 시기에 경복궁이 중건되면서 총 500여 동에 달했던 전체 전각 수의 약 25퍼센트에 해당한다. 제2차 종합정비사업(2011~2045)에서는 전각 80동을 추가로 복원할 계획으로, 이 사업이 종료될 시점에는 총 전각 수가 205동으로 늘어나 고종 시기 전체 전각 수의 41퍼센트 수준까지 복원이 이루어질 전망이다. 문화재청, 『2019 문화재 연감』(대전: 문화재청, 2019), 191~195쪽.

짜'의 재창조, 혹은 진정성의 재창조로 대체해버린 것이다. 과거에도 그랬지만, 이러한 노력들은 일본의 식민 통치, 그리고 한국의 권위주의의 물리적 잔재를 말소시키는 데는 성공적일지도 모르겠다. 하지만 이처럼 극단적으로 민족주의적인 장소의 주변에서 망령처럼 배회하고 있는 역사적 기억까지 침묵시키지는 못할 것 같다. 탈식민화 과정이 제대로 진행되기 위해서는, 재공간화를 수행하는 한국의 행위자들이 20세기에 걸쳐 서울의 공공적 현장들이 끊임없이 재구성되어온 역사적 과정을 발본적으로 재검토하는 용기가 필요하다. 또한 이러한 공간적 전환을 추진하기 위해서는 역사와의 대화의 문을 걸어 잠그는 것이 아니라 개방적인 태도를 유지하는 방식을 취하지 않으면 안 된다. 한국인들이 그동안 살아왔으며 앞으로도 계속 살아가야 할 이 생동하는 역사적 공간 속에 내포되어 있는, 논쟁적이고 경합적인 역사적 의미를 주제로 한 바로 그 대화의 문 말이다.

• • •

어쩌면 최근에 이루어진 두 개의 복원 사업이 한국이 이러한 방향으로 나아가고 있음을 보여주는 증거가 될 수 있을지도 모르겠다. 두 가지 복원 사업 모두 식민지 시기의 구식 구조물을 미래 지향적인 신식 건물로 단순히 대체해버리는 것이 아니라, 이들 양자를 병렬하고 있다는 점에서 공통성을 띤다. 첫 번째 사례는 서울역으로, 한국에 새로 도입된 고속철도체계인 KTX를 수용하기 위해 2004년에 완공된 기차역이다. 여전히 노숙자들이 운집하는 장소임에도 옛 역사驛舍를 철거하기보다는 이 공간을 문화 공간으로 용도 전환하여 활용하려고 했고, 그래서 설계자들이 이 건물을 복원하는 데 4년이라는 시간이 걸렸다.[64] 또한 관리들은 옛 시청 청사의 일부도 보존했는데, 이 건물은 1926년 일본인들이 완공했지만 커져가는 서울의 행정 업무를 수용하기에는 너무 협소한 공간이 된 지 오래였다. 철도 역사와 마찬가지로 옛 시청 청사(그 가운데 보존된 일부분)는 이제 도서관과 박물관이 갖춰진 문화 공간의 기능을 수행하고 있다. 시청 앞의 광장은 다양한 축제와 대중적 이벤트를 위한 공간으로 사용되고 있다. 2012년 8만 명의 팬들을 한 자리에 모이게 만든 가수 싸이의 「강남 스타일」 공연이 개최된 현장이 바로 이곳이다. 새로 완공된 시청 청사에 대해 말하자면, 대부분의 사람들은 건축가 유걸이 설계한 유리로 뒤덮인 13층짜리 건물을, 옛 청사 건물을 덮치는 해일을 형상화한 것으로 이해한다. 설계자는 현대적인 디자인으로 한국 전통 가옥의 처마를 떠올리게 할 의도였다고 강변했음에도 불구하고 말이다.[65] 그 해석의 진실이 무엇이든 간에, 이런 참신한 프로젝트들은 서울의 공공 공간에 내재되어 있는 그 격동의 역사를 침묵시키기보다는 오히려 그것을 상기시킴으로써 궁극적으로 식민지적 과거를 극복하는 방향으로 한걸음 더 나아갈 수 있음을 시사한다. 그렇지만, 현재 75퍼센트가 넘는 한국 사람들은 이 신청사 건축이 구청사의 파사드façade나 과거 고종의 거처였던 덕수궁 어느 쪽과도 잘 어울리지 못하고 충돌한다고 느낀다고 한다.[66] 이러한 통계 수치는 다양한 주민들을 모두 만족시킬 수 있는 방식으로 과거와 현재를 화해시키는 것이 얼마나 어려운 작업인지, 그 과제의 지난함을 현재 진행형으로 드러낸다. 생동하는 공간이 늘 목표로서 추구되지만, 좀처럼 잘 재현해내기는 어려운 바로 그 주민들의 다양성 말이다.

미 주

서장 동화와 공간: 식민 지배의 문화기술지를 위하여

1. 小笠原省三 編述, 『海外神社史, 上卷』(東京: 海外神社史編纂會, 1953), 73쪽.

2. 그가 한때 설명했듯이, "진리의 생산이라는 말로 내가 전하려 했던 의미는 진리 발화(utterances)의 생산은 아니었다. 그보다는 무엇이 진리이고 오류인지의 실행에 대해 명령이 내려지기도 하고 지속되어지기도 하는 그런 영역이 확립된다는 것을 의미한다." Michel Foucault, "Questions of Method", in *Essential Works of Foucault, 1954-1984*, vol. 3, *Power*, ed. James D. Faubion (New York: New Press, 2000), p. 230.

3. 1937년의 통계에 따르면 조선 교회의 신도 수는 장로교회 신도가 28만 1,939명, 천주교회 신도가 10만 9,963명, 감리교회 신도가 5만 4,654명이었다. 여기에 더해서, 성결교회 신도가 1만 445명, 성공회교 신도가 8,688명, 구세군이 6,387명, 그리고 재림교회 신도가 5,096명 등이었다. 이에 대해서는 김성건의 학위논문을 참조. Sung-Gun Kim, *Korean Christianity and the Shinto Shrine Issue in the War Period, 1931-1945: A Sociological Study of Religion and Politics.* (PhD diss., University of Hull, 1989), p. 205. 기독교 신도들은 당시 식민지 조선인 인구(대략 2,200만)의 3퍼센트에도 미치지 못하는 정도였지만, 그들의 반일운동은 많은 포스트식민 연구의 주제가 되어왔다. 이런 연구와 관련해서는 김승태 (편), 『한국 기독교와 신사참배 문제』(서울: 한국기독교역사연구소, 1991)와 김승태, 『신사참배거부 항쟁자들의 증언: 어둠의 권세를 이긴 사람들』(서울: 다산글방, 1993), 그리고 韓晳曦, 『日本の朝鮮支配と宗敎政策』(東京: 未來社, 1990)를 볼 것.

4. 관광산업에서 이 도시의 입지에 대한 보다 상세한 고찰은 Hyung Il Pai, 「Navigating Modern Seoul: The Typology of Guidebooks and City Landmarks(모던 경성의 이미지 형성과 근대관광미디어: 제국여행안내서와 도시랜드마크를 중심으로)」, 『서울학연구』 44, 2011. 8, 1~40쪽.

5. 김백영, 『지배와 공간: 식민지도시 경성과 제국 일본』(서울: 문학과지성사, 2009) 및 Jun Uchida, *Brokers of Empire: Japanese Settler Colonialism in Korea, 1876-1945* (Cambridge, MA: Harvard University Asia Center, 2011)를 볼 것.

6. Michel Foucault, "Governmentality", in *The Foucault Effect: Studies in Governmentality*, ed. G. Burchell, C. Gordon, and P. Miller (London: Harvester Wheatsheaf, 1991), pp. 87~104. (미셸 푸코 외, 이승철·심성보 외 역,

『푸코 효과: 통치성에 관한 연구』(서울: 난장, 2014)); Michel Foucault, *Security, Territory, Population: Lectures at the Colleège de France, 1977-78* (New York: Palgrave Macmillan, 2007). (미셸 푸코, 오르트망 외 역, 『안전, 영토, 인구: 콜레주 드프랑스 강의, 1977-78년』(서울: 난장, 2011)).

7. Takashi Fujitani, *Race for Empire: Koreans as Japanese and Japanese as Americans during World War II* (Berkeley: University of California Press, 2011). (다카시 후지타니, 이경훈 역, 『총력전 제국의 인종주의: 제2차 세계대전기 식민지 조선인과 일본계 미국인』(서울: 푸른역사, 2019)).

8. 이런 한계를 뛰어넘는 예외적인 연구로는 다음을 들 수 있다. 陳培豊, 『「同化」の同床異夢: 日本統治下臺灣の國語教育史再考』(東京: 三元社, 2001).

9. '만들어진 전통'에 대한 연구자들이 제안한 바 있듯이, 심지어 매우 '일본적'으로 보이는 정신수양(spiritual cultivation)의 관행들조차도 실제로는 열도 고유의 것과는 거리가 있으며, 메이지 엘리트들이 채택했던 국가건설 전략의 기능적 등가물로서 출현했다. 전적으로 이런 이유 때문이라고는 할 수 없겠지만, 메이지 엘리트들은 다른 근대적 제국들과 경쟁하는 방식 중 하나로 이를 채택했던 것이다. 이러한 관행들에 대해서는 다음의 연구를 볼 것. Stephen Vlastos, ed., *Mirror of Modernity: Invented Traditions of Modern Japan* (Berkeley: University of California Press, 1998).

10. 駒込武, 『植民地帝國日本の文化統合』(東京: 岩波書店, 1996), 특히 2~27쪽. (고마고메 다케시, 오성철·이명실·권경희 역, 『식민지제국 일본의 문화통합: 조선, 대만, 만주, 중국 점령지에서 식민지교육』(서울: 역사비평사, 2008)).

11. 식민지 노동력의 상품화가 낳은 위험한 효과에 대해서는 다음의 연구를 볼 것. Ken C. Kawashima, *The Proletarian Gamble: Korean Workers in Interwar Japan* (Durham: Duke University Press, 2009). 다음의 연구도 볼 것. Mark Driscoll, *Absolute Erotic, Absolute Grotesque: The Living, the Dead, and the Undead in Japan's Imperialism, 1895-1945* (Durham: Duke University Press, 2010).

12. 가령 다음의 연구를 볼 것. E. Patricia Tsurumi, *Japanese Colonial Education in Taiwan, 1895-1945* (Cambridge, MA: Harvard University Press, 1977). 권태억도 식민지 조선에 대해 비슷하게 접근하고 있다. 권태억, 「1910년대 일제의 조선동화론과 동화정책」, 『한국문화』 44, 2008. 12, 99~125쪽; 「1920-1930년대 일제의 동화정책론」, 『한국 근대사회와 문화 III: 1920-1930년대 '식민지적 근대'와 한국인의 탄생』(서울: 서울대학교출판부, 2007), 3~37쪽 참조. 식민지 조선의 보통학교가 식민 모국에서 신토 사원이 흔히 수행하는 역할을 어떻게 보조하는지, 그리고 때로는 대체하는지에 대해서는 다음의 연구를 볼 것. 樋浦郷子, 『神社·學校·植民地: 逆機能

する朝鮮支配』(京都: 京都大學學術出版會, 2013). (히우라 사토코, 이언숙 역, 『신사·
학교·식민지: 지배를 위한 종교-교육』(서울: 고려대학교출판부, 2016)).

13. 이에 대한 선구적인 연구 성과로는 다음과 같은 글을 참조할 수 있다. Mark R.
Peattie, "Japanese Attitudes toward Colonialism, 1895-1945", in Ramon
H. Myers and Mark R. Peattie, ed, *The Japanese Colonial Empire, 1895-1945*
(Princeton, NJ: Princeton University Press, 1987), pp. 80~127. 그리고 보다
최근의 성과로는 다음의 책을 볼 것. Mark E. Caprio, *Japanese Assimilation Policies
in Colonial Korea, 1910-1945* (Seattle: University of Washington Press,
2009). 일본어 문헌으로는 駒込武, 『植民地帝國日本の文化統合』; 小熊英二, 『'日本人'
の境界: 沖繩·アイヌ·臺灣·朝鮮植民地支配から復歸運動まで』(東京: 新曜社, 1998)
참조.

14. Dipesh Chakrabarty, *Provincializing Europe: Postcolonial Thought and
Historical Difference* (Princeton, NJ: Princeton University Press, 2000), pp. 3
~11. (디페시 차크라바르티, 김택현·안준범 역, 『유럽을 지방화하기: 포스트식민 사
상과 역사적 차이』(서울: 그린비, 2014)).

15. 이러한 관찰은 Leo Ching의 다음과 같은 주장에서 끌어온 것이다. 그에 따르면, 동
화주의는 "정치적이고 경제적인 차별과 문화적인 동화 사이의 간극을 은폐하는 데
빼어난 이데올로기"로 볼 때 가장 잘 이해가 된다. Leo Ching, *Becoming 'Japanese':
Colonial Taiwan and the Politics of Identity Formation* (Berkeley: University of
California Press, 2001), p. 104.

16. 이러한 경향에 대해서는 다음의 연구를 볼 것. Michael Kim, "The Colonial
Public Sphere and the Discursive Mechanism of Mindo", in *Mass
Dictatorship and Modernity*, ed. Michael Kim, Michael Schoenhals, and
Yong-Woo Kim (London: Routledge, 2013). 프랑스의 식민사상과 실천과 관련
해서는 다음의 연구들을 볼 것. Raymond F. Betts, *Assimilation and Association in
French Colonial Theory, 1890-1914* (New York: Columbia University Press,
1960); Gwendolyn Wright, *The Politics of Design in French Colonial Urbanism*
(Chicago: University of Chicago Press, 1991).

17. 이러한 접근 방식은 다음의 논의에서 끌어온 것이다. Timothy Mitchell, "Society,
Economy, and the State Effect", in *State/Culture: State-Formation after the
Cultural Turn*, ed. George Steinmetz (Ithaca, NY: Cornell University Press,
1999), pp. 76~97.

18. Thomas Blom Hansen and Finn Stepputat, eds., *States of Imagination:
Ethnographic Explorations of the Postcolonial State* (Durham: Duke University

Press, 2001), p. 5.

19. 이 방법은 푸코가 한때 '권력의 상향적 분석(ascending analysis of power)'라 불렀던 것에 따른 것이다. Michel Foucault, *"Two Lectures", in Power/Knowledge: Selected Interviews, and Other Writings, 1972–1977*, ed. Colin Gordon (New York: Pantheon, 1980), p. 99. (미셸 푸코, 콜린 고든 편, 홍성민 역, 『권력과 지식: 미셸 푸코와의 대담』(서울: 나남출판, 1995)).

20. Partha Chatterjee, *The Nation and Its Fragments: Colonial and Postcolonial Histories* (Princeton, NJ: Princeton University Press, 1993), pp. 14~34. 이와 비슷하게, 지배의 형식에 있어서 식민지적인 것과 식민 모국적인 것 사이의 이항대립은 다음의 연구에서도 확인된다. Ranajit Guha, *Dominance without Hegemony: History and Power in Colonial India* (Cambridge, MA: Harvard University Press, 1988).

21. David Scott, "Colonial Governmentality", *Social Text* 43, Autumn 1995, p. 193. 이런 접근 방식을 적용한 연구로는 다음을 볼 것. Peter Redfield, "Foucault in the Tropics: Displacing the Panopticon", in *Anthropologies of Modernity: Foucault, Governmentality, and Life Politics*, ed. Jonathan Xavier Inda (London: Blackwell, 2005).

22. Barry Hindess, "The Liberal Government of Unfreedom", *Alternatives: Global, Local, Political* 26, no. 2, April–June 2001, p. 107. 다음의 연구도 볼 것. Sven Opitz, "Government Unlimited: The Security Dispositif of Illiberal Governmentality", in *Governmentality: Current Issues and Future Challenges*, ed. Ulrich Bröckling, Susanne Krausmann, and Thomas Lemke (New York: Routledge, 2010).

23. 일본의 식민지가 지닌 정치적인 위상에 관해서는 다음의 연구들을 참조. Edward I-te Chen, "The Attempt to Integrate the Empire: Legal Perspectives", in *Myers and Peattie*, eds., *The Japanese Colonial Empire*, pp. 240~274; 山本有造, 『日本植民地經濟史研究』(名古屋: 名古屋大學出版會 1992), 3~62쪽.

24. Gary Wilder, *The French Imperial Nation-State: Negritude and Colonial Humanism between the Two World Wars* (Chicago: University of Chicago Press, 2005). 마찬가지 방식으로 한국의 식민지 근대성을 둘러싼 논쟁은 억압적 힘과 해방적 힘 중 하나를 강조하기 위해 다른 하나를 희생시키는 연구들 사이에서 우왕좌왕하면서 교착 상태에 빠진 것으로 보인다. 예컨대 다음을 볼 것. Gi-Wook Shin and Michael Robinson, eds., *Colonial Modernity in Korea* (Cambridge, MA: Harvard University Press, 2001). (신기욱·마이클 로빈스 편, 도면회 역,

『한국의 식민지 근대성: 내재적 발전론과 식민지 근대화론을 넘어서』(서울: 삼인, 2006)); Do Myoun-hoi(도면회), "The Implications of Colonial Modernity without Colonialism", *Korea Journal* 44, no. 2, Summer 2004, pp. 189~209; Younghan Cho(조영한), "Colonial Modernity Matters?", *Cultural Studies* 26, no. 5, 2012, pp. 645~699. 가능한 해결책 중 하나로 다음의 연구를 볼 것. Tani Barlow, "Debates over Colonial Modernity in East Asia and Another Alternative", *Cultural Studies* 26, no. 5, 2012, pp. 617~644.

25. 필자는 이러한 관찰을 다음의 논의로부터 끌어왔다. Stephen Legg, *Spaces of Colonialism: Dehli's Urban Governmentalities* (Oxford: Blackwell, 2007).

26. 이런 역사서술의 문제에 대한 계보학으로는 다음의 연구를 볼 것. Tae-hern Jung(정태헌), "Two Korea's Perceptions of the 'Colonial Modernity' since 1945", *International Journal of Korean History* 2, Dec. 2001, pp. 193~219.

27. 식민지 조선에서 경찰의 역할에 대해서는 예컨대 다음의 연구를 볼 것. 松田利彦, 『日本の朝鮮植民地支配と警察: 1905~1945』(東京: 校倉書房, 2009). 식민지 조선에서 규율권력이라는 사례를 도입한 선구적인 연구로는 다음을 볼 것. 김진균·정근식 편, 『근대주체와 식민지 규율권력』(서울: 문화과학사, 1997).

28. Se Hoon Park(박세훈), "Care and Control: Colonial Governmentality and Urban Social Policy in Colonial Seoul", in *East Asia: A Critical Geography Perspective*, ed. Wing-Shing Tang and Fujio Mizuoka (Tokyo: Kokon shoin, 2010), pp. 112~132.

29. 필자는 이 용어를 다음 연구에서 빌려왔다. Tania Murray Li, *The Will to Improve: Governmentality, Development, and the Practice of Politics* (Durham: Duke University Press, 2007), p. 13.

30. Henri Lefebvre, *The Production of Space* (Oxford: Blackwell, 1991), p. 39 (강조는 원문 그대로). (앙리 르페브르, 양영란 역, 『공간의 생산』(서울: 에코리브르, 2011).

31. '분석의 범주들'과 '실천의 범주들' 사이의 질적인 구별은 부르디외의 다음의 연구에서 대략적인 윤곽이 그려져 있다. Pierre Bourdieu, *The Logic of Practice* (Stanford: Stanford University Press, 1992).

32. Mary Louise Pratt, *Imperial Eyes: Travel Writing and Transculturation* (London: Routledge, 1992), p. 7.

33. 水野直樹 編, 『生活の中の植民地主義』(京都: 人文書院, 2004). (미즈노 나오키 외, 정선태 역, 『생활 속의 식민지주의』(서울: 산처럼, 2007)); 연세대학교 국학연구원 편, 『일제의 지배와 일상생활』(서울: 혜안, 2004); 공제욱·정근식 편, 『식민지의 일상, 지

배와 규율』(서울: 문화과학사, 2006); 강영심 편, 『일제시기 근대적 일상과 식민지 문
화』(서울: 이화여자대학교 출판부, 2008).

34. 포스트민족주의 비평가들이 제기하고 있는 바와 같이, 최근 식민지 조선에 대한 한
국학계의 연구 경향은 주변부와 농촌에 비해 지나치게 불균형적으로 중심부와 도시
에 강조점을 두고 있다. 또한 식민지적 폭력을 희생시켜 근대적 발전에 특별히 관심
을 집중했던 것은 말할 나위 없다. 예컨대 板垣龍太, 「'植民地近代'をめぐって: 朝鮮
史研究における現狀と課題」, 『歷史評論』654. 2004, 35~45쪽; 趙景達, 「暴力と公
論: 植民地朝鮮における民衆の暴力」, 須田努·中嶋久人·趙景達 編, 『暴力の地平を超
えて: 歷史學からの挑戰』(東京: 靑木書店, 2004)을 볼 것. 일본의 식민지 도시에 대
한 폭넓은 분석으로는 橋谷弘, 『帝國日本と植民地都市』(東京: 吉川弘文館, 2004).
(하시야 히로시, 김제정 역, 『일본제국주의, 식민지 도시를 건설하다』(서울: 모티브북,
2005)). 근대 한국 도시의 형성에 관한 『코리아저널』특집호(Korea Journal 48, no.
3, Autumn 2008)를 참조. 식민지 조선의 농촌에 관해서는 松本武祝, 『朝鮮農村の
'植民地近代'經驗』(東京: 社會評論社, 2005)를 볼 것.

35. Gabrielle M. Spiegel, *Practicing History: New Directions in Historical Writing
after the Linguistic Turn* (New York: Routledge, 2005), p. 17 (강조는 원문 그대
로).

36. 예컨대 Nicholas Thomas, *Colonialism's Culture: Anthropology, Travel, and
Government* (Princeton, NJ: Princeton University Press, 1994)를 볼 것.

37. 식민지 검열에 보다 상세한 고찰은 최경희의 연구를 참조할 것. Kyeong-Hee Choi,
*Beneath the Vermillion Ink: Japanese Colonial Censorship and the Making of
Modern Korean Literature* (Ithaca, NY: Cornell University Press, 근간).

38. Ann L. Stoler, "Colonial Archives and the Arts of Governance", *Archival
Sciences* 2, 2002, p. 87. 식민 권력과 언어 매체 즉 일본어 사이에 존재하는 이와 같
이 밀접한 연계 때문에 한국에서 활동하는 대부분의 학자들은 비교적 최근까지도
이 『경성일보』를 제대로 활용하지 않았다. 심지어 『경성일보』는 현재 재판(再版)되었
고 온라인에서 접근도 가능하지만 여전히 디지털한 방식으로 검색하기는 어려운 자
료로 남아 있으며, 이러한 처지는 『경성일보』가 학술적 연구에서 외면 받는 또 다른
이유가 된다. 필자의 연구는 『경성일보』마이크로필름을 1년 넘도록 세심하게 탐색한
결과물이다.

39. 이러한 접근 방식에 대한 탐색으로는 같은 책, 87~109쪽을 참조.

40. 앙드레 슈미드(Andre Schmid)는 자신의 연구에서 비슷한 지점을 바로 직전 시기
에서 제기한 바 있다. Schmid, *Korea between Empires, 1895-1919* (New York:
Columbia University Press, 2002). (앙드레 슈미드, 정여울 역, 『제국 그 사이

의 한국, 1895-1919』(서울: 휴머니스트, 2007)). 필자는 위생적 근대성(hygienic modernity)이란 개념을 다음의 연구에서 빌려왔다. Ruth Rogaski, *Hygienic Modernity: Meanings of Health and Disease in Treaty-Port China* (Berkeley: University of California Press, 2004).

41. 그가 설명하고 있듯이, 이것은 "조잡한 지식들, 위계적으로 열등한 지식들, 박식 또는 과학성으로 따질 수 있는 수준에 못 미치는, 그 밑에 있는 지식들"이다. Michel Foucault, *"Society Must Be Defended": Lectures at the College de France, 1975-76* (New York: Picador, 2003), p. 7. (미셸 푸코, 김상운 역, 『사회를 보호해야 한다: 콜레주드프랑스 강의, 1975~76년』(서울: 난장, 2015)).

42. Sonja M. Kim(김선자), *Contesting Bodies: Managing Population, Birthing, and Medicine in Korea, 1876-1945* (PhD diss., University of California, Los Angeles), 2008, p. 82.

43. 3·1운동에 대해서는 다음의 연구를 볼 것. Frank Baldwin "Participatory Anti-Imperialism: The 1919 Independence Movement", *Journal of Korean Studies* 1, 1979, pp. 123~162. 이 3·1운동을 보다 넓은 지구적 역사 속에 위치 짓는 설득력 있는 설명으로는 다음의 연구를 볼 것. Erez Manela, *The Wilsonian Moment: Self-Determination and the International Origins of Anticolonial Nationalism* (Oxford: Oxford University Press, 2007).

44. 이러한 변화를 도시적 차원에서 분석하고 있는 작업으로는 다음을 볼 것. 박세훈, 『식민국가와 지역공동체: 1930년대 경성부의 도시사회정책 연구』(서울: 한국학술출판, 2006).

45. Uchida, *Brokers of Empire*. 식민지 조선 연구 중에서 일본인 거류민들의 역할을 중시하는 것으로는 다음과 같은 것도 참조. Helen J. S. Lee, "Writing Colonial Relations of Everyday Life in Senryu", *Positions: East Asia Cultures Critique* 16, no. 3, Winter 2008, pp. 601~628; Nicole Leah Cohen, *Children of Empire: Growing up Japanese in Colonial Korea, 1876-1945* (PhD diss., Columbia University, 2006).

46. 일본인 거류민 커뮤니티의 식민 이전의 역사에 대한 상세한 고찰로는 다음의 연구를 참조. 木村健二, 『在朝日本人の社會史』(東京: 未來社, 1989); Peter Duus, *Abacus and the Sword: The Japanese Penetration of Korea, 1895-1910* (Berkeley: University of California Press, 1995), pp. 245~423.

47. 이 메커니즘에 대한 보다 상세한 고찰로는 다음을 볼 것. Todd A. Henry, "Assimilation's Racializing Sensibilities: Colonized Koreans as Yobos and the 'Yoboization' of Japanese Settlers", *Positions: Asia Critique* 21, no. 1,

Winter 2013, pp. 11~49.

48. Ching, *Becoming 'Japanese'*, p. 91.

49. 예컨대 다음을 볼 것. 김승태, 『한국 기독교와 신사참배 문제』; 『신사참배거부 항쟁자들의 증언』.

50. 이런 발전에서 하나의 산업이 차지하는 위치에 대해서는 다음을 볼 것. Carter J. Eckert, *Offspring of Empire: The Koch'ang Kims and the Colonial Origins of Korean Capitalism*, 1876–1945 (Seattle: University of Washington Press, 1996). (카터 에커트, 주익종 역, 『제국의 후예: 고창 김씨가와 한국 자본주의의 기원, 1876~1945』(서울: 푸른역사, 2008)).

제1장 경성 건설하기: 식민지 수도의 불균등한 공간

1. Gyan Prakash, *Another Reason: Science and the Imagination of Modern India* (Princeton, NJ: Princeton University Press, 1999).

2. 개성은 1398년부터 1400년까지 잠시 동안 다시 조선왕조의 수도가 되기도 했다. 한양이 수도가 되기까지의 복잡한 과정은, Hong-key Yoon(윤흥기), *The Culture of Fengshui in Korea: An Exploration of East Asian Geomancy* (Lanham, MD: Lexington Books, 2006), pp. 231~240; 吉田光男, 『近世ソウル都市社會研究: 漢城の街と住民』(浦安市: 草風館, 2009), 16~25쪽을 참조. 조선시대 이전에는 제2의 수도를 유지하곤 했다. 예를 들어, 고려의 왕들은 남경이라고도 불렸던―문자 그대로 남쪽의 수도―한양을 포함해 세 개의 수도를 관할했다.

3. 이하의 논의는 다음의 연구를 바탕으로 했다. 임덕순, 「조선전기 한양천도와 수도의 상징화」, 이혜은 외, 『서울의 경관 변화』(서울: 서울학연구소, 1994), 43~55쪽; Qinghua Guo, *Chinese Architecture and Planning: Ideas, Methods, Techniques* (Stuttgart: Axel Menges, 2005), pp. 147~156; 고동환, 「조선초기 한양의 형성과 도시구조」, 『지방사와 지방문화』 8(1), 2005, 52~89쪽.

4. 식민지 기간 동안, 청계천은 북촌의 조선왕조 권력의 역사적 중심지와 남촌의 일본인 신흥 지역의, 실재하진 않았더라도, 상상의 경계로 작용했다.

5. Ko Dong-hwan(고동환), "The Characteristics of the Urban Development of Seoul during the Late Chosŏn Dynasty: With a Focus on the Changes in Urban Structure", *Seoul Journal of Korean Studies* 10, 1997, pp. 95~123. 18세기 말까지, 교외에 거주한 상인을 비롯한 기타 사회집단의 인구수가 성내에 살았던 한양의 공식적인 거주자의 수와 거의 같아졌다. 한양의 상업 발전에 대한 중요한 연구로는 다음을 참조할 것. 최왕기, 『한양: 그곳에서 살고 싶다』(서울: 교화사, 1997); 고동환, 『조선후기 서울상업발달사』(서울: 지식산업사, 1998); 고동환, 『조선시대 서울

도시사』(서울: 태학사, 2007).

6. 중인에 대해서는 다음을 참조할 것. Kyung Moon Hwang(황경문), *Beyond Birth: Social Status in the Emergence of Modern Korea* (Cambridge, MA: Harvard University Press, 2004).

7. 전체적인 내용에 대해서는 다음을 참조할 것. Kim Do-hyung(김도형), "Introduction: The Nature of Reform in the Taehan Empire", in *Reform and Modernity in the Taehan Empire*, ed. Kim Dong-no, John B. Duncan, and Kim Do-hyung (Seoul: Jimoondang, 2006), pp. 1~34.

8. 이태진에 따르면, 이 계획은 하수도, 전기, 수로, 전차, 기차, 산업지구(용산 지역 내), 도심 내 시장(남대문 주변) 등의 근대적인 도시 기반시설들의 요소 또한 포함한 것이었다. Tae-jin Yi, "Seoul's Modern Development during the Eighteenth and Nineteenth Centuries" and "The Leaders and Objectives of the Seoul Urban Renovation Project of 1896~1904", in *The Dynamics of Confucianism and Modernization in Korean History* (Ithaca, NY: Cornell University Press, 2008). 이 시기의 황성과 도쿄에 대한 비교 분석은 다음을 참조할 것. 이태진, 「메이지도쿄와 광무서울: 근대도시로의 지향성과 개조성과 비교」, 와타나베 히로시, 박중석 편. 『한국, 일본, '서양'』(서울: 아연출판부, 2008).

9. 이와 유사한 자기 인식의 문제는 태극기와 다른 국가 상징물에도 보인다. 이러한 역사에 대해서는 다음을 참조할 것. Andre Schmid, *Korea between Empires, 1895-1919* (New York: Columbia University Press, 2002), pp. 55~100. (앙드레 슈미드, 정여울 역, 『제국 그 사이의 한국, 1895~1919』(서울: 휴머니스트, 2007)).

10. 김광우, 「대한제국 시대의 도시계획: 한성부 도시개조사업」, 『향토 서울』 50, 1990, 115쪽. 정동 지역의 역사에 대해서는 다음을 참조. 김정동, 『고종 황제가 사랑한 정동과 덕수궁』(서울: 발언, 2004); 안창모, 『덕수궁: 시대의 운명을 안고 제국의 중심에 서다』(서울: 동녘, 2009).

11. 이러한 관계에 대해서는 다음을 참조. Peter Duus, *The Abacus and the Sword: The Japanese Penetration of Korea, 1895-1910* (Berkeley: University of California Press, 1995), pp. 134~168.

12. 노인화, 「대한제국시기의 한성전기회사에 대한 연구: '광무개혁'과 미국적 기원의 일양태」, 『梨大史苑』 17, 1980. 12, 1~27쪽.

13. Min Suh Son(손민서), "Enlightenment and Electrification: The Introduction of Electric Light, Telegraph and Streetcars in Late Nineteenth Century Korea", in Kim, Duncan, and Kim, eds., *Reform and Modernity in the Taehan Empire*, pp. 126~198.

14. 전우용, 「대한제국기-일제 초기 서울공간의 변화와 권력의 지향」, 『전농사론』 5, 1999, 39~72쪽.

15. 독립협회의 설립과 해체에 관하여는 다음을 참조. Vipan Chandra, *Imperialism, Resistance, and Reform in Late Nineteenth-Century Korea: Enlightenment and the Independence Club* (Berkeley: Institute of East Asian Studies, 1988). 또한 다음도 참조. Kim Do-hyung, "Introduction: The Nature of Reform in the Taehan Empire", pp. 22~27.

16. Chong Chinsok(정진석), "A Study on the Maeil Sinbo(Daily News): Public Information Policy of the Japanese Imperialists and Korean Journalism under Japanese Imperialism", *Journal of Social Sciences and Humanities* 52, 1980, p. 62, p. 70. 새로운 식민 정부는 기존의 수도의 위상 또한 격하시켰는데, 1914년에 행정구역을 250제곱킬로미터에서 36제곱킬로미터를 겨우 넘는 규모로 축소시켰다.

17. 조선왕조기에 이곳 거주민들은 간혹 '게이조'의 한국식 발음인 '경성'으로 부르기도 했다. 이 도시의 지명사에 대해서는 다음을 참조. 김백영, 『지배와 공간 : 식민지도시 경성과 제국 일본』(서울: 문학과 지성사, 2009), 264쪽 각주 105. 일본사에서 수도의 이전에 관해서는 다음을 참조. Nicolas Fiévé and Paul Waley, eds., *Japanese Capitals in Historical Perspective: Place, Power and Memory in Kyoto, Edo and Tokyo* (London: Routledge, 2003).

18. Takashi Fujitani, *Splendid Monarchy: Power and Pageantry in Modern Japan* (Berkeley: University of California Press, 1996), pp. 31~92. (다카시 후지타니, 한석정 역, 『화려한 군주: 근대일본의 권력과 국가의례』(서울: 이산, 2003)); Christine Kim, "Politics and Pageantry in Protectorate Korea, 1905-10: The Imperial Progresses of Sunjong", *Journal of Asian Studies* 68, no. 3, 2009, pp. 835~859.

19. 대한제국기에 고종은 전례에 따라 평양—고조선(?~기원전 108)과 고구려(기원전 37 ~기원후 668)와 고려 왕들의 중심지—에 제2의 수도를 건설했다. 이는 러시아와 긴밀한 관계를 맺음으로써 국가가 처한 곤경에서 벗어나려는 노력의 일환이었으나 궁극적으로 일본의 간섭으로 실패하고 만다. 이러한 제2의 수도 계획과 전개에 있어서 중인과 개신교의 중요성에 대해서는 다음을 참조할 것. Eugene Y. Park, "The Phantasm of the Western Capital (Sŏgyŏng): Imperial Korea's Redevelopment of Pyongyang, 1902-1908", *International Journal of Asian Studies* 12, no. 2, 2015, pp. 167~191.

20. 이와 같은 메이지식 전환에 대해서는 다음을 참조. 우동선, 「창경원과 우에노공원, 그

리고 메이지의 공간 지배」, 우동선, 박성진 편. 『궁궐의 눈물, 백년의 침묵: 제국의 소멸 100년, 우리 궁궐은 어디로 갔을까?』(서울: 효형출판, 2009), 202~237쪽. 우에노공원에 대해서는 다음을 참조할 것. Thomas R. H. Havens, *Parkscapes: Green Spaces in Modern Japan* (Honolulu: University of Hawai'i Press, 2011), pp. 28~32.

21. '이궁제'라고 부르는 이궁(離宮)의 성격에 대해서는 다음을 참조. 홍순민, 『우리 궁궐 이야기』(서울: 청년사, 2004).

22. 경운궁의 운명에 대해서는 다음을 참조할 것. 정제정, 『서울의 문화 유산 탐방기』(서울: 서울학연구소, 1997), 261~293쪽. 원구단에 대해서는 다음을 참조할 것. 박희용, 「조선 황제의 애달픈 역사를 증명하다: 원구단의 철거와 조선호텔의 건축」, 우동선, 박성진 편, 『궁궐의 눈물, 백년의 침묵』, 48~85쪽.

23. 오타 히데하루(太田秀春), 「근대 한일 양국의 성곽 인식과 일본의 조선 식민지 정책」, 『한국사론』 49, 2003, 185~203쪽. 19세기 말 경복궁 재건에 대해서는 다음을 참조할 것. 조재모·전봉희, 「고종조 경복궁 중건에 대한 연구」, 『대한건축학회논문집』 16(4), 2000. 4, 31~40쪽; 홍순민, 「고종대 경복궁 중건의 정치적 의미」, 『서울학연구』, 29, 2007. 8, 57~82쪽.

24. 藤森照信, 『明治の東京計劃』(東京: 岩波書店, 1990). 89~258쪽.

25. 伍島寧, 「京城市區改修(1912-1937)の特徵に關する硏究」, 『被殖民都市與建築國際學術硏討會』(臺灣, 中央硏究院臺灣史硏究所), 2000년 9월 6-7일, 11~12쪽.

26. 메이지 도쿄의 도시 개혁에 대해서는 다음을 참조할 것. 石田賴房, 『日本近代都市計劃史硏究』(東京: 柏書房, 1987), 51~106쪽; André Sorensen, *The Making of Urban Japan: Cities and Planning from Edo to the Twenty-First Century* (London: Routledge, 2002), pp. 60~84. 초기 식민지 타이완에 대해서는 다음을 참조. 伍島寧, 「日本統治下の臺北城內の街區形成に關する硏究」, 『土木史硏究』 18, 1998, 103~116쪽.

27. 『京城新聞』 1907년 11월 15일 자. 별도의 표시가 없는 한, 이 논의는 다음에 근거하고 있다. 『朝鮮新聞』 1911년 10월 5일 자.

28. 『朝鮮と建築』 1928년 9월, 54쪽. 남촌의 일본인 정착민 거주에 대해서는 다음을 참조. 김종근, 「서울 중심부의 일본인 시가지 확산: 개항기에서 일제 강점 전반기까지 (1885-1929)」, 『서울학연구』 20, 2003. 3, 181~233쪽; 박찬승, 「서울 일본인 거류지 형성과정: 1880년대-1903년을 중심으로」, 『사회와 역사』 62, 2002, 64~100쪽.

29. 용산의 일본인 인구는 1897년 35명에서 1910년 1만 명까지 급격히 증가했다. 이 지역의 발전상에 대해서는 손정목, 『한국개항기 도시사회경제사 연구』(서울: 일지사, 1982), 307~327쪽; 김백영, 『지배와 공간』, 272~309쪽.

30. 『朝鮮新聞』 1912년 5월 24일 자.

31. 이 제안에 대해서는 다음을 참조. 大村友之丞, 『京城回顧錄』(京城: 朝鮮硏究會, 1922), 278~281쪽. 재경성 일본인들의 박탈감에 대한 초창기 분투와 특혜에 대한 비난에 대해서는 다음을 참조. Jun Uchida, *Brokers of Empire: Japanese Settler Colonialism in Korea, 1876-1945* (Cambridge, MA: Harvard University Asia Center, 2011), pp. 96~139. 재경성 일본인들의 제도에 대한 연구는 다음을 참조. 야마나카 마이(山中麻衣), 『서울 거주 일본인 자치기관 연구, 1885-1914』(석사논문, 가톨릭대학교, 2001).

32. 「京城本町通の道路擴張について」, 『朝鮮及滿州』 45, 1911년 9월 1일 자, 48~51쪽.

33. 『朝鮮新聞』 1911년 6월 27일 자. 1912년 완성된 재경성 일본인 도로계획 목록에 대해서는 다음을 참조. 김백영, 『지배와 공간』, 279쪽.

34. 이하 논의는 『朝鮮新聞』 1912년 6월 25일 자에서 빌려왔다. 모치지의 경력에 대해서는 다음을 참조. 金子文夫, 「持地六三郎の生涯と著作」, 『臺灣近現代史研究』 2, 1979. 8, 119~128쪽.

35. 총독부 기술자인 山岡源一는 다음에서 유사한 언급을 했다. 『朝鮮公論』 I (4), 1913년 7월 호, 30~32쪽. 다롄(大連)의 도시계획에 대해서는 越澤明, 『大連の都市計劃史, 1898~1945』(東京: 日中經濟協會, 1984); 西澤泰彦, 『圖說大連都市物語』(東京: 河出書房新社, 1999).

36. 『朝鮮新聞』 1912년 9월 8일 자.

37. 고토 야스시는, 황금정이 광장으로 정해지는 데 있어서 경성의 관료들이 마루노우치를 행정 중심으로 탈바꿈시킨 도쿄의 계획가들의 노력을 따라 하고 있었을지 모른다고 주장했다. 그러나 남산에 있는 총독부를 경복궁에 옮기려는 계획이 이미 상정되어 있었음을 전제로 할 때 이 가능성은 희박하다. 伍島寧, 『日本統治下'京城'の都市計劃に關する歷史的研究』(博士論文, 東京工業大學, 1995), 67쪽. 마루노우치 프로젝트는 다음을 참조. 藤森照信, 『明治の東京計劃』, 259~304쪽.

38. 재경성 일본인 엘리트들은 이 프로젝트를 꾸준히 요구했는데, 심지어 거류민단이 해체된 1914년 이후에도 그 요구는 계속되었다. 『朝鮮新聞』 1913년 5월 21일 자. 이후 남촌의 도로를 개수하기 위한 활동들에 대해서는 다음을 참조. 『朝鮮と建築』 1929년 6월 호, 49쪽.

39. 예를 들어 다음을 참조. 『朝鮮と建築』 1924년 9월 호, 2쪽.

40. 伍島寧, 『日本統治下'京城'の都市計劃に關する歷史的研究』, 67쪽; 이경수, 『일제시기 경성부의 가로정비 계획에 의한 가로변화에 관한 연구』(석사논문, 연세대학교, 1990), 75쪽.

41. 이 계획에 대해서는 『京城日報』 1916년 2월 20일 자.

42. 『京城日報』 1917년 2월 8일 자. 장차 이 다리는 남쪽으로의 육상 교역과 교통, 그리고

한강을 따라 항구도시인 인천 방향으로 가는 교통 길목에 중요한 연결고리가 된다.

43. 1913년에 제안되었던 여덟 개의 방사상 도로 중 두 개만이 실제 건설을 위해 남겨졌다. 하나가 더 남겨지긴 했으나, 체계적인 방위도로망을 형성하지는 못했다. 伍島寧,『日本統治下'京城'の都市計劃に關する歷史的研究』, 72~72쪽.

44. 『종로구지』 2 (서울: 종로구, 1994), 57쪽. (재)건축을 위해 슬레이트를 깐 도로의 수가 1930년에는 47개로 늘어났으나 25개만 실제로 완공되었다. 같은 책 참조. 1920년 이전 경성의 도시계획의 운명에 대해서는 다음을 참조. 김기호, 「일제시대 초기의 도시계획에 대한 연구: 경성부 시구개정을 중심으로」, 『서울학연구』 6, 1995, 41~66쪽.

45. 伍島寧, 『日本統治下'京城'の都市計劃に關する歷史的研究』, 67~71쪽.

46. 이 지역에 대해서는 『청계천: 시간, 장소, 사람』(서울: 서울학연구소, 2001)의 논문들을 참조할 것. 문학작품으로는 1936년부터 1937년까지 『조선일보』에 연재된 모더니즘 문학인 박태원의 『천변풍경』이 있다.

47. 서현주, 『조선말 일제하 서울의 하부행정제도연구: 정동회와 총대를 중심으로』(박사논문, 서울대학교, 2002), 133쪽.

48. 伍島寧, 『日本統治下'京城'の都市計劃に關する歷史的研究』, 190쪽.

49. 남촌의 지역 변화에 대해서는 다음을 참조. 양승우, 「남촌의 필지조직 특성과 변화」, 『서울 남촌: 시간, 장소, 사람』(서울: 서울학연구소, 2003), 37~71쪽.

50. 민족 간 거주지 분화에 대한 민족주의적 언급과 달리, 한 연구자는 1925년에는 37퍼센트, 1935년에는 47퍼센트의 경성의 동리에서 상당한 혼거 양상이 나타난다는 통계를 제시했는데, 대부분 상업과 관공서 건물이 들어선 도시의 중심가나 남쪽 지역에 해당한다. 김종근, 「식민지 경성의 이중도시론에 대한 비판적 고찰」, 『서울학연구』 38, 2010. 2, 43~59쪽.

51. 『매일신보』 1912년 7월 10일 자.

52. 『매일신보』 1912년 11월 17일 자.

53. 이러한 비난에 대해 더 살펴보려면, Henry, "Sanitizing Empire: Japanese Articulations of Korean Otherness and the Construction of Early Colonial Seoul, 1905-19", *Journal of Asian Studies* 64, no. 3, Aug. 2005, pp. 643~653 참조.

54. 『매일신보』 1912년 7월 10일 자.

55. 『매일신보』 1911년 10월 25일 자. 인종적 비난에 대해서 더 살펴보려면, Henry, "Assimilation's Racializing Sensibilities: Colonized Koreans as Yobos and the 'Yobo-ization' of Japanese Settlers", *Positions: Asia Critique* 21, no. 1, Winter 2013, pp. 11~49.

56. 『매일신보』 1913년 8월 24일 자.

57. 이종민, 「輕犯罪の取締法令に見る民衆統制: 朝鮮の場合を中心に」, 浅野豊美, 松田利彦 編, 『植民地帝國日本の法的構造』(東京: 信山社出版, 2004), 338~347쪽.

58. 『매일신보』 1912년 11월 17일 자.

59. 조선 후기 국내 무역의 증대되는 네트워크와 연계되어, 이 점포들은 20세기 초까지도 번영을 유지했다. 대한제국이 공격적으로 이들을 없애려고 노력했음에도 불구하고 말이다.

60. 『京城新聞』 1910년 10월 10일 자. 점등의 의미에 대해서는 다음을 참조. Min Suh Son, "Enlightenment and Electrification."

61. 『매일신보』 1910년 11월 17일 자. 이 같은 주장은 1914년 태평통에, 1916년 종로에 야시장이 형성되기까지 산발적으로 이어졌다.

62. 松井茂, 『自治と警察』(東京: 警眼社, 1913), 830쪽.

63. 같은 책, 846쪽.

64. 『朝鮮及満洲』 1915년 3월 1일 자, 830쪽.

65. 일본제국에서의 여성들에 대해서는 다음을 참조. Barbara Brooks, "Reading the Japanese Colonial Archive: Gender and Bourgeois Civility in Korea and Manchuria Before 1932", in *Gendering Modern Japanese History*, ed. Barbara Molony and Kathleen Uno (Cambridge, MA: Harvard University Press, 2005).

66. 『서울 20세기 공간변천사』(서울: 서울시정개발연구원, 2002), 392쪽.

67. 姜信龍, 『韓國に於ける近代都市公園の受容と展開』(博士論文, 京都大學校, 2004), 56쪽.

68. 『매일신보』 1914년 6월 28일 자.

69. 조선인 (그리고 일본인) 사업가들이 이러한 국가 주도 프로젝트에 참여하는 것에 대해서는 다음을 참조. Carter J. Eckert, *Offspring of Empire: The Koch'ang Kims and the Colonial Origins of Korean Capitalism, 1876-1945* (Seattle: University of Washington Press, 1991). (카터 에커트, 주익종 역, 『제국의 후예: 고창 김씨가와 한국 자본주의의 기원, 1876-1945』(서울: 푸른역사, 2008)); Uchida, *Brokers of Empire*.

70. Sorensen, *The Making of Urban Japan*, p. 108, p. 110. 이러한 도시계획 요소들과 간토대지진 이후 도쿄에서의 실행에 대한 자세한 논의는 같은 책, 114~133쪽을 참조.

71. 도시계획과 관련된 "왜곡된 근대성"을 주장하는 예로는 다음을 참조. 손정목, 『일제강점기 도시계획연구』(서울: 일지사, 1990); 이명구, 『한국과 일본의 도시계획 제도의 비교분석에 관한 연구: 조선시가지계획령과 일본 (구)도시계획법을 중심으로』(박사논문, 서울대학교, 1994).

72. 식민지 도시계획의 논쟁적인 성격을 강조한 두 편의 주요한 연구는 다음과 같다. 김백영, 『지배와 공간』; 박세훈, 『식민 국가와 지역공동체: 1930년대 경성부의 도시사회정책연구』(서울: 한국학술정보, 2006).

73. 일본 도시계획법과 제도를 유럽적 전통의 맥락에 위치시킨 연구는 다음을 참조. 渡邊俊一, 『'都市計劃'の誕生, 國際比較からみた日本近代都市計劃』(東京: 柏書房, 1993). 근대 도시계획의 미국과 유럽의 전통에 대해서는 다음을 참조. Anthony Sutcliffe, *The Rise of Modern Urban Planning, 1800~1914* (New York: St. Martin's Press, 1980).

74. 고토는 1923년에 발생한 간토대지진 이후 도쿄 시장을 역임하고, 제도부흥원 총재가 되었다. 그의 경력에 대한 자세한 내용은 다음을 참조. Yukiko Hayase, *The Career of Gotō Shimpei: Japan's Statesman of Research, 1857~1929* (PhD diss., Florida State University, 1974).

75. 그의 자세한 보고서는 다음을 참조. 『京城彙報』 8, 1922년 5월 호, 6~10쪽; 『京城彙報』 9, 1922년 6월 호, 8~10쪽; 『京城彙報』 10, 1922년 7월 호, 4~12쪽. 조선에서의 도시계획에 대한 그의 견해에 대해서는 다음을 참조. 『朝鮮と建築』 1925년 9월, 19~26쪽.

76. 이러한 접근 방식의 일정 부분은 앙드레 슈미드에게 영감을 얻었다. Andre Schmid, "Colonialism and the 'Korea Problem' in the Historiography of Japan: A Review Article", *Journal of Asian Studies* 59, no. 4, Nov. 2000, pp. 951~976.

77. 『京城彙報』 9, 1922년 7월 호, 6~7쪽.

78. 『京城日報』 1921년 9월 6일 자.

79. 도시계획조사회의 회장을 역임한 인물로서, 1920년대 초 시청에서 고토 신페이의 충직한 부하 직원이었던 이케다 히로시는 가족도시인 도쿄를 가리켜, "국체의 정수를 지탱하는 추동력"이라고 묘사했다. 『都市公論』, 1921년 2월 호, 16~18쪽. 일본의 도시계획 운동에서 이케다의 역할에 대해서는 다음을 참조. 渡邊俊一, 『'都市計劃'の誕生』, 169~186쪽.

80. Uchida, *Brokers of Empire*, pp. 143~187, pp. 262~304; Yun Hae-dong(윤해동), "Colonial Publicness as Metaphor", in *Mass Dictatorship and Modernity*, ed. Michael Kim, Michael Schoenhals, and Yong-Woo Kim (London: Routledge, 2013). 경성부협의회에 대해서는 다음을 참조. 손정목, 「이른바 문화통치하에서의 도시, 지방 제도 연구: 경성부협의회를 중심으로」, 『향토서울』 50, 1991, 125~194쪽.

81. 『京城日報』 1920년 9월 1일 자.

82. 『朝鮮と建築』 1924년 6월 호, 1~3쪽.

83. 일본 본토에서 같은 용어의 사용에 대해서는 다음을 참조. 『都市公論』 1921, 2월 호, 16~18쪽; Se Hoon Park(박세훈), "Care and Control: Colonial Governmentality and Urban Social Policy in Colonial Seoul", in *East Asia: A Critical Geography Perspective*, ed. Wing-Shing Tang and Fujio Mizuoka (Tokyo: Kokon shoin, 2010), pp. 124~126.

84. 『京城彙報』 19, 1923년 5월 호, 1쪽; 『京城彙報』 22, 1923년 8월 호, 1쪽.

85. 이 정책들에 대해서는 다음을 참조할 것. 山本恒夫, 『近代日本都市教化史研究』(東京: 黎明書房, 1972).

86. 『京城彙報』 20, 1923년 6월 호, 1쪽.

87. 『朝鮮土木事業誌』(京城 : 朝鮮總督府, 1937), 309~324쪽.

88. 1925년 홍수는 약 400명의 사상자를 내고 4600만 엔 이상의 재산 피해를 낳았다. 이 자연재해의 반응에 대해서는 다음을 참조. 김종근, *Colonial Modernity and the Colonial City: Seoul during the Japanese Occupation, 1910-1945* (PhD diss., University of Cambridge, 2013), pp. 211~254.

89. 별도의 표시가 없는 한, 이 논의는 다음에 근거한다. 김백영, 『지배와 공간』, 385~433쪽. 영문 버전으로는 Kim Baek Yung(김백영), "Ruptures and Conflicts in the Colonial Power Bloc: The Great Keijo Plan of the 1920s", *Korea Journal* 48, no. 3, Autumn 2008, pp. 10~40.

90. 『동아일보』 1922년 10월 15일 자.

91. 경성도시계획연구회의 창립 성명은 다음을 참조. 朝鮮研究會, 『大京城』(京城: 朝鮮研究會, 1925), 9~12쪽.

92. 박세훈, 「1920년대 경성도시계획의 성격: 경성도시계획연구회와 도시계획운동, 서울학연구」 15, 2000. 9, 187~188쪽. 주요 회원들 명단은 같은 논문, 186쪽.

93. 이후에는 시청 건물에서 회의가 이루어졌다는 것이 이 단체의 자문적 위치를 보여준다. 별도의 표시가 없는 한, 이 논의는 다음에 근거하고 있다. 『京城彙報』 39, 1925년 2월 호, 4쪽; 『京城都市計劃要覽』(京城: 京城府, 1926), 7쪽.

94. 조사 주제에 대해서는 다음을 참조. 『京城彙報』 42, 1926년 6월 호, 10쪽.

95. Kim Baek Yung, "Ruptures and Conflicts in the Colonial Power Bloc", pp. 18~21.

96. 『京城都市計劃區域設定書』(京城: 京城府, 1926), 7쪽.

97. 같은 책, 176쪽.

98. 같은 책, 201쪽. 확장 예정과 신설 도로의 목록은 같은 책, 203~223쪽.

99. 손정목, 『일제강점기 도시계획연구』, 146쪽.

100. 『京城日報』 1927년 6월 15일 자.

101. 『京城日報』 1925년 6월 14일 자.

102. 손정목, 『일제강점기 도시화과정연구』(서울: 일지사, 1996), 567~583쪽.

103. 『京城彙報』 62, 1926년 12월 호, 27~29쪽; 『朝鮮と建築』 1926년 10월 호, 9~10쪽.

104. 『京城彙報』 62, 1926년 12월 호, 17~18쪽.

105. 『京城日報』 1926년 10월 21일 자; 『京城彙報』 62, 1926년 10월 호, 50~51쪽.

106. 『京城彙報』 62, 1926년 12월 호, 225쪽; 『朝鮮と建築』 1928년 7월 호, 34~35쪽. 반면에 조선신궁은 경성에서 지리적인 중심 역할을 했다.

107. 일례로 다음을 참조. 손정목, 『일제강점기 도시화 과정연구』, 520~560쪽; 김정동, 『남아 있는 역사, 사라진 건축물』(서울: 대원사, 2000), 183~252쪽; 허영섭, 『조선총독부: 구청사 건립의 이야기』(서울: 한울, 1996).

108. 그들의 편지는 「失われんとする: 朝鮮建築のために」, 『改造』, 1922년 9월 호, 22~29쪽; 「總督府新廳舍は露骨過ぎる」, 『朝鮮と建築』 1923년 6월 호, 17~19쪽. 앞의 편지 내용의 영어 번역은 다음에 나와 있음. Wm. Theodore de Bary, Carol Gluck, and Arthur E. Tiedemann, eds., *Sources of Japanese Tradition, Abridged*, vol. 2, 1868 to 2000 (New York: Columbia University Press, 2006), pp. 144~147.

109. 『京城日報』 1925년 4월 30일 자.

110. Park, Sunyoung(박선영), *On the Eve of the Uprising, and Other Stories from Colonial Korea* (Ithaca, NY: Cornell University Press, 2010), pp. 162~164. 식민지 문학에서 질병에 대한 수사는 다음을 참조. Christopher P. Hanscom, "Modernism, Hysteria, and the Colonial Double Bind: Pak T'aewŏn's One Day in the Life of the Author, Mr. Kubo", *Positions: Asia Critique* 21, no. 3, Summer 2013, pp. 607~636.

111. Park, Sunyoung, *On the Eve of the Uprising*, p. 160.

112. Sorensen, *The Making of Urban Japan*, 122쪽. 일본 본토에서 이 시스템의 발전에 대해서는 다음을 참조. 石田賴房, 「日本における土地區劃整理制度史概說 1870 - 1980」, 『總合都市研究』 28, 1986, 45~87쪽.

113. 『京城彙報』 59, 1926년 10월, 14쪽.

114. 『京城都市計劃調査書』, 251~252쪽.

115. 『京城都市計劃調査書』, 270쪽과 271쪽 사이의 그림들.

116. 『京城彙報』 71, 1927년 8월 호, 14쪽.

117. 『京城都市計劃調査書』, 254~255쪽.

118. 『京城彙報』 66, 1927년 3월 호, 34쪽.

119. 나오키의 글은 다음을 참조. 『京城日報』 1928년 12월 27일 자; 『京城日報』 1928년 1월 17일 자; 『京城日報』 1928년 1월 19일~20일 자; 『京城日報』 1928년 1월 23~

27일 자. 이 논의는 다음에 근거하고 있다.『朝鮮土木建築協會會報』133, 1929년 3월 호, 11~12쪽.

120. Sorensen, *The Making of Urban Japan*, pp. 125~131.

121.『朝鮮と建築』1926년 7월 호, 4쪽;『朝鮮と建築』1932년 6월 호, 55쪽.

122. 전시기 프로젝트에 대해서는 다음을 참조. 손정목,『일제강점기 도시계획연구』, 281~300쪽.

123. 수익자부담세에 대한 설명과 경성에서의 시행은 다음을 참조.『朝鮮と建築』1929년 4월 호, 32~34쪽.

124.『京城日報』1926년 6월 24일 자. 그러나 1920년대 말과 1930년대 초에는 비록 실패하긴 했지만, 임차인이 단체를 조직해서 경찰과 사법 시스템을 이용하여 탐욕스러운 지주들에 대항해 최저생활권을 보장받기 위한 투쟁을 전개하기도 했다. 지역 정치에 대해서는 다음을 참조. 염복규,「1920년대 후반-30년대 초반 차지, 차가인 운동의 조직화 양상과 전개과정」,『사회와 역사』73, 2007. 3, 75~105쪽.

125.『京城日報』1926년 2월 6일 자.

126.『동아일보』1926년 6월 24일 자. 예를 들어 다음을 참조.『朝鮮と建築』1929년 4월 호, 17~20쪽.

127.『동아일보』1927년 2월 26일 자.

128.『동아일보』1926년 3월 5일 자.

129.『동아일보』1927년 3월 8일 자. 도시 문제를 둘러싼 지역 정치에 대해 더 살펴보려면 다음을 참조. 김영미,「일제시기 도시문제와 지역운동: 경성지역 성북동의 사례를 중심으로」, 권태억 외,『한국 근대사회와 문화 3: 1920-1930년대 식민지적 근대와 한국인의 대응』(서울: 서울대학교 출판부, 2007).

130.『京城日報』1929년 3월 4일 자. 1928년 말 수익자부담세 규제법 초안은『京城日報』1928년 11월 24일 자 참조.

131.『동아일보』1927년 4월 1일 자.

132.『京城日報』1929년 3월 4일 자. 종묘를 옮기거나 공원화한다는 제안과 그 논란에 대해서는 다음을 참조. 김대호,「일제하 종묘를 둘러싼 세력 갈등과 공간 변화: 1920년대 식민 권력과 귀족세력의 관계를 중심으로」,『서울학연구』43, 2011, 1~54쪽.

133.『京城日報』1926년 5월 28일 자. 1922년 항의에서 순종의 역할에 대해서는 다음을 참조. 김대호,「일제하 종묘를 둘러싼 갈등과 공간변화」, 27~29쪽.

134.『동아일보』1930년 2월 11일 자.

135. 이때 실행한 도로 개수는 원정(元町, 모토마치), 동대문과 서대문 지역에 불과하다.『京城日報』1934년 3월 8일 자.

136. 1925년 국세 조사에 따르면, 효자동은 1,845명의 조선인(87.7 퍼센트)과 212명의 일

본인(12.3퍼센트)이 거주하고 있었다. 손정목, 『일제강점기 도시화과정연구』, 372쪽.

137. 『동아일보』 1929년 10월 23일 자. 수익자부담세 연기로 손실된 세수가 13만 엔에 달했다. 『京城日報』 1930년 3월 2일 자.

138. 『동아일보』 1929년 4월 26일 자 (강조는 필자).

139. 별도의 표시가 없는 한, 이 논의는 다음에 근거하고 있다. 『京城日報』 1932년 9월 21일 자.

140. 『동아일보』 1933년 3월 17일 자. 종로 상인들에 대해서는 다음을 참조. 전우용, 「종로와 본정: 식민 도시 경성의 두 얼굴」, 『역사와 현실』 40, 2001. 6, 163~193쪽.

141. 도쿄 긴자에서 배회(일본어로는 ぶらぶらする)하는 것을 긴부라(銀ぶら)라고 불렸던 것처럼, 경성의 혼마치통(본정로)에서 거니는 것을 혼부라(本ぶら)라고 불렀다.

142. 1935년 봄부터 당국은 종로에 가로등을 설치하면서 이 지역을 개선했다. 『京城日報』 1934년 11월 7일 자; 『京城日報』 1935년 2월 20일 자.

143. 이 법안의 통과와 그 영향에 대해서는 다음을 참조. 손정목, 『일제강점기 도시계획연구』, 177~212쪽.

144. 김백영, 『지배와 공간』, 428~429쪽.

145. 『京城日報』 1934년 3월 8일 자; 『京城日報』 1935년 5월 14일 자. 이 시기 도시계획에 대한 연구는 다음을 참조. 염복규, 「1933-43년 일제의 '경성시가지계획'」, 『한국사론』 46, 2001, 233~283쪽.

146. 『京城日報』 1932년 10월 24일 자.

147. 한 연구자에 따르면, 1919년 고종의 장례식이 거행될 때까지는 많은 조선인들이 대한제국에 대한 개인적인 충성심을 품고 있었다. 이러한 역사에 대해서는 다음을 참조. Christine Kim, *The King Is Dead: The Monarchy and National Identity in Modern Korea* (PhD diss., Harvard University, 2004).

148. 『京城日報』 1933년 11월 22일 자.

제2장 정신적 동화: 남산의 신사와 제전

1. 경성신사는 명목상으로나마 경성의 일본인 공동체와 조선인 공동체를 모두 포함하게 된 1913년 이전까지는 '남산대신궁(南山大神宮)'이라 불렸다. 표현을 단순화하기 위해, 여기에서는 '경성신사'로 통칭한다. 제5장에서 설명하겠지만, 1943년에는 한반도에서의 전몰자들을 기념하기 위한 야스쿠니 신사의 위성 신사로 만들어진 경성호국신사(京城護國神社)가 경성신사에 추가되었다.

2. 새로운 개념의 '종교'가 한 역할에 대해서는 Jason Ananda Josephson, *The Invention of Religion in Japan* (Chicago: University of Chicago Press, 2012); Trent E. Maxey, *The 'Greatest Problem' in Religion and State Formation in Meiji*

Japan (Cambridge, MA: Harvard University Asia Center, 2014) 참조.

3. 반면에 경찰은 샤머니즘과 사이비 종교를 단속했는데, 이는 조선총독부가 샤머니즘과 사이비 종교가 사회질서에 미신적인 위협이 될 수 있다고 간주했기 때문이었다. 山口公一, 『植民地期朝鮮に於ける神社政策と朝鮮社會』(博士論文, 一橋大學, 2006), 58~61쪽, 87~90쪽, 95~96쪽. 초기 식민지 조선에서의 총독부와 종교의 관계에 대해서는 Henrik H. Sørensen, "The Attitude of the Japanese Colonial Government towards Religion in Korea, 1910-1919", *Copenhagen Papers in East and Southeast Asia Studies* 8, 1993, 49~69쪽 참조. 신사와 종교 신토의 분리에 대해서는 Helen Hardacre, *Shinto and the State, 1868~1988* (Princeton: Princeton University Press, 1989) 참조.

4. 樋浦鄕子, 「朝鮮神宮大祓式への兒童生徒動員: '崇敬'と'信仰'のあいだ」, 『朝鮮史硏究會論文集』 46, 2008, 215~244쪽.

5. 예를 들어 1928년 일본 내무성은 역사학자 미야지 나오카즈(宮地直一, 1886~1949. 이후 도쿄제국대학 신토 강좌 담당 교수가 됨)를 조사관으로 파견하여 경성의 상황을 조사하도록 했는데, 미야지 나오카즈는 그 근거를 확실하게 밝히지는 않았지만, 식민지의 신사는 일본 본토의 신사들처럼 통합된 체계가 필요하지는 않다는 결론을 내었다. 『京城日報』 1928년 8월 21일 자. 식민지 신사의 느슨한 위계 체계에 대해서는 千葉正士, 「東亞支配イデオロギ-としての神社政策」, 仁井田陞博士追悼論文集編集委員會 編, 『日本法とアジア』(東京: 勁草書房, 1970) 참조.

6. 필자의 주장은 조선신궁과 경성신사에 대한 기존의 관점에 상반되는 것이다. 조선신궁은 한반도 전체를 수호하는 중심지로 기능하고, 경성신사는 수도 경성을 수호하는 시설로서 상호 보완적인 관계를 가지고 있다는 기존의 관점에 대해서는 菅浩二, 『日本統治下の海外神社: 朝鮮神宮, 臺灣神社と祭神』(東京: 弘文堂, 2004); 靑井哲人, 『植民地神社と帝國日本』(東京: 吉川弘文館, 2005) 참조.

7. 본토에서 처음으로 진행되었던 시도에 대해서는 Hardacre, *Shintō and the State*를 참조.

8. 이에 대해서는 Andre Schmid, *Korea between Empires, 1895-1919* (New York: Columbia University Press, 2002), (앙드레 슈미드, 정여울 역, 『제국 그 사이의 한국 1895-1919』(서울: 휴머니스트, 2007)) 참조.

9. 山口公一, 『植民地期朝鮮に於ける神社政策と朝鮮社會』, 42~43쪽; 靑井哲人, 『植民地神社と帝國日本』, 58~59쪽. 한편, 조선총독부는 조선의 역대 왕들을 모시는 유교 사원인 종묘에서의 사적(私的)인 제사는 지속할 수 있도록 허가했다. 종묘 국가 제사의 변화와 도시의 변화하는 공간 성과의 관계에 대해서는 채석영, 「한말 일제강점기 국가 제사공간의 변화」, 『한국사연구』 118, 2002, 221~247쪽; 김대호, 「일제하 종묘

를 둘러싼 세력 갈등과 공간 변화: 1920년대 식민 권력과 귀족의 관계를 중심으로」,
『서울학연구』 43, 2011, 1~54쪽 참조.

10. 식민 초기 조선 왕실의 재조정에 대해서는 Christine Kim, *The King Is Dead: The Monarchy and National Identity in Modern Korea* (PhD. diss., Harvard University, 2004), pp. 114~122; 이윤상, 「일제하 '조선 왕실'의 지위와 이왕직의 기능」, 『한국문화』 40, 2007, 315~342쪽 참조.

11. 김대호, 「1910년대~1930년대 초 경성신사와 지역사회의 관계: 경성신사의 운용과 한국인과의 관계를 중심으로」, 이성일 편, 『일본의 식민지 지배와 식민지적 근대』(서울: 동북아역사재단, 2009), 112쪽.

12. 초기 거류민 공동체의 임시적 성격에 대해서는 Peter Duus, *The Abacus and the Sword: The Japanese Penetration of Korea* (Berkeley: University of California Press, 1995), 289~323쪽; Jun Uchida, *Brokers of Empire: Japanese Settler Colonialism in Korea, 1876-1945* (Cambridge, MA: Harvard University Press, 2011), pp. 35~95 참조. 노동자계층의 거류민 문화에서 이 같은 현상에 대한 문학적 표현은, Helen J. S. Lee, "Writing Colonial Relations of Everyday Life in Senryu", *Positions: East Asia Culture Critiques* 16, no. 3, Winter 2008, pp. 601~628 참조.

13. 이 이론의 지적 근거에 대해서는 Oguma Eiji, *A Genealogy of Japanese "Self-Images"* (Melbourne: Trans Pacic Press, 2002), pp. 64~92. (오구마 에이지, 조현설 역, 『일본 단일민족신화의 기원』(서울: 소명출판, 2003))을 참조. 조선인 지식층의 반응에 대해서는 성상우, 「1910년대 일제의 시배 논리와 지식인층의 인식: 일신동조론과 문명화를 중심으로」, 『한국사론』 46, 2001. 12, 183~231쪽 참조.

14. 그러나 1916년에 이미 경성신사의 신주(神主)였던 다니무라 요리나오를 비롯한 지역 성직자들은 식민지 조선인들을 동화하기 위하여 신토를 이용할 것을 주장했다. 『京城日報』 1917년 10월 17일 자.

15. 『京城府史』 3卷(京城: 京城府, 1941), 181~186쪽.

16. 김대호, 「1910년대~1930년대 초 경성신사와 지역사회의 관계: 경성신사의 운용과 한국인과의 관계를 중심으로」.

17. 青井哲人, 「朝鮮の居留民奉齋神社と朝鮮總督府の神社政策: '勝地'としての神社境內の形成およびその變容と持續」, 『朝鮮學會報』 112, 1999. 7, 103쪽.

18. 일본 황실에 대한 숭배심을 고취하기 위하여 총독부는 아마테라스를 섬기지 않는 신토 신사는 인정하지 않았다. 이 기관들에 대해서는 栗田榮二, 「植民地下朝鮮に於ける神明神祠と'ただの神祠」, 崔吉城 編, 『日本植民地と文化變容: 韓國·巨文島』(東京: 御茶の水書房, 1994), 197~217쪽; 青野正明, 「朝鮮總督府の神社政策: 1930年代を

中心に」,『朝鮮學會報』160, 1996. 7, 89~132쪽을 참조할 것.

19. 물론 조선인 어린이들은 황실에 대한 충성과 부모에 대한 효도가 서로를 강화시킨
다는 교훈에 직면하게 되었는데, 이는 식민지의 학교 교실에서 초등교육의 근간을 이
루었다. 하지만 1933년 무렵까지도 보통학교를 다닌 어린이들은 학령인구 중에서 고
작 20퍼센트에 불과했다. 당시 진학률은 경성과 같은 도시 지역에서 조금 더 높았
고, 남학생의 경우가 여학생보다 훨씬 높았는데, 1940년에 이르면 진학률은 거의 두
배가 되어 50퍼센트에 이르렀다. E. Patricia Tsurumi, "Colonial Education in
Korea and Taiwan", in *The Japanese Colonial Empire, 1895–1945*, ed. Ramon
H. Meyers and Mark R. Peattie (Princeton, NJ: Princeton University Press,
1982), p. 305. 초등교육과 신사참배의 관계에 대해서는 樋浦郷子,『神社・學校・植民
地: 逆機能する朝鮮支配』(京都: 京都大學學術出版會, 2013) 참조.

20. 이 시기에 천황 중심으로 제전이 재편된 것에 관해서는 Takashi Fujitani, *Splendid
Monarchy: Power and Pageantry in Modern Japan* (Berkeley: University of
California Press, 1998). (다카시 후지타니, 한석정 역,『화려한 군주 : 근대일본의
권력과 국가의례』(서울: 이산, 2003)) 참조.

21. 이세신궁의 변화하는 역사적 의미에 대해서는 Jonathan Reynolds, "Ise Shrine
and a Modernist Construction of Japanese Tradition", *Art Bulletin* 83, no. 2,
June 2001, pp. 316~341을 참조할 것.

22. 필자는 이 용어를 Nam-lin Hur(허남린), *Prayer and Play in Late Tokugawa Japan:
Asakusa Sensōji and Edo Society* (Cambridge, MA: Harvard University Press,
2000)에서 빌려왔다.

23. Sonoda Minoru, "Festival and Sacred Transgression", in *Matsuri: Festival
and Rite in Japanese Life* (Tokyo: Institute for Japanese Culture and Classics,
Kokugakuin University, 1988), p. 36.

24. 『京城日報』1917년 10월 19일 자.

25. 『京城日報』1916년 10월 16일 자.

26. 『京城日報』1918년 10월 17일 자.

27. 손정목,『일제강점기 도시화 과정 연구』(서울: 일지사, 1996). 북촌과 남촌 모두 점점
민족적으로 혼합된 거주 양상이 나타나고 있다는 것을 지적하는, 좀 더 미묘한 시각
은 並木真人,「植民地後期朝鮮に於ける民衆統合の一段: ソウルの事例を中心として」,
『朝鮮社會の史的展開と東アジア』(東京: 山川出版社, 1997), 528~536쪽; 김종근,「식
민지 경성의 이중도시론에 대한 비판적 고찰」,『서울학연구』38, 2010. 2, 1~68쪽을
참조할 것.

28. '교두보'라는 비유를 제안해준 고마고메 다케시에게 감사를 표한다. 이 같은 상호작

용의 문화적 차원에 대해서는 Se-mi Oh(오세미), *Consuming the Modern: The Everyday in Colonial Seoul, 1915-1937* (PhD. diss., Columbia University, 2008)를 참조할 것.

29. 재조선 일본인들 사이에서 일본인 특유의 정신을 어떻게 진작시킬지를 둘러싼 논란은 식민지 언론을 통해서 종종 논쟁으로 비화되곤 했다. 『朝鮮及滿州』 75, 1913년 10월 1일 자; 『朝鮮及滿州』 105, 1916년 4월 1일 자 기사를 참조할 것.

30. 재경성 일본인 인구는 1910년 말 3만 8,397명에서 1921년 말 6만 9,774명, 1931년 말 9만 7,758명으로 증가했다. 출신 지역별 인구 분포는 매우 다양했는데, 가장 높은 비중을 차지한 것은 규슈 출신(1921년에는 약 30퍼센트, 1931년에는 약 28퍼센트)이었다. 『京城日報』 1917년 10월 17일 자.

31. 본토에서 신흥 중산층의 발전에 대해서는 David Ambaras, "Social Knowledge, Cultural Capital, and the New Middle Class in Japan, 1895-1912", *Journal of Japanese Studies* 24, no. 1 1988, pp. 1~33을 참조할 것. 식민 초기 조선의 경우에 대해서는 Duus, *The Abacus and the Sword*, pp. 324~363을 참조할 것.

32. 1907년의 직업 통계에 따르면, 노동자(10퍼센트), 게이샤 및 여급(3퍼센트)과 무직(3퍼센트)이 정착민 전체 인구의 16퍼센트를 차지했다. 잡무(雜務. 8퍼센트)라고 되어 있는 모호한 분류까지 포함한다면, 저소득계층의 인구는 재조선 일본인 전체 인구의 3분의 1을 넘는 수준이었다. Uchida, *Brokers of Empire*, p. 33 참조. 1910년부터 1940년까지의 정착민 직업 통계는 같은 책, 68쪽을 참조할 것.

33. 『京城府史』 3券, 179~181쪽; 김대호, 「1910년대-1930년대 초 경성신사와 지역사회의 관계」, 102쪽, 126~130쪽.

34. 『매일신보』 1918년 10월 17일 자.

35. "신토(神道)는 지나치게 일본 색채가 강해 일본 밖에서는 의미를 가지기 어려웠다. 조선인들에게 전혀 관심도 없는 종교를 후원하기 위해 돈을 내라고 강요하는 상황에서 양심의 자유가 보장된다고는 말할 수 없다." 국사편찬위원회, 『윤치호일기』 7권(서울: 국사편찬위원회, 1968) 1919년 12월 17일 자.

36. 기생에 대해서는 川村湊, 『妓生(キーセン): 'もの言う花'の文化誌』(東京, 作品社, 2001). (가와무라 미나토, 유재순 역, 『(말하는 꽃) 기생』(서울: 소담출판사, 2001))을 참조. 가와무라 미나토(川村湊)의 작업에 대한 비평 및 기생에 관련된 다양한 범주의 탐구에 대해서는 이경민, 『기생은 어떻게 만들어졌는가: 근대 기생의 탄생과 표상 공간』(서울: 사진아카이브연구소, 2005)을 참조할 것.

37. '한일병합' 이후 6개월이 채 되지 않은 시점에서 게재된 『朝鮮新聞』 기사는 기생의 지위와 생활환경에 대해 다루면서, 일부 기생들은 이미 일본인 식민자들을 대응하기 위하여 일본어를 배우고 있다고 언급하고 있다. 심지어 이 기사는 관심 있는 사람들

은 종로에 있는 기생조합에 연락해볼 것을 추천하고 있다. 『朝鮮新聞』 1911년 1월 19일 자.

38. 『京城日報』 1915년 10월 15일 자.

39. 식민지 시기 조선인 의복의 다기능적인(polyvalent) 의미를 둘러싼 논의에 대해서는 Hyung-gu Lynn(린형구), "Fashioning Modernity: Changing Meanings of Clothing in Colonial Korea", *Journal of International and Area Studies* 12, no. 1, Spring 2005, pp. 75~93을 참고할 것.

40. [그림 15](위)와 [그림 16](아래) 외에도 비슷한 사진들이 『京城日報』 1920년 10월 20일 자 기사에 게재되어 있다.

41. 『매일신보』 1916년 10월 15일 자; 김대호, 「1910년대-1930년대 초 경성신사와 지역사회의 관계」, 125쪽. 『동아일보』는 경성신사 대제를 거의 다루지 않았는데, 특별히 경성신사대제를 다룬 기사에서는 이 사건이 사실 1922년 가을에 일어났다고 전하고 있다. 그 당시 경성신사에 참여 중이던 술에 취한 일본인들이 종로의 상점 유리창으로 벽돌을 던졌고, 이층에서 아래를 내려다보고 있던 여성 점원들에게 폭력을 가했다는 것이다. 조선 상점의 주인은 이 여성들이 신여(神輿)에 대해 불경한 행동을 하지 않았다면서 공격적으로 반응했고, 점원들은 자신들의 사업장을 지나는 소란스러운 일본인 행렬을 그저 쳐다보았다는 것만으로 과도하게 학대를 당했다고 주장했다. 『동아일보』 1922년 10월 20일 자; 김대호, 「1910년대-1930년대 초 경성신사와 지역사회의 관계」, 125~126쪽.

42. 『京城日報』 1911년 10월 11일 자. 이 사건에 대해서는 또한 『매일신보』 1919년 10월 12일 자를 참조할 것.

43. 종로 상점의 이층 발코니에서 고종의 장례 행렬을 내려다보는 군중들을 촬영한 사진은 『세 이방인의 서울 회상: 딜쿠샤에서 청계천까지』(서울: 서울역사박물관유물관리과, 2009), 17쪽에 수록되어 있다.

44. 『京城日報』 1919년 10월 30일 자.

45. 『朝鮮及滿州』 215, 1925년 10월 5일 자, 7쪽.

46. 『京城日報』 1919년 6월 24일 자; 『國幣社關係綴』(京城: 출판사 불명, 1933), 66. 이 귀중한 자료를 제공해준 아오이 아키히토에게 감사한다.

47. 『京城日報』 1919년 10월 17일 자.

48. 『京城日報』 1920년 10월 19일 자.

49. 『京城日報』 1921년 10월 17일 자.

50. 『京城日報』 1920년 10월 8일 자.

51. 식민지 시기 동안 조선인 민족주의 운동에 있어서 종로가 지닌 장소성에 대해서는 장규식, 「일제하 종로의 민족운동 공간」, 『한국근현대사연구』 26, 2003 가을, 71~91

쪽을 참고할 것.

52. 『京城日報』 1919년 9월 18일 자.

53. 『京城日報』 1922년 10월 6일 자; 『京城日報』 1920년 10월 16일 자.

54. 『朝鮮及滿州』 115, 1917년 1월 1일 자, 60~62쪽, 67~68쪽; 『朝鮮及滿州』 130, 1918년 4월 1일 자, 2~8쪽. 이 논쟁에 대한 상세한 설명은 Todd Henry, "Assimilation's Racializing Sensibilities: Colonized Koreans as Yobos and the 'Yobo-ization' of Japanese Settlers", *Positions: Asia Critique* 21, no. 1, Winter 2013, pp. 11~49을 참고할 것.

55. 『京城日報』 1924년 10월 15일 자.

56. 『京城日報』 1925년 6월 26일 자.

57. 『京城日報』 1923년 10월 13일 자.

58. 국사편찬위원회, 『윤치호일기』(서울: 국사편찬위원회, 1968) 1919년 12월 17일 자. 조선인들의 기부금 비율은 1937년 초반까지 17퍼센트 이하에 머물러 있었으며, 1941년까지 30퍼센트에 이르지 못했다. 『京城彙報』 186, 1937년 3월 호, 25쪽; 小笠原省三 編, 『海外神社史(上卷)』(東京: 海外神社史編纂會, 1953)을 참고할 것.

59. 『京城日報』 1919년 10월 11일 자.

60. 『동아일보』 1922년 10월 18일 자.

61. 조선신궁 건설 과정에 대하여서는 靑井哲人, 『植民地神社と帝國日本』(東京: 吉川弘文館, 2005), 28~62쪽을 참조할 것. 총독부가 남산 위에 조선신궁을 건설하기로 결정했을 때, 총독부 관료들은 무당들에게 국사당(國師堂. 글자 그대로 '국가 교사의 신사'이자, 적어도 19세기 말까지 전국에서 최고의 무당들을 불러 모았던 무속 신앙의 장소)을 철거하도록 강요했다. 그들은 국사당 건물이 남산신궁을 내려다보며 지배하는 듯이 보이지 않기를 바랐던 것이다. 결국 국사당은 파괴되지는 않으나, 남산에서 상당히 멀리 떨어져 있는 인왕산 자락에 예전보다 고도가 낮은 위치로 옮겨졌다. James Grayson, "The Accommodation of Korean Folk Religion to the Religious Forms of Buddhism: An Example of Reverse Syncretism", *Asian Folklore Studies* 51, no. 2, 1992, pp. 199~217.

62. 『京城日報』 1916년 4월 6일 자; 『京城日報』 1918년 12월 8일 자.

63. 『京城日報』 1918년 12월 11일 자.

64. 『京城日報』 1925년 9월 17일 자.

65. 『京城日報』 1925년 9월 26일 자.

66. 『京城日報』 1925년 10월 11일 자; 『京城日報』 1925년 10월 18일 자.

67. 小笠原省三 編, 『海外神社史(上卷)』, 446~448쪽.

68. 이 숫자들은 1921년 통계에 바탕을 둔 것이다. 더 상세한 내용은 『京城日報』 1921년

11월 27일 자 기사를 참조.

69. 『京城日報』 1917년 7월 16일 자; 『京城日報』 1925년 12월 12일 자; 『京城日報』 1921년 11월 27일 자.

70. 『京城日報』 1926년 3월 30일 자.

71. 『京城日報』 1926년 5월 4일 자. 결혼 시설로서의 신사에 대해 더 상세한 내용은 『朝鮮と建築』 7(5), 1928년 5월 호, 30~31쪽.

72. 『京城日報』 1932년 5월 4일 자.

73. 1910년대의 발전에 대해서는, 菅浩二, 『日本統治下の海外神社』, 79~110쪽 참조.

74. 소위 봉안 논쟁에 대해 더 자세한 내용은 金哲秀·野村博, 「朝鮮總督府の宗教政策: '朝鮮神宮'の設立をめぐって」, 『社會學部論集(佛教大學社會學部)』 31, 1908. 3, 17~34쪽; 김철수, 「조선신궁 제신 논쟁에 나타난 황민화 음모」, 『우리사회연구』 4, 1997, 66~114쪽; 최석영, 『일제하 무속론과 식민지 권력』(서울: 서경문화사, 1999), 101~128쪽; 菅浩二, 『日本統治下の海外神社』, 111~157쪽을 참조할 것.

75. 『京城日報』 1926년 3월 20일 자; 『京城日報』 1928년 8월 21일 자. 단군은 대종교(大倧教)와 같은 종교적 조직에서는 반식민 저항의 민족주의적인 상징 역할을 했다. 그렇기 때문에 단군은 동조(同祖)라는 일본 중심 이데올로기에 빠르게 엮어 들어가서, 심지어 아마테라스의 남동생 스사노(素戔嗚尊)로 종종 등장하기도 했다. 단군에 대한 이러한 방식의 사유 및 실천에 대해서는 佐佐充昭, 「韓末における檀君教の'重光'と檀君ナショナリズム」, 『朝鮮學會報』 180, 2001. 7, 31~36쪽; 佐佐充昭, 「植民地期朝鮮における檀君教の沿革と活動」, 『朝鮮史研究會論文集』 41, 2003. 10, 203~227쪽을 참고할 것. 참고로 단군 숭배자들의 반식민 저항에 대해서는 황민호, 「대종교의 항일 민족운동」, 『일제하 경기도 지역 종교계의 민족 문화운동』(서울: 경기문화재단, 2001), 292~322쪽을 참조.

76. 『京城彙報』 118, 1931년 7월 호, 앞면. 1930년대 초에는 여성 무당들까지 동원했다. 이들은 사회질서에 심각한 해를 미친다는 인식하에, 미신적인 '사이비'로 감시당하고 있었으나, 교육받지 못한 조선인들, 특히 여성들로부터 대중적인 지지를 이끌어냈다. 경성신사에서의 여성 무당들의 카리스마 있는 활동들에 대해서는 『京城神社神祇月報』 3(6), 1941. 6, 1쪽을 참조할 것. 이 소중한 자료를 제공해준 히우라 사토코에게 감사한다.

77. 본토의 천황가 신사들과 마찬가지로, 조선신궁도 1934년에 신토 기관에 소속되어 정기적으로 재정 기부를 하는 열성적인 신자들의 리스트를 관리했다.

78. 『京城日報』 1925년 10월 4일 자; 10월 6일 자.

79. 『京城日報』 1925년 10월 15일 자. (한글 신문으로 가장 널리 알려져 있던) 『동아일보』에서 조선신궁대회를 짧게 다룬 것을 제외하고는 제전 준비에 조선인들이 참여하

는 것에 대해서는 한 편의 기사도 없었다.

80. 조선신궁의 준공 행사와 연관된 문화 정치에 관해서는 Todd A. Henry, *Keijo: Japanese and Korean Constructions of Colonial Seoul and the History of its Lived Spaces, 1910-37* (PhD diss., University of California, Los Angeles, 2006), pp. 406~420을 참고할 것.

81. 조선신궁의 단체 참배와 개인 참배의 차이에 관해서는 竝木眞人,「植民地後期朝鮮 に於ける民衆統合の一段」, 528~536쪽.

82. 이하의 논의는 오가와사라의 주장에 근거한 것이다. 小笠原省三,『海外神社史(上 卷)』, 73쪽. 조선신궁에서의 조선인들의 행동을 '참배'보다는 '관람'으로 묘사한 다른 글로는『朝鮮及滿州』1927년 4월 호, 25쪽을 참조.

83. 1934년 이후에야 조선인 방문객 수가 증가했고, 1936년에는 연 34만 909명에 이르 렀다. 그러나 이 같은 숫자는 같은 해 일본인 방문객 82만 8,314명에 비해서는 미미 한 수준이었다. 竝木眞人,「植民地後期朝鮮に於ける民衆統合の一段」, 548쪽.

84. 小笠原省三,『海外の神社: 竝に'ブラジル在住同胞の教育と宗教』(東京: 神道評論社, 1933), 186쪽, 188~189쪽.

85. 1930년대 중반부터 후반까지의 공식 통계에 따르면, 조선신궁에 신년 참배를 한 조 선인은 세 명뿐이었다. 대조적으로, 1934년부터 1939년까지 신년 참배를 하는 일본 인의 수는 283명이었는데, 1935년까지 경성에 정착한 12만 5천 명에 가까운 일본인 수에 비해서는 매우 적은 숫자였다. 竝木眞人,「植民地後期朝鮮に於ける民衆統合の 一段」, 554~555쪽.

86. 『朝鮮同胞に對する內地人反省資料』(朝鮮憲兵司令部, 1933), 81~82쪽. 이 귀중한 사 료를 제공해준 이승엽에게 감사한다. '요보'라는 단어와 그 식민지적 변이에 대한 인 종차별주의적 배경에 대해서는 Henry, "Assimilation's Racializing Sensibilities" 를 참조할 것.

87. 『京城日報』1929년 10월 12일 자.

88. 『京城日報』1926년 3월 20일 자.

89. 『京城日報』1926년 10월 18일 자.

90. 『京城日報』1928년 10월 18일 자.

91. 『恒例大祭次第書』(京城: 京城神社, 1929), 5쪽.

92. 『京城日報』1931년 10월 11일 자.

93. 『京城日報』1931년 10월 16일 자. 조선 후기에 촬영된 사진들에서 왕실 행렬 속 조선 인 관료들이 흰색 깃이 있는 검정 두루마기를 입은 모습들을 발견할 수 있다. 『사진으 로 보는 서울: 개항 이후 서울의 근대화와 그 시련, 1876-1910』(서울: 서울특별시사 편찬위원회, 2002), 61쪽.

94. 이에 대한 시적인 표현(invocations)에 대해서는 Roald Maliangkay, "Them Pig Feet: Anti-Japanese Folksongs in Korea", in *Korea in the Middle: Positioning Korea*, ed. Remco Breuker (Leiden: CNWS Publications, 2007), pp. 157~185을 참고할 것.

95. 실제로 김대호는 이 조선인들을 친일파 다이쇼친목회의 중요 회원들로 규정했다. 김대호, 「1910년대~1930년대 초 경성신사와 지역사회의 관계」, 108쪽.; 이 단체에 대한 자세한 내용은 장신, 「대정 친목회와 내선 융화 운동」, 『대동문화연구』 60, 2007, 361~392쪽을 참조.

96. 공식적인 설명에 따르면, 전성욱은 의복을 입으면서 마음이 완전히 바뀌어서 신사의 '신성한 가치'를 인식할 수 있게 되었다고 한다. 『皇國時報』 440, 1931년 12월 호, 6쪽.

97. 『매일신보』 1928년 10월 19일 자.

98. 손정목에 따르면, 1930년대 도시에 사는 조선인들 60퍼센트(시골에 사는 조선인은 40퍼센트)가 '빈곤층'으로 분류되었고, 서울 거주자 60퍼센트가 세금을 낼 수 없을 정도였다고 한다. 손정목, 『일제강점기 도시화과정 연구』, 106쪽.

99. 『京城日報』 1933년 10월 18일 자.

100. 『京城日報』 1934년 10월 11일 자.

101. 『京城日報』 1935년 10월 17일 자.; 『매일신보』 1935년 10월 20일 자.

102. 『京城日報』 1935년 10월 19일 자.

103. 이 기관들에 대해서는 윤정욱, 『植民地朝鮮に於ける社會事業政策』(大阪: 大阪經濟法科大學出版部, 1996); 박세훈, 『식민 국가와 지역공동체: 1930년대 경성부의 도시사회정책연구』(서울: 한국학술정보, 2006)를 참조할 것.

제3장 물질적 동화: 경복궁과 식민지 박람회

1. Andre Schmid, *Korea between Empires, 1895-1919* (New York: Columbia University Press, 2002), (앙드레 슈미드, 정여울 역, 『제국 그 사이의 한국 1895-1919』(서울: 휴머니스트, 2007)). 이 시대 지식인들이 '경쟁(Competition)'이라는 개념을 수용하는 방식에 대해서는 Vladimir Tikhonov, *Social Darwinism and Nationalism in Korea: The Beginnings, 1880s to 1910s* (Leiden: Brill, 2009) 참조.

2. Robert W. Rydell, *All the World's a Fair* (Chicago University of Chicago Press, 1984). Rydell에 따르면, 많은 연구자들이 박람회에서 식민지(혹은 인종적으로 종속된) 사람들의 표상에 대해 다루어왔으나 식민지에서의 박람회에 대해서는 다루지는 않았다. 이 글에 대한 리뷰로는 Lisa Munro, "Investigating World's Fairs: An Historiography", *Studies in Latin American Popular Culture* 28 (2010)을 참조. 식민지 조선의 박람회에 대해서는 신주백의 「'한국적 근대는 어떻게 만들어졌나'

박람회: 과시·선전·계몽·소비의 체험공간」, 『역사비평』 67, 2004 여름, 357~394쪽 참조.

3. 이 박람회들에 대한 좀 더 상세한 내용은 Daniel Kane, "Korea in the White City: Korea at the World's Columbian Exhibition (1893)", *Transactions of the Korea Branch Royal Asiatic Society* 77, 2002, pp. 1~58; Kane, "Display at Empire's End: Korea's Participation in the 1900 Paris Universal Exposition", *Sungkyun Journal of East Asian Studies* 4, no. 2, Aug. 2004, pp. 41~66을 참조. 일본에서 열린 박람회에 한국이 참여한 것에 대해서는 이각규, 『한국의 근대박람회』(서울: 커뮤니케이션북스, 2010), 68~87쪽 참조.

4. 1906년 부산에서 한국 최초의 박람회를 개최하기 위해 기울였던 노력에 대해서는 이각규, 『한국의 근대박람회』(서울: 커뮤니케이션북스, 2010), 60~68쪽, 87~100쪽 참조.

5. 1910년 이후에 개최된 대규모 박람회들과는 달리, 경성박람회에는 겨우 5만 2천 엔의 예산이 편성되었고, 그중 절반은 한국 정부가 부담해야 했다. 박람회가 열린 장소 역시 식민지 시기 경복궁에서 열린 박람회에 비하면 훨씬 소규모였다. 『朝鮮新聞』 1907년 8월 8일 자.

6. 식민화의 시작과 그 결과에 대해서는 Peter Duus, *The Abacus and the Sword: The Japanese Penetration of Korea, 1895-1910* (Berkeley: University of California Press, 1998); Alexis Dudden, *Japan's Colonization of Korea: Discourse and Power* (Honolulu: University of Hawai'i Press, 2006) 참조. 민족주의자들의 반응에 대해서는 Tae-jin Yi(이태진), "The Annexation of Korea Failed to Come into Being: Forced Treaties and Japan's Annexation of the Great Han Empire", *Seoul Journal of Korean Studies* 18, 2005, pp. 1~41 참조.

7. 『朝鮮新報』 1907년 5월 12일 자.

8. 『朝鮮新報』 1907년 9월 1일 자. 1907년 박람회에 대한 최초의 연구자 중 한 사람인 목수현의 추론에 따르면, 농상공부에서 박람회 장소를 남대문과 동대문 사이의 중간 위치인 명치정(동현)으로 선정한 것은 방문객들에게 상품을 광고하기 위한 목적에서였다. 목수현, 『일제하 박물관의 형성과 그 의미』(석사논문, 서울대학교, 2008), 18쪽.

9. 『황성신문』 1907년 9월 7일 자. 이 같은 차이는 1915년 물진공진회의 조선인(1만 3,717명, 약 35퍼센트)과 일본인 거류민(3,917명, 약 10퍼센트) 내지 일본인 (8,300명, 약 20퍼센트)의 비율과는 정반대였다. Hong Kal, "Politics of Visual Comparison: Notes on the Formation of Nationalism in the Colonial Exposition in Korea", 『동아시아 문화와 예술』 3, 2006, p. 235.

10. 일례로 『황성신문』 1907년 9월 11일 자 기사를 참고할 것.

11. 『朝鮮新報』 1907년 9월 1일 자; 『朝鮮新報』 1907년 9월 3일 자; 『朝鮮新報』 1907년 9월 4일 자; 『朝鮮新報』 1907년 9월 7일 자.

12. 『朝鮮新報』 1907년 9월 10일 자.

13. 『황성신문』 1907년 9월 16일 자.

14. 『朝鮮新報』 1907년 5월 25일 자.

15. 『朝鮮新報』 1907년 11월 7일 자. 바로 두 달 전에는 일본 황태자이자 이후 다이쇼 천황이 될 요시히토가 황실의 후원을 상징적으로 보여주기 위하여 박람회 개장일에 방문했다.(『朝鮮新報』 1907년 9월 12일 자) 이 시기 일본이 한국 황실을 이용한 것에 대해서는 Christine Kim, "Politics and Pageantry in Protectorate Korea, 1905–10: The Imperial Progresses of Sunjong", *Journal of Asian Studies* 68, no. 3, 2009, pp. 835~859을 참조할 것.

16. 『朝鮮新報』 1907년 9월 17일 자.

17 『朝鮮新報』 1907년 9월 19일 자.

18. 『朝鮮新報』 1907년 9월 5일 자.

19. 『朝鮮新報』 1907년 9월 10일 자.

20. 『朝鮮新報』 1907년 9월 15일 자.

21. Kim Tae-woong(김태웅), "Industrial Exhibitions('Gongjinhoe') and the Political Propaganda of Japanese Imperialism in the 1910s", *International Journal of Korean History* 3, Dec. 2002, p. 183.

22. 『황성신문』 1907년 9월 18일 자.

23. 일례로 『황성신문』 1907년 10월 13일 자 기사를 참조.

24. 『朝鮮新報』 1907년 11월 13일 자.

25. 『朝鮮新報』 1908년 7월 13일 자; 『朝鮮新報』 1908년 7월 23일 자.

26. 『朝鮮新聞』 1910년 5월 1일 자.

27. 초창기 식민지 박람회를 개최하면서 발생한 재정적인 어려움에 대해서는 『朝鮮新聞』 1912년 7월 3일 자 기사 참조. 정착민에 의해 주도된 계획에 대해서는 『朝鮮新聞』 1913년 7월 5일 자 기사 참조.

28. 『朝鮮新聞』 1913년 10월 30일 자.

29. 朝鮮總督府, 『(始政伍年記念)朝鮮物産共進會報告書 第1卷』(京城: 朝鮮總督府, 1916), 53쪽.

30. 손정목, 『일제강점기 도시사회상 연구』(서울: 일지사, 1996), 525~528쪽. 궁궐의 기능적 해체에 대해서는 홍순민, 『우리 궁궐 이야기』(서울: 청년사, 1999), 128~183쪽을 참조.

31. 허영섭, 『조선총독부: 그 청사 건립의 이야기』(서울: 하늘, 1996), 61쪽.

32. 『朝鮮新聞』 1914년 7월 6일 자.

33. 경복궁 내 서양식 건축물의 침투에 대해서는 송석기, 「궁궐에 들어선 근대 건축물」, 우동선, 박성진 편, 『궁궐의 눈물, 백년의 침묵: 제국의 소멸 100년, 우리 궁궐은 어디로 갔을까?』(서울: 효형출판, 2009), 48~85쪽을 참조할 것.

34. 朝鮮總督府, 『(始政伍年記念)朝鮮物産共進會報告書 第1卷』, 54쪽; 이규목, 「서울의 도시 경관과 그 이미지」, 『서울학연구』 2, 1994. 3, 154쪽 참조.

35. 이경민, 『기생은 어떻게 만들어졌는가: 근대 기생의 탄생과 표상 공간』(서울: 사진 아카이브 연구소, 2005), 150~154쪽.

36. 이 공연에서, 100명의 기생은 꽃으로 장식된 모자와 일본식 댄스 도구들을 갖추고 도쿄의 배우들(metropolitan performer)처럼 꾸민 뒤 무대에 등장했다. 그러나 일시적으로 '일본화된' 조선인 기생들은 곧 일본인 분장을 제거하고 '진짜' 기생으로서의 정체성을 갑작스레 드러냈다. 『朝鮮新聞』 1915년 3월 30일 자.

37. 『매일신보』 1915년 12월 3일 자.

38. 입장료 예상 수익 2만 엔에 더해 조선총독부는 3만 엔을 추가로 기부했다. 한편 여흥 비용으로 지출된 남은 5만 엔은 사적인 기부로 충당하려 했다. 『朝鮮新聞』 1915년 5월 22일 자.

39. 모든 금액은 성인 요금으로, 아동, 군인, 그리고 그룹 관람객은 할인 혜택이 있었다. 『京城日報』 1915년 9월 11일 자.

40. 『朝鮮公論』 3(4), 1915. 4, 6쪽; 『매일신보』 1915년 4월 17일 자에도 비슷한 내용이 있다.

41. 『매일신보』 1915년 3월 3일 자.

42. 이하의 논의는 주윤정, 『'조선물산공진회'(1915)에 대한 연구』(석사논문, 한국학중앙연구원, 2002), 29~46쪽에 부분적으로 근거하고 있다. 한 연구자는 이 같은 언어-이미지적 연계는 식민지 시기 문학 운동에도 깔려 있다고 주장했다. 이 시각에 대해서는 Theodore Q. Hughes, *Literature and Film in Cold War South Korea: Freedom's Frontier* (New York: Columbia University Press, 2012)를 참조.

43. 실증적으로 입증할 수는 없지만, Hong Kal은 이런 전시의 기법이 의도치 않게 조선인 관람객들 사이에 동지의식을 만들어냈을지도 모른다는 도발적인 주장을 제기한다. 그녀에 따르면 이 동지의식은 관람객들이 스스로를 피식민 민족의 민족적 주체로 상상하도록 북돋운다는 것이다. Kal, "Politics and Visual Comparison", pp. 217~249.

44. 더 상세한 내용은 Do-Hyun Han(한도현), "Shamanism, Superstition, and the Colonial Government", *Review of Korean Studies* 3, 2000, pp. 34~54을 참고할 것.

45. 朝鮮總督府, 『(始政伍年記念)朝鮮物産共進會報告書 第1卷』, 243~261쪽, 273쪽.

46. 『京城日報』 1915년 10월 31일 자; 『매일신보』 1915년 8월 28일 자.

47. 『京城日報』 1915년 10월 30일 자.

48. 일례로 『매일신보』 1915년 3월 4일 자 기사 참조.

49. 지역 유지들이 지방 정부 및 저소득층과 맺은 관계에 대해서는 松本武祝, 『朝鮮農村の植民地近代』(東京: 社會評論社, 2005); 윤해동, 『지배와 자치』(서울: 역사비평사, 2006) 참조.

50. 朝鮮總督府, 『(始政伍年記念)朝鮮物産共進會報告書 第1卷』, 270~271쪽; 『매일신보』는 이 행사를 위해 발행 부수를 1만 부 더 늘렸다. 『매일신보』 1915년 8월 26일 자.

51. 『매일신보』 1915년 9월 13일 자. 비슷한 이야기가 『매일신보』 1915년 10월 23일 자 기사에도 실려 있다.

52. 『매일신보』 1915년 9월 18일 자. 『매일신보』 1915년 10월 8일 자 기사에서도 그러한 결론을 다시 한 번 확인할 수 있다. 북부 지방 함흥 출신인 이 기사의 저자는 다음과 같이 주장했다. 우리가 발견한 사실을 지역 주민들에게 가르친다면, 우리가 100명이 넘으니 1천 명, 1만 명의 추종자를 모으는 것은 일도 아니라는 것이다.

53. 『매일신보』 1915년 9월 16일 자.

54. 『매일신보』 1915년 9월 18일 자.

55. 『京城日報』 1915년 10월 17일 자.

56. 식민지 관료들은 6시간 동안의 박람회장 관람, 즉 가장 중요한 건물들인 1전시관, 2전시관, 그리고 심세관에서 각각 한 시간씩을 보내고 나머지 세 시간은 다른 전시실들을 둘러볼 것을 추천했다. 『京城日報』 1915년 9월 26일 자.

57. 『매일신보』 1915년 9월 18일 자.

58. 『매일신보』 1915년 9월 20일 자.

59. 朝鮮總督府, 『(始政伍年記念)朝鮮物産共進會報告書 第1卷』, 270쪽.

60. 1910년 4월 설립된 사쿠라이(櫻井)소학교의 재학 인원은 1915년 당시 1,941명이었는데, 이들은 대부분이 일본인 부유층의 자제들이었다. 京城協贊會, 『京城案內』(京城: 京城協贊會, 1915), 95쪽.

61. 『京城日報』 1915년 9월 17일 자.

62. 『京城日報』 1915년 9월 16일 자.

63. 『京城日報』 1915년 10월 12일 자.

64. 京城協贊會殘務取扱所 編, 『京城協贊會報告: 施政伍年記念 朝鮮物産共進會』(京城: 京城協贊會, 1916), 161~168쪽. 뒤에서 논하겠지만, 이 하루 평균 관람객 수는 무료 입장 덕분에 입장객 수가 폭발적으로 증가했던, 마지막 3일을 포함하지 않은 것이다.

65. 『京城日報』 1915년 10월 12일 자.

66. 『京城日報』 1915년 9월 22일 자. 19세기 말의 기록에 따르면, 남편들이 집에 돌아와 있는 밤 8~12시 사이에만, 기혼 여성들은 거리로 나가 시간을 보낼 수 있었다. Isabella Bishop, *Korea and Her Neighbors* (Seoul: Yonsei University Press, 1970), p. 47. (이사벨라 비숍, 신복룡 역, 『조선과 그 이웃 나라들』(서울: 집문당, 2000)).

67. 현모양처라는 이데올로기에 대해서는 Hong Yang-hee(홍양희), "Debates about 'A Good Wife and Wise Mother' and Tradition in Colonial Korea", *Review of Korean Studies* II, no. 4, Dec. 2008, pp. 41~60을 참조. 가정박람회에 대해서는 이각규, 『한국의 근대 박람회』, 162~167쪽. 가정박람회에서의 일본 중산층 주택의 전시에 대해서는 김명선, 「1915년 경성 가정박람회 전시 주택의 표상」, 『대한건축학회 논문집』 28(3), 2012. 3, 155~164쪽 참조.

68. 『매일신보』 1916년 1월 20일 자.

69. 기생들이 춤추고 노래한 공연장에는 매일 1,200명이 넘는 관람객이 방문했다고 기록되어 있다. 京城協贊會殘務取扱所 編, 『京城協贊會報告: 施政伍年記念 朝鮮物産共進會』, 148쪽

70. 『京城日報』 1915년 9월 26일 자.

71. 『京城日報』 1915년 10월 31일 자.

72. 『京城日報』 1915년 10월 30일 자. 한글로 씌어진 몇 안 되는 논평 중 하나만이 식민지 박람회를 천황의 덕화(德化)와 연관하여 언급했다. 『매일신보』 1915년 10월 6일 자.

73. 京城協贊會殘務取扱所 編, 『京城協贊會報告: 施政伍年記念 朝鮮物産共進會』, 168쪽.

74. 공진회가 어떻게 농촌 기반 프로젝트에 영향을 끼쳤느냐에 대해서는 『매일신보』 1916년 2월 17일 자; 『매일신보』 1916년 2월 19일 자; 『매일신보』 1916년 2월 20일 자 기사와 『朝鮮彙報』 1916년 1월 1일 자, 174~176쪽 참조.

75. 『朝鮮新聞』 1915년 3월 4일 자.

76. 『京城日報』 1916년 7월 23일 자.

77. 『매일신보』 1916년 7월 7일 자.

78. 『京城日報』 1916년 7월 23일 자.

79. 1919년 3·1운동이 계기가 된 체제 완화 이후에도 상계(商界)의 주도권은 여전히 일본인들의 손아귀에 놓여 있었다. 따라서 식민 정부의 협조를 얻는 것이 최우선적인 중요성을 띠고 있던 당시 상황에서, 이 같은 프로젝트는 조씨와 같은 조선인 엘리트들이 이익을 얻을 수 있도록 해주었다. 이러한 위험한 관계에 대해 더 자세한 내용은 Carter J. Eckert, *Offspring of Empire: The Koch'ang Kims and the Origins of Korean Capitalism, 1876-1945* (Seattle: University of Washington Press, 1991). (카터 에커트, 주익종 역, 『제국의 후예: 고창 김씨가와 한국 자본주의의 식민

지 기원, 1876-1945 』(서울: 푸른역사, 2008))를 참조할 것.

80. 『京城日報』 1921년 5월 6일 자.

81. 『京城日報』 1922년 3월 12일 자; 『京城日報』 1922년 4월 29일 자.

82. 『京城日報』 1928년 5월 10일 자.

83. 『京城日報』 1928년 2월 17일 자.

84. 경성협찬회의 회원들은 각각 5엔(일반 회원)부터 5천 엔(명예회원)에 이르는 회비를 납부했다. 『京城彙報』 93, 1929년 6월 호, 46쪽. 창립 회원 목록에 대해서는 朝鮮博覽會京城協贊會 編, 『朝鮮博覽會京城協贊會報告書』(京城: 肥塚正太, 1930), 1~7쪽을 참조할 것.

85. 『京城日報』 1928년 8월 9일 자.

86. 『京城日報』 1929년 3월 12일 자. 1등 포스터는 500여 개가 넘는 카페, 기차역, 이발소, 그리고 공중목욕탕 등에 수천 장 배포되었다. 본토의 각 현과 상업회의소, 그리고 박물관들에도 이 포스터를 게시했다. 『京城日報』 1929년 1월 31일 자.

87. 『京城日報』 1929년 3월 12일 자.

88. 『京城日報』 1929년 2월 2일 자.

89. 『京城日報』 1929년 1월 31일 자; 『京城日報』 1929년 3월 16일 자.

90. 『京城日報』 1929년 1월 23일 자.

91. 『京城日報』 1929년 5월 7일 자. 결국 2만 1,746명의 일본인만 박람회를 방문했을 뿐이다. 『동아일보』 1929년 11월 4일 자.

92. 『京城日報』 1928년 3월 27일 자. 이 같은 예산상의 문제에 대해서는 『朝鮮及滿州』 262, 1929년 9월 호, 8~9쪽을 참조할 것.

93. 홋카이도의 사라져가는 원주민을 '보호'하기 위한 비슷한 노력에 대해서는 Tessa Morris-Suzuki, "Becoming Japanese: Imperial Expansion and Identity Crises in the Early Twentieth Century", in *Japan's Competing Modernities: Issues in Culture and Democracy, 1900-1930*, ed. Sharon Minichiello (Honolulu: University of Hawai'i Press, 1998) 참조.

94. 식민지 조선의 문화에 대해 식민 모국인들이 어떻게 매료되었는지에 대해서는 A. Taylor Akins, *Primitive Selves: Koreana in the Japanese Colonial Gaze, 1910-1945* (Berkeley: University of California Press, 2010)를 참조. 1919년 이후 한반도를 산업화하고자 한 계획에 대해서는 Eckert, *Offspring of Empire*을 참조.

95. Hong Kal, "Modeling the West, Returning to Asia: Shifting Politics of Representation in Japanese Colonial Expositions in Korea", *Comparative Studies in Society and History* 47, no. 3, 2005, pp. 514~518.

96. 이러한 목적을 위해서 관료들은 주 전시장의 건축을 조선인 건설업자들에게 맡겨서

조선산 건축 재료로 건설할 것을 요구했다. 『京城日報』1929년 7월 7일 자.

97. 『朝鮮と建築』8(9), 1929년 9월 호, 13쪽. 또한 같은 책 12쪽을 참조할 것.

98. 안창모의 연구에 따르면, 철도 역사(鐵道驛舍)들도 유사하게 '조선식 디자인'으로 지어졌다. 이 같은 경향에 대해서는 Changmo Ahn(안창모), "Colonial Tourism in 1930s Korean Architecture: The Tradition of the Colonized and the Colonial Policy behind the Style of Railroad Station", *Journal of Southeast Asian Architecture* 7, 2004, pp. 13~25 참조.

99. 박람회장에는 각 지방별 전시관에 더해서 식민지 신문사들(朝鮮新聞, 朝鮮商工新聞, 朝鮮每日新聞)과 대형 무역회사들(三井物産, 三菱, 住友), 그보다는 작은 상업 회사들(平原商會, 八幡製鐵所), 그리고 주요 식민 기관들(朝鮮畜産組合, 朝鮮水産組合 등)이 운영하는 개별 전시관들도 다수 있었다. 전시실과 그 내용에 대한 상세한 설명은 김영희, 「조선 박람회와 식민지 근대」, 『동방학지』140, 2007, 221~267쪽을 참조할 것. 관람객의 시각적 체험이라는 관점에서 박람회를 분석한 연구로는 전민정, 『일제시기 조선 박람회(1929년) 연구: 조선인의 근대적 시각 체험을 중심으로』(박사논문, 성균관대학교, 2003)이 있다.

100. 『京城日報』1929년 9월 29일 자.

101. 『동아일보』1929년 1월 1일 자.

102. 『동아일보』1929년 4월 4일 자; 『大阪朝日新聞付錄朝鮮朝日』1929년 4월 6일 자.

103. 『동아일보』1929년 7월 6일 자.

104. 『동아일보』1929년 9월 8일 자.

105. 朝鮮博覽會京城協贊會 編, 『朝鮮博覽會京城協贊會報告書』, 90~92쪽.

106. 『大阪朝日新聞付錄朝鮮朝日』1929년 6월 5일 자.

107. 朝鮮博覽會京城協贊會 編, 『朝鮮博覽會京城協贊會報告書』, 90쪽, 92쪽.

108. 『매일신보』1929년 10월 13일 자.

109. 『동아일보』1929년 7월 25일 자. 결과적으로 개인 관람객 43만 1,862명 이외에도 29만 438명의 단체 관람객이 경성을 방문했다. 조선에 거주하는 61만 2,300명의 관람객 중 57만 명(93.1퍼센트)은 조선인이었고, 4만 2,300명(5.9퍼센트)은 일본인이었다. 추가적으로 일본에서 2만 1,746명(3.4퍼센트), 만주에서 4,267명(0.007퍼센트)가 방문했다. 따라서 상대적으로 전체 박람회 관람객의 약 95.9퍼센트가 조선에 거주하는 사람이라는 것을 알 수 있다. 일본인 방문객은 약 6만 명이었는데, 이는 전체 참석자의 1퍼센트도 되지 않는 숫자로, 조선에 거주하거나 본토에서 온 사람들이었다. 『동아일보』1929년 11월 4일 자.

110. 『동아일보』1928년 11월 2일 자.

111. 『동아일보』1929년 11월 4일 자.

112. 『동아일보』 1929년 9월 17일 자. 경상남도의 비슷한 경우에 대한 기사는 『동아일보』 1929년 9월 24일 자.

113. 『동아일보』 1929년 9월 21일 자.

114. 『동아일보』 1929년 10월 5일 자.

115. 『동아일보』 1929년 9월 18일 자.

116. 『동아일보』 1929년 11월 1일 자.

117. 국사편찬위원회, 『윤치호일기』 9권(서울: 국사편찬위원회, 1968), 239쪽.

118. 『동아일보』 1929년 9월 17일 자. 식민지 박람회의 소비 행위에 대해서는 Se-mi Oh(오세미), *Consuming the Modern: The Everyday in Colonial Seoul, 1915-1937* (Ph.D. diss., Columbia University, 2008) 참조.

119. 『朝鮮思想通信』 1929년 10월 7일 자, 한 기사에 따르면, 미쓰코시(三越)의 일일 방문객의 수는 5천~8천 명에 이르렀고, 매일 8천~1만 엔의 수익을 냈다고 한다. 이 기사는 또한 종로에 최근 생긴 화신백화점도 매일 대략 1만 엔 정도의 수익을 냈다고 했다(『京城日報』 1929년 10월 14일 자). 대형 백화점들과는 대조적으로, 소규모 일본인 상인들은 박람회 기간 동안 소비자가 증가하여 하루에 500~600엔을 버는 정도로 약간의 이득을 봤을 뿐이었다. 이 수입은 신년 기간 동안 그들이 벌어들이는 약 1천 엔의 하루 수입과 비교하면 미미한 수준이었다. 이에 반해 조선인 상인들은 하루에 겨우 약 300엔 정도를 벌었다(『京城日報』 1929년 10월 27일 자).

120. 『동아일보』 1929년 10월 6일 자.

121. 『京城日報』 1929년 9월 13일 자, 소위 여관 사태의 배경에 대해 더 많은 정보는 『京城日報』 1929년 9월 30일 자 참조.

122. 『京城日報』 1929년 9월 22일 자.

123. 『京城日報』 1929년 5월 19일 자; 『매일신보』 1929년 8월 8일 자, 1929년 8월 초 700명이 넘는 조선인들이 지원했고, 관료들은 그 수를 1천 명까지 늘렸다.

124. 『매일신보』 1929년 7월 11일 자.

125. 『京城日報』 1929년 9월 13일 자 기사 참조.

126. 『大阪朝日新聞付錄朝鮮朝日』 1929년 10월 9일 자.

127. 『大阪朝日新聞付錄朝鮮朝日』 1929년 9월 15일 자. 관료들은 이러한 유의 만남에 불안감을 표하며, 이 '공중도덕의 문제'를 해결하려 시도하고자 했다. 그들은 키스 걸들을 '일탈적'이라 하며, 조선인 여성 경비원 세 명에 대하여 돈을 받고 볼 뽀뽀를 했다는 이유로 즉각적으로 해고했다.

128. 『新民』 53, 1929년 11월호, 36~37쪽.

129. 『新民』 53, 1929년 11월호, 42~45쪽. 조선인 저자들은 일본인 상인들이 박람회의 주 수혜자가 되었음을 애석해하며, 종종 비슷한 비평을 제기했다(같은 책, 41쪽). 다

른 식민지 지식인의 반응을 보려면, 김영희, 『조선박람회와 식민지 근대』, 255~259쪽 참조.

130. 다음의 이야기들은 『新民』 53, 1929년 11월 호, 21~33쪽에 근거하고 있다. 다른 일본인 관람객들의 생각을 보려면, 『朝鮮及滿州』 263, 1929년 10월 호, 119~123쪽; 『朝鮮及滿州』 264, 1929년 11월 호, 111~117쪽 참조.

131. 이 특별한 전시에 대한 논쟁은 일본 언론에도 등장하고 있다. 한 신문 만화에서는 강심장을 가진 관람객조차도, 이 감염된 신체의 일부를 보고는 3일 동안 아무것도 먹을 수 없을 정도라고 그림을 설명하며 독자들에게 경고하고 있다. 『大阪朝日新聞付錄 朝鮮朝日』 1929년 10월 11일 자.

제4장 공중적 동화: 주민 생활의 청결과 위생

1. Ruth Rogaski, *Hygienic Modernity: Meanings of Health and Disease in Treaty-Port China* (Berkeley: University of California Press, 2004). 일본어 '에이세이(衛生)'와 한국어 '위생(衛生)'은 영어에서 개인 혹은 사적 위생뿐만 아니라 공중보건과 관련한 거의 대부분의 인간 행동들을 망라한 폭넓은 의미를 지닌다. 이 장에서는 'hygiene', 'sanitation', '위생', '衛生'을 모두 '위생'이라고 번역한다. 근대 일본에서의 위생의 의미와 용례에 관해서는 阿部安成, 「'衛生'という秩序」, 見市雅俊·脇村孝平·齋藤修·飯島涉 編, 『疾病, 開發, 帝國醫療: アジアにおける病氣と醫療の歷史學』(東京: 東京大學出版會, 2001), 107~129쪽; 阪上孝, 「公衆衛生の誕生: '大日本私立衛生會'の成立と展開」, 『經濟論叢』 156(4), 1995, 1~27쪽. 조선 후기 및 개화기 조선에서의 위생과 관련해서는 박윤재, 「양생에서 위생으로: 개화파의 의학론과 근대국가 건설」, 『사회와 역사』, 63, 2003, 30~50쪽; Shin, Dongwon(신동원), "Hygiene, Medicine, and Modernity in Korea, 1876~1910", *East Asian Science, Technology and Society: An International Journal* 3, 2009, pp. 5~26.

2. 이러한 노력에 대해서는 다음을 참조할 것. Sonja Kim(김선자), "The Search for Helath: Translating Wisaeng and Medicine during the Taehan Empire", *Reform and Modernity in the Taehan Empire*, ed., Kim Dong-no, John B. Duncan and Kim Do-hyung (Seoul: Jimoondang, 2006), pp. 299~341.

3. 『京城府史』 2卷(京城: 京城府, 1936/1941), 606쪽, 609쪽, 636쪽.

4. 『京城府史』 2卷, 723~724쪽, 727쪽.

5. 『京城發達史』(京城: 京城居留民團役所, 1912), 151쪽; 『京城府史』 2卷, 738쪽.

6. 小栗史朗, 『地方衛生行政の創設過程』(東京: 醫療圖書出版社, 1981), 171~173쪽.

7. 安保則夫, 『ミナト神戶コレラ·ペスト·スラム: 社會的差別形成史の研究』(京都: 學藝出版社, 1989), 95쪽.

8. 1909년 콜레라 발병에 대해서는 박윤재, 『한국 근대의학의 기원』(서울: 혜안, 2005), 202~212쪽; 신동원, 『한국 근대보건 의료사』(서울: 한울, 1997), 408~409쪽 참조.

9. 『朝鮮新聞』1909년 9월 24일 자.

10. 『京城發達史』, 363쪽; 『京城府史』 2卷, 891쪽. 위생조합 지도자들의 명단은 川端源太郎, 『京城と內地人』(京城: 日韓書房, 1910), 92~92쪽 참조.

11. 윤병희, 「한성 부민회에 관한 일고찰」, 『동아연구』 17, 1989, 620~621쪽. 이 조직에 관련한 문서에 대해서는 김영상, 「한성부민회에 대한 고찰」, 『향토서울』 31, 1967, 3~47쪽. 유길준의 사상적 진로에 대해서는 Koen de Ceuster, "The World in a Book: Yu Kilchun's Sŏyu kyŏnmun", in *Korea in the Middle: Korean Studies and Area Studies*, ed. Remco E. Breuker (Leiden: CNWS Publications, 2007).

12. 서현주, 『일제말 일제하 서울의 하부 행정제도 연구: 정동회와 총대를 중심으로』(박사논문, 서울대학교, 2002), 96~97쪽.

13. 『朝鮮新聞』1909년 10월 19일 자.

14. 『漢城衛生會狀況一斑』 I(京城: 漢城衛生會, 1914), 13~14쪽. 요시히토의 조선 방문에 대해서는 原武史, 『可視化された帝國: 近代日本の行幸啓』(東京: みすず書房, 2001), 168~187쪽 참조.

15. 일본 도시계획에서 가로수의 역할에 대해서는 白幡洋三郎, 『近代都市公園史の研究: 歐化の系譜』(東京: 思文閣出版, 1995), 285~318쪽 참조.

16. 박윤재, 『한국 근대의학의 기원』, 168~173쪽, 206~212쪽. 한일병합 이전의 위생경찰에 대해서는 박윤재, 『한국 근대의학의 기원』, 168~175쪽; 신동원, 『한국 근대보건 의료사』, 329~332쪽 참조.

17. 『대한매일신보』1908년 12월 15일 자.

18. 『대한매일신보』1909년 6월 26일 자; 『漢城衛生會狀況一斑』, 166쪽.

19. 『대한매일신보』1909년 4월 3일 자; 『대한매일신보』1909년 4월 22일 자.

20. 신동원, 『한국 근대보건 의료사』, 402쪽.

21. 『대한매일신보』1908년 12월 15일 자.

22. 『대한매일신보』1908년 10월 11일 자.

23. 신동원, 『한국 근대보건 의료사』, 401쪽.

24. 『漢城 衛生會狀況一斑』, 37쪽.

25. 『매일신보』1911년 4월 20일 자.

26. Todd A. Henry, "Sanitizing Empire: Japanese Articulations of Korean Otherness and the Construction of Early colonial Seoul, 1905-19", *Journal of Asian Studies* 64, no. 3, Aug, 2005, pp. 643~653. 유사한 논조의 연구로는 다음을 참조. Sonia Ryang, "Japanese Travelers' Accounts of Korea", *East Asian*

History 13/14, June/Dec. 1997, pp. 133~152; Helen J. S. Lee, "Voices of the 'Colonists,' Voices of the 'Immigrants': 'Korea' in Japan's Early Colonial Travel Narratives and Guides, 1894~1914", *Japanese Language and Literature* 41, no. I, April 2007, pp. 1~36.

27. 이러한 분석은 아르준 아파두라이에게 빌려왔다. Arjun Appadurai, *Modernity at Large: Cultural Dimensions of Globalization* (Mineapolis: University of Minesota Press, 1996), pp. 114~138. (아르준 아파두라이, 차원현·채호석·배개화 역,『고삐 풀린』현대성』(서울: 현실문화연구, 2004)).

28.『漢城衛生會狀況一斑』, 87쪽.

29. Ann Stoler, "Colonial Archives and the Arts of Governance: On the Content in the Form", *Archival Sciences* 2, 2002, p. 87.

30. 이종민,「1910년대 경성 주민들의 '죄'와'벌': 경범죄 통제를 중심으로」,『서울학연구』 17, 2001. 9, 95~128쪽.

31. 박윤재,『한국 근대의학의 기원』, 330쪽.

32. 경찰들에게 질병의 탐지와 예방에 대한 기초 지식을 제공하기 위해서, 경무부에서는 전문가들을 경찰서와 헌병 사무소에 보내기도 하고, 경성부 경찰서에서 실시하는 학습 과정에 지방 경찰들을 초청하기도 했다.『매일신보』1912년 1월 14일 자; 박윤재, 『한국 근대의학의 기원』, 339쪽;『매일신보』1913년 10월 3일 자.

33. 白石保成,『朝鮮衛生要義』(京城; 日刊印刷商, 1918), 28쪽.

34. 같은 책, 205~206쪽.

35.『매일신보』1910년 12월 11일 자.

36. 조선인 청중들을 위한 조선인 전문가의 개인위생에 대한 주제별 논의는 다음을 참조. 『매일신보』1918년 2월 15~17일 자;『매일신보』1918년 2월 20일 자;『매일신보』 1918년 2월 22~24일 자;『매일신보』1918년 2월 26일 자.

37. 조선의 식민지 근대성에 있어서 여성의 역할에 대한 자세한 논의는 다음을 참조. Theodore Jun Yoo, *The Politics of Gender in Colonial Korea: Education, Labor, and Health, 1910~45* (Berkeley: University of California Press, 2008); Sonja Kim(김선자), "'Limiting Birth': Birth Control in Colonial Korea", *East Asian Science, Technology, and Society: An International Journal* 2, no. 3, 2008, pp. 335~359.

38.『매일신보』1911년 7월 25일 자. 일본인의 집 안 청소에 관한 젠더 차원에서의 내용은 다음을 참조.『京城日報』1918년 10월 4일 자.

39.『매일신보』1914년 6월 26일 자.

40.『매일신보』1912년 9월 10일 자.

41. 일례로 다음을 참조할 것. 『朝鮮及滿洲』 66, 1913년 1월 호, 30~32쪽.

42. 일례로 다음을 참조할 것. 『매일신보』 1911년 6월 8일 자.

43. 『매일신보』 1913년 4월 8일 자.

44. 『매일신보』 1913년 6월 27일 자.

45. 『매일신보』 1916년 9월 26일 자.

46. 『매일신보』 1920년 7월 6일 자.

47. 『매일신보』 1913년 9월 26일 자.

48. 『매일신보』 1913년 4월 17일 자.

49. 『京城日報』 1916년 3월 13일 자.

50. 『京城日報』 1916년 3월 13일 자; 『京城日報』 1919년 12월 28일 자. 침뱉기의 문제에 대한 공식 조사에 관해서는 『京城彙報』 1916년 5월 호, 127~128쪽 참조.

51. 『매일신보』 1915년 7월 15일 자.

52. 『京城彙報』 1915년 12월 호, 127쪽; 『京城府史』 3卷, 171~172쪽. 의생과 이들의 식민지 의학 매개 역할에 대해서는 다음을 참조할 것. So Young Suh(서소영), *Korean Medicine between the Local and the Universal, 1600-1945* (PhD diss., University of California, Los Angeles, 2006), pp. 141~175; 연세대학교 의학사연구소 편, 『한의학, 식민지를 앓다: 식민지시기 한의학의 근대화 연구』(서울: 아카넷, 2008).

53. 『朝鮮及滿洲』 124, 1917년 10월 호, 117~119쪽.

54. 별도의 표시가 없는 한, 이 논의는 다음에 근거를 두고 있다. 『朝鮮及滿洲』 186, 1923년 5월 호, 37~38쪽.

55. 초기 식민지 의료 체계의 위계적인 성격에 대해서는 다음을 참조. So Young Suh, *Korean Medicine between the Local and the Universal, 1600-1945* pp. 93~111; 신동원, 「1910년대 일제의 보건의료 정책: 한의학 정책을 중심으로」, 『한국문화』 30, 2002. 12, 330~370쪽.

56. 『매일신보』 1917년 10월 17일 자, 『매일신보』 1917년 10월 20일 자; 박윤재, 『한국근대의학의 기원』, 341~344쪽.

57. 『京城彙報』 1915년 12월 호, 127쪽; 『京城府史』 3卷, 171~172쪽.

58. 1940년에도 전통의학의 의사들과 환자 비율은 3,604명이었던 반면, 양의들에 대해서는 1만 1,800명에 달했다. 이꽃메, 「일반인 한의학 인식과 의약 이용」, 연세대학교 의학사연구소 편, 『한의학, 식민지를 앓다』, 143쪽.

59. 1940년 61가구가 거주하고 있는 충청북도의 한 마을(대부분이 조선인)에서 환자의 8.5퍼센트만이 양의를 찾았고, 25.4퍼센트가 전통 의료인을 찾았다. 그들 중 19.4퍼센트가 자가진단에 의해서 약을 구입했고, 23.9퍼센트가 지역에서 채취 가능한 초

목을 이용하고, 19퍼센트가 그들의 징후를 방임했으며, 3.9퍼센트가 미신 등 주술적 치료에 의지했다. 이꽃메, 「일반인 한의학 인식과 의약 이용」, 143~144쪽. 한약을 포함해 폭넓은 치료 방법을 제공하기 위해 개원하는 것에 대한 조선인들의 반응은 다음을 참조. Park Yun-jae(박윤재), "Anti-Cholera Measures by the Japanese Colonial Government and the Reaction of Koreans in the Early 1920s", *Review of Korean Studies* 8, no. 4, 2005, pp. 169~186.

60. 『大正9年コレラ病防疫誌』(京城: 朝鮮總督府, 1921), 9쪽.

61. 『京城日報』1916년 9월 26일 자.

62. 『京城日報』1916년 9월 20일 자.

63. 『京城日報』1916년 9월 29일 자.

64. 일본 대중에게 보내는 정부 당국의 메시지를 번역하는 과정은 다음을 참조. 阿部安成, 「傳染病豫防の言說: 近代轉換期の國民國家·日本と衛生」, 『歷史學硏究』686, 1996, 15~31쪽.

65. 가령, 『황성신문』1909년 5월 1일 자 참조.

66. 『매일신보』1912년 1월 14일 자; 『매일신보』1913년 10월 3일 자.

67. 식민지 언론은 조선인들이 강연을 듣는 것을 "대단한 행복"으로 여길 것이라고 예보했다. 그러나 이 기사가 조선인들이 축음기에 대한 "대단한 인상을 극복하기 위해 애쓰고 있다"고 묘사한 것을 보면, 이 새로운 장치가 보여준 경외감이 그들이 전달하고자 의도했던 메시지를 잠재웠을 가능성이 있다.

68. 『京城日報』1916년 9월 26일 자.

69. 『京城日報』1916년 9월 27일 자.

70. 『황성신문』1907년 1월 14일 자.

71. 『황성신문』1909년 5월 1일 자.

72. 『황성신문』1909년 8월 20일 자.

73. 『매일신보』1920년 4월 28일 자.

74. 일본 식민주의가 일상적으로 진행되었던 인종적 공간에 대해서는 다음을 참조. Henry, "Assimilation's Racializing Sensibilities: Colonized Koreans as Yobos and the 'Yobo-ization' of Japanese Settlers", *Positions: Asia Critique* 21, no. 1, Winter 2013, pp. 11~49.

75. 경성의 인구는 1920년 18만 1,829명에서 1935년 31만 2,587명으로 증가했다.

76. 이러한 경향이 발견되지 않은 유일한 해가 1920년이었는데, 1,340명의 조선인이 병에 걸리고, 일본인은 1,164명이 걸렸던 때다. 한편으로는, 질병을 은폐하는 조선인들이 있다는 것은, 조선인에 대한 통계에서 실제 질병 발병이 누락되었다는 것을 의미한다. 『京城彙報』5, 1922년 3월 호, 13쪽.

77. 이하 논의는 다음에 기초하고 있다. 『京城彙報』 9, 1922년 6월 호, 7~8쪽.

78. 유사한 주장이 『朝鮮及滿洲』 218, 1925년 12월 호, 44~46쪽에도 나온다.

79. 『京城彙報』 36, 1924년 10월 호, 4쪽.

80. 달리 명시가 없는 한 이하 논의는 다음에 근거하고 있다. 『朝鮮及滿洲』 244, 1928년 3월 호, 84~86쪽.

81. 또한, 위생 관료들은 종종 재경성 일본인들이 위생 관행의 공식 기준을 준수하지 못한다고 인용하기도 했다. 위생 관료가 이질을 앓고 있는 일본인의 가정을 방문했을 때, 그는 이들 가족이 배설물을 집 안에 쌓아두고 있는 것을 발견하고는 극도로 화를 냈다. 『京城日報』 1932년 10월 12일 자. 그 결과, 일본인 가정들도 화장실 개혁의 대상이 되었다. 가령 다음을 참조. 『朝鮮と建築』 1927년 7월 호, 13~15쪽.

82. 그의 계산에 따르면, 24개 동리가 평균 17제곱미터 미만이거나 이상적인 면적의 4분의 1에 불과했다. 『京城日報』 1925년 6월 24일 자.

83. 『京城日報』 1925년 7월 3일 자.

84. 『京城日報』 1925년 9월 22일. 이상하게도 한 저자는 위생 지식이 피식민자들에게 상당히 전파되었다고 주장했는데, 당국은 이를 증거로 비위생 지역에 거주하는 조선인들이 상대적으로 질병에 걸리지 않은 "놀라우리만큼 비상한 현상"을 설명했다. 『京城日報』 1925년 12월 12일 자.

85. 『京城彙報』 46, 1925년 10월 호, 2~3쪽.

86. 『京城日報』 1925년 9월 22일 자.

87. 김영미, 「일제 시기 도시의 상수도 문제와 공공성」, 『사회와 역사』, 73, 2007. 3, 45~74쪽. 다음도 참조할 것. 홍성태, 「식민지 근대화와 물생활의 변화」, 공제욱·정근식 편, 『식민지의 일상, 지배와 균열』(서울: 문화과학사, 2006).

88. 『京城日報』 1925년 9월 13일 자.

89. 『京城日報』 1923년 8월 29일 자.

90. 『京城日報』 1926년 12월 22일 자. 위원회 보고서는 다음을 참조. 『京城彙報』 48, 1925년 12월 호, 28~29쪽.

91. 『동아일보』 1931년 3월 26일 자. 파리 문제에 대해 더 보려면 『京城彙報』 32, 1924년 6월 호, 12쪽을 참조.

92. 『京城日報』 1928년 4월 1일 자.

93. 『朝鮮及滿洲』 313, 1933년 12월 호, 89~91쪽.

94. 『京城彙報』 46, 1925년 10월 호.

95. 『京城日報』 1923년 5월 14일 자.

96. 『京城日報』 1923년 5월 28일 자.

97. 『京城彙報』 46, 1925년 10월 호, 2쪽.

98. 『京城彙報』129, 1932년 6월 호, 17~18쪽.

99. 『京城日報』 1932년 7월 15일 자.

100. 『동아일보』 1932년 5월 31일 자.

101. 『조선일보』 1921년 6월 2일 자.

102. 『동아일보』 1927년 2월 1일 자.

103. Akhil Gupta and James Ferguson, "Beyond 'Culture': Space, Identity, and the Politics of Difference", *Cultural Anthropology* 7, no. 1, Feb. 1992, p. 7.

104. 『동아일보』 1923년 12월 7일 자. 민족 거주지 분리를 공공자원의 보다 균등한 분배를 쟁취하려는 민족주의적 전략으로 보는 유사한 적용 사례는 다음을 참조. 김종근, 「식민지 경성의 이중도시론에 대한 비판적 고찰」, 『서울학연구』 38, 2010. 2, 36~43쪽.

105. 『동아일보』 1924년 3월 23일 자.

106. 『조선일보』 1925년 11월 7일 자.

107. 『동아일보』 1925년 12월 21일 자.

108. 『동아일보』 1925년 12월 20일 자.

109. 『동아일보』 1927년 5월 16일 자.

110. Sonja Kim, "Limiting Birth", pp. 239~240.

111. 『동아일보』 1928년 10월 23일 자. 예방 조치에 대해서는 다음을 참조. 『京城彙報』 47, 1925년 12월 호, 5~8쪽.

112. 『동아일보』 1931년 6월 27일 자.

113. 해결책으로 이 필자는 열 가지의 저렴한 조치들을 추천했는데, 찬물을 마시거나 날음식을 먹지 말고, 쓰레기는 휴지통에 버리고, 화장실을 소독하는 것 등이다. 『동아일보』 1927년 7월 4일 자.

114. 『동아일보』 1932년 5월 4일 자.

115. 『동아일보』 1930년 3월 3일 자. 유사한 주장이 『동아일보』 1933년 4월 20일 자에도 소개되었다.

116. 이 프로그램에 대해서는 다음을 참조할 것. 松田利彦, 「日本統治下の朝鮮における'警察の民衆化'と'民衆の警察化': 植民地における民衆統合政策」, 『人文論集』, 33(4), 1998, 27~70쪽.

117. 『동아일보』 1921년 6월 12일 자.

118. 『동아일보』 1921년 6월 16일 자.

119. 『동아일보』 1921년 6월 28일 자; 『동아일보』 1921년 7월 7일 자 참조.

120. 『京城彙報』 19, 1923년 5월 호, 4쪽.

121. 『京城日報』 1923년 4월 2일 자.

122. 『동아일보』 1924년 7월 7일 자; 『동아일보』 1925년 4월 2일 자.

123. 마지막 두 단계는 경찰관 감독(4단계)로부터 더 많은 독립성을 독려하고, 정부 당국의 즉각적인 통제(5단계)를 넘어 행정 사무소를 설립하는 작업이 포함되었다.

124. 『동아일보』 1921년 7월 7일 자. 지역 유지들의 지도 역할에 대해서는 다음을 참조. Se Hoon Park(박세훈), "Care and Control: Colonial Governmentality and Urban Social Policy in Colonial Seoul", in *East Asia: A Critical Geography Perspective*, ed. Wing-Shing Tang and Fujio Mizuoka (Tokyo: Kokon shoin, 2010), pp. 112~132. 식민지 조선에서의 의약산업에 관해서는 다음을 참조. So Young Suh, *Korean Medicine between the Local and the Universal, 1600-1945*, pp. 198~237.

125. 위생 연극에 대해서는 다음을 참조. 『동아일보』 1920년 4월 24일 자.

126. 『동아일보』 1922년 6월 2일 자; 『동아일보』 1922년 6월 17일 자.

127. 『동아일보』 1922년 6월 10일 자; 『동아일보』 1922년 6월 17일 자; 『동아일보』 1921년 4월 10일 자.

128. 『동아일보』 1926년 8월 10일 자.

129. 『京城彙報』 44, 1925년 8월 호, 28~29쪽; 『동아일보』 1925년 8월 13일 자.

130. 정부가 주최하는 첫 위생전람회가 1921년 7월 초에 열렸다. 파고다공원에서 열린 일주일간의 행사는 관련 영화 상연은 물론, 전염병과 기타 다른 공중보건에 대한 500개의 전시로 이루어졌다. 『京城日報』 1921년 6월 22일 자.

131. 결국, 경찰 당국은 "시민 풍속을 파괴할 것"이라며 이 전시들을 내리라고 주장했다. 『京城日報』 1922년 7월 23일 자.

132. 『京城彙報』 19, 1923년 5월 호, 5쪽.

133. 『동아일보』 1922년 9월 28일 자.

134. 『동아일보』 1922년 10월 4일 자.

135. 『京城彙報』 143, 1933년 8월 호, 38쪽.

136. 『京城日報』 1933년 5월 16일 자.

137. 『조선일보』 1933년 7월 11일 자.

138. 『동아일보』 1933년 8월 3일 자.

139. 『조선일보』 1933년 8월 17일 자; 『조선일보』 1933년 8월 18일 자.

140. 『동아일보』 1933년 8월 17일 자; 『京城彙報』 143, 1933년 8월 호, 38쪽.

141. 『동아일보』 1932년 4월 23일 자; 『조선일보』 1932년 4월 23일 자.

142. 『동아일보』 1932년 5월 1일 자; 『京城彙報』 29, 1932년 6월 호, 22쪽.

143. 1914년 설립된 이 학교에서는 조선인과 일본인 학생들이 식민지 조선에서 의사가 되도록 교육시켰다. 이 학교의 설립과 교육과정, 교수와 학생들에 대한 더 많은 내용은 다음을 참조. 이충호, 『일제통치기 한국 의사 교육사 연구』(서울: 한국자료원, 1998),

139~228쪽.

144. 『동아일보』 1921년 3월 16일 자.

145. 『동아일보』 1921년 3월 23일 자.

146. 『동아일보』 1921년 3월 18일 자.

147. 가령, 『동아일보』 1923년 7월 16일 자 참조.

148. 1934년까지도 경성이 한반도 최악의 병든 도시라는 보고 내용이 실렸다. 『朝鮮及滿洲』 334, 1935년 9월 호, 84쪽.

149. 학생들의 3·1운동 참여에 대해서는 다음을 참조. 이충호, 『일제 통치기 한국 의사 교육사 연구』, 178~188쪽. Ming-Cheng Lo는 같은 시기 식민지 타이완의 의학 학생들의 비슷한 정치적 성향을 발견했다. 그들의 활동에 대해서는 다음을 참조. Ming-Cheng Lo, *Doctors within Borders: Profession, Ethnicity, and Modernity in Colonial Taiwan* (Berkeley: University of California Press, 2002), pp. 51~83.

150. 금강산의 논쟁적인 의미에 대해 더 자세히는 다음을 참조. Ellie Choi, *Space and the Historical Imagination: Yi Kwangsu's Vision of Korea during the Japanese Empire*, (PhD diss., Harvard University, 2008), pp. 190~234.

151. 『동아일보』 1924년 6월 9일 자.

152. 『동아일보』 1924년 6월 28일 자; 『동아일보』 1924년 7월 3일 자.

153. 『동아일보』 1925년 7월 7일 자; 『동아일보』 1925년 7월 24일 자.

154. 『동아일보』 1928년 11월 17일 자; 『동아일보』 1930년 11월 16일 자.

155. '위생도시'에 대해서는 가령 다음을 참조. 『朝鮮及滿州』 360, 1937년 11월 호, 74~75쪽; 『朝鮮及滿州』 373, 1938년 12월 호, 34~35쪽.

156. 『京城日報』 1935년 2월 23일 자. 거주자들의 '오해'를 달래기 위한 노력에 대해서는 다음을 참조. 『朝鮮公論』 1935년 5월 호, 12~16쪽; 『京城彙報』 164, 1935년 5월 호, 54~56쪽.

157. 『京城日報』 1936년 6월 6일 자.

제5장 황국신민화: 전시체제기 도시 공간의 재편

1. 손정목, 『일제강점기 도시계획연구』(서울: 일지사, 1990), 177~252쪽; 염복규, 「1933-43년 일제의 '경성시가지계획'」, 『한국사론』 46, 2001. 12, 233~283쪽.

2. 한반도의 디아스포라 인구와 관련한 '내지'와 '외지'에 대한 참신한 개념화에 대해서는 Hyun Ok Park(박현옥), "Korean Manchuria: The Racial Politics of the Territorial Osmosis", *South Atlantic Quarterly* 99, no. 1, Winter 2000, pp. 193~215 참조. 전시하 다인종 제국에서 한국의 '지역화'에 대해서는 차승기, 『반근대적 상상력의 임계들: 식민지 조선 담론장에서의 전통, 세계, 주체』(서울: 푸른

역사, 2009); Kate L. McDonald, *The Boundaries of the Interesting: Itineraries, Guidebooks, and Travel in Imperial Japan* (PhD diss., University of California, San Diego, 2011), 특히 pp. 141~170 참조.

3. Takashi Fujitani, *Race for Empire: Koreans as Japanese and Japanese as Americans during World War II* (Berkeley: California University Press, 2011). (다카시 후지타니, 이경훈 역, 『총력전 제국의 인종주의: 제2차 세계대전기 식민지 조선인과 일본계 미국인』(서울: 푸른역사, 2019)).

4. '동화(assimilation)'와 '제국화(imperialization)'의 차이에 대한 기민한 설명으로는 Leo Ching, *Becoming 'Japanese': Colonial Taiwan and the Politics of Identity Formation* (Berkeley: University of California Press, 2001), pp. 89~132 참조.

5. 이러한 유형의 사례로는 김승태 편, 『한국 기독교와 신사참배 문제』(서울: 한국기독교역사연구소, 1991); 김승태 편, 『신사참배 거부 항쟁자들의 증언: 어둠의 권세를 이긴 사람들』(서울: 다산글방, 1993) 참조.

6. 이러한 체제의 기원에 대해서는 Carol Gluck, *Japan's Modern Myths: Ideology in the Late Meiji Period* (Princeton, NJ: Princeton University Press, 1985); Takashi Fujitani, *Splendid Monarchy: Power and Pageantry in Modern Japan* (Berkeley: University of California Press, 1998). (다카시 후지타니, 한석정 역, 『화려한 군주: 근대일본의 권력과 국가의례』(서울: 이산, 2003)) 참조.

7. Kenneth J. Ruoff, *Imperial Japan at Its Zenith* (Ithaca, NY: Cornell University Press, 2011), p. 4.

8. 같은 책, 63쪽; 같은 책, 201쪽 주 17. 이 방문자들의 대다수는 간사이(關西) 지역 인근에 거주했는데, 이는 내지에서조차도 지역 차원의 요구나 지리적 근접성과 교통의 접근성에 따라 1940년을 기념하는 의미가 사뭇 달랐음을 의미한다.

9. 한반도에서 교육받은 조선인(그리고 일본인) 어린이가 쓴 2600년 기념 에세이를 통해서 이들이 이러한 과거사에 대해 상당한 지식을 갖고 있었음이 확실히 입증된다. 1940년의 축하 글쓰기에 대한 분석으로는 같은 책, 30~32쪽 참조.

10. 이 행사에 대한 더 상세한 분석으로는 토드 A. 헨리, 「제국을 기념하고, 전쟁을 독려하기: 식민지 말기(1940년) 조선에서의 박람회」, 『아세아연구』 51(4), 2008년 겨울, 72~112쪽.

11. Walter Edwards, "Forging Tradition for a Holy War: The Hakkō Ichiu Tower in Miyazaki and Japanese Wartime Ideology", *Journal of Japanese Studies* 29, No. 2, Summer 2003, p. 294. 1940년 미야자키의 기념행사 장소에 대해서는, Ruoff, *Imperial Japan at Its Zenith*, pp. 86~97 참조.

12. 이러한 지배 이데올로기와 관련한 정책에 대해서는, 宮田節子, 『朝鮮民衆と皇民化定

策』(東京: 未來社, 1991); 최유리, 『일제 말기 식민지 지배정책 연구』(서울: 국학자료원, 1997).

13. 1941년 말 일제의 진주만공격 이후, 이 4년 동안 150만 엔을 긁어모으는 프로젝트가 이루어졌다. 이 중단된 계획에 대해서는 손정목, 『일제강점기 도시계획연구』, 337~370쪽 참조. 탈식민화 초기에 건축가 김수근(1931~1986)이 국립박물관 건물을 신토 신사와 유사한 형태로 설계하면서 부여는 논쟁적인 장소로 다시 등장했다. Jung In Kim(김정인), *Constructing a 'Miracle': Architecture, National Identity and Development of the Han River* (PhD diss., University of California, Berkeley, 2008), pp. 50~55.

14. 야마토 황실은 백제와 이웃한 경쟁국들에 맞서 백제를 지원했다. 고대 '일본'은 신라와는 간단한 군사동맹을 형성하여 단지 주변적 관계를 유지했을 뿐이며, 한반도에서 가장 강력한 경쟁자였던 고구려와는 사실상 직접적 관계를 맺지 않았다.

15. 『京城日報』 1940년 8월 20일 자. 몇몇 지원 제스처에 대해서는, 손정목, 『일제강점기 도시계획연구』, 356~358쪽; 허병식, 「폐허의 고도와 창조된 신도」, 『한국문학연구』 36, 2009. 6, 79~105쪽 참조.

16. 경찰 통계에 따르면, 1940년 초까지도 1퍼센트 미만의 한반도 거주민들(대부분 조선인들)이 일본어 신문을 읽었다. 『思想彙報』 23, 1940년 6월 호, 84쪽. 이 문서를 내게 알려준 이타가키 류타에게 감사한다.

17. 『京城日報』 1940년 8월 25일 자.

18. 이 박물관을 둘러싼 논쟁에 대해 더 자세히는, Shaun O'Dwyer, "The Yasukuni Shrine and the Competing Patriotic Pasts of East Asia", *History & Memory* 22, no. 2, Fall/Winter 2010, pp. 147~177 참조.

19. 『京城日報』 1940년 8월 3일 자.

20. Brandon Palmer, "Imperial Japan's Preparation to Conscript Koreans as Soldiers, 1942-1945", *Korean Studies* 31, 2007, p. 64. 징병제의 실행 지연에도 불구하고, 일본 패전 당시 약 11만 명의 조선인이 군인으로 복무했다. 지원자 수를 늘리려고 당국에서는 피식민 여성들을 적극적으로 공략하여, 그들이 남성 식구들과 이별하는 것에 대한 두려움을 극복하고 후방의 지원자들이 되게끔 독려했다.

21. 『京城日報』 1940년 9월 26일 자.

22. 『京城日報』 1940년 10월 8일 자.

23. 『京城日報』 1940년 8월 20일 자 (강조는 필자).

24. 별도의 표시가 없는 한, 이하의 논의는 『京城日報』 1940년 9월 29일 자에 근거한 것임.

25. 『京城日報』 1940년 9월 12일 자.

26. 『京城日報』 1940년 9월 14일 자; 『京城日報』 1940년 9월 29일 자.

27. 이 '숫자 놀음'에 대해 더 자세하게는, 토드 A. 헨리, 「제국을 기념하고, 전쟁을 독려하기」, 101~106쪽 참조.

28. 제국의 가장 신성한 신사들을 연계하여 성화를 봉송한다는 생각은 1930년대 말부터 일본에서 나타났으며, 1940년 올림픽 경기에서 유럽과 아시아를 연결하자는 국제주의적 제안에 대한 민족주의적 대안으로 기능했다. Sandra Collins, *The Missing Olympics: Japan, the Asian Olympics and the Olympic Movement* (London: Routledge, 2007), pp, 124~132. 신토에 있어서 성화의 의미를 종교의 보편적 역사 속에 자리매김하는 견해에 대해서는 『京城日報』 1940년 1월 24일 및 25일 자 참조.

29. 『京城日報』 1940년 1월 29일 자. 유사한 사례로는 『京城日報』 1940년 1월 30일 자; 『京城日報』 1940년 2월 1일 자; 『京城日報』 1940년 2월 3일 자 참조.

30. 『京城日報』 1940년 2월 4일 자.

31. 『京城日報』 1940년 2월 6일 자.

32. 『京城日報』 1940년 2월 7일 자.

33. 『京城日報』 1940년 2월 8일 자.

34. 『京城日報』 1940년 2월 6일 자.

35. 『京城日報』 1940년 2월 7일 자.

36. 『京城日報』 1940년 2월 10일 자.

37. 어떤 통계에 따르면, 1940년 기념행사의 가장 중요한 중심지 중 하나인 나라현을 방문한 식민지 주민은 전체의 2.5퍼센트에 불과했다. Ruoff, *Imperial Japan at Its Zenith*, p. 98. 다른 통계에 따르면 1940년 초까지 내지에 방문하거나 살아본 경험이 있는 한반도 거주자들은 전체의 1퍼센트 미만에 불과했다. 『思想彙報』 23, 1940년 6월 호, 83~84쪽.

38. 『京城日報』 1940년 4월 14일 자.

39. 『京城日報』 1940년 4월 24일 자.

40. 『京城日報』 1940년 4월 26일 자.

41. 이와 같은 정확한 시점의 의식에 대해 더 자세히는, Ruoff, *Imperial Japan at Its Zenith*, pp. 57~61; 原武史, 「戰中期の'時間支配'」, 『ミスズ』 521, 2004, 28~44쪽 참조.

42. 『京城日報』 1940년 4월 27일 자.

43. 이러한 관점에 대해서는 Henry, "Assimilation's Racializing Sensibilities: Colonized Koreans as Yobos and the 'Yobo-ization' of Expatriate Settlers", *Positions: Asia Critique* 21, no. 1, Winter 2013, pp. 11~49쪽 참조.

44. 『京城日報』 1940년 4월 27일 자. 청년 그룹을 위한 선서문은 다음과 같다. "1. 우리는 대일본제국의 신민이다. 2. 우리는 합심단결하여 천황에 대한 충성과 봉사의 의무를 수행한다. 3. 우리는 고난을 인내하고 강건하고 선량한 국민이 된다." Wi Jo Kang,

Christ and Caesar in Modern Korea: A History of Christianity and Politics (Albany: SUNY Press, 1997), p. 65에서 인용. 선서의 유래와 보급에 대해서는, 水野直樹, 「皇民化政策の虚像と實像: '皇國臣民の精神'についての一考察」, 『韓國解放100年をとう: 2010年國際シンポジウム』(東京: 岩波書店, 2011) 참조.

45. 『京城日報』1940년 4월 27일 자.

46. 이러한 충성서약 장소의 근대적 창안에 대해 더 자세히는, Fujitani, *Splendid Monarchy*, pp. 14~15, p. 32, pp. 79~80, pp. 132~133, pp. 147~148 참조.

47. 『京城日報』1940년 4월 30일 자.

48. 『京城日報』1940년 4월 29일 자.

49. 『京城日報』1940년 5월 1일 자.

50. 『京城日報』1940년 5월 1일 자.

51. 이러한 규칙의 목록에 대해서는, 山口公一, 『植民地朝鮮における神社政策と朝鮮社會』(博士論文, 一橋大學, 2006), 129쪽 참조. 소규모 신사(神祠)를 포함한 신토 구조물의 수는 1936년에 약 350개였는데 1945년에 거의 1,150개로 늘어났다. 이러한 전 시기의 증가분 가운데 3분의 2 이상은 아시아태평양전쟁 때 건설된 신사다.

52. 이 과정에 대해 더 자세히는, 菅浩二, 『日本統治下の海外神社: 朝鮮神宮·臺灣神社と祭神』(東京: 古文堂, 2004), 159~201쪽 참조.

53. 『京城日報』1937년 9월 18일 자.

54. 『京城日報』1937년 10월 6일 자.

55. 『京城日報』1938년 10월 15일 자; 『京城日報』1938년 10월 19일 자.

56. 『京城日報』1939년 10월 17일 자; 『京城日報』1939년 10월 19일 자. 연례 이나리(稲荷) 제전과 같이 전통 음악과 기생 무용이 포함된 다른 신토 행사들도 유사한 황민화 효과를 지니고 있었다. 1941년 당국자들은 이러한 지방 유희물들이 수천 명의 조선인을 끌어모으고 있다고 들떠서 보도했는데, 이들은 경성신사의 섭사(攝社)인 이나리신사 앞에서 (강요당해서 외견상으로만 하는 것이 아니라) 자발적이고 흔쾌히 절을 했다. 『京城神社神祇月報』3(6), 1941년 6월 호, 1쪽.

57. 『京城日報』1941년 10월 17일 자. 공습이 전시기 경성의 도시계획에 어떤 영향을 미쳤는지에 대해서는, 손정목, 『일제강점기 도시계획연구』, 311~338쪽 참조.

58. 『京城日報』1941년 10월 19일 자.

59. 『京城日報』1941년 10월 24일 자. 그해의 연례 제전에 대한 상세한 설명은, 『京城神社神祇月報』3(10), 1941년 10월 호, 2~5쪽 참조.

60. 『京城日報』1942년 10월 17일 자.

61. 『京城日報』1937년 10월 16일 자; 『京城日報』1937년 10월 19일 자.

62. 한 연구자에 따르면, 이 시기에 개최된 362개의 사적인 의식 가운데 조선인에 의해

조직된 것은 단 두 개에 불과했다. 金根熙, 「皇民化政策期の神社政策について」, 『日朝關係史論集』, 2003, 408~410쪽.

63. 水野直樹, 「皇民化政策の虛像と實像」, 104쪽.

64. 별도의 언급이 없는 한, 이하의 논의는 『大陸神社大觀』(京城: 大陸神道聯盟, 1941), 74~78쪽에 근거한 것이다.

65. 이 역사에 대한 검토는 「招魂祭遠足太陽」, 『京城彙報』 1931년 5월 호, 50~51쪽 참조.

66. 나남호국신사는 강원도와 함경남북도를 관할했던 데 비해, 경성호국신사는 한반도의 나머지 모든 지역을 관장했다.

67. 靑井哲人, 『植植民地神社と帝國日本』, 261쪽. 후원자 집단의 창립 선언문과 규약에 대해서는 『大陸神社大觀』, 83~87쪽 참조.

68. 이러한 기부금의 파산에 대해서는, 『大陸神社大觀』, 81~82쪽 참조.

69. 『京城日報』 1940년 8월 12일 자; 『京城日報』 1940년 9월 27일 자.

70. 『京城日報』 1940년 10월 24일 자.

71. 『京城日報』 1940년 9월 2일 자; 『京城日報』 1940년 11월 22일 자; 『京城日報』 1941년 3월 25일 자; 『京城日報』 1943년 7월 22일 자.

72. 『京城日報』 1940년 9월 24일 자.

73. 『京城日報』 1940년 10월 25일 자.

74. Takahashi Testuya, "The National Politics of the Yasukuni Shrine", in *Nationalisms in Japan,* ed. Naoko Shimazu (London: Routledge, 2006), pp. 155~180. 일본어 문헌으로는, 『靖國問題』(東京: 筑摩書房, 2005), 11~59쪽 참조.

75. 『京城日報』 1943년 7월 22일 자.

76. 『半島の光』 1944년 2월 호, 3쪽. 이 549명의 조선인은 현재 야스쿠니신사에 안치되어 있는 2만 1천 명의 피식민 영령 중에서 단지 일부분(약 2.5퍼센트)을 구성하고 있을 뿐이다.

77. 『京城日報』 1943년 11월 23일 자.

78. 『京城日報』 1943년 11월 23일 자.

79. 별다른 언급이 없는 한, 이하의 논의는 『新女性』 1944년 5월호, 24~25쪽에 근거한 것이다.

80. 전시기 제국의 재현에서 감지된 조선 여성의 위협에 대해서는, Fujitani, *Race for Empire*, pp. 347~361 참조.

81. 식민 국가는 도쿄의 관료 기관에 신사 참배객 수가 증가한다고 보고함으로써 동원 활동에 대한 지속적인 지원을 받았다. 예컨대 1934년 조선신궁은 일본 정부로부터 7만 엔을 지원받았는데, 이는 본국에서 메이지신궁에 이어 두 번째로 많은 금액을 지원받은 가시하라신궁이 받은 2만 500엔에 비해 훨씬 큰 금액이었다. 樋浦鄕子,

「朝鮮神宮お祓い式繪の兒童生徒動員: '崇拜'と'親交'の間」, 『朝鮮史研究論文集』 46, 2008, 217~218쪽, 240쪽.

82. 이하의 논의는 다음 글에 제시된 통계자료에 근거한 것이다. 並木直人, 「植民地後期 朝鮮における民衆統合の一端: ソウルの事例を中心として」, 『朝鮮社會の史的展開と東 アジア』, 武田幸男 編(東京: 山川出版社, 1997), 548쪽.

83. 반강제적으로 동원된 학동들에 의한 여름철 신사참배에 대한 논의와 관련해서는, 樋浦郷子, 『神社·學校·植民地: 逆機能する朝鮮支配』(京都: 京都大學學術出版會, 2013), 155~163쪽 참조.

84. 전시기 동안 총 참배객 가운데 단체 참배객이 차지하는 비율은 1936년 42퍼센트 미 만에서 1943년 51퍼센트가 넘는 수준으로 증가했다. 樋浦郷子, 『神社·學校·植民 地』, 127쪽.

85. 並木直人, 「植民地後期朝鮮における民衆統合の一端」, 554쪽.

86. 총독부는 '중국인'과 '서양인'이라는 민족별·인종별 통계도 보유하고 있었지만, 이 시 기 신사참배객 가운데 이들의 비중은 합산해도 1퍼센트 미만에 불과했다. 並木直人, 「植民地後期朝鮮における民衆統合の一端」, 548쪽.

87. 이 통계자료에 대해서는 高谷美穗, 「植民地朝鮮における神社政策の展開と實態」, 『日 朝關係史論集』(東京: 新幹社, 2003), 367쪽 참조.

88. 이 캠페인과 그것이 경성에서 전개된 양상에 대해 더 상세한 것은 山口公一, 「植民地 朝鮮における神社政策: 1930年代を中心に」, 『歷史評論』 635, 2003. 3, 56~65쪽; 川 瀨卓也, 『植民地朝鮮の宗教と學知』(東京: 青弓社, 2009), 181~222쪽; 최석영, 『일제 하 무속론과 식민지 권력』(서울: 서경문화사, 1999), 129~158쪽. 별도의 언급이 없는 한 이하의 논의는 『京城日報』 1936년 6월 9일 자 기사에 근거한 것이다.

89. 신사참배일을 기념한 라디오 방송 강의에 대해서는, 『文教の朝鮮』 1935년 12월호, 40~46쪽 참조.

90. 『京城日報』 1936년 11월 8일 자.

91. 『京城日報』 1937년 10월 17일 자.

92. 『京城日報』 1939년 12월 12일 자.

93. 並木直人, 「植民地後期朝鮮における民衆統合の一端」, 548쪽.

94. 京畿道警察部長, 「時局下の民情に關する件」, 『思想に對する情報』 13, 1941년 6월 30 일 자, 2쪽. 신사연감에 수록된 공식 통계에 따르면, 신사 방문객의 수는 1941년 4월 에는 26만 5,769명, 1941년 5월에는 18만 6,943명, 1940년 5월에는 21만 3,657명 이다.

95. 京畿道警察部長, 「時局下の民情に關する件」, 『思想に對する情報』 13, 1941년 8월 30 일 자, 2~3쪽.

96. 『京城日報』 1941년 12월 12일 자.

97. 『朝鮮』 250, 1936년 3월 호, 28~29쪽. 이 신사의 주 진입로에는 381개의 계단이 있었다.

98. 『家庭の友』(朝鮮版), 1941년 4월 호, 12쪽.

99. 『總動員』 1940년 6월 호, 7~9쪽.

100. 『新時代』 1943년 1월 호, 46~47쪽.

101. 『新時代』 1943년 2월 호, 80쪽.

102. 『鳥居』 8(2), 1938년 2월 1일 자, 7쪽. 더 충실한 검토로는, 정부의 지원을 받은 연구인 村山智順, 『部落祭』(京城: 朝鮮總督府, 1937) 참조.

103. 『綠旗』 1942년 10월 호, 45쪽.

104. 『鳥居』 8(1), 1938년 1월 1일 자, 6쪽. 신사 참배객 수를 늘리기 위해 강압적 수단을 쓰는 것에 대한 또 다른 비판적 견해에 대해서는, 『鳥居』 8(9), 1938년 9월 1일 자, 3~5쪽 참조.

105. Encyclopedia of Shintōentry for "Jingū taima", http://eos.kokugakuin.ac.jp/modules/xwords/entry.php?entryID = 283, 2011년 12월 29일에 접속함; 그리고 『鳥居』 5(11), 1935년 1월 1일 자, 2쪽. 또한 『國民總力』, 1942년 12월 호, 40~41쪽 참조.

106. 『國幣小社京城神社祭事曆』(京城: 國幣小社京城神社, 1938); 『家庭祭事の屬行』(京城: 國幣小社京城神社, 연도 미상). 필자에게 이 희귀본 자료를 제공해주신 미즈노 나오키에게 감사한다.

107. 『大陸神社大觀』, 176쪽. 1935년까지 이 수치는 5만 부 미만에 머물렀다. 최석영, 『일제하 무속론과 식민지권력』, 156쪽.

108. 『昭和19年12月第86回帝國議會說明資料』(東京: 富士出版, 1994), 25쪽; 蔡錦堂, 『日本帝國主義下臺灣の宗教政策』(東京: 同成社, 1994), 183~184쪽.

109. 『鳥居』 9(2), 1939년 2월 1일 자, 4쪽. 1939년 말 경찰 통계에는, 그 일부로서 한반도 거주민들의 예절과 풍습 중 어떤 부분이 어느 정도나 '일본화'되었는지 분석한 연구가 포함되어 있는데, 이제 막 20퍼센트를 넘었다고 기록하고 있다. 『思想彙報』 23, 1940년 6월 호, 82~83쪽.

110. 蔡錦堂, 『日本帝國主義下臺灣の宗教政策』, 183~184쪽. 다른 정책과 비교하려면 다음의 글 참조. Wan-yao Chou, "The Kōminka Movement in Taiwan and Korea: Comparisons and Interpretations", in *The Japanese Wartime Empire, 1931-1945*, ed. Peter Duus, Ramon Myers, and Mark Peattie (Princeton, NJ: Princeton University Press, 1996).

111. 『鳥居』 8(4), 1938년 4월 1일 자, 10쪽.

112. 『國民情神總動員講演錄』(京城: 京畿道社會課, 1939), 46~47쪽.

113. 『內鮮一體』 2, 1940년 2월 호, 86쪽.

114. 『鳥居』 8(2), 1938년 12월 1일 자, 2쪽.

115. 『國民情神總動員講演錄』, 47쪽.

116. 『國民總力』 1944년 3월 1일 자, 26쪽.

117. 별도의 언급이 없는 한, 이하의 논의는 『鳥居』 8(8), 1938년 8월 1일 자, 2~3쪽에 근거한 것이다. 신사 부적 및 다른 신사 용구(用具)의 배포 과정에서 학교의 역할에 대해 더 자세히는, 『神社·學校·植民地: 逆機能する朝鮮支配』, 203~240쪽 참조.

118. 이러한 물건의 실례로는 『大麻と神棚: 家庭の神祀り心得』(京城: 大陸神道聯盟, 1939)이 포함된다. 이것은 『鳥居』 9(11), 1939년 11월 1일 자, 8쪽에 광고되어 있지만, 필자는 이 텍스트의 실물을 찾지 못했다.

119. 일례로, 최유리, 『일제 말기 식민지 지배정책 연구』 참조.

120. 『新時代』 1943년 1월 호, 47~48쪽.

121. 그의 이데올로기적 '개종(전향轉向)'에 대한 설득력 있는 설명으로는, Park Chan-seung(박찬승), "Yi Kwang-su and the Endorsement of State Power", *Journal of Korean Studies* 19, no. 1, Dec. 2006, pp. 161~190 참조.

122. 『新時代』 1944년 7월 호, 27쪽 (강조는 필자). 이 전시하 잡지에 쓴 이광수의 글에 대해 더 자세한 것은 渡邊直樹, 「李光秀と'新時代'」, 『植民地文化研究』 10, 2011. 7, 46~61쪽 참조.

123. 『綠旗』 5(2), 1940년 3월 호, 13쪽.

124. 이러한 노력은 수도 경성에서는 나소산의 실실을 거두었지만, 한반도의 다른 지역에서는 여전히 가내에 이 신사 부적을 놓아둘 가미다나가 없는 경우가 많았다. 『鳥居』 8(1), 1938년 1월 1 자, 4쪽.

125. 『國民總力』 1941년 1월 호, 26쪽; 『國民總力』 1941년 11월 호, 12쪽; 『京城神社神祇月報』 3(11), 1941년 11월 호, 4쪽.

126. 『京城日報』 1943년 1월 24일 자; 이종민, 「도시의 일상을 통해 본 주민생활 통제: 경성부의 애국반을 중심으로」, 『일제 파시즘 지배정책과 민중생활』, 방기준 편(서울: 혜안, 2004), 415~453쪽.

127. 『國民總力』 1944년 3월 호, 26~27쪽; 『京城神社神祇月報』 3(11), 1941년 11월 호, 2~5쪽 참조.

128. 『新時代』 1943년 1월 호, 46~49쪽.

129. 『國民總力』 1941년 12월 호, 46쪽.

130. 『식민지 조선과 전쟁 미술』(서울: 민족문제연구소, 2004), 70쪽.

131. 가미다나의 설치와 마찬가지로, 당국에서는 조선인들이 가내 신에게 바치는 공물에

도 예외를 두었는데, 거기에는 비쭈기나무 대신에 소나무를 사용하는 것을 허가하는 내용도 포함되었다. 『國民總力』 1941년 12월 호, 47쪽 참조.

132. 이 주제에 대해 더 자세히는, 『京城神社神祇月報』 3(11), 1941년 11월 호, 5쪽 참조.

133. 한 연구자에 따르면, "1940년까지 등록된 수신기의 수는 20만 대가 넘었으며, 일제 말기 라디오 보급 대수는 약 30만 5천 개의 수신기가 사용 중이었던 것으로 추정된다(이는 조선인 인구의 1퍼센트를 약간 초과하는 수치다)." Michael Robinson, "Broadcasting, Cultural Hegemony, and Colonial Modernity in Korea, 1924-1945", in *Colonial Modernity in Korea*, ed. Shin Gi-Wook and Michael Robinson (Cambridge, MA: Harvard University Press, 1999), p. 57.

134. 『國民總力』 1941년 1월 호, 26쪽. 이층집에 대한 유사한 검토로는 『國民總力』, 1941년 11월 호, 12쪽 참조.

135. 山口公一, 「植民地朝鮮における神社政策と朝鮮人の對應: 1936-1945」, 『人民の歷史學』 146, 2000. 12, 27쪽.

136. 金根熙, 「'皇民化政策期'の神社政策について」, 427쪽.

137. Ching, *Becoming 'Japanese'*, 91쪽.

138. 전시기보다는 약간 앞서지만, 두 조선 학생의 견해를 다룬 사례가 출간된 것으로는, 『鳥居』 3(5), 1933년 5월 1일 자, 6쪽 참조.

139. 이 뉴스릴은 (영문 부제가 포함된) 다음 DVD에 수록되어 있다. 『발굴된 과거, 네 번째: 고스필모폰드 발굴영상모음』(한국영상자료원, 2009).

140. Sung-Gun Kim(김성건), "The Shinto Shrine Issue in Korean Christianity under Japanese Colonialism", *Journal of Church and State* 39, no. 3, Summer 1997, pp. 503~522.

141. 박효생·서종민, 「역사의 길목을 지킨 이와 함께: 창공 김재준 박사의 회고」, 『한국기독교사연구』 6, 1986, 6쪽. 이 인터뷰에 대해 관심을 갖도록 해준 김성태 선생께 감사드린다. 그는 한국 기독교계의 신사참배 거부운동에 대한 선구적 연구자다. 김재준에 대해 더 자세한 것은, Hwang Sung Kyu(황성규), ed., *The Life and Theology of Changgong, Kim Chai Choon* (Seoul: Hanshin University Press, 2005); Hong Chi-mo(홍치모), "Kim Chae-jun as Seen from the Perspective of Korean Conservative Theology", *Chongshin Review* 2, October 1997, pp. 5~35. 전시기 일부 조선인들은 일본의 승리보다는 조선 민족의 해방을 위해 기도했다는 견해도 있다. Jun Uchida, *Brokers of Empire: Japanese Settler Colonialism in Korea, 1876-1945* (Cambridge, MA: Harvard University Asia Center, 2011), p. 393. 식민지 말기의 반일 루머와 불복종 현상에 대해 더 자세히는, 이시재, 「일제 말의 조선인 유언의 연구」, 『한국사회학』 20, 1987 겨울, 211~230쪽 참조.

에필로그 제국의 소멸 이후: 식민 이후 서울의 공공 공간 다시 만들기

1. 부분적으로 필자는 이 인식 틀을 인류학자 트루요(Trouillot)로부터 빌려왔다. Michel-Rolph Trouillot, *Silencing the Past: Power and the Production of History* (Boston: Beacon Press, 1997).

2. 菅浩二, 『日本統治下の海外神社: 朝鮮神宮・臺灣神社と祭神』(東京: 弘文堂, 2004), 9쪽. 사임하는 일본 관료들은 1945년 8월 15일 일본이 공식적으로 항복한 이후 약 8일 동안 일어난 방화사건이 136건이었다고 추산했다. 물론 이 모든 방화사건이 1945년 당시 한반도를 뒤덮었던 1,141개의 사원 전부를 파괴한 것은 아니다. 심지어 각 방화사건이 신토 사원을 하나씩 파괴했다고 계산해도, 한국인들이 붕괴시킨 '신성한 공간'은 겨우 9퍼센트 미만에 불과하다. 이에 대해서는 松谷基和, 「南朝鮮における米占領軍の神道政策: GHQ/SCAPの神道政策との比較の視點から」, 『現代韓國朝鮮研究』 3, 2003. 12, 66쪽도 참조. 해방 직후 시기 한국인들이 파괴한 신사의 목록에 대해서는 다음을 볼 것. 森田芳夫, 『朝鮮終戰の記錄: 米ソ兩軍の進駐と日本人の引揚』(東京: 巖南堂書店, 1964), 112~113쪽. 한국인들이 해방 이후 신토 사원들을 어떻게 다루었는지에 관한 픽션을 가미한 설명으로는 다음을 볼 것. Richard E. Kim, *Lost Names: Scenes from a Korean Boyhood* (Berkeley: University of California Press, 1998), pp. 160~196. (김은국, 『잃어버린 이름』(서울: 다림, 2011)).

3. 森田芳夫, 『朝鮮終戰の記錄』, 109~111쪽.

4. 額賀大直, 『神社申報』 1960년 8월 13일 자, 111~118쪽. 필자는 이 희귀한 문서를 제공해준 아오이 아키히토에게 감사한다. 한국인을 믿을 수 없으며 심지어 위험하다고 보는 일본인의 시각은 식민지 시기 동안 만들어진 오래된 이미지이며, 아시아태평양전쟁에 들어서면 특히 1941년 이후에는 충성스럽지 않으며 고분고분하지 않다는 새로운 이미지로 이어진다. 이러한 일본인의 시선에 대한 보다 상세한 설명으로는 다음을 볼 것. 李時載, 「日帝末의 朝鮮人流言의 硏究」, 『한국사회학』 20, 1987년 겨울, 특히 226~228쪽.

5. 흥미롭게도 일부 한국인 엘리트들은 일본이 지배해온 만신전(萬神殿)에서 아마테라스를 제거하는 대신에, 1929년 거기에 봉헌한 토착신들에 대한 기념비를 설립하려고 시도했다. 하지만 1945년 11월 무렵이 되면 '단군성조묘(檀君聖祖廟)'라고 쓰인 플래카드가 제거되고 해방 이후 한국인들에게 훨씬 더 구미에 맞는 공공시설인 한의학교를 안내하는 플래카드가 이를 대체하게 되었다. 森田芳夫, 『朝鮮終戰の記錄』, 406쪽. 조선신궁과는 달리 경성신사의 황폐한 구조물들 중 일부는 한국전쟁 직후 고아원으로 사용되기 시작하여 1960년대 후반 혹은 1970년대 초반까지도 유지되었던 것으로 보인다. 이 침묵하는 역사를 확인하는 데에는 2005년에 이 부근을 답사하는 데 도움을 준 안창모에게 감사한다.

6. 森田芳夫, 『朝鮮終戰の記錄』, 404~406쪽. 패전 이후 일본과 해방 이후 한국에서 신사 문제에 대한 포괄적인 분석으로는 다음의 연구를 볼 것. 松谷基和, 「南朝鮮における米占領軍の神道政策」, 64~67쪽.

7. 『서울신문』 1946년 2월 21일 자.

8. Donald Clark, "Protestant Christianity and the State: Religious Organizations as Civil Society", in *Korean Society: Civil Society, Democracy and the State*, ed. Charles K. Armstrong (London: Routledge, 2002), p. 184. 그리고 『조선일보』 1946년 4월 23일 자.

9. 『조선일보』 1946년 4월 23일 자; 『동아일보』 1947년 4월 6일 자; 『동아일보』 1948년 3월 27일 자. 이렇게 인기 있던 숭배의 전통은 1970년대까지는 잘 이어졌지만, 그 이후에는 사라졌다. 『조선일보』, 1974년 4월 14일 자.

10. 『동아일보』 1956년 4월 2일 자.

11. 『동아일보』 1959년 3월 29일 자.

12. 이런 패턴과 잘 부합하는 또 다른 프로젝트로는 대한민국 국회를 남산 꼭대기에 세우려는 이승만 대통령의 실패한 계획이 있다. 그런데 박정희가 이승만의 70억짜리 계획을 폐기해버리기 이전에, 공병대가 이미 옛 조선신궁으로 이어지는 381계단을 이미 없애버렸다. 『동아일보』 1959년 2월 25일 자; 『동아일보』 1959년 3월 13일 자; 『동아일보』 1959년 12월 27일 자; 『국민일보』 1962년 7월 6일 자. 결국 박정희는 옛 신궁 터를 이용해서 종합문화센터를 설립하기로 결정했는데, 여기에는 도서관, 온실, 수족관, 국립문화박물관 및 스포츠레크리에이션센터 등이 포함되어 있었다. 『조선일보』 1968년 11월 11일 자.

13. 이승만의 탄생일과 안중근의 서거일이 같은 날이었다는 사실은 왜 이토 히로부미의 암살(10월 26일)이 기념되지 않는지 그 이유를 설명해줄지도 모르겠다. 이토 히로부미의 사찰을 안중근 동상으로 대체하자는 아이디어는 해방 직후 바로 나왔지만 민족 분단과 내전으로 중단되고 말았다. 이 사찰의 식민주의적 의미에 대한 보다 상세한 고찰로는 다음의 연구를 볼 것. 水野直樹, 「植民地期朝鮮における伊藤博文の記憶: 京城の博文寺を中心に」, 伊藤之雄・李盛煥編 著『伊藤博文と韓國統治』(京都: ミネルヴァ書房, 2009). (이성환, 이토 유키오 편, 『한국과 이토 히로부미』(서울: 선인, 2009)).

14. 때로는 왕실과의 연계를 주장하기도 했지만, 이승만 대통령은 이씨 왕실 가문의 자산을 해체시켜 그들의 인격적 자산을 민족의 문화적 속성으로 전환시켰다. 해방 이후 왕실 가문이 겪었던 가혹한 운명에 대해서는 다음의 연구를 볼 것. Christine Kim, "The Chosŏn Monarchy in Republican Korea, 1945-1965", in *Northeast Asia's Difficult Past: Essays in Collective Memory*, ed. Barry Schwartz and Mikyoung Kim (London: Palgrave Macmillan, 2010), pp. 213~228. 이승

만 대통령이 자신이 대체하려 했던 바로 그 조선의 전통을 통해 자기 자신을 신성화 하려는 노력을 전개했던 것에 대해서는 다음의 연구를 볼 것. 조은정, 「이승만 동상 연구」, 『한국근현대미술사학』 14, 2005, 75~113쪽.

15. 이승만 동상의 전통적인 복장과 민족주의적인 자세에 대해서 보다 상세한 고찰로는 다음의 글을 볼 것. 조은정, 「이승만 동상 연구」, 88~93쪽.

16. 1960년 4·19혁명 배후의 리더십에 대해서는 다음의 논문을 볼 것. Charles Kim, "The April 19th Generation and the Start of Postcolonial History in South Korea", *Review of Korean Studies* 12, no. 3 , September 2009, pp. 71~99.

17. 『동아일보』 1955년 10월 4일 자; 『동아일보』 1960년 7월 24일 자. 박정희 통치기 동상 건립에 대한 보다 상세한 연구로는 다음을 볼 것. 정호기, 「박정희 시대의 '동상건립운동'과 애국주의: '애국선열조상건립위원회'의 활동을 중심으로」, 『정신문화연구』 30(1), 2007년 봄, 335~363쪽.

18. 안중근에 대한 식민 이후의 기념화와 박물관에 대한 보다 상대한 연구로는 다음의 논문을 볼 것. 윤선자, 「해방 후 안중근 기념사업의 역사적 의의」, 『한국독립운동사연구』 34, 2009. 12, 123~160쪽.

19. 『조선일보』 1957년 10월 31일 자; 『조선일보』 1966년 10월 2일 자; 『조선일보』 1976년 4월 27일 자; 『조선일보』 1970년 10월 27일 자.

20. 양측의 발언을 포함해 이 이벤트와 관련해서 한국의 언론이 한 보도에 대해서는 『조선일보』 1958년 5월 22일 자 참조. 보다 일반적인 관점에서 이와 관련된 정치학을 다룬 것으로 다음을 볼 것. Alexis Dudden, *Troubled Apologies among Japan, Korea, and the United States* (New York: Columbia University Press, 2008).

21. 『동아일보』 1958년 5월 5일 자.

22. 이 문제에 대한 보다 상세한 고찰로는 가령 다음을 볼 것. Lee Won-deog(이원덕), "A Normal State without Remorse: The Textbook Controversy and Korea-Japan Relations", *East Asian Review* 13, no. 3, Autumn 2001, pp. 21~40.

23. 『조선일보』 1982년 8월 26일 자.

24. 『동아일보』 1985년 5월 11일 자. 패전 이후 일본에서 이루어진 안중근에 대한 제한된 형태의 추모에 대해서는 윤선자, 「해방 후 안중근 기념사업의 역사적 의의」, 139쪽 참조.

25. Changmii Bae(배장미), *The Symbolic Landscape of National Identity: Planning, Politics, and Culture in South Korea* (PhD diss., University of Southern California, 2002), pp. 128~130, p. 133, pp. 138~139. 미국에 대한 이승만 대통령의 재정적 의존과 미국의 아량을 이용하는 그의 능력에 대해서는 다음을 볼 것. Gregg Brazinsky, *Nation Building in South Korea: Koreans, Americans, and*

the Making of a Democracy (Chapel Hill: University of North Carolina Press, 2007), 특히 13~40쪽.

26. 『조선일보』 1954년 3월 17일 자; 『조선일보』 1959년 4월 19일 자.

27. 1945년 당시 대략 300개에 가까웠던 원래 건물 중에서 겨우 36개 정도만 그대로 서 있었다. Jong-Heon Jin, "Demolishing Colony: The Demolition of the Old Government-General Building of Chosŏn", in *Sitings: Critical Approaches to Korean Geography*, ed. Timothy R. Tangherlini and Sallie Yea (Honolulu: University of Hawai'i Press, 2008), 40~41쪽.

28. 미국 독자들에게 중앙청에 붙여졌던 'Capitol Hall'이란 명칭은 대체로 부적절하게 느껴졌을 것 같다. 왜냐하면 이 건물은 1948년부터 1950년까지 잠시나마 입법기관의 건물로 쓰였기 때문이다. 1995년 극적으로 파괴되기 전까지 이 건물은 일차적으로는 정부의 행정 부서로 기능했다.

29. Changmii Bae, "The Symbolic Landscape of National Identity", pp. 141~142; Myungrae Cho(조명래), "From Street Corners to Plaza: The Production of Festive Civic Space in Central Seoul", in *Globalization, the City and Civil Society in Pacific Asia: The Social Production of Civic Spaces*, ed. Mike Douglas, K. C. Ho, and Giok Ling Ooi (London: Routledge, 2007), p. 197. 1960년과 1986년의 시위가 가진 맥락에 대한 보다 상세한 논의로는 다음을 볼 것. Charles Kim, "The April 19th Generation and the Start of Postcolonial History in South Korea"; Namhee Lee, *The Making of Minjung: Democracy and the Politics of Representation in South Korea* (Ithaca, NY: Cornell University Press, 2009).

30. 『조선일보』 1949년 7월 18일 자.

31. 이러한 이벤트에 대한 보다 상세한 고찰로는 다음을 볼 것. Jung Keun-sik(정근식), "The Memories of August 15 (Day of Liberation) Reflected in Korean Anniversaries and Memorial Halls", *Review of Korean Studies* 8(1), 2005, 11~50쪽.

32. 『조선일보』 1953년 10월 5일 자; 『조선일보』 1953년 12월 29일 자. 이러한 문화에 대한 보다 상세한 고찰은 다음을 볼 것. Seungsook Moon, *Militarized Modernity and Gendered Citizenship in South Korea* (Durham: Duke University Press, 2005).

33. 『조선일보』 1964년 8월 14일 자; 『조선일보』 1964년 8월 15일 자.

34. 『조선일보』 1958년 10월 24일 자; 『조선일보』 1958년 11월 16일 자.

35. 초기 한국의 지도자들은 다른 주요 도로에 대해서도 애초의 일본 이름을 지우고 민

족 영웅의 이름으로 이를 대체함으로써 이 도로들을 되찾고자 했다. 이렇게 '되찾은' 상징적인 도로에는 고가네마치(黃金町) 길—수나라의 침략에 맞서 고구려를 지킨 7세기의 군사 지도자 을지문덕의 이름을 따서 '을지로'가 되었다—과 혼마치(本町) 거리—이순신 장군의 시호(諡號) 충무공(忠武公)을 따서 '충무로'라고 이름 붙였다—, 야마토마치(大和町) 길—조선왕조에서 가장 탁월한 유학자 이황의 호인 퇴계를 따서 '퇴계로'라 이름 붙였다—가 포함된다.

36. 『조선일보』 1956년 8월 17일 자; 『조선일보』 1966년 5월 7일 자; 『조선일보』 1968년 10월 3일 자.

37. 박정희의 반공 도시주의에 대한 보다 상세한 고찰로 다음을 볼 것. 안창모, 「반공이데올로기와 도시, 그리고 건축」, 『경기대학교 건축대학원 논문집』 9, 2005, 11~27쪽; 안창모, 「도시건축 답사: 반공과 전통 이데올로기의 보루, 장충동」, 『건축과 사회』 5, 2006, 282~292쪽. 그의 문화 정책에 대한 보다 일반적인 설명으로는 오명석, 「1960-70년대의 문화정책과 민족문화담론」, 『비교문화연구』 4, 1998, 121~152쪽; 전재호, 「민족주의와 역사의 이용: 박정희 체제의 전통문화정책」, 『사회과학연구』 7, 83~106쪽.

38. 이승만이 이순신을 어떻게 활용했는지에 대해서는 다음을 볼 것. 박계리, 「충무공동상과 국가이데올로기」, 『한국근현대미술사학』 12, 2004, 145~159쪽. 이순신에 대한 인식의 변화에 대해서는 다음을 볼 것. Roh Young-koo(노영구), "Yi Sun-shin, an Admiral Who Became a Myth", *Review of Korean Studies* 7, no. 3, 2004, 15~36쪽. 다른 국가 영웅의 기념화에 대해서는 정호기, 「박정희시대의 '동상건립운동'과 애국주의」를 참조.

39. 『조선일보』 1968년 4월 28일 자. 박정희의 이순신 활용에 대한 보다 상세한 고찰로는 다음을 볼 것. 박계리, 「충무공 동상과 국가 이데올로기」, 159~169쪽; 신은제, 「박정희의 기억 만들기와 이순신」, 김학이 편, 『현대의 기억 속에서 민족을 상상하다: 한·중·일의 사회적 기억과 동아시아』(부산: 세종출판사, 2006).

40. 『조선일보』 1967년 11월 5일 자; 『조선일보』 1967년 11월 9일 자.

41. 『조선일보』 1968년 12월 12일 자.

42. Changmii Bae, "The Symbolic Landscape of National Identity", 161쪽; 『조선일보』 1961년 9월 6일 자.

43. 이런 종류의 논쟁으로는 『조선일보』 1982년 3월 17일 자 참조.

44. 『조선일보』 1982년 3월 17일 자.

45. Changmii Bae, "The Symbolic Landscape of National Identity", 208쪽.

46. 『조선일보』 1983년 3월 24일 자. 이런 미학적 전환은 전시 공간의 확장을 낳아 7만 5천 점의 컬렉션을 더 전시할 수 있게 되었다. 하지만 옛 시설에서 정기적으로 전시

했던 컬렉션과 비교해보면, 겨우 1퍼센트가 추가로 전시된 것에 불과했다. 『조선일보』 1982년 3월 17일 자. 총독부 건물에 대한 비슷한 비판은 식민 이후 타이완에서도 출현했다. 다만 타이완에서 이 건물은 여전히 총통부 건물로 쓰이고 있다. Joseph R. Allen, *Taipei: City of Displacements* (Seattle: University of Washington Press, 2012), p. 34.

47. 대조적으로 북한의 관리들은 고구려의 옛 전통을 끌어들였는데, 이 고구려의 수도는 평양에 있었다. 이 역사에 대해서는 다음을 볼 것. Suk-Young Kim(김석영), *Illusive Utopia: Theater, Film, and Everyday Performance in North Korea* (Ann Arbor: University of Michigan Press, 2010), pp. 60~128.

48. 진종헌, "Demolishing Colony", 55쪽.

49. 풍수지리적인 '강간'이라는 시각에서 조선총독부 건물을 비판한 것으로는 다음을 볼 것. 김성례, 「풍수와 식민주의 기억의 에로틱 주술」, 『한국종교연구』 2, 2000, 123~157쪽. 위안부 문제에 대한 가부장적 프레임에 대해서는 다음을 볼 것. Hyunah Yang, "Re-membering the Korean Military Comfort Women: Nationalism, Sexuality, and Silencing", in *Dangerous Women: Gender and Korean Nationalism*, ed. Elaine H. Kim and Chungmoo Choi (London: Routledge, 1997), pp. 123~139. (일레인 김, 최정무 공편, 박은미 역, 『위험한 여성: 젠더와 한국의 민족주의』(서울: 삼인, 2001)).

50. 『조선일보』 1991년 12월 26일 자.

51. 『조선일보』 1993년 4월 2일 자. 이 기념물의 철거를 둘러싼 논쟁에 대한 연구로는 다음을 볼 것. Changmii Bae, "The Symbolic Landscape of National Identity", 220~273쪽; 진종헌, "Demolishing Colony".

52. Changmii Bae, "The Symbolic Landscape of National Identity", p. 242. 이를 반박하는 주장에 관련해서는 다음의 기사를 볼 것. 『조선일보』 1996년 6월 6일 자; 『조선일보』 1996년 6월 8일 자.

53. 『조선일보』 1994년 6월 9일 자. 이런 기념들에 대한 상세한 묘사는 『조선일보』 1995년 8월 14일 자 기사 참조. 필자는 '체제의 제전(folklore of the regime)'이라는 개념을 다음의 연구에서 빌려왔다. Takashi Fujitani, *Splendid Monarchy: Power and Pageantry in Modern Japan* (Berkeley: University of California Press, 1998). (다카시 후지타니, 한석정 역, 『화려한 군주: 근대일본의 권력과 국가의례』(서울: 이산, 2003)).

54. 사실상 재창조에 가까운 청계천의 문제적 복원을 둘러싸고도 비슷하게 진짜가 무엇이냐의 문제, 즉 진정성의 문제가 쟁점이 되었다. 이 프로젝트에 대해서는 다음을 볼 것. 강우원 외, 『청계천, 청계고가를 기억하며』(서울: 마티, 2009); Hisup Shin(신

희섭), "Uncovering Ch'ŏnggyech'ŏn: The Ruins of Modernization and Everyday Life", *Korean Studies* 29, 2006, 95~113쪽; Myung-Rae Cho(조명래), "The Politics of Urban Nature Restoration: The Case of Cheonggyecheon Restoration in Seoul, Korea", *International Development Planning Review* 32, no. 2, 2010, pp. 145~165.

55. 『조선일보』 1995년 2월 28일 자.

56. 『조선일보』 2005년 2월 16일 자; 『조선일보』 2005년 4월 21일 자. 그런데 '복원'이 끝난 이후인 2010년 8월의 시점에도 현판의 언어가 진짜냐를 둘러싼 논란은 조금도 수그러들지 않고 계속되고 있었다. 새 현판이 겨우 3개월 만에 금이 가버리자, 나라 문자로서 한글을 지지하는 한글학회를 비롯한 몇몇 단체들이 디지털 방식으로 복제한 한자를 대신해서 한글을 써야 한다고 로비를 벌였던 것이다. 그들은 세종대왕이 15세기에 경복궁에서 한글을 처음 만들었다는 이유를 내세웠다. 이러한 제안은 한 조사 기관의 설문에서 60퍼센트 가까운 지지를 얻었지만, 정부에게 그것이 '진짜'라는 것을 확신시키지는 못해서 실패하고 말았다. 『연합뉴스』 2012년 12월 5일 자.

57. 『조선일보』 1999년 8월 25일 자.

58. 『조선일보』 1999년 8월 25일 자. 경찰의 끊임없는 순찰과 감시 아래에 여전히 놓여 있다고는 해도, 광장은 다른 공적 장소들처럼 대중 집회의 장소로서 갈수록 중요성이 커져간다. 이때 대중 집회는 정치적 저항이라는 초기 특성(예컨대 미국의 군사주의에 대한 반대)과 민족 축제라는 새로운 형식(예컨대 월드컵 응원)이 결합된 것이다. 보다 상세한 것은 Myung-Rae Cho, "From Street Corners to Plaza", pp. 195~210. 이 장소의 가능성과 한계에 대해서는 다음을 볼 것. Moon-Hwan Kim(김문환), "The Plaza as a Public Art: The Case of Gwanghwamun Plaza in Seoul", *Journal of Asian Arts & Aesthetics* 3, 2009, pp. 21~28.

59. 한국사에서 이 핵심 시기를 적극적으로 재평가하고 있는 중요한 저작으로는 다음을 볼 것. 이태진, 『고종 시대사의 재조명』(서울: 태학사, 2000).

60. 『조선일보』 2003년 11월 11일 자; 『조선일보』 2003년 11월 15일 자.

61. 『조선일보』 2003년 11월 11일 자. 다른 역사적인 명소들을 위한 공간을 만들기 위해서 관료들은 미국대사관을 덜 중심적인 다른 장소로 이전할 계획을 세우기도 했다.

62. 이 곤란한 상황을 연대기 순으로 잘 정리한 탁월한 다큐멘터리로는 다음을 볼 것. 김태일, 가토 쿠미코 감독, 「안녕, 사요나라: 전쟁과 침략 신사 야스쿠니를 말하다」(서울: 한국독립영화협회, 2007). 현재의 상황에 대한 역사적 기원에 대해서는 다음을 볼 것. Takahashi Testuya, "The National Politics of the Yasukuni Shrine", in *Nationalisms in Japan*, ed. Naoko Shimazu (London: Routledge, 2006), pp. 155~180. 일본어로는 高橋哲哉, 『靖國問題』(東京: ちくま書房, 2005), 11~59쪽.

(다카하시 테쓰야, 현대송 역, 『결코 피할 수 없는 야스쿠니 문제』(서울: 역사비평사, 2005)).

63. 『조선일보』 2010년 8월 16일 자. 이 5400억 원짜리 프로젝트를 끝내면 정부는 19세기 후반에 세운 500개가 넘는 건물 중에 대략 75퍼센트를 복원하게 될 것이다.

64. 이 공간의 비합법적인 사용에 대한 더 상세한 연구는 다음을 볼 것. Jesook Song(송재숙), "Historicization of Homeless Spaces: The Seoul Train Station Square and the House of Freedom", *Anthropological Quarterly* 79, no. 2, Spring 2006, pp. 193~223쪽.

65. "Seoul City Hall's Metamorphosis Pleases Book Lovers", Korea.net, 2012년 10월 25일. http://www.korea.net/NewsFocus/Society/view?articleId = 103347 (2013년 1월 9일 접속).

66. *Korea Times* 2012년 7월 6일 자. 전체 인구의 대략 70퍼센트가 사실상 철거를 찬성했다.

참고문헌

신문 및 잡지
특별히 언급하지 않는 한, 간행물의 출간지는 서울이다. 연도는 간행물의 출간 기간인데 불분명한 경우에는 물음표를 붙였다.

한국어
『조선일보』(1920-40, 1945-현재)

『황성신문』(1898-1910)

『국민보』(호놀룰루, 1913-1968)

『매일신보』(1910-1945)

『신민』(1925-1932)

『신시대』(1941-1945)

『신여성』(1923-1934)

『서울신문』(1945-현재)

『대한매일신보』(1904-1910)

『동아일보』(1920-40, 1945-현재)

일본어
『文敎の朝鮮』(1925-1945)

『朝鮮土木建築協會會報』(1924-1934?)

『朝鮮』(이후『朝鮮彙報』)(1915-1944)

『朝鮮公論』(東京, 1913-1944)

『朝鮮』(이후『朝鮮及滿州』)(東京, 1908-1941)

『朝鮮新聞』(1908-1921; 仁川, 1908-1919; 京城, 1919-1921)

『朝鮮新報』(仁川, 1882-1908)

『朝鮮思想通信』(1926-1933)

『朝鮮總督府官報』(1910-1945)

『朝鮮と建築』(1922-1942)

『半島の光』(1940-1944)

『神社協會雜誌』(東京, 1902-1938)

『神社新報』(東京, 1946-현재)

『改造』(東京, 1919–1955)

『家庭の友(朝鮮版)』(1936–1941)

『京城彙報』(1921–1944)

『京城神社神祇月報』(1939–1941?)

『京城日報』(1906–1945)

『京城新聞』(1908)

京畿道警察部長, 『思想に對する情報』(1941?)

『皇國時報』(東京, 1930–1943?)

『國民總力』(1939–1944)

『內鮮一體』(1940–1941?)

『大阪朝日新聞(付錄 朝鮮朝日)』(大阪, 1925–1935)

『綠旗』(1936–1944)

『思想彙報』(1934–1943)

『總動員』(1939–1940?)

『鳥居』(1931–1939?)

『都市公論』(東京, 1918–1944)

영어

Korea Times (1950-현재)

Yonhap News Agency (1980-현재)

1차·2차 문헌*

한국어 문헌

강상훈, 「일제강점기 박람회 건축을 통해 본 건축양식의 상징성」, 『건축역사연구』 15(3),
　　　2006. 8.

강영심 편, 『일제시기 근대적 일상과 식민지 문화』(서울: 이화여자대학교 출판부, 2008).

강우원 외, 『청계천, 청계고가를 기억하며』(서울: 마티, 2009).

경기문화재단, 『일제하 경기도 지역 종교계의 민족 문화운동』(서울: 경기문화재단, 2001).

---

* 저자가 인용한 1차·2차 문헌 중 한국어로 번역된 것들은 병기했으며, 한국어 번역본
에 활용된 문헌의 서지 사항도 포함해서 작성했다.

고동환, 「조선초기 한양의 형성과 도시구조」, 『지방사와 지방문화』 8(1), 2005.

———, 『조선시대 서울도시사』(서울: 태학사, 2007).

———, 『조선후기 서울상업발달사』(서울: 지식산업사, 1998).

공제욱·정근식 편, 『식민지의 일상, 지배와 균열』(서울: 문화과학사, 2006).

권태억, 「1920-1930년대 일제의 동화정책론」, 『한국 근대사회와 문화 III: 1920-1930년 대 '식민지적 근대'와 한국인의 탄생』(서울: 서울대학교출판부, 2007).

———, 「1910년대 일제의 조선동화론과 동화정책」, 『한국문화』 44, 2008.

——— 외, 『한국 근대사회와 문화 3, 1920-1930년대 식민지적 근대와 한국인의 대응』(서 울: 서울대학교 출판부, 2007).

김광우, 「대한제국 시대의 도시계획: 한성부 도시개조사업」, 『향토 서울』 50, 1990.

김기빈, 『600년 서울, 땅이름 이야기』(서울: 살림터, 1993).

김기호, 「일제시대 초기의 도시계획에 대한 연구: 경성부 시구개정을 중심으로」, 『서울학연 구』 6, 1995.

김대호, 「1910년대-1930년대 초 경성신사와 지역사회의 관계: 경성신사의 운용과 한국인 과의 관계를 중심으로」, 이성일 편, 『일본의 식민지 지배와 식민지적 근대』(서울: 동 북아역사재단, 2009).

———, 「일제하 종묘를 둘러싼 세력 갈등과 공간 변화: 1920년대 식민 권력과 귀족의 관계 를 중심으로」, 『서울학연구』 43, 2011.

김명선, 「1915년 경성 가정박람회 전시 주택의 표상」, 『대한건축학회 논문집』 28(3), 2012. 3.

김백영, 『지배와 공간: 식민지도시 경성과 제국 일본』(서울: 문학과지성사, 2009).

김성례, 「풍수와 식민주의 기억의 에로틱 주술」, 『한국종교연구』 2, 2000.

김승태 편, 『한국 기독교와 신사참배 문제』(서울: 한국기독교역사연구소, 1991).

———, 『신사참배거부 항쟁자들의 증언: 어둠의 권세를 이긴 사람들』(서울: 다산글방, 1993).

김영미, 「일제 시기 도시의 상수도 문제와 공공성」, 『사회와 역사』 73, 2007. 3.

———, 「일제시기 도시문제와 지역운동: 경성지역 성북동의 사례를 중심으로」, 권태억 외, 『한국 근대사회와 문화 3: 1920-1930년대 식민지적 근대와 한국인의 대응』(서울: 서울대학교 출판부, 2007).

김영상, 「한성부민회에 대한 고찰」, 『향토서울』 31, 1967.

김영희, 「조선 박람회와 식민지 근대」, 『동방학지』 140, 2007.

김정동, 『남아 있는 역사, 사라진 건축물』(서울: 대원사, 2000).

———, 『고종 황제가 사랑한 정동과 덕수궁』(서울: 발언, 2004).

김종근, 「서울 중심부의 일본인 시가지 확산: 개항기에서 일제 강점 전반기까지(1885~ 1929)」, 『서울학연구』 20, 2003.

――――, 「식민지 경성의 이중도시론에 대한 비판적 고찰」, 『서울학연구』 38, 2010. 2.

김진균, 정근식 편, 『근대주체와 식민지 규율권력』(서울: 문화과학사, 1997).

김찬송, 「창경궁박물관의 설립과 변천 과정 연구」, 『고궁문화』 11, 2009.

김철수, 「조선신궁 제신 논쟁에 나타난 황민화 임보」, 『우리사회연구』 4, 1997.

김태일, 가토 쿠미코 감독, 「안녕, 사요나라: 전쟁과 침략 신사 야스쿠니를 말하다」(서울: 한국독립영화협회, 2007).

김학이 편, 『현대의 기억 속에서 민족을 상상하다: 한·중·일의 사회적 기억과 동아시아』(부산: 세종출판사, 2006).

노인화, 「대한제국시기의 한성전기회사에 대한 연구: '광무개혁'과 미국적 기원의 일 양태」, 『梨大史苑』 17, 1980. 12.

목수현, 『일제하 박물관의 형성과 그 의미』(석사논문, 서울대학교, 2008).

문혜진, 「경성신사 마쯔리: 식민종교적 성격과 조선인의 반응을 중심으로」, 『향토서울』 88, 2014. 10.

문화재청, 『2019 문화재 연감』(대전: 문화재청, 2019).

민족문제연구소, 『식민지 조선과 전쟁 미술』(서울: 민족문제연구소, 2004), 70쪽.

박계리, 「충무공동상과 국가이데올로기」, 『한국근현대미술사학』 12, 2004.

박세훈, 「1920년대 경성도시계획의 성격: 경성도시계획연구회와 도시계획운동」, 『서울학연구』 15, 2000.

――――, 『식민국가와 지역공동체: 1930년대 경성부의 도시사회정책 연구』(서울: 한국학술출판, 2006).

박윤재, 「양생에서 위생으로: 개화파의 의학론과 근대국가 건설」, 『사회와 역사』 63, 2003.

――――, 『한국 근대의학의 기원』(서울: 혜안, 2005).

박찬승, 「서울 일본인 거류지 형성과정: 1880년대-1903년을 중심으로」, 『사회와 역사』 62, 2002.

박태원, 『천변풍경』(서울: 깊은샘, 1995).

박효생·서종민, 「역사의 길목을 지킨 이와 함께: 창공 김재준 박사의 회고」, 『한국기독교사연구』 6, 1986.

박희용, 「대한제국기 이후 경희궁의 변화과정 연구」, 『서울학연구』 67, 2017.

서울시정개발연구원, 『서울 20세기 공간변천사』(서울: 서울시정개발연구원, 2002).

서울역사박물관, 『세 이방인의 서울 회상: 딜쿠샤에서 청계천까지』(서울: 서울역사박물관 유물관리과, 2009).

서울역사편찬원, 『일제강점기 경성부윤과 경성부회 연구』(서울: 서울역사편찬원, 2017).

서울특별시사편찬위원회, 『사진으로 보는 서울: 개항 이후 서울의 근대화와 그 시련, 1876-1910』(서울: 서울특별시사편찬위원회, 2002).

──, 『서울지명사전』(서울: 서울시사편찬위원회, 2009).

서울특별시종로구, 『종로구지』 2(서울: 종로구, 1994).

서울학연구소, 『청계천: 시간, 장소, 사람』(서울: 서울학연구소, 2001).

──, 『서울 남촌: 시간, 장소, 사람』(서울: 서울학연구소, 2003).

서현주, 『조선말 일제하 서울의 하부행정제도연구: 정동회와 총대를 중심으로』(박사논문, 서울대학교, 2002).

손정목, 「이른바 문화통치하에서의 도시, 지방 제도 연구: 경성부협의회를 중심으로」, 『향토 서울』 50, 1991.

──, 『한국개항기 도시사회경제사 연구』(서울: 일지사, 1982).

──, 『일제강점기 도시계획연구』(서울: 일지사, 1990).

──, 『일제강점기 도시사회상 연구』(서울: 일지사, 1996).

──, 『일제강점기 도시화과정연구』(서울: 일지사, 1996).

송석기, 「궁궐에 들어선 근대 건축물」, 우동선, 박성진 편, 『궁궐의 눈물, 백년의 침묵: 제국 의 소멸 100년, 우리 궁궐은 어디로 갔을까?』(서울: 효형출판, 2009).

신동원, 『한국 근대보건 의료사』(서울: 한울, 1997).

──, 「1910년대 일제의 보건의료정책: 한의학 정책을 중심으로」, 『한국문화』 30, 2002. 12.

신은제, 「박정희의 기억 만들기와 이순신」, 김학이 편, 『현대의 기억 속에서 민족을 상상하 다: 한·중·일의 사회적 기억과 동아시아』(부산: 세종출판사, 2006).

신주백, 「'한국적 근대는 어떻게 만들어졌나' 박람회: 과시·선전·계몽·소비의 체험공간」, 『역사비평』 67, 2004년 여름.

안창모, 「반공이데올로기와 도시 그리고 건축」, 『경기대학교 건축대학원 논문집』 9, 2005.

──, 「도시건축 답사: 반공과 전통 이데올로기의 보루, 장충동」, 『건축과 사회』 5, 2006.

──, 『덕수궁: 시대의 운명을 안고 제국의 중심에 서다』(서울: 동녘, 2009).

야마나카 마이, 『서울거주 일본인 자치기관 연구, 1885-1914』(석사논문, 가톨릭대학교, 2001).

양승우, 「남촌의 필지조직 특성과 변화」, 『서울 남촌: 시간, 장소, 사람』(서울: 서울학연구소, 2003).

연세대학교 국학연구원 편, 『일제의 지배와 일상생활』(서울: 혜안, 2004).

연세대학교 의학사연구소 편, 『한의학, 식민지를 앓다: 식민지시기 한의학의 근대화 연구』 (서울: 아카넷, 2008).

염복규, 「1933-43년 일제의 '경성시가지계획'」, 『한국사론』 46, 2001.

오명석, 「1960-70년대의 문화정책과 민족문화담론」, 『비교문화연구』 5, 1998.

오타 히데하루, 「근대 한일 양국의 성곽 인식과 일본의 조선 식민지 정책」, 『한국사론』 49,

2003.

와타나베 히로시, 박중석 편. 『한국, 일본, '서양'』(서울: 아연출판부, 2008).

우동선, 「창경원과 우에노공원 그리고 메이지의 공간지배」, 우동선, 박성진 편. 『궁궐의 눈물, 백년의 침묵: 제국의 소멸 100년, 우리 궁궐은 어디로 갔을까?』(서울: 효형출판, 2009).

──, 박성진 편, 『궁궐의 눈물, 백년의 침묵: 제국의 소멸 100년, 우리 궁궐은 어디로 갔을까?』(서울: 효형출판, 2009).

윤병희, 「한성부민회에 관한 일고찰」, 『동아연구』 17, 1989.

윤선자, 「해방 후 안중근 기념사업의 역사적 의의」, 『한국독립운동사연구』 34, 2009. 12.

윤해동, 『지배와 자치』(서울: 역사비평사, 2006).

이각규, 『한국의 근대박람회』(서울: 커뮤니케이션북스, 2010).

이경민, 『기생은 어떻게 만들어졌는가: 근대 기생의 탄생과 표상 공간』(서울: 사진아카이브연구소, 2005).

이경수, 「일제시기 경성부의 가로정비 계획에 의한 가로변화에 관한 연구」(석사논문, 연세대학교, 1990).

이규목, 「서울의 도시 경관과 그 이미지」, 『서울학연구』 2, 1994. 3.

이명구, 『한국과 일본의 도시계획 제도의 비교분석에 관한 연구: 조선시가지계획령과 일본 (구)도시계획법을 중심으로』(박사논문, 서울대학교, 1994).

이성일 편, 『일본의 식민지 지배와 식민지적 근대』(서울: 동북아역사재단, 2009).

이연경, 「재동 및 구리개 제중원의 입지와 배치 및 공간 구성에 관한 재고찰」, 『의사학』 25(3), 2016.

이시재, 「일제 말의 조선인 유언의 연구」, 『한국사회학』 20, 1987 겨울.

이윤상, 「일제하 '조선 왕실'의 지위와 이왕직의 기능」, 『한국문화』 40, 2007.

이종민, 「1910년대 경성 주민들의 '죄'와'벌': 경범죄 통제를 중심으로」, 『서울학연구』 17, 2001. 9.

이중환, 허경진 역, 『택리지』(서울: 한양출판, 1996).

이충호, 『일제통치기 한국 의사 교육사 연구』(서울: 한국자료원, 1998).

이태진, 『고종 시대사의 재조명』(서울: 태학사, 2000).

──, 「메이지도쿄와 광무서울: 근대도시로의 지향성과 개조성과 비교」, 와타나베 히로시, 박중석 편. 『한국, 일본, '서양'』(서울: 아연출판부, 2008).

이혜은 외, 『서울의 경관 변화』(서울: 서울학연구소, 1994).

임덕순, 「조선전기 한양천도와 수도의 상징화」, 안두순 외, 『서울의 경관 변화』(서울: 서울학연구소, 1994).

장 신, 「대정친목회와 내선 융화 운동」, 『대동문화연구』 60, 2007.

전민정,『일제 시기 조선 박람회(1929년) 연구: 조선인의 근대적 시각 체험을 중심으로』(박사논문, 성균관대학교, 2003).

전우용,「대한제국기-일제 초기 서울공간의 변화와 권력의 지향」,『전농사론』5, 1999.

──,「종로와 본정: 식민 도시 경성의 두 얼굴」,『역사와 현실』40, 2001. 6.

전재호,「민족주의와 역사의 이용: 박정희 체제의 전통문화정책」,『사회과학연구』7, 1998.

정상우,「1910년대 일제의 지배 논리와 지식인층의 인식: 일선동조론과 문명화를 중심으로」,『한국사론』46, 2001. 12.

정제정,『서울의 문화 유산 탐방기』(서울: 서울학연구소, 1997).

정호기,「박정희 시대의 '동상건립운동'과 애국주의: '애국선열조상건립위원회'의 활동을 중심으로」,『정신문화연구』30(1), 2007년 봄.

조은정,「이승만 동상 연구」,『한국근현대미술사학』14, 2005.

조재모·전봉희,「고종조 경복궁 중건에 대한 연구」,『대한건축학회논문집』16(4), 2000. 4.

주윤정,『'조선물산공진회'(1915)에 대한 연구』(석사논문, 한국학중앙연구원, 2002).

차승기,『반근대적 상상력의 임계들: 식민지 조선 담론장에서의 전통, 세계, 주체』(서울: 푸른역사, 2009).

최석영,「한말 일제강점기 국가 제사공간의 변화」,『한국사연구』118, 2002.

──,『일제하 무속론과 식민지 권력』(서울: 서경문화사, 1999).

최왕기,『한양: 그곳에서 살고 싶다』(서울: 교화사, 1997).

최유리,『일제 말기 식민지 지배정책 연구』(서울: 국학자료원, 1997).

토드 A. 헨리,「제국을 기념하고, 전쟁을 독려하기: 식민지 말기(1940년) 조선에서의 박람회」,『아세아연구』51(4), 2008년 겨울.

한국영상자료원,「발굴된 과거, 네 번째: 고스필모폰드 발굴영상모음」(한국영상자료원, 2009).

허병식,「폐허의 고도와 창조된 신도」,『한국문학연구』36, 2009. 6.

허영섭,『조선총독부: 그 청사 건립의 이야기』(서울: 하늘, 1996).

허영환,『정도(定都) 600년 서울 지도』(서울: 범우사, 1994).

홍성태,「식민지 근대화와 물생활의 변화」, 공제욱·정근식 편,『식민지의 일상, 지배와 균열』(서울: 문화과학사, 2006).

홍순민,「고종대 경복궁 중건의 정치적 의미」,『서울학연구』29, 2007. 8.

──,『우리 궁궐 이야기』(서울: 청년사, 2004).

황민호,「대종교의 항일 민족운동」,『일제하 경기도 지역 종교계의 민족 문화운동』(서울: 경기문화재단, 2001), 292~322쪽.

일본어 문헌

姜信龍, 『韓國に於ける近代都市公園の受容と展開』(博士論文, 京都大學校, 2004).

京畿道社會科, 『國民情神總動員講演錄』(京城: 京畿道社會課, 1939).

京城居留民團役所 編, 『京城發達史』(京城: 京城居留民團役所, 1912).

京城府, 『京城都市計劃區域設定書』(京城: 京城府, 1926).

———, 『京城都市計劃要覽』(京城: 京城府, 1926).

———, 『京城都市計劃調査書』(京城: 京城府, 1928).

———, 『京城府史』 2~3卷(京城: 京城府, 1936/1941).

京城神社, 『恒例大祭次第書』(京城: 京城神社, 1929).

京城日報社, 『大京城公職者名鑑』(京城: 京城日報社, 1936)(한국사데이터베이스 db.history. go.kr에서 이용 가능).

京城協贊會, 『京城案內』(京城: 京城協贊會, 1915).

京城協贊會殘務取扱所 編, 『京城協贊會報告: 施政伍年記念 朝鮮物産共進會』(京城: 京城協贊會, 1916).

高谷美穂, 「植民地朝鮮における神社政策の展開と實態」, 『日朝關係史論集』(東京: 新幹社, 2003).

高橋哲哉, 『靖國問題』(東京: ちくま書房, 2005). (다카하시 테쓰야, 현대송 역, 『결코 피할 수 없는 야스쿠니 문제』(서울: 역사비평사, 2005)).

菅浩二, 『日本統治下の海外神社: 朝鮮神宮, 臺灣神社と祭神』(東京: 弘文堂, 2004).

橋谷弘, 『帝國日本と植民地都市』(東京: 吉川弘文館, 2004). (하시야 히로시, 김제정 역, 『일본제국주의, 식민지 도시를 건설하다』(서울: 모티브북, 2005)).

駒込武, 『植民地帝國日本の文化統合』(東京: 岩波書店, 1996). (고마고메 다케시, 오성철·이명실·권경희 역, 『식민지제국 일본의 문화통합: 조선, 대만, 만주, 중국 점령지에서 식민지교육』(서울: 역사비평사, 2008)).

國幣小社京城神社, 『家庭祭事の勵行』(京城: 國幣小社京城神社, 연도 미상).

———, 『國幣小社京城神社祭事曆』(京城: 國幣小社京城神社, 1938).

宮田節子, 『朝鮮民衆と皇民化定策』(東京: 未來社, 1991).

吉田光男, 『近世ソウル都市社會研究: 漢城の街と住民』(浦安市: 草風館, 2009).

金根熙, 「皇民化政策期の神社政策について」, 『日朝關係史論集』, 2003.

金子文夫, 「持地六三郎の生涯と著作」, 『臺灣近現代史研究』 2, 1979. 8.

姜哲秀·野村博, 「朝鮮總督府の宗教政策: '朝鮮神宮'の設立をめぐって」, 『社會學部論集(佛教大學社會學部)』 31, 1908. 3.

大陸神道聯盟, 『大麻と神棚: 家庭の神祀り心得』(京城: 大陸神道聯盟, 1939).

———, 『大陸神社大觀』(京城: 大陸神道聯盟, 1941).

大村友之丞,『京城回顧錄』(京城: 朝鮮研究會, 1922).

渡邊俊一,『「都市計劃」の誕生, 國際比較からみた日本近代都市計劃』(東京: 柏書房, 1993).

渡邊直樹,「李光秀と「新時代」」,『植民地文化研究』10, 2011. 7.

東京府 編,『東京大正博覽會事務報告(下)』(東京: 東京府, 1917).

藤森照信,『明治の東京計劃』(東京: 岩波書店, 1990).

藤井龜吉 編著,『京城の光華』(京城: 朝鮮事情調査會, 1926).

栗田榮二,「植民地下朝鮮に於ける神明神祠と「ただの神祠」」, 崔吉城 編,『日本植民地と文化
　　變容: 韓國·巨文島』(東京: 御茶の水書房, 1994).

李鐘旼,「輕犯罪の取締法令に見る民衆統制: 朝鮮の場合を中心に」, 浅野豊美, 松田利彦
　　編,『植民地帝國日本の法的構造』(東京: 信山社出版, 2004).

木村健二,『在朝日本人の社會史』(東京: 未來社, 1989).

白幡洋三郎,『近代都市公園史の研究 : 歐化の系譜』(東京: 思文閣出版, 1995).

白石保成,『朝鮮衛生要義』(京城: 日刊印刷商, 1918).

竝木真人,「植民地後期朝鮮に於ける民衆統合の一段: ソウルの事例を中心として」,『朝鮮社
　　會の史的展開と東アジア』(東京: 山川出版社, 1997).

山口公一,「植民地朝鮮における神社政策と朝鮮人の對應: 1936-1945」,『人民の歷史學』
　　146, 2000. 12.

——,「植民地朝鮮における神社政策: 1930年代を中心に」,『歷史評論』635, 2003. 3.

——,『植民地期朝鮮に於ける神社政策と朝鮮社會』(博士論文, 一橋大學, 2006).

山本有造,『日本植民地經濟史研究』(名古屋: 名古屋大學出版會, 1992).

森田芳夫,『朝鮮終戰の記錄: 米ソ兩軍の進駐と日本人の引揚』(東京: 巖南堂書店, 1964).

西澤泰彦,『圖說大連都市物語』(東京: 河出書房新社, 1999).

石田賴房,「日本における土地區劃整理制度史概說 1870-1980」,『總合都市研究』28,
　　1986.

——,『日本近代都市計劃史研究』(東京: 柏書房, 1987).

小栗史朗,『地方衛生行政の創設過程』(東京: 醫療圖書出版社, 1981).

小笠原省三 編述,『海外神社史(上卷)』(東京: 海外神社史編纂會, 1953).

——,『海外の神社 : 竝に「ブラジル在住同胞の教育と宗教」』(東京: 神道評論社, 1933).

小熊英二,『「日本人」の境界: 沖繩·アイヌ·臺灣·朝鮮植民地支配から復歸運動まで』(東京: 新
　　曜社, 1998).

松谷基和,「南朝鮮における米占領軍の神道政策: GHQ/SCAPの神道政策との比較の視點
　　から」,『現代韓國朝鮮研究』3, 2003. 12.

松本武祝,『朝鮮農村の「植民地近代」經驗』(東京: 社會評論社, 2005).

松田利彦,「日本統治下の朝鮮における「警察の民衆化」と「民衆の警察化」: 植民地における民衆

統合政策」,『人文論集』, 33(4), 1998.

───,『日本の朝鮮植民地支配と警察: 1905-1945』(東京: 校倉書房, 2009).

松井茂,『自治と警察』(東京: 警眼社, 1913).

水野直樹 編,『生活の中の植民地主義』(京都: 人文書院, 2004). (미즈노 나오키 외, 정선태 역,『생활 속의 식민지주의』(서울: 산처럼, 2007)).

───,「植民地期朝鮮における伊藤博文の記憶: 京城の博文寺を中心に」, 伊藤之雄·李盛煥 編著,『伊藤博文と韓國統治』(京都: ミネルヴァ書房, 2009). (이성환, 이토 유키오 편,『한국과 이토 히로부미』(서울: 선인, 2009)).

───,「皇民化政策の虛像と實像: '皇國臣民の精神'についての一考察」,『韓國解放100年をとう: 2010年國際シンポジウム』(東京: 岩波書店, 2011).

阿部安成,『傳染病豫防の言說: 近代轉換期の國民國家·日本と衛生』,『歷史學研究』686, 1996.

───,「'衛生'という秩序」, 見市雅俊·脇村孝平·齋藤修·飯島涉 編,『疾病·開發·帝國醫療: アジアにおける病氣と醫療の歷史學』(東京: 東京大學出版會, 2001).

安保則夫,『ミナト神戶コレラ·ペスト·スラム: 社會的差別形成史の研究』(京都: 學藝出版社, 1989).

伍島寧,『日本統治下'京城'の都市計劃に關する歷史的研究』(博士論文, 東京工業大學, 1995).

───,「日本統治下の臺北城內の街區形成に關する研究」,『土木史研究』18, 1998.

───,「京城市區改修(1912-1937)の特徵に關する研究」,『被殖民都市與建築國際學術研討會』(臺灣, 中央研究院臺灣史研究所), 2000년 9월 6~7일, 발표문.

原武史,『可視化された帝國: 近代日本の行幸啓』(東京: みすず書房, 2001).

───,「戰中期の'時間支配'」,『ミスズ』521, 2004.

越澤明,『大連の都市計劃史, 1898-1945』(東京: 日中經濟協會, 1984).

尹晸郁,『植民地朝鮮に於ける社會事業政策』(大阪: 大阪經濟法科大學出版部, 1996).

趙景達,「暴力と公論: 植民地朝鮮における民衆の暴力」, 須田努·中嶋久人·趙景達 編,『暴力の地平を超えて: 歷史學からの挑戰』(東京: 靑木書店, 2004).

朝鮮博覽會京城協贊會 編,『朝鮮博覽會京城協贊會報告書』(京城: 肥塚正太, 1930).

朝鮮研究會,『大京城』(京城: 朝鮮研究會, 1925).

朝鮮中央經濟會,『京城市民名鑑』(京城: 東亞出版株式會社, 1921)(한국사데이터베이스 db.history.go.kr에서 이용 가능).

朝鮮總督府,『(始政伍年記念)朝鮮物産共進會報告書 第1-3卷』(京城: 朝鮮總督府, 1916).

───,『大正9年コレラ病防疫誌』(京城: 朝鮮總督府, 1921).

─── 編,『朝鮮神宮造營誌』(京城: 朝鮮總督府, 1927).

―― 編, 『朝鮮博覽會記念寫眞帖』(京城: 朝鮮總督府, 1930).

――, 『國幣社關係綴』(京城: 出版者不明, 1933).

――, 『昭和19年12月第86回帝國議會說明資料』(東京: 不二出版, 1994).

朝鮮憲兵司令部, 『朝鮮同胞に對する內地人反省資料』(朝鮮憲兵司令部, 1933).

佐佐充昭, 「韓末における檀君敎の'重光'と檀君ナショナリズム」, 『朝鮮學會報』180, 2001. 7.

――, 「植民地期朝鮮における檀君敎の沿革と活動」, 『朝鮮史硏究會論文集』41, 2003.
    10.

陳培豊, 『'同化'の同床異夢: 日本統治下臺灣の國語敎育史再考』(東京: 三元社, 2001).

蔡錦堂, 『日本帝國主義下臺灣の宗敎政策』(東京: 同成社, 1994).

川端源太郞, 『京城と內地人』(京城: 日韓書房, 1910).

川瀨卓也, 『植民地朝鮮の宗敎と學知』(東京: 靑弓社, 2009).

千葉正士, 「東亞支配イデオロギ―としての神社政策」, 仁井田陞博士追悼論文集編集委員會
    編, 『日本法とアジア』(東京: 勁草書房, 1970).

川村湊, 『妓生(キ―セン): 「もの言う花」の文化誌』(東京, 作品社, 2001). (가와무라 미나토,
    유재순 역, 『(말하는 꽃) 기생』(서울: 소담출판사, 2001)).

靑野正明, 「朝鮮總督府の神社政策: 1930年代を中心に」, 『朝鮮學會報』160, 1996. 7.

靑井哲人, 「朝鮮の居留民奉齋神社と朝鮮總督府の神社政策: '勝地'としての神社境內の形成
    およびその變容と持續」, 『朝鮮學會報』112, 1999. 7.

――, 『植民地神社と帝國日本』(東京: 吉川弘文館, 2005).

樋浦鄕子, 「朝鮮神宮お祓い式繪の兒童生徒動員: '崇拜'と'親交'の間」, 『朝鮮史硏究論文集』
    46, 2008.

――, 『神社·學校·植民地: 逆機能する朝鮮支配』(京都: 京都大學學術出版會, 2013). (히
    우라 사토코, 이언숙 역, 『신사·학교·식민지: 지배를 위한 종교-교육』(서울: 고려대학
    교출판부, 2016)).

阪上孝, 「公衆衛生の誕生: '大日本私立衛生會'の成立と展開」, 『經濟論叢』156(4), 1995.

板垣龍太, 「'植民地近代'をめぐって: 朝鮮史硏究における現狀と課題」, 『歷史評論』654.
    2004.

漢城衛生會, 『漢城衛生會狀況一斑』I(京城: 漢城衛生會, 1914).

韓晳曦, 『日本の朝鮮支配と宗敎政策』(東京: 未來社 1990).

영어 문헌

A. Taylor Akins, *Primitive Selves: Koreana in the Japanese Colonial Gaze, 1910-1945*
    (Berkeley: University of California Press, 2010).

Akhil Gupta and James Ferguson, "Beyond 'Culture': Space, Identity, and the

Politics of Difference", *Cultural Anthropology* 7, no. 1, Feb. 1992.

Andre Schmid, "Colonialism and the 'Korea Problem' in the Historiography of Japan: A Review Article", *Journal of Asian Studies* 59, no. 4, Nov. 2000.

―――, *Korea between Empires, 1895-1919* (New York: Columbia University Press, 2002). (앙드레 슈미드, 정여울 역, 『제국 그 사이의 한국, 1895~1919』(서울: 휴머니스트, 2007)).

André Sorensen, *The Making of Urban Japan: Cities and Planning from Edo to the Twenty-First Century* (London: Routledge, 2002).

Ann L. Stoler, "Colonial Archives and the Arts of Governance, On the Content in the Form", *Archival Sciences* 2, 2002.

Anthony Sutcliffe, *The Rise of Modern Urban Planning, 1800~1914* (New York: St. Martin's Press, 1980).

Alexis Dudden, *Japan's Colonization of Korea: Discourse and Power* (Honolulu: University of Hawai'i Press, 2006).

―――, *Troubled Apologies among Japan, Korea, and the United States* (New York: Columbia University Press, 2008).

Arjun Appadurai, *Modernity at Large: Cultural Dimensions of Globalization* (Mineapolis: University of Minesota Press, 1996). (아르준 아파두라이, 차원현, 채호석, 배개화 역, 『(고삐 풀린) 현대성』(서울: 현실문화연구, 2004)).

Baek Yung, Kim "Ruptures and Conflicts in the Colonial Power Bloc: The Great Keijo Plan of the 1920s", *Korea Journal* 48, no. 3, Autumn 2008.

Barbara Brooks, "Reading the Japanese Colonial Archive: Gender and Bourgeois Civility in Korea and Manchuria Before 1932", in *Gendering Modern Japanese History*, ed. Barbara Molony and Kathleen Uno (Cambridge, MA: Harvard University Press, 2005).

Barry Hindess, "The Liberal Government of Unfreedom", *Alternatives: Global, Local, Political 26*, no. 2, April–June 2001.

Brandon Palmer, "Imperial Japan's Preparation to Conscript Koreans as Soldiers, 1942-1945", *Korean Studies* 31, 2007.

Carol Gluck, *Japan's Modern Myths: Ideology in the Late Meiji Period* (Princeton, NJ: Princeton University Press, 1985).

Carter J. Eckert, *Offspring of Empire: The Koch'ang Kims and the Colonial Origins of Korean Capitalism, 1876-1945* (Seattle: University of Washington Press, 1996). (카터 에커트, 주익종 역, 『제국의 후예: 고창 김씨가와 한국 자본주의의 기

원, 1876~1945』(서울: 푸른역사, 2008)).

Changmii Bae, *The Symbolic Landscape of National Identity: Planning, Politics, and Culture in South Korea* (PhD diss., University of Southern California, 2002).

Changmo Ahn, "Colonial Tourism in 1930s Korean Architecture: The Tradition of the Colonized and the Colonial Policy behind the Style of Railroad Station", *Journal of Southeast Asian Architecture* 7, 2004.

Chan-seung Park, "Yi Kwang-su and the Endorsement of State Power", *Journal of Korean Studies* 19, no. 1, Dec. 2006.

Charles R. Kim, "The April 19th Generation and the Start of Postcolonial History in South Korea", Namhee Lee eds, *The Making of Minjung: Democracy and the Politics of Representation in South Korea* (Ithaca, NY: Cornell University Press, 2009).

Chi-mo Hong, "Kim Chae-jun as Seen from the Perspective of Korean Conservative Theology", *Chongshin Review* 2 , October 1997.

Chinsok Chong, "A Study on the Maeil Sinbo(Daily News): Public Information Policy of the Japanese Imperialists and Korean Journalism under Japanese Imperialism", *Journal of Social Sciences and Humanities* 52, 1980.

Christine Kim, *The King Is Dead: The Monarchy and National Identity in Modern Korea* (PhD diss., Harvard University, 2004).

———, "Politics and Pageantry in Protectorate Korea, 1905–10: The Imperial Progresses of Sunjong", *Journal of Asian Studies* 68, no. 3, 2009.

———, "The Chosŏn Monarchy in Republican Korea, 1945–1965", in *Northeast Asia's Difficult Past: Essays in Collective Memory*, ed. Barry Schwartz and Mikyoung Kim (London: Palgrave Macmillan, 2010).

Christopher P. Hanscom, "Modernism, Hysteria, and the Colonial Double Bind: Pak T'aewŏn's One Day in the Life of the Author, Mr. Kubo", *Positions: Asia Critique* 21, no. 3, Summer 2013.

Daniel Kane, "Korea in the White City: Korea at the World's Columbian Exhibition (1893)", *Transactions of the Korea Branch Royal Asiatic Society* 77, 2002.

———, "Display at Empire's End: Korea's Participation in the 1900 Paris Universal Exposition", *Sungkyun Journal of East Asian Studies* 4, no. 2, Aug. 2004.

David Ambaras, "Social Knowledge, Cultural Capital, and the New Middle

Class in Japan, 1895-1912", *Journal of Japanese Studies* 24, no. 1 1988.

David Scott, "Colonial Governmentality", *Social Text* 43, Autumn 1995.

Dipesh Chakrabarty, *Provincializing Europe: Postcolonial Thought and Historical Difference* (Princeton, NJ: Princeton University Press, 2000). (디페시 차크라바르티, 김택현·안준범 역, 『유럽을 지방화하기: 포스트식민 사상과 역사적 차이』(서울: 그린비, 2014)).

Do-Hyun Han, "Shamanism, Superstition, and the Colonial Government", *Review of Korean Studies* 3, 2000.

Do-hyung Kim, "Introduction: The Nature of Reform in the Taehan Empire", in *Reform and Modernity in the Taehan Empire*, ed. Kim Dong-no, John B. Duncan, and Kim Do-hyung (Seoul: Jimoondang, 2006).

Donald Clark, "Protestant Christianity and the State: Religious Organizations as Civil Society", in *Korean Society: Civil Society, Democracy and the State,* ed. Charles K. Armstrong (London: Routledge, 2002).

Dong-hwan Ko, "The Characteristics of the Urban Development of Seoul during the Late Chosŏn Dynasty: With a Focus on the Changes in Urban Structure", *Seoul Journal of Korean Studies* 10, 1997.

E. Patricia Tsurumi, Japanese Colonial Education in Taiwan, 1895-1945 (Cambridge, MA: Harvard University Press, 1977).

――――, "Colonial Education in Korea and Taiwan", in *The Japanese Colonial Empire, 1895-1945*, ed. Ramon H. Meyers and Mark R. Peattie (Princeton, NJ: Princeton University Press, 1982).

Edward I-te Chen, "The Attempt to Integrate the Empire: Legal Perspectives", in *The Japanese Colonial Empire, 1895-1945*, ed. Ramon H. Meyers and Mark R. Peattie (Princeton, NJ: Princeton University Press, 1982).

Ellie Choi, *Space and the Historical Imagination: Yi Kwangsu's Vision of Korea during the Japanese Empire* (PhD diss., Harvard University, 2008).

Erez Manela, *The Wilsonian Moment: Self-Determination and the International Origins of Anticolonial Nationalism* (Oxford: Oxford University Press, 2007).

Eugene Y. Park, "The Phantasm of the Western Capital(Sŏgyŏng): Imperial Korea's Redevelopment of Pyongyang, 1902-1908", *International Journal of Asian Studies* 12, no. 2, 2015.

Frank Baldwin "Participatory Anti-Imperialism: The 1919 Independence Movement", *Journal of Korean Studies* 1 , 1979.

Gabrielle M. Spiegel, *Practicing History: New Directions in Historical Writing after the Linguistic Turn* (New York: Routledge, 2005).

Gary Wilder, *The French Imperial Nation-State: Negritude and Colonial Humanism between the Two World Wars* (Chicago: University of Chicago Press, 2005).

Gi-Wook Shin and Michael Robinson, eds., *Colonial Modernity in Korea* (Cambridge, MA: Harvard University Press, 2001). (신기욱·마이클 로빈스 편, 도면회 역, 『한국의 식민지근대성: 내재적 발전론과 식민지 근대화론을 넘어서』(서울: 삼인, 2006)).

Gregg Brazinsky, *Nation Building in South Korea: Koreans, Americans, and the Making of a Democracy* (Chapel Hill: University of North Carolina Press, 2007).

Gwendolyn Wright, *The Politics of Design in French Colonial Urbanism* (Chicago: University of Chicago Press, 1991).

Gyan Prakash, *Another Reason: Science and the Imagination of Modern India* (Princeton, NJ: Princeton University Press, 1999).

Hae-dong Yun, "Colonial Publicness as Metaphor", in *Mass Dictatorship and Modernity*, ed. Michael Kim, Michael Schoenhals, and Yong-Woo Kim (London: Routledge, 2013).

Helen Hardacre, *Shinto and the State, 1868~1988* (Princeton: Princeton University Press, 1989).

Helen J. S. Lee, "Voices of the 'Colonists,' Voices of the 'Immigrants': 'Korea' in Japan's Early Colonial Travel Narratives and Guides, 1894~1914", *Japanese Language and Literature* 41, no. I, April 2007.

_____, "Writing Colonial Relations of Everyday Life in Senryu", *Positions: East Asia Cultures Critique* 16, no. 3, Winter 2008.

Henri Lefebvre, *The Production of Space* (Oxford: Blackwell, 1991). (앙리 르페브르, 양영란 역, 『공간의 생산』(서울: 에코리브르, 2011)).

Henrik H. Sorensen, "The Attitude of the Japanese Colonial Government towards Religion in Korea, 1910-1919", *Copenhagen Papers in East and Southeast Asia Studies* 8, 1993.

Hisup Shin, "Uncovering Ch'ŏnggyech'ŏn: The Ruins of Modernization and Everyday Life", *Korean Studies* 29, 2006.

Hong Kal, "Modeling the West, Returning to Asia: Shifting Politics of Representation in Japanese Colonial Expositions in Korea", *Comparative*

Studies in Society and History 47, no. 3, 2005.

──── , "Politics of Visual Comparison: Notes on the Formation of Nationalism in the Colonial Exposition in Korea", *Arts & Culture in East Asia* 3, 2006.

Hong-key Yoon, *The Culture of Fengshui in Korea: An Exploration of East Asian Geomancy* (Lanham, MD: Lexington Books, 2006).

Hyun Ok Park, "Korean Manchuria: The Racial Politics of the Territorial Osmosis", *South Atlantic Quarterly* 99, no. 1, Winter 2000.

Hyunah Yang, "Re-membering the Korean Military Comfort Women: Nationalism, Sexuality, and Silencing", in *Dangerous Women: Gender and Korean Nationalism*, ed. Elaine H. Kim and Chungmoo Choi (London: Routledge, 1997). (일레인 김·최정무 공편, 박은미 역, 『위험한 여성: 젠더와 한국 의 민족주의』(서울: 삼인, 2001)).

Hyung Il Pai, 「Navigating Modern Seoul: The Typology of Guidebooks and City Landmarks. (모던경성의 이미지 형성과 근대관광미디어: 제국여행안내서와 도시랜드마크를 중심으로)」, 『서울학연구』 44, 2011. 8.

Hyung-gu Lynn, "Fashioning Modernity: Changing Meanings of Clothing in Colonial Korea", *Journal of International and Area Studies* 12, no. 1, Spring 2005.

Isabella Bishop, *Korea and Her Neighbors* (Seoul: Yonsei University Press, 1970). (이사벨라 비숍, 신복룡 역, 『조선과 그 이웃 나라들』(서울: 집문당, 2000)).

James Grayson, "The Accommodation of Korean Folk Religion to the Religious Forms of Buddhism: An Example of Reverse Syncretism", *Asian Folklore Studies* 51, no. 2, 1992.

Jason Ananda Josephson, *The Invention of Religion in Japan* (Chicago: University of Chicago Press, 2012).

Jesook Song, "Historicization of Homeless Spaces: The Seoul Train Station Square and the House of Freedom", *Anthropological Quarterly* 79, no. 2, Spring 2006.

Jonathan Reynolds, "Ise Shrine and a Modernist Construction of Japanese Tradition", *Art Bulletin* 83, no. 2, June 2001.

Jong-Geun Kim, *Colonial Modernity and the Colonial City: Seoul during the Japanese Occupation, 1910-1945* (PhD diss., University of Cambridge, 2013).

Jong-Heon Jin, "Demolishing Colony: The Demolition of the Old Government-General Building of Chosŏn", in *Sitings: Critical Approaches to Korean*

Geography, ed. Timothy R. Tangherlini and Sallie Yea (Honolulu: University of Hawai'i Press, 2008).

Joseph R. Allen, *Taipei: City of Displacements* (Seattle: University of Washington Press, 2012).

Jun Uchida, *Brokers of Empire: Japanese Settler Colonialism in Korea, 1876–1945* (Cambridge, MA: Harvard University Asia Center, 2011).

Jung In Kim, *Constructing a 'Miracle': Architecture, National Identity and Development of the Han River* (PhD diss., University of California, Berkeley, 2008).

Kate L. McDonald, *The Boundaries of the Interesting: Itineraries, Guidebooks, and Travel in Imperial Japan* (PhD diss., University of California, San Diego, 2011).

Ken C. Kawashima, *The Proletarian Gamble: Korean Workers in Interwar Japan* (Durham: Duke University Press, 2009).

Kenneth J. Ruoff, *Imperial Japan at Its Zenith* (Ithaca, NY: Cornell University Press, 2011).

Keun-sik Jung, "The Memories of August 15 (Day of Liberation) Reflected in Korean Anniversaries and Memorial Halls", *Review of Korean Studies* 8, no. 1, 2005.

Koen de Ceuster, "The World in a Book: Yu Kilchun's Sŏyu kyŏnmun", in *Korea in the Middle: Korean Studies and Area Studies*, ed. Remco E. Breuker (Leiden: CNWS Publications, 2007).

Kyeong-Hee Choi, *Beneath the Vermillion Ink: Japanese Colonial Censorship and the Making of Modern Korean Literature* (Ithaca, NY: Cornell University Press, forthcoming).

Kyung Moon Hwang, *Beyond Birth: Social Status in the Emergence of Modern Korea* (Cambridge, MA: Harvard University Press, 2004).

Leo Ching, *Becoming 'Japanese': Colonial Taiwan and the Politics of Identity Formation* (Berkeley: University of California Press, 2001).

Lisa Munro, "Investigating World's Fairs: An Historiography", *Studies in Latin American Popular Culture* 28, 2010.

Mark Driscoll, *Absolute Erotic, Absolute Grotesque: The Living, the Dead, and the Undead in Japan's Imperialism, 1895–1945* (Durham: Duke University Press, 2010).

Mark E. Caprio, *Japanese Assimilation Policies in Colonial Korea, 1910–1945* (Seattle:

University of Washington Press, 2009).

Mark R. Peattie, "Japanese Attitudes toward Colonialism, 1895-1945", in Ramon H. Myers and Mark R. Peattie, ed. *The Japanese Colonial Empire, 1895-1945* (Princeton, NJ: Princeton University Press, 1987).

Mary Louise Pratt, *Imperial Eyes: Travel Writing and Transculturation* (London: Routledge, 1992).

Michael Kim, "The Colonial Public Sphere and the Discursive Mechanism of Mindo", in *Mass Dictatorship and Modernity*, ed. Michael Kim, Michael Schoenhals, and Yong-Woo Kim (London: Routledge, 2013).

Michael Robinson, "Broadcasting, Cultural Hegemony, and Colonial Modernity in Korea, 1924-1945", in *Colonial Modernity in Korea*, ed. Shin Gi-Wook and Michael Robinson (Cambridge, MA: Harvard University Press, 1999).

Michel Foucault, '*Two Lectures*', in *Power/Knowledge: Selected Interviews, and Other Writings, 1972-1977*, ed. Colin Gordon (New York: Pantheon, 1980). (미셸 푸코, 콜린 고든 편, 홍성민 역, 『권력과 지식: 미셸 푸코와의 대담』(서울: 나남출판, 1995)).

———, "Governmentality", in *The Foucault Effect: Studies in Governmentality*, ed. G. Burchell, C. Gordon, and P. Miller (London: Harvester Wheatsheaf, 1991). (미셸 푸코 외, 이승철, 심성보 외 역, 『푸코 효과: 통치성에 관한 연구』(서울: 난장, 2014)).

———, "Questions of Method", in *Essential Works of Foucault, 1954-1984*, vol. 3, *Power*, ed. James D. Faubion (New York: New Press, 2000).

———, "Society Must Be Defended": *Lectures at the College de France, 1975-76* (New York: Picador, 2003). (미셸 푸코, 김상운 역, 『사회를 보호해야 한다: 콜레주드프랑스 강의, 1975-76년』(서울: 난장, 2015)).

———, *Security, Territory, Population: Lectures at the College de France, 1977-78* (New York: Palgrave Macmillan, 2007). (미셸 푸코, 오르트망 외 역, 『안전, 영토, 인구: 콜레주드프랑스 강의, 1977-78년』(서울: 난장, 2011)).

Michel-Rolph Trouillot, *Silencing the Past: Power and the Production of History* (Boston: Beacon Press, 1997).

Son, Min Suh "Enlightenment and Electrification: The Introduction of Electric Light, Telegraph and Streetcars in Late Nineteenth Century Korea", in *Reform and Modernity in the Taehan Empire*, ed., Kim Dong-no, John B. Duncan and Kim Do-hyung (Seoul: Jimoondang, 2006).

Ming-Cheng Lo, *Doctors within Borders: Profession, Ethnicity, and Modernity in Colonial Taiwan* (Berkeley: University of California Press, 2002).

Moon-Hwan Kim, "The Plaza as a Public Art: The Case of Gwanghwamun Plaza in Seoul", *Journal of Asian Arts & Aesthetics* 3, 2009.

Myoun-hoi Do, "The Implications of Colonial Modernity without Colonialism", *Korea Journal* 44, no. 2, Summer 2004.

Myung-Rae Cho, "From Street Corners to Plaza: The Production of Festive Civic Space in Central Seoul", in *Globalization, the City and Civil Society in Pacific Asia: The Social Production of Civic Spaces*, ed. Mike Douglas, K. C. Ho, and Giok Ling Ooi (London: Routledge, 2007).

――――, "The Politics of Urban Nature Restoration: The Case of Cheonggyecheon Restoration in Seoul, Korea", *International Development Planning Review* 32, no. 2, 2010.

Nam-lin Hur, *Prayer and Play in Late Tokugawa Japan: Asakusa Senso-ji and Edo Society* (Cambridge, MA: Harvard University Press, 2000).

Nicholas Thomas, *Colonialism's Culture: Anthropology, Travel, and Government* (Princeton, NJ: Princeton University Press, 1994).

Nicolas Fieve and Paul Waley, eds., *Japanese Capitals in Historical Perspective: Place, Power and Memory in Kyoto, Edo and Tokyo* (London: Routledge, 2003).

Nicole Leah Cohen, *Children of Empire: Growing up Japanese in Colonial Korea, 1876–1945* (PhD diss., Columbia University, 2006).

Oguma Eiji, *A Genealogy of Japanese 'Self-Images'* (Melbourne: Trans Pacic Press, 2002). (오구마 에이지, 조현설 역, 『일본 단일민족신화의 기원』(서울: 소명출판, 2003)).

Partha Chatterjee, *The Nation and Its Fragments: Colonial and Postcolonial Histories* (Princeton, NJ: Princeton University Press, 1993).

Peter Duus, *Abacus and the Sword: The Japanese Penetration of Korea, 1895–1910* (Berkeley: University of California Press, 1995).

Peter Redfield, "Foucault in the Tropics: Displacing the Panopticon", in *Anthropologies of Modernity: Foucault, Governmentality, and Life Politics*, ed. Jonathan Xavier Inda (London: Blackwell, 2005).

Pierre Bourdieu, *The Logic of Practice* (Stanford: Stanford University Press, 1992).

Qinghua Guo, *Chinese Architecture and Planning: Ideas, Methods, Techniques* (Stuttgart: Axel Menges, 2005).

Ramon H. Myers and Mark R. Peattie, eds., *The Japanese Colonial Empire, 1895–1945* (Princeton, N.J. : Princeton University Press, 1984).

Ranajit Guha, *Dominance without Hegemony: History and Power in Colonial India* (Cambridge, MA: Harvard University Press, 1988).

Raymond F. Betts, *Assimilation and Association in French Colonial Theory, 1890–1914* (New York: Columbia University Press, 1960).

Richard E. Kim, *Lost Names: Scenes from a Korean Boyhood* (Berkeley: University of California Press, 1998). (김은국, 『잃어버린 이름』(서울: 다림, 2011)).

Roald Maliangkay, "Them Pig Feet: Anti-Japanese Folksongs in Korea", in *Korea in the Middle: Positioning Korea*, ed. Remco Breuker (Leiden: CNWS Publications, 2007).

Ruth Rogaski, *Hygienic Modernity: Meanings of Health and Disease in Treaty-Port China* (Berkeley: University of California Press, 2004).

Sandra Collins, *The Missing Olympics: Japan, the Asian Olympics and the Olympic Movement* (London: Routledge, 2007).

Se Hoon Park, "Care and Control: Colonial Governmentality and Urban Social Policy in Colonial Seoul", in *East Asia: A Critical Geography Perspective*, ed. Wing-Shing Tang and Fujio Mizuoka (Tokyo: Kokon shoin, 2010).

Se-mi Oh, *Consuming the Modern: The Everyday in Colonial Seoul, 1915–1937* (PhD. diss., Columbia University, 2008).

Seungsook Moon, *Militarized Modernity and Gendered Citizenship in South Korea* (Durham: Duke University Press, 2005).

Shaun O'Dwyer, "The Yasukuni Shrine and the Competing Patriotic Pasts of East Asia", *History & Memory* 22, no. 2, Fall/Winter 2010.

So Young Suh, *Korean Medicine between the Local and the Universal, 1600–1945* (PhD diss., University of California, Los Angeles, 2006).

Sonia Ryang, "Japanese Travelers' Accounts of Korea", *East Asian History* 13/14, June/Dec. 1997.

Sonja Kim, "The Search for Helath: Translating Wisaeng and Medicine during the Taehan Empire", in *Reform and Modernity in the Taehan Empire*, ed., Kim Dong-no, John B. Duncan and Kim Do-hyung (Seoul: Jimoondang, 2006).

———, "Limiting Birth': Birth Control in Colonial Korea", *East Asian Science, Technology, and Society: An International Journal* 2, no. 3, 2008.

————, *Contesting Bodies: Managing Population, Birthing, and Medicine in Korea, 1876–1945* (PhD diss., University of California, Los Angeles), 2008.

Sonoda Minoru, "Festival and Sacred Transgression", in *Matsuri: Festival and Rite in Japanese Life* (Tokyo: Institute for Japanese Culture and Classics, Kokugakuin University, 1988).

Stephen Legg, *Spaces of Colonialism: Dehli's Urban Governmentalities* (Oxford: Blackwell, 2007).

Stephen Vlastos, ed., *Mirror of Modernity: Invented Traditions of Modern Japan* (Berkeley: University of California Press, 1998).

Suk-Young Kim, *Illusive Utopia: Theater, Film, and Everyday Performance in North Korea* (Ann Arbor: University of Michigan Press, 2010).

Sung Kyu Hwang ed., *The Life and Theology of Changgong, Kim Chai Choon* (Seoul: Hanshin University Press, 2005).

Sung-Gun Kim, *Korean Christianity and the Shinto Shrine Issue in the War Period, 1931–1945: A Sociological Study of Religion and Politics* (PhD diss., University of Hull, 1989).

————, "The Shinto Shrine Issue in Korean Christianity under Japanese Colonialism", *Journal of Church and State* 39, no. 3, Summer 1997.

Sunyoung Park, *On the Eve of the Uprising, and Other Stories from Colonial Korea* (Ithaca, NY: Cornell University Press, 2010).

Sven Opitz, "Government Unlimited: The Security Dispositif of Illiberal Governmentality", in *Governmentality: Current Issues and Future Challenges*, ed. Ulrich Bröckling, Susanne Krausmann, and Thomas Lemke (New York: Routledge, 2010).

Tae-hern Jung, "Two Korea's Perceptions of the 'Colonial Modernity' since 1945", *International Journal of Korean History* 2, Dec. 2001.

Tae-jin Yi, "The Annexation of Korea Failed to Come into Being: Forced Treaties and Japan's Annexation of the Great Han Empire", *Seoul Journal of Korean Studies* 18, 2005.

————, "Seoul's Modern Development during the Eighteenth and Nineteenth Centuries" and "The Leaders and Objectives of the Seoul Urban Renovation Project of 1896–1904", in *The Dynamics of Confucianism and Modernization in Korean History* (Ithaca, NY: Cornell University Press, 2008).

Tae-woong Kim, "Industrial Exhibitions('Gongjinhoe') and the Political Propaganda of Japanese Imperialism in the 1910s", *International Journal of Korean History* 3, Dec. 2002.

Takashi Fujitani, *Splendid Monarchy: Power and Pageantry in Modern Japan* (Berkeley: University of California Press, 1996). (다카시 후지타니, 한석정 역, 『화려한 군주: 근대일본의 권력과 국가의례』(서울: 이산, 2003)).

————, *Race for Empire: Koreans as Japanese and Japanese as Americans during World War II* (Berkeley: University of California Press, 2011). (다카시 후지타니, 이경훈 역, 『총력전 제국의 인종주의: 제2차 세계대전기 식민지 조선인과 일본계 미국인』(서울: 푸른역사, 2019)).

Takahashi Testuya, "The National Politics of the Yasukuni Shrine", *Nationalisms in Japan,* ed. Naoko Shimazu (London: Routledge, 2006).

Tani Barlow, "Debates over Colonial Modernity in East Asia and Another Alternative", *Cultural Studies* 26, no. 5, 2012.

Tania Murray Li, *The Will to Improve: Governmentality, Development, and the Practice of Politics* (Durham: Duke University Press, 2007).

Tessa Morris-Suzuki, "Becoming Japanese: Imperial Expansion and Identity Crises in the Early Twentieth Century", in *Japan's Competing Modernities: Issues in Culture and Democracy, 1900-1930*, ed. Sharon Minichiello (Honolulu: Uni- of Hawai'i Press, 1998).

Theodore Jun Yoo, *The Politics of Gender in Colonial Korea: Education, Labor, and Health, 1910-45* (Berkeley: University of California Press, 2008).

Theodore Q. Hughes, *Literature and Film in Cold War South Korea: Freedom's Frontier* (New York: Columbia University Press, 2012).

Thomas Blom Hansen and Finn Stepputat, eds., *States of Imagination: Ethnographic Explorations of the Postcolonial State* (Durham: Duke University Press, 2001).

Thomas R. H. Havens, *Parkscapes: Green Spaces in Modern Japan* (Honolulu: University of Hawai'i Press, 2011).

Timothy Mitchell, "Society, Economy, and the State Effect", in *State/Culture: State-Formation after the Cultural Turn, ed. George Steinmetz* (Ithaca, NY: Cornell University Press, 1999).

Todd A. Henry, *Keijo: Japanese and Korean Constructions of Colonial Seoul and the History of its Lived Spaces, 1910-37* (PhD diss., University of California, Los

Angeles, 2006).

――, "Assimilation's Racializing Sensibilities: Colonized Koreans as Yobos and the 'Yoboization' of Japanese Settlers", *Positions: Asia Critique* 21, no. 1, Winter 2013.

――, "Sanitizing Empire: Japanese Articulations of Korean Otherness and the Construction of Early Colonial Seoul, 1905–19", *Journal of Asian Studies* 64, no. 3, Aug. 2005.

Tong-wŏn Shin, "Hygiene, Medicine, and Modernity in Korea, 1876~1910", *East Asian Science, Technology and Society: An International Journal* 3, 2009.

Trent E. Maxey, *The 'Greatest Problem' in Religion and State Formation in Meiji Japan* (Cambridge, MA: Harvard University Asia Center, 2014).

Vipan Chandra, *Imperialism, Resistance, and Reform in Late Nineteenth-Century Korea: Enlightenment and the Independence Club* (Berkeley: Institute of East Asian Studies, 1988).

Vladimir Tikhonov, *Social Darwinism and Nationalism in Korea: The Beginnings, 1880s to 1910s* (Leiden: Brill, 2009).

Walter Edwards, "Forging Tradition for a Holy War: The Hakkō Ichiu Tower in Miyazaki and Japanese Wartime Ideology", *Journal of Japanese Studies* 29, No. 2, Summer 2003.

Wan-yao Chou, "The Kominka Movement in Taiwan and Korea: Comparisons and Interpretations", in *The Japanese Wartime Empire, 1931–1945*, ed. Peter Duus, Ramon Myers, and Mark Peattie (Princeton, NJ: Princeton University Press, 1996).

Wi Jo Kang, *Christ and Caesar in Modern Korea: A History of Christianity and Politics* (Albany: SUNY Press, 1997).

Wm. Theodore de Bary, Carol Gluck, and Arthur E. Tiedemann, eds., *Sources of Japanese Tradition, Abridged*, vol. 2, 1868 to 2000 (New York: Columbia University Press, 2006).

Won-deog Lee, "A Normal State without Remorse: The Textbook Controversy and Korea-Japan Relations", *East Asian Review* 13, no. 3, Autumn 2001.

Yang-hee Hong, "Debates about 'A Good Wife and Wise Mother' and Tradition in Colonial Korea", *Review of Korean Studies* 11, no. 4, Dec. 2008.

Younghan Cho, "Colonial Modernity Matters?", *Cultural Studies* 26, no. 5, 2012.

Young-koo Roh, "Yi Sun-shin, an Admiral Who Became a Myth", *Review of*

Korean Studies 7, no. 3, 2004.

Yukiko Hayase, *The Career of Gotō Shimpei: Japan's Statesman of Research, 1857~1929* (PhD diss., Florida State University, 1974).

Yun-jae Park, "Anti-Cholera Measures by the Japanese Colonial Government and the Reaction of Koreans in the Early 1920s", *Review of Korean Studies* 8, no. 4, 2005.

옮긴이의 글

이 책은 Todd A. Henry, *Assimilating Seoul: Japanese Rule and the Politics of Public Space in Colonial Korea, 1910－1945* (Berkeley: University of California Press, 2014)를 완역한 것이다. 서울의 역사를 다룬 해외 연구서로서는 단연 독보적인 학문적 경지를 개척하고 있으며, 20세기 한국사를 다룬 해외 한국학 저서들 중에서도 명저의 반열에 오를 만한 빼어난 학술적 성취를 달성하고 있는 이 저서를 국내 독자들에게 소개할 수 있게 된 것을 매우 기쁘게 생각한다. 이 책의 출간은 일차적으로는 한국 근현대사 연구자들에게 가장 반가운 소식이겠지만, 서울학이나 한국학의 협소한 범위를 넘어서 근현대 일본이나 동아시아의 사회·문화사나 도시·지역사 연구자들에게도 큰 자극과 도움이 될 것이다. 무엇보다도 이 책은 다년간 국내외 학계뿐만 아니라 사회적으로도 뜨거운 감자가 되어온 '식민지 근대' 문제를 재조명하는 독창적인 시각을 제공하고 있다는 점에서, 연구자들은 물론 양식 있는 일반 독자들의 지적 욕구를 충족시키고 역사의식을 고양함에 있어서도 부족함이 없을 것이다.

목차를 통해 한눈에 파악할 수 있듯이, 이 책은 식민지 시기(1910~1945) 서울의 공공 공간public space에서 일제의 식민지 동화주의 프로젝트가 전개된 구체적 양상을 정신적spiritual, 물질적material, 공중적civic인 세 가지 측면으로 나누어 살펴보고 있다. 서장과 에필로그를 제외하면 이 책은 전체가 5장으로 구성되어 있는데, 식민화 초기 '이중도시'의 형성 과정을 설명하는 제1장에 이어 제2장, 제3장, 제4장에서는 각각 신토 신사, 박람회, 도시위생운동이라는 세 가지 구체적 대상을 중심으로 1910~1937년간 식민 통치가 실행된 구체적 양상을 분석하고 있다. 마지막 제5장에서는 이들 세 가지 동화주의의 흐름들이 전시기(1937~1945)에 접어들어 '황국신민화' 프로젝트라는 하나의 흐름으로 합류하면서 나타난 변화 양상에 대해 다룬다. 특징적인 것은 그 서술 방식으로, 이 책은 '식민지 근대'의 실상이 무엇이었는지를 당시 서울에 살았던 사람들이 직접 보고 겪었을 다양한 에피소드들을 통해 생생하고 선연한 필치로 그려내고 있다.

각 장의 주된 논제를 좀 더 상술하자면, 500년 연륜의 성리학적 왕조 수도 공간이 제국 일본의 식민지 수도로 변화하는 과정을 간명하게 정리한 제1장을 비롯하여, 당시 조선인들에게는 몹시도 낯설고 생경한 '왜색' 물씬한 이국적 풍습으로 받아들여졌을 신토 신사의 화려한 제전 행렬(제2장), 서양식 자본주의 선진 문물의 향연을 통해 '후진적' 토착민들을 압도하고 매혹시킴으로써 그들에게 제국의 물질적 풍요라는 환상을 심어주고자 했던 박람회라는 메가mega이벤트

(제3장), 그리고 주민 일상생활에서 위생 규범과 공중도덕을 준수하는 자기 관리적인 근대 주체 생산을 목표로 삼아 마을 단위로 추진된 위생운동(제4장)에 이르기까지 전 방위적이고 동시다발적으로 논의를 전개한다. 마지막으로 제5장에서는 신사참배나 강제징용, 전시 총동원 정책으로 통념화되어 있는 전시 황민화운동에 대해, 집 안에 가미다나神棚를 설치하는 문제나 청량리 일대에서 개최된 1940년 대박람회 등을 대상으로 잘 알려져 있지 않은 사료들을 발굴하여 세심하게 분석함으로써 당대인들이 겪었을 역사적 체험의 새로운 결들을 밝혀내고 있다.

이처럼 이 책에서 주된 연구 대상으로 삼고 있는 것은 고리타분한 '정책'이나 추상적인 '제도'가 아니라, 도시민들의 삶이 펼쳐지는 길거리, 전시장, 마을, 집 안과 같은 일상생활의 현장, 즉 '살아 있는 공간lived space'이다. 특히 저자는 식민지 시기에 지배 권력의 동화주의 프로젝트에 의해 여러 가지 형태의 공공 공간이 새롭게 출현했으며, 그 공간에서 다양한 도시적 주체들이 마주치고 뒤섞이는 '접촉 지대contact zone'가 형성되었다는 점에 주목한다. 이 책은 이러한 공공 공간에서 벌어진 '접촉(주체들 간의 다양한 상호작용)'의 구체적 양상을 분석하는 데 주력하고 있는 것이다. 이를 통해 저자는 '침울했던 민족사의 암흑기', '일제의 억압과 수탈', '친일과 반일의 유혈적 드라마'로 통념화되어 있는, 이 엄숙하고도 긴장되지만 구태의연하고 천편일률적인 지배와 피지배의 흑백 무성영화 같은 역사적 서사를, 각양각색의 인생 군상들이 빚어내는 예측불가의 왁자지껄한 총천연색 '난리법석'의 스펙터클로 그려낸다. 이 한바탕 대소동극에는 총독부 당국자들, 재경성 일본인 유력자들, 친일파 조선인들, 민족주의 지식인들, 잇속에 밝은 각종 장사치들과 모리배들로부터 게이샤와 기생들, 샐러리맨과 소시민들, 학생들, 빈민들, 고아들, 소매치기와 날품팔이 꾼들까지 제각기 비중 있는 배역을 맡아 등장한다. 이 다양한 주체들을 되살려내어 적재적소에 배치하는 저자의 솜씨는 혀를 내두를 정도로 능수능란하며, 특히 이들이 애써 의식적으로 연출한 표면적 행태 이면에 감춰진 그들의 주관적 체험과 내면 정서까지 포착해내고자 하는 저자의 집요한 노력은 경이롭게 느껴진다.

책에 묘사된 바에 따르면, 동화주의에 의해 창출된 공공 공간에서 이루어진 '접촉'의 실제 양상은 제각기 다른 속셈과 아비투스를 지닌 각계각층의 다양한 주체들이 벌이는, 속고 속이는 역동적인 '숨바꼭질 게임'에 가깝다. 이는 겉보기에 '충량한 신민'이었던 식민지 대중들이 —조선인들은 물론 일본인들까지도— 물밑에서 다양한 방식으로 소리 없는 저항 내지 일탈을 저질러 식민 권력을 곧잘 곤경에 빠뜨리곤 했으며, 식민지 동화주의라는 하향식 일방통행 정책이 결코 의도대로 관철되지 않았음을 뜻한다. 결국 식민지 공공 공간이란, 기획자들의 각본과 연출, 집행자들의 삼엄한 감시와 무대장치의 물질적 효과가 그 공간에 참여하는 대다수 행위자들의 일거수일투족에 영향을 미치는 현실적 힘으로 작용했음을 무시할 수는 없지만, 그 거창한 동화의 프로그램이 무대 위에서 실제로 구현되는 양상은 각양각색의 주체들이 제각기 생존을 위해 혼신을 다한 '면종복배面從腹背'의 연기를 펼치는 한편의 다중상황극에 가까운 것이었다. 이 고문서 더미의 책갈피 속에 숨겨져 있던 각본 없는 희비극을 발굴하여 재현해냄으로써 저자는 식민지 동화주의의 기획이 그 구체적 실행 과정에 있어서는 대개 예상치 못한 암초에 부딪혀 차질을 빚을 수밖에 없었고, 따라서 '식민지 통치성colonial governmentality'은 언제나-이미 한계에 직면하고 있었음을 누구보다도 실감나고 설득력 있게 입증하는 데 성공하고 있다.

이 책이 지닌 장점과 미덕은 이뿐만이 아니다. 에필로그에서 저자는 광복 이후 '반공'과 '반일'을 국시로 하여 등장한 대한민국 정부가 그들의 통치 이념을 현대 서울의 도시공간에 새겨 넣는 과정에서 벌인 (그중 일부는 여전히 진행형인) 국가주의적 프로젝트들이 과연 일본 식민주의자들이 '한양'을 '경성'으로 탈바꿈시키기 위해 저지른 '만행'과 얼마나 다른 것인지 (혹은 얼마나 닮은 것인지) 냉철하게 성찰할 것을 요청하고 있다. 다시 말해서 이 책은 식민지 도시의 일상을 세심하게 들여다보고 두텁게 기술하는 탁월한 현미경적 분석력을 과시하고 있을 뿐만 아니라, 지난 세기 한반도가 경험한 격동과 풍파의 역사에 대한 망원경적 통찰력을 바탕으로 그것이 현대 서울에 무엇을 남겼는가라는 심대하고도 복합적인 질문을 제기하고 있다. 물론 이러한 탈식민주의적 문제 제기가 완전히 새로운 것은 아니다. 하지만 글로벌 초거대도시로 성장한 현대 서울의 심장부에 도사리고 있(을지 모르)는 유형·무형의 '식민지 유산'의 문제를 예리하게 겨냥하는 저자의 정밀한 타격술은, 친일과 반일, 식민지 수탈론과 근대화론과 같은 익숙한 선악 이분법적 역사관에 안주하고 있는 독자들에게는 고정관념의 근간을 뒤흔드는 색다른 긴장감을 선사할 것이다.

이제 이 재기발랄하고 흥미진진한 연구서를 네 사람이 함께 번역하게 된 연유와, 이 독특한 공동 작업이 어떤 방식으로 진행되었는지에 대해 소개하면서 이 글을 맺으려 한다. 역자가 저자를 처음 만난 것은 2003년 가을의 어느 공부 모임에서였던 것으로 기억한다. 당시 1년간의 교토 유학에서 갓 돌아와 박사논문의 틀 짜기에 골몰해 있던 역자에게, 이 벽안碧眼의 유대계 미국인 한국학자와의 만남을 제대로 음미할 여유는 없었을 테지만, 그런 와중에도, 익숙한 대상에 대해 낯선 초식의 검법을 구사하는, 정련되지는 못 했으나 독특한 재기와 섬세한 감수성이 돋보였던 이 동년배 외국인 연구자와의 조우는 매우 인상적인 기억으로 남았다. 아직은 둘 다 미성숙한 연구생이었던 시절, 이 이방인 신진학자와 처음으로 연이 닿았던 찰나의 바랜 기억은, 번역이 막바지에 돌입하여 최종적으로 이 책에 어떤 색감을 입혀 국내 독자들에게 소개해야 할까 고심한 최근 며칠간 더욱 또렷하게 떠올랐다. 그것은 아마도, 고무줄처럼 늘어져버린 지난 2년 남짓한 기간에 걸쳐, 결이 다른 세 분의 공역자와 합심하여 그의 책을 우리말로 옮기는 과정에서, 번역이란 작업이 단순히 일방향적인 '옮겨 씀'이라기보다는 이질적인 둘 이상의 세계의 '마주침'임을 새삼 실감하게 되었기 때문일 것이다.

역자가 그의 책 *Assimilating Seoul*을 처음 접한 것은, 영문판 출간을 전후한 2013년 하반기와 2014년 상반기에 서울에서 있었던 그의 책에 대한 두 차례의 서평회에 논평자로 초대되면서였다. 토론을 준비하기 위해 그의 책을 정독하면서, 그의 문제의식과 해법이 나의 생각과 놀라우리만치 동조同調하고 있음을 발견했는데, 특히 다음 두 가지 측면에서 그러했다. 첫째는 '무단통치-문화통치-병참기지화(또는 황민화)'로 이어지는 통념적인 정치사적 시기 구분을 혁파하는, 1920년대 중반을 중요한 분기점으로 설정하는 도시사 혹은 사회·문

화사적 관점에서 새로운 시기 구분법을 도입한 점이고,* 둘째는 도시
공간을 분석함에 있어서 공간을 계획하고 생산하는 지배 권력 측의
입장만이 아니라 그것을 점유하고 활용하는 피지배 대중 측의 관점
에서 분석할 필요성을 제기한 점이었다. 특히 후자의 문제와 관련하
여, 역자는 일찍이 '공간의 정치학'을 넘어서는 '공간의 화용론話用論
(pragmatics)'에 대한 본격적 분석의 중요성을 제기했음에도,** 본격적인
연구에는 한참 모자라는 불만족스러운 글 서너 편을 쓰고 말았음
을 내심 큰 아쉬움으로 품고 있었는데,*** 그의 연구는 나의 연구가 서
성이다 발걸음을 멈추고 만 지점을 돌파하여 한 걸음 더, 아니 한달
음에 훌쩍 앞을 향해 나아간 것이었다. 이 책에서 그가 선보인 강력
한 돌파력은 그의 탁월한 이론적 역량과 영미권 학자로서 그가 점하

---

* 역자는 1920년대 중반을 기준점으로 서울의 식민도시화를 전기와 후기로 나눌
수 있다고 보고, 1904 -1914 -1926 -1936년을 각각 서울의 식민도시화 제1~4
기가 시작되는 연도로 설정했다(김백영, 「일제하 서울에서의 식민권력의 지배전략
과 도시공간의 정치학」, 서울대학교 사회학박사학위논문, 2005, 24-31쪽(특히 〔표
1-1〕) 및 김백영, 『지배와 공간』, 서울: 문학과지성사, 2009, 65~70쪽 참조). 역자
가 1910년이 아닌 1904년을 식민도시화의 출발점으로 삼은 것은 식민화의 '첫 단
추 끼우기'에 있어서 러일전쟁이 미친 영향을 강조한 것이다. 1910 -1926 -1937
년을 기준점으로 삼은 저자의 방식은 '동화주의'라는 사회사적 프로젝트를 최우선
적인 고려 대상으로 하고 있다는 점에서, 서울의 도시사적 차원을 좀 더 우선시한
역자의 방식과 흡사한 문제의식을 공유하고 있으면서도 약간의 견해차를 드러낸다.
어쨌거나 '일제강점기'에 대한 통념적 시기 구분의 한계를 지적하고 다양한 논의의
필요성을 제기하고 있다는 점에 있어서 저자와 역자의 견해는 전적으로 일치한다.

** 김백영, 『지배와 공간』, 서울: 문학과지성사, 2009, 58~64쪽 참조.

*** 일제하 서울의 백화점, 신사, 상하수도, 광장이 어떤 사회적 성격을 띠고 있었는가
를 주제로 하여 각각 한 편씩의 논문을 썼는데, 주민들 일상생활의 다양한 측면들을
'두텁게 기술'할 수 있을 만큼 충분한 1차 자료를 수집하는 데까지 나아가지는 못
했기에, 거창한 주장에 비해 논증은 매우 부실한 논문에 그쳤다.

고 있는 이론적 조망에 유리한 위치 효과 때문이기도 하겠지만,『경성일보』를 비롯한 일본어 자료의 광활한 밭을 훑어내어 필요한 알곡한 알 한 알을 거두어들인 역사가로서의 성실성과 끈기의 산물이기도 했다. 역자는 이처럼 폭넓고 심도 깊은 이론적 통찰의 토대 위에, 자료의 수집과 정리에 들인 다년간의 노고로 탄탄한 형체를 갖추고, 저자 특유의 섬세하면서도 날카로운 필치로 맵시를 더한 이 책이 대단한 역작임을 단숨에 알아챌 수 있었다.

한 가지 문제는 이 책의 원문이 (전부는 아니지만, 일부 중요한 대목들이) 무척 난해한 편이어서, 그것을 영문으로 읽고 의미를 해득해내기가 결코 쉬운 일은 아니었다는 점이다. 그동안 적어도 국내에서는, 대중적으로는 물론이거니와 관련 분야 연구자들 가운데서도 책 전체를 완독한 사람을 거의 찾아보기 어려웠다. 때문에 이 책은, 빼어난 작품성에도 불구하고, 사회적으로나 학문적으로 충분한 반향을 얻을 수 없었다. 이 매력적인 작품이 하루빨리 국내 독자들에게도 소개되었으면 하는 개인적인 바람과, 번역을 맡아달라는 저자와 주변으로부터 은연중의 혹은 노골적인 제안과 요청에도 불구하고, '제 코가 석자'인 상황에서 선뜻 번역을 맡겠다고 나서기는 어려웠다. 솜씨 좋은 누군가의 노고와 봉사를 거쳐 이 책이 하루속히 국내 독자들과 만날 수 있기를 기대했지만, 누구도 번역에 나서는 이는 없었고, 언어의 장벽에 가로막힌 채 세월의 먼지가 쌓여감을 안타깝게 지켜볼 수밖에 없었다.

그러던 와중에 우연한 기회에 공역자 세 분이 번역 작업에 동참할 뜻이 있음을 알게 되면서 4인 공동으로 번역 작업에 착수하게 되었다. 번역자이기 이전에 학술서 독자로서, 여러 사람들이 나눠 맡아 번역한 학술서에서 심심찮게 부실 번역의 문제점이 발견되곤 한다는 사실을 다들 너무나 잘 알고 있었기에, 그 폐해를 반복하지 않으려고 착수 단계에서부터 심혈을 기울였다. 시작 단계에서는 네 사람이 각 장별로 분담해서 초역하는 데서 출발했지만,* 초역 과정에서 여러 차례의 교차 검토와 의견 교환을 거쳤으며, 초역본 원고를 취합한 이후에도 2단계에 걸쳐 전면적인 수정 보완 작업이 이루어졌다. 저자 특유의 화법과 문체를 구사하여 서술된 고밀도의 문장을 국내 독자들에게 이해하기 쉽게 전달하기 위해 정준영 선생이 단문으로 알기 쉽게 해체하고, 그것을 역자가 최종적으로 일일이 원문 대조해가며 재조합하여 의미론적으로 복원함으로써, 결과적으로 3단계의 공정을 거친 다음에야 번역문이 완성된 형태에 이르게 된 것이다. 더구나 이향아, 이연경 선생은 인용된 1차 자료를 일일이 찾아내어 원문 대조하고, 영문판에는 실리지 않았던 도판 자료를 새롭게 추가하고, 원활한 내용 파악을 위해 필요한 부분은 역주로 보완하는 등 본격 학술서이자 동시에 대중 교양서로서 더 나은 모습을 갖출 수 있도록 번거로운 수고를 마다하지 않았다.

따라서 이 책은 일차적으로는 네 사람이 장별로 분담하여 작업한 것을 바탕으로 하지만, 초벌구이를 단순 합체하는 데 그치지 않고, 재벌·삼벌구이를 통해 문장의 형태를 다듬고 언어의 조탁미彫琢美를 더하는 단계적이고도 기능적인 역할 분담을 통해 번역의 질적 완성

---

* 서장과 에필로그는 정준영, 제1장과 제4장은 이향아, 제2장과 제3장은 이연경, 제5장은 김백영이 각각 초역을 맡되, 정준영이 중간 검토를 하고, 김백영이 최종 총괄하는 방식으로 진행되었다.

도를 높이고자 했다. '기계적 분업'과 '유기적 분업'을 결합한 만큼 더 많은 공력과 시간이 투여될 수밖에 없었고, 결과적으로 처음 약속했던 마감 기한을 훌쩍 넘기게 되었다. 하지만 2년여에 걸친 공동 작업의 과정에서 제각기 바쁜 일정에 쫓기는 와중에도, 더 정확한 행간의 의미를 파악하고 더 나은 역어를 찾아내기 위해 네 사람이 낙성대, 중림동, 월계동 등지의 회의실, 카페, 연구실에서 만나 시간 가는 줄 모르고 머리를 맞대고 토론했던 시간들은 고달프지만 행복했던 추억으로 남았다. 오랜 기간 역서 출간을 학수고대해온 저자의 조바심을 몰랐거나, 출판사 측의 성화와 독촉이 없었던 것은 아니지만, 공동 작업의 완성도를 높이기 위해 불가피한 면이 있었음을 헤아려주시리라 믿었기에 가능한 일이었다. 해가 다르게 어려워지는 학술서의 시장 상황에도 불구하고 이 책의 가치를 눈여겨보고 기꺼이 출간을 결정하고, 초인적 인내심과 믿음으로 공역 작업을 기다려주고 성원해주신 산처럼 윤양미 대표께 감사의 뜻을 전한다.

언제나 마감은 쫓기기 마련이어서, 혹여 사포질이 부족한 부분은 없을까 불안한 마음 적지 않지만, 이제 이 끝 모를 '방망이 깎기'의 즐거운 노역을 내려놓아야 할 때가 된 듯싶다. 10년 전 역자는 저서의 「책머리에」의 마지막 대목을, 역사 공부를 처음 시작할 때 가슴에 새긴 아날학파의 선구적 대역사가 마르크 블로크Marc Bloch의 경구를 빌려 다음과 같이 마무리한 적이 있다. "훌륭한 역사가란 전설 속의 식인귀를 닮았다고. 역사란 죽은 자들의 진실을 불러내어 산 자들로 하여금 그들 자신의 참모습을 깨닫게 하는 것일 테니." 당시 역자는 스스로 충분히 이루지 못한 희망 사항을 피력한 셈인데, 희귀종에 속하는 이 '훌륭한 역사가'를 이 책을 통해 만날 수 있게 되어 너무나 반가웠다. 부디 더 많은 독자들이 이 훌륭한 역사가와 만나는 행운을 나눠 가질 수 있기를. 그의 길안내에 따라 100년 전 경성의 길거리에 흘러넘쳤던 사람들의 짙은 체취와 아련한 수다를 체험하는 시간 여행과 역사 산보의 즐거움을 만끽할 수 있기를. 그리하여 이 휘황찬란하지만 삭막한 현대판 식민지 도시의 일상을 인간미 넘치는 삶의 장소로 바꿔놓을 멋진 전복의 기획을 꿈꿀 수 있게 되기를.

2019년 12월 9일
공역자들의 뜻을 모아
김백영

ᄂ

서울, 권력 도시
일본 식민 지배와 공공 공간의 생활 정치

지은이 토드 A. 헨리
옮긴이 김백영 정준영 이향아 이연경
펴낸이 윤양미
펴낸곳 도서출판 산처럼

등 록 2002년 1월 10일 제1-2979
주 소 서울시 종로구 사직로8길 34 경희궁의 아침 3단지 오피스텔 412호
전 화 02) 725-7414
팩 스 02) 725-7404
이메일 sanbooks@hanmail.net
홈페이지 www.sanbooks.com

제1판 제1쇄 2020년 1월 10일
제1판 제4쇄 2024년 8월 10일

값 28,000원
ISBN 978-89-90062-91-8 93900

* 잘못된 책은 바꾸어드립니다.